Judas
El hombre al que Jesús llamaba amigo

Juan Ramón Junqueras Vitas

Juan Ramón Junqueras Vitas

JUDAS

El hombre al que Jesús llamaba amigo

FORTALEZA
EDICIONES

Fortaleza Ediciones
librosfortaleza@gmail.com

© Juan Ramón Junqueras Vitas, 2019

JUNQUERAS Vitas, Juan Ramón

Judas: El hombre al que Jesús llamaba amigo. Juan Ramón Junqueras Vitas / Valencia: Fortaleza Ediciones, 2019. Prólogo: Roberto Badenas y Juan José Morales. 4ta. edición.

15.59 x 23.39 cm. 377 páginas.

1. Judas. 2. Nuevo Testamento. 3. Evangelios. 4. Cristo. 5. Estudios bíblicos.

Derechos reservados

© Juan Ramón Junqueras Vitas, 2019
© Fortaleza Ediciones, 2019

Editor: Miguel Ángel Núñez
Diseño de portada: Guillermo Castrillo
Rediseño de portada: Yuanvic Casanova
Diseño editorial: Servicios Editoriales FE

Fortaleza Ediciones
Quart de les Valls, CP 46515
Valencia
España

Todos los derechos reservados. Prohibida la reproducción total o parcial de esta publicación (texto, imágenes y diseño), su manipulación informática y transmisión ya sea, electrónica, mecánica, por fotocopia u otros medios, sin permiso previo y por escrito del editor.

Contenido

Prólogo de Roberto Badenas Sangüesa 9
Prólogo de Juan José Morales Ruiz... 11
Prefacio 13

1. El árbol del ahorcado 19
   Apéndice al capítulo 1 23
2. Uno de los doce 25
   Apéndice al capítulo 2 31
3. El primer encuentro 33
   Apéndice al capítulo 3 57
4. Vivir con un profeta 59
   Apéndice al capítulo 4 71
5. Echando fuera demonios 79
   Apéndice al capítulo 5 101
6. El tiempo se acaba 107
   Apéndice al capítulo 6 115
7. El mesías esperado 119
   Apéndice al capítulo 7 137
8. La tentación 139
   Apéndice al capítulo 8 151

9. De camino a Jerusalén 153
   Apéndice al capítulo 9 165

10. La ciudad de dios 167
    Apéndice al capítulo 10 191

11. La última pascua 195
    Apéndice al capítulo 11 213

12. Getsemaní 219
    Apéndice al capítulo 12 237

13. La espiral de la locura 239
    Apéndice al capítulo 13 251

14. Pruebas de cargo 253
    Apéndice al capítulo 14 279

15. ¿Algo que aprender? 283
    Apéndice al capítulo 15 313

Epílogo 317

ANEXO 1: El suicidio en la Biblia, en el judaísmo antiguo,
y en el cristianismo: Apuntes para una pastoral cristiana
sobre el suicidio 319

ANEXO 2: El Evangelio de Judas: Descubrimiento, gnosticismo,
y breve análisis crítico 333

ANEXO 3: El texto del Evangelio de Judas 351

ANEXO 4: Los despojos de Judas 361

Bibliografía 369

Prólogo de Roberto Badenas Sangüesa

Hay destinos que se juegan en un beso. Entregas en la noche que franquean inexorables puntos sin retorno. Difusos abismos entre la vida y la muerte que se deciden, en aras del amor, en algunos besos…

De Judas todos recordamos el beso. Cuanta más traición, alevosía y nocturnidad ponemos en aquel gesto, cuanto más criminal y culpable hacemos a su autor, más creemos distanciarnos de aquel fatídico evento…

El mérito de este libro singular, a la vez seductor e incómodo —como algunos de nuestros abrazos— es que deja en los labios de nuestra buena conciencia el sabor amargo de besos quizá no dados, pero no por ello menos posibles.

A través de un relato cuidado, muy pensado y sólidamente fundamentado en la Biblia y en la historia, Juan Ramón Junqueras consigue traer al paladar de nuestra desazón, en bocanadas dolorosas, el hálito turbado de nuestras propias caídas, el regusto agrio de nuestros errores sin remedio, la angustia persistente de nuestros propios desatinos, y la nostalgia hiriente de nuestros sueños rotos… Porque este libro nos plantea la inquietante tesis de que Judas también somos todos.

Y lo más sorprendente de esta obra —tan novel como madura— es que en vez de encarnizarse contra el autor de aquel aciago desenlace, quien aquella noche hizo caer el precio del HOMBRE a su cotización mas baja de la historia —treinta viles monedas—, convierte en su verdadero protagonista a su mejor amigo…

Roberto Badenas Sangüesa
Doctor en Teología por la Universidad de Andrews (Michigan)
Especialista en Filología Bíblica, educador y escritor

Prólogo de Juan José Morales Ruiz

Este libro refleja la peripecia de Judas, y de todos los Judas que somos nosotros. El autor ha elegido biografiar a ese amigo de Jesús porque siempre le ha gustado bordear las orillas, sobrepasar los límites, romper fronteras, y ponerse en peligro. Y decide escribir sobre Judas no para condenarlo, ni por supuesto elogiarlo. Se acerca a él, sin dar muchos rodeos, con el compañerismo humano de quien se sabe, sobre todas las cosas, amado por Dios.

Pero la persona de Judas es una provocación para quienes, en el mercadillo espiritual de cada día, buscan seguridades y certidumbres, se construyen ídolos de bolsillo y se hacen dioses según su propia escala, conveniencia y necesidad. Como se ve, este Dios de Juan Ramón Junqueras tiene amigos muy poco recomendables. Y precisamente uno de esos amigos lo traicionará, como todos sabemos, y acabará ahorcándose. Por ahí va la indagación del autor. A partir de ahí, sin regatear ni dulcificar nada; sólo con el sano deseo de llegar a comprender el mal que nos atenaza y nos domina.

Nuestro mal es que todos somos un poco Judas. Y probablemente todavía lo seríamos más sino fuera por el inmenso amor de Dios. Él es el primero que ama. Y después, en todo caso, vamos nosotros, porque su iniciativa supera nuestros propósitos y tentativas. El misterio de Judas radica en su fragilidad, en la fragilidad de la condición humana. Es difícil comprender cómo se puede llegar tan bajo sin perder ni un ápice de nuestra condición de hijos de Dios. Cómo podemos seguir siendo amados por Dios, incluso cuando somos capaces del peor pecado: el desamor.

El autor de este libro, apoyándose ecuménicamente en teólogos de distintas iglesias —todos enamorados de Jesucristo— explora hasta lo más íntimo y más profundo de la desgarradora persona de Judas. Éste aparece retratado como una *antifigura* evangélica.

Como lo somos también nosotros. Y eso, a pesar de que también somos los amigos de Jesús, los íntimos.

Vivimos en un mundo que se aleja cada vez más de Dios precisamente cuando más lo necesitamos, y aunque sabemos que Él sigue estando tan cerca de nosotros, ahora y siempre. En eso nos igualamos a Judas: tenemos sus mismas oscuridades, sus dudas, sus angustias. Sufrimos como si no nos valiera para nada ser amados por Dios. En ese sentido, este libro es reflejo de lo que está pasando, de lo que nos está pasando. Es verdad que Dios sigue estando de nuestra parte. Lo sabemos. Somos amados al máximo por Él, mejor que cualquier otro amor. Pero igual que Judas, nos movemos en el filo de lo imposible, sólo sostenidos por su gracia y por el amor de un Dios que no excluye, que no prescinde de nuestro propio esfuerzo, y que no discrimina entre buenos y malos.

Es éste un libro escrito desde la pasión, con el corazón. Porque trata sobre la amistad: la amistad de Cristo, y la de los amigos de Cristo. Y también sobre la de Judas, por ambigua y desorientada que parezca. Es un libro sobre la amistad de un hombre al que Jesús llamó su amigo.

Juan José Morales Ruiz
Doctor en Ciencias de la Información por al
Universidad Autónoma de Barcelona
Profesor de Historia Contemporánea en la UNED
Periodista y escritor

Prefacio

En casi todas nuestras historias, cada protagonista tiene su antagonista. Cada héroe, su villano. Cada ganador, su perdedor. Cada bueno, su malo. Cada ángel, su demonio. El blanco y el negro. Sin embargo, cuando uno lee la Biblia atentamente, descubre que sus historias discurren sobre una paleta de grises que sorprende por sus innumerables matices. En la historia bíblica casi nada es lo que parece.

Los que parecían predestinados a la gloria, se derraman sobre el barro sin solución de continuidad. Para perplejidad del lector, las miserias de los grandes hombres y mujeres de la Biblia hacen palidecer nuestras más bajas pasiones, llevándose consigo, hacia la ciénaga del fracaso, la esperanza del pueblo que los había encumbrado. Pareciera que Dios los haya abandonado.

Al otro lado de la fama, donde viven aquellos a quienes nadie vitorea, y caminan por la vida como sombras anónimas, se encuentran los olvidados. Nada que ganar, nada que perder, nada que ofrecer. Son los invisibles, los que no dan que hablar. Los que no hablan o, si pronuncian alguna palabra, no se los oye. Nadie contará sus historias, porque no se conocen. Son nombres nada más. Historias resumidas en unas cuantas letras onomásticas, que encierran entre sus límites vidas que jamás conoceremos aquí.

Deambulan por el limbo de la penumbra. Ni una mala palabra, ni una buena acción. No pesan sus pasos, no dejan huella al pasar. Su memoria se disipará cuando el leve soplo del tiempo se lleve sus cenizas a lugares anodinos. No habrá victorias que celebrar, ni derrotas que lamentar. Sólo ellos sabrán de su propia existencia. Pareciera que Dios los haya olvidado.

Y después están los otros. Los adversarios desatados de la fe. Los odiados por las religiones. Los temidos por los creyentes. Los que sí dan mucho que hablar, pero siempre para mal. Los enemigos de Dios. Son aquellos a cuyo recuerdo acudimos para sentirnos mejor. Al compararnos con ellos, salimos bien parados. ¿Acaso hemos traicionado a nuestro amigo por treinta monedas? ¿Acaso hemos vendido el destino de nuestro pueblo por una ración de legumbres? ¿Acaso nos hemos lavado las manos ante la figura torturada de un hombre bueno? ¿Acaso hemos espetado a nuestro cónyuge: "*¡Maldice a Dios y muérete!*", justo antes de abandonarlo? ¿Acaso hemos asesinado por celos a nuestro propio hermano?

Son, muchas veces, los chivos sobre los que colocamos todo lo malo que llevamos dentro, para poder decir con la conciencia tranquilizada "ellos se lo buscaron". Son, quizá, catalizadores de una reacción necesaria para poder mirarnos al espejo. No hay salvación posible para ellos. No tienen acceso a la misericordia. Una barricada infranqueable se ha levantado entre ellos y la gracia divina. Pareciera que Dios los haya maldecido.

Me apasionan las historias de estos hombres y mujeres condenados antes del juicio final. Los abandonados, los olvidados, los malditos. Necesito comprender qué ocurrió con ellos. ¿Qué les pasó? ¿Qué tránsito realiza alguien para acabar rechazando a Dios? ¿Cómo reacciona Éste cuando eso ocurre? ¿Se termina el tiempo de la gracia, o la bondad y el perdón divinos se abren camino por senderos misteriosos, a veces inexplicables, y siempre testarudos?

Quizá, como yo, necesites comprender. ¿Por qué aquellas gentes, que estaban en la órbita de Dios, que tocaron la gracia con la yema de sus dedos, tomaron decisiones que los alejaron de Él? ¿Por qué dejaron pasar su oportunidad? ¿Fue, realmente, su última oportunidad, o sólo la parte de su historia que nosotros conocemos? ¿Quién puede juzgar las batallas del corazón de otro? ¿Quién conoce el hambre de luz del que vive en la oscuridad? ¿Quién se atreve a adivinar los pensamientos del que expira su último aliento? ¿Seremos capaces de medir y pesar la insondable extensión de la bondad divina, y decidir nosotros quién tiene derecho a acceder a ella y quién no?

No pretendo responder a todas estas preguntas. Ya me cuesta esfuerzo siquiera plantearlas. Pero si mis profesores de teología tenían razón, y "religión" significa "volver a unir" (*re-ligare*), los cristianos, por mera coherencia, no deberíamos perder nunca la esperanza en la todopoderosa gracia divina. Un don, un regalo que como un *superpegamento* es capaz de recomponer aquello que nosotros habíamos dado por irremediablemente roto.

Casi podría decirse que el verdadero nombre de Dios debería ser, para los cristianos, Esperanza. Es su realidad presente, y la de todos los seres humanos, que se nos revela en la resurrección de Jesús. Por eso, Dios es para los creyentes *"El Dios de la esperanza"* (2 Corintios 1:9), activo en la vida de todos, buenos o malos, justos o injustos, abriendo futuro para ellos. Además de *dentro* de nosotros, y *encima* de nosotros, a Dios lo tenemos *delante* de nosotros, a la vuelta de la esquina de un porvenir repleto de promesas. Dios no descansará hasta que la vida que nació de su amor infinito de Padre venza definitivamente. Desde esta esperanza cristiana cualquier momento de la historia personal, hasta el que menos crédito merece, puede ser el instante de la salvación de Dios.

Esta esperanza no se basa en cálculos provenientes de un análisis de la realidad. No es el optimismo que puede nacer de unas perspectivas halagüeñas, del deber cumplido hasta la perfección. Es la convicción de quien sabe que Dios es mayor que sus propios pecados y errores, por imperdonables que parezcan a los ojos humanos, porque el Padre del Cielo es capaz de juzgar las intenciones más íntimas del corazón. La esperanza cristiana no tiene otros cimientos.

El análisis de la realidad puede producir optimismo en un momento determinado; la solución de los problemas puede dar cierta tranquilidad, aunque sea pasajera. Y, al contrario, las frustraciones y las incoherencias personales pueden dar la impresión de que todo está visto para sentencia desfavorable. Pero nada de esto es seguro. Nuestro único cimiento es la esperanza en que Dios puede salvarnos, aún a pesar de nuestro ilusorio optimismo, y también de nuestras frustraciones e incoherencias. *"Mire cada cual cómo está construyendo. Pues nadie puede poner otro cimiento que el ya puesto: Jesucristo"* (1 Corintios 3:10-11).

Esta forma de proyectar la vida genera una manera nueva de estar y de ser en ella. El cristiano, si lo es de verdad, no puede tomar por definitivas y definitorias las cosas tal como hoy son, tal como se encuentran en un lugar preciso o en un momento concreto. Lo ve todo en marcha, moviéndose hacia la vida definitiva. Esta vida es siempre algo inacabado. Nada es aquí definitivo, ni los logros ni los fracasos. Todo es penúltimo. Y esta concepción ha de impulsar al creyente, primeramente y antes que nada, a no juzgar la vida de los demás, y mucho menos su futuro eterno, pues sólo Dios los conoce en su profundidad. *"No juzguéis para que no seáis juzgados"* dice Jesús (Mateo 7:1). Esto es muy difícil para los seres humanos. Por eso, el maestro plantea a continuación una comparación hiperbólica que deja desconcertados a los que lo escuchan: *"¿Cómo serás capaz de decirle a tu hermano: Espera, que voy a quitarte la mota que llevas en el ojo, si tú mismo llevas una viga en el tuyo?"*. En realidad, es así de fácil: antes de juzgar al otro es mejor mirarnos al espejo. Quizá así perdamos las ganas de hacerlo.

La esperanza es siempre un riesgo, puesto que se apoya en la promesa que *ya* se ha dado, pero también en lo que *todavía* no se puede comprobar. El cristiano asume el riesgo de un camino cuyo final no se da, sino que se promete. Por eso, no se trata propiamente de esperar, sino de atreverse a esperar incluso contra aquello que se tiene ante los ojos (Romanos 8:24), cuando la experiencia dice que *"no hay nada que esperar"* (Romanos 4:18). Por otra parte, esta esperanza se vive descubriendo que no hay ninguna situación, por muy difícil que sea, por poco prometedora que parezca, que no pueda ser inundada por el amor de Dios.[1]

Cuando no damos crédito al poder salvífico del Padre, a su voluntad inquebrantable de estrecharnos entre sus brazos, podemos empezar a perder la perspectiva que Jesús abrió con su vida: una nueva oportunidad existencial, misteriosa, inmerecida, sorprendente.

Este camino pretendo emprender a lo largo de las siguientes páginas. Una senda hacia lo desconocido, inhabitual, escandaloso (como lo fue la cruz). Algo que excede a las expectativas humanas, y que sucede día a día delante mismo de nuestros ojos, sin que nosotros seamos capaces de verlo, o siquiera incluso de soñarlo. Ya lo dejó bien claro Jürgen Moltmann:

> *Los seres humanos viven no sólo de tradiciones, sino también de anticipaciones. Con temor y esperanza anticipamos el futuro y nos preparamos para él en el presente. Los que hoy desesperan y dicen que no hay futuro están anticipando su final y arruinando la vida de los demás. Pero los cristianos anticipamos el futuro de la nueva creación, del reino de la justicia y la libertad, no porque seamos optimistas, sino porque confiamos en la fidelidad de Dios.*[2]

A lo que te invito, estimado lector, es a un paseo, vacía la mochila de prejuicios, tras las huellas de los considerados malditos de Dios. Uno de ellos fue Judas Iscariote, el discípulo de Jesús inmisericordemente condenado por el cristianismo.

Soy consciente de que hay un alto grado de especulación en el acercamiento que propongo a la persona de Judas. Desde luego, mi

---

[1] J. A. Pagola, *Es bueno creer: Para una teología de la esperanza* (Madrid: San Pablo, 1995), 84-89.

[2] J. Moltmann, *La justicia crea futuro* (Santander: Editorial Sal Terrae, 1992), 19.

intención no es reivindicarlo ni justificarlo. De eso, si Él lo estima conveniente, ya se encargará Dios. Sólo pretendo realizar una relectura de los evangelios en clave de restauración, recuperación y redención divinas. Según Jesús, es lo que más le gusta hacer a Dios.

Quizá algunas de mis aproximaciones parezcan contradictorias entre sí. Pero es que Judas lo fue también. Puede ser, incluso, que no pocas de mis afirmaciones sean consideradas por algunos creyentes algo heterodoxas, mientras que las menos serán percibidas por otros como demasiado ortodoxas. Siguiendo la línea que traza Moltmann en el primer capítulo de su libro *El Dios crucificado*, "me esforzaré por defraudar a ambos sectores".

Transitaré libremente entre el apego al texto bíblico y la recreación de situaciones, conversaciones y estados de ánimo que, aunque no aparezcan explícitamente en los evangelios debido a su extrema concisión, bien pudieron ocurrir. El lector sabrá darse cuenta enseguida de en qué ámbito me muevo (pegado al relato evangélico o especulativo), ya que en el primer caso el texto adquirirá un tono de ensayo, mientras que en el segundo se travestirá en relato. Hay dos razones que, a mi entender, me dan pie para hacerlo:

a. La información que el Nuevo Testamento da sobre Judas Iscariote es mínima. Es como si, para los detalles, se contase con la imaginación del lector. Yo también he usado de ella para acercarme al personaje, y a sus relaciones con su maestro. Espero provocar lo mismo en el lector.

b. El propio Juan, en su evangelio, advierte de que hay muchas cosas más que él conoce sobre lo que hizo Jesús, pero que no tiene ni el tiempo ni el espacio para contar:

Y hay también otras muchas cosas que hizo Jesús, las cuales si se escribieran una por una, pienso que ni aun en el mundo cabrían los libros que se habrían de escribir (Juan 21:25).

Es posible que una de esas "*otras muchas cosas*" sea el penumbroso camino que recorrió Judas, alejándose del maestro de Galilea, cuando pensaba que estaba acercando al propio Jesús a lo que él creía que era su verdadero destino.

Este trabajo puede recibir, por así decirlo, tres lecturas diferentes. La primera consiste en seguir el texto principal, sin acudir a las notas a pie de página. He intentado que quien opte por esta lectura no las eche de menos. La segunda pretende ofrecer al lector más datos, unas veces históricos y otras exegéticos, que le permitirán ahondar un poco más en los vericuetos de la narración. Y por último, he decidido incluir al final de muchos capítulos un apéndice que completa algunas notas a pie de página, para que quien desee profundizar aún más, sobre todo en algunos aspectos de la Palestina de los tiempos de Jesús, pueda hacerlo. Al final del libro podrás encontrar además una amplia bibliografía, libros que me han ayudado, desde sus diferentes perspectivas, a informarme y a formarme.

Te propongo ahondar en la historia de este controvertido amigo de Jesús, llena de desatinos y errores, pero repleta también de la voluntad divina de tender siempre una mano abierta, y de perdonar. El título de este trabajo no llama a engaño, y es una declaración de intenciones. Jesús pretendió ser siempre una presencia de Dios amigable, consoladora, inspiradora, y nunca acusadora o condenatoria. Amor siempre abierto, nuevo, a flor de piel, como un chorro de vida. Estaba convencido de que vino aquí, a este mundo, a intentar salvar a todos, no a perder a nadie. Así que todo lo que dijo e hizo con Judas debió estar orientado en esa dirección. En la medida de mis posibilidades, este trabajo pretende eso mismo: mirar a Judas con los ojos de Jesús, descubrir todo el esfuerzo del maestro por orientar hacia Dios la mirada perdida de su discípulo, y abrir espacios a la actuación de la libérrima gracia divina, que es capaz de encontrar un resquicio para la esperanza, incluso allá donde nosotros sólo llegamos a ver pecado y condenación. El Iscariote será siempre, para los que quieran mirar con los ojos de la fe, una ventana abierta al paisaje de Jesús de Nazaret…

Ojalá Dios me ofrezca la oportunidad, en el futuro, de proponerte otras historias tan apasionantes como la de Judas. Las de los que nosotros llamamos *malditos de Dios*, mientras que Él se empeña siempre en desdecirnos.

Juan Ramón Junqueras Vitas

CAPÍTULO I

El árbol del ahorcado

El crepúsculo, que convierte la luz del sol en lo que parecen pequeños dardos lanzados por el arco de un niño, tiene aún la fuerza para quemarle los ojos. Los tiene abiertos, casi fuera de sus órbitas. Mirar esa luz mágica es todo lo que podrá hacer el resto de la poca vida que le queda dentro.

Se retuerce como una culebra de agua, y después tensa las piernas, como buscando un apoyo que sólo existe muchos metros mas abajo. Pero no quita los ojos del crepúsculo. Se orina, y vuelve a retorcerse. Los dedos de sus manos se agarrotan, como si quisieran atrapar el aire que se le escapa.

Escucha un ruido, leve al principio. Le parece un crujido. Algo se mueve. Quizá la rama por la que ha pasado la cuerda no es capaz de soportar el peso, además del suyo, de un fantasma que lleva pegado a la espalda[1]. El cuello le arde. Su cabeza quiere separársele del cuerpo. Otro crujido. Pierde un poco de altura, pero no deja de mirar al sol, esperando que el paisaje, teñido de naranja y amarillo, grabe a fuego sus pupilas con un signo de perdón, entre la tierra y el cielo.

Ya su vida junto al fantasma que abrasa ahora sus recuerdos había sido una batalla entre los dos mundos que separa el horizonte. La lucha sin tregua entre la trascendencia y la revolución sangrienta. Había intentado combinar, fracasando casi siempre pero con pasión, la espera y la premura. No supo. Le pudo la impaciencia, la tierra. El cielo dejó de ser prioritario para él. Y su amigo galileo se convirtió en fantasma desde ese mismo momento.

---

[1] Utilizo aquí la imagen metafórica del fantasma como representación del recuerdo, de la memoria que alguien guarda de una persona a la que ha perdido, y no como manifestación de un ente sobrenatural.

Muchas veces se había quejado al maestro. Le decía que nada valía la pena si no conseguía liberar a su pueblo de la bota extranjera, que pisaba el cuello de Israel sin clemencia. Que todo lo que hacía no era suficiente, que por mucha ayuda divina de que dispusiese, se le acababan las fuerzas cada vez más temprano, y más deprisa. Pero el galileo solía responderle siempre lo mismo: "Yo confío en ti, en tu compromiso, en tu entusiasmo. Sé que pretendes lo mejor para tus hermanos. Cuando estoy cansado tengo tu hombro siempre dispuesto para recostarme, y tu abrazo me devuelve las fuerzas. Pero no debes equivocarte. Mi reino no es de este mundo.[2] Creo en ti, pero tú debes creerme a mí cuando te digo que las espadas no salvan a los pueblos, ni los acercan al Reinado[3] del Padre. Y a lo que yo he venido no es a luchar por medio de la muerte, sino contra ella. He venido a salvar, no a destruir; no a matar, sino a dar vida en abundancia".[4] ¿Lo salvaría a él ahora, después de lo que le había hecho, y de lo que estaba haciéndose a sí mismo?

Una nube negra le ensombrece la mirada. Ya no oye ni el murmullo de su propia alma. Deja de buscar aire y expira el suyo. No puede ver nada. Intenta abrir los ojos por última vez, llevarse el postrer recuerdo del sol, pero no le responden. Entonces, desesperado y sintiendo que no está preparado para morir, prueba a mirar desde dentro, y descubre el rostro del fantasma. Quiere creer que lo mira con compasión.[5] No le extraña. Lo había hecho muchas veces antes. Y expira el último pellizco de aliento. Babea, inerte ya. La rama cede por fin y, al impactar el cuerpo contra el suelo, sus entrañas se desparraman sobre el Campo

---

[2]Juan 18:36.

[3]El lector comprobará que, a lo largo de todo este trabajo, he optado por utilizar la expresión "Reinado de Dios" y no "Reino de Dios". No es una elección casual. En arameo, la palabra *malkut* (que es sin duda la que empleaba Jesús al referirse a él) tenía un significado distinto al de la palabra "reino" tal como se entiende hoy en día. En el Antiguo Testamento, sólo muy escasas veces *malkut* designa un reino en sentido local, un territorio, sino que se refiere casi siempre al poder de gobernar, la autoridad, el poderío de un rey. Por consiguiente, el Reino de Dios no es un concepto espacial o geográfico. Designa la soberanía real de Dios, ejerciéndose *in actu*. De ahí que la traducción más adecuada no sea la expresión "Reino de Dios", sino más bien "Reinado de Dios".

[4]Juan 10:10.

[5]Existe una antigua tradición cristiana que sostiene que Judas se ahorcó para buscar a Cristo en el otro mundo y pedirle perdón. Orígenes (185-254) fue el primer teólogo cristiano en afirmarlo (*Comentario sobre San Mateo*, xxxv). Apéndice 1.1.

del Alfarero.⁶ Se llama Judas.⁷ Los discípulos empezarán a llamarlo el traidor. Pero Jesús lo llamó siempre amigo...

Último en las listas de los Doce,⁸ su nombre va siempre acompañado de la connotación de "traidor" o "ladrón". Entre sus compañeros es, posiblemente, el único que no proviene de Galilea.⁹ Su apelativo "Iscariote" puede indicar que es originario de Queriot o Carioth,¹⁰ una pequeña aldea del sur de Judea, por lo que su apodo significaría "hombre de Queriot". Otros especialistas especulan con que Iscariote pueda provenir del término latino *sicar*, que significa "daga, puñal, o espada corta" (de la misma raíz vendría el término *sicarii*, o sicarios).¹¹ Quizá proviene de la secta de los zelotes.¹² No podemos estar seguros. De lo que sí lo estamos es del significado de su nombre de pila: Judas, transcripción griega del hebreo Judah, que significa "el predilecto" y también "el alabado". Parece irónico, pero es así. Es hijo de un tal Simón, y quizá algo más joven que Jesús, pues la tradición rabínica no contempla que un maestro enseñe a discípulos mayores que él.¹³

---

⁶Aunque el icono cultural más asociado con Judas es el de un ahorcado colgando de un árbol, Pedro, delante de las 120 personas que estaban reunidas en el aposento alto tras la muerte de Jesús, ante la necesidad de sustituir al discípulo muerto, cuenta cómo acabó Judas: "*Cayó de cabeza, se reventó por medio y se derramaron todas sus entrañas*" (Hechos 1:16-20). La descripción que he propuesto más arriba me parece aunar las dos tradiciones.

⁷No hay que confundir a este Judas (Iscariote) con algunos tocayos suyos que también pertenecen al entorno de Jesús: su hermano Judas (Mateo 13:55), y otro de sus doce íntimos, Judas Tadeo o Leveo (Lucas 6:16).

⁸Prefiero llamar a este grupo íntimo de Jesús "los Doce", y no "los apóstoles" porque la investigación moderna ha logrado clarificar bastante la confusión existente entre los diversos grupos de seguidores del maestro galileo. Apéndice 1.2.

⁹Galilea era una región del norte de Israel. Cubría las antiguas posesiones de las tribus israelitas de Isacar, Zabulón, Neftalí y Aser. Apéndice 1.3.

¹⁰Queriot estaba situada cerca de Hebrón, y es mencionada una vez en la Biblia (Josué 15:25). También se menciona otra Queriot, situada en tierra de Moab (Amós 2:2). Ésta segunda era mucho más grande que la primera, y estaba fuertemente fortificada.

¹¹El historiador judío Flavio Josefo los menciona en su obra *Antigüedades de los judíos* (Barcelona: Editorial CLIE, 1989). Apéndice 1.4.

¹²Los zelotes eran un movimiento judío nacionalista de resistencia, que desarrollaba acciones guerrilleras en la sociedad donde Jesús vivió. Apéndice 1.5.

¹³De todas formas, podría ser que el magnetismo que ejercía Jesús hiciese olvidar a Judas esta costumbre de no seguir como discípulo a alguien más joven que él. Si la hipótesis que propondré más adelante sobre el oficio de Judas (que era escriba, doctor de la ley) es cierta, él sí debía tener más de cuarenta años, pues los escribas

Las pinturas renacentistas lo muestran, tendenciosamente, con cara de judío taimado: ojos pequeños, pelo renegrido, nariz torva y barba afilada. Una tradición le hace ser pelirrojo,[14] motivo por el que las personas con este color de pelo fueron miradas con suspicacia durante siglos. Su nombre es, aún hoy, sinónimo de insulto: "¡Eres un Judas!"

---

eran reconocidos como tales después de una larga serie de estudios, que culminaba sobre esa edad.

[14]Dicha tradición argumenta que su madre habría mantenido relaciones sexuales mientras estaba menstruando, es decir, en estado de impureza ritual. De ahí sus cabellos rojos, y de ahí su maldición.

Apéndice al capítulo I

1.1. La postura de Orígenes me parece extremadamente aventurada. Además, la creencia en un más allá inmediatamente después de la muerte no está convincentemente acreditada por la Biblia. Más bien al contrario, la Biblia sostiene que entre la muerte física y la resurrección final no hay más que inconsciencia. Este intervalo está descrito en la Biblia como un "sueño". No hay conciencia de lo que está pasando, o del tiempo que pasa (por ejemplo, Eclesiastés 9:1-10; Juan 11:11-14 y 1 Tesalonicenses 4:14-15).

1.2. "Discípulos" son todos los creyentes que siguen a Jesús en su vida itinerante. Los "Doce" forman un grupo especial dentro del conjunto de sus discípulos. En cambio, los "apóstoles" o "enviados" son un grupo concreto de misioneros cristianos (más de doce, por supuesto) que viajaban por las distintas comunidades a difundir la fe en Jesús. Aunque los propios evangelios hablan de ellos como apóstoles, hubo muchos más apóstoles que estos Doce íntimos.[1] La elección de estos doce discípulos como una especie de embajadores del Reinado de Dios parece indicar que Jesús se percibía a sí mismo como rey: sólo los jefes de estado tienen derecho a nombrar embajadores y a delegar poderes en ellos.

1.3. En tiempos de Jesús se extendía hacia el norte hasta Tiro por un lado, y hasta Siria por el otro. Al sur estaba limitada por Samaria; el monte Carmelo al oeste, y el distrito de Escitópolis al este; además, el Jordán y el lago de Genesaret formaban el límite general oriental. Había allí mucha riqueza agrícola, pero sólo rentaba a los terratenientes

---

[1] J. A. Pagola, *Jesús: aproximación histórica* (Madrid: PPC Editorial, 2007), 274. J. Rius-Camps, *El Evangelio de Marcos: etapas de su redacción* (Estella, Navarra: Editorial Verbo Divino, 2008), 190-192. A. George y P. Grelot, *Le Nouveau Testament* (Paris: Editorial Desclée de Brouwer, 1986), 7:31.

(miembros de la realeza, nobles, etcétera.), ya que las tierras les pertenecían casi al completo, y las arrendaban a los lugareños por altos porcentajes del usufructo.

1.4. "Cuando Albinus alcanzó la ciudad de Jerusalén, dobló cada esfuerzo y tomó la determinación de asegurar paz en la tierra exterminando la mayor parte de los sicarii".[2] El *modus operandi* de los *sicarii* era brutal: aprovechando las aglomeraciones de gente, las manifestaciones de protesta, o algún tumulto, se acercaban por la espalda a los soldados romanos o a los judíos colaboracionistas, y les asestaban una rápida cuchillada con su daga o espada corta. Prácticamente nadie se enteraba. Flavio Josefo asegura que en una sola operación podían asesinar a decenas de personas y salir indemnes. No obstante, algunos historiadores mantienen que los *sicarii* aparecen a partir de los años 40 o 50 del primer siglo, por lo que Judas no habría podido ser un miembro de este grupo de asesinos.

1.5. Los romanos consideraban a los zelotes terroristas, pero una parte de la población israelita los apoyaba. Tomaron el poder durante un breve lapso de tiempo, treinta años después de la muerte de Jesús. El *término* zelote es griego; en arameo se llamaban *qannaim*, de la raíz *qanan* (defender).

---

[2]Josefo, *Antigüedades de los judíos*, XX, 208.

CAPÍTULO II

Uno de los doce

Muy pronto Jesús comienza a rodearse de discípulos que lo escuchan asiduamente y, de entre ellos, el maestro galileo escoge a doce que van a constituir su grupo íntimo. Se mueven a la sombra del carpintero. Varios de ellos son pescadores en el lago de Genesaret;[1] los demás, probablemente campesinos de aldeas cercanas, a excepción de Leví Mateo, que ejerce de recaudador de impuestos.[2]

Casi todos son gentes sencillas. No hay entre ellos sacerdotes, ni levitas, y son muy diferentes entre sí. La familia de Santiago y Juan pertenece a un nivel social bastante elevado.[3] Sin embargo, Simón y su hermano Andrés no son tan afortunados. Probablemente no tienen ni siquiera barca propia, sólo unas redes para pescar en aguas poco profundas, y el primero vive con su mujer en casa de sus suegros, quizá porque no puede pagarse una propia. Felipe y Andrés seguramente hablan, además del arameo, el griego (sus nombres helenizados los delatan),[4] y sirven al maestro de intérpretes, en alguna ocasión, con un grupo de peregrinos griegos (Juan 12:20-22).

---

[1] La investigación historiográfica parece haber descubierto que los pescadores del lago de Genesaret, en Galilea, podrían haber formado una especie de cooperativa en tiempos de Jesús. Pero en general se trata de trabajadores individuales, o de pequeñas empresas familiares, que poseen sus propios instrumentos de trabajo, y entregan sus productos directamente al consumidor. Reicke, "Galilea y Judea", 61-62.

[2] Los aduaneros o recaudadores de impuestos, en el mundo antiguo, no eran funcionarios del Estado sino empresarios que adquirían del Estado, en arriendo, el derecho a la recaudación de impuestos, pagando por ello determinadas sumas de dinero al erario público y quedándose con todo lo que podían sacar por encima de esa suma. Como es lógico, eran muy impopulares.

[3] Su padre, Zebedeo, poseía barca propia y disponía de jornaleros (Marcos 1:19-20). Esto no era muy común, y elevaba a esta familia por encima de la media social.

[4] El nombre griego Felipe significa "amigo de los caballos". Andrés, por su parte, significa "varón, varonil".

En no pocas ocasiones la convivencia entre los Doce tiene que ser difícil. Que Simón el zelote, férreo y fiero nacionalista judío, duerma al lado del publicano Leví Mateo, colaboracionista recaudador para el imperio romano, debe de provocar fricciones que echarán chispas a menudo. Pero todos se sienten subyugados por este nuevo rabí galileo, cuyas palabras quitan la sed como el agua fresca, y cuyos ojos revelan la pasión del fuego vivificador de Dios. Su presencia lo llena todo. En él empiezan a descubrir cómo es Dios realmente, cómo acoge, cómo perdona, cómo se compadece, cómo se alegra a poco que se le demuestre algo de cariño, las ganas que tiene de reencontrarse con el ser humano y de restaurar su dignidad y su felicidad. Ese agua de sus palabras y ese fuego de sus ojos son contagiosos.

Ellos mismos van descubriendo cómo los invade la misma pasión, el mismo gozo, aunque a veces se desorienten y pierdan el rumbo. Cuando esto ocurre, el maestro se encarga siempre de regañarlos con ternura, y mostrarles cómo encontrar el camino de nuevo. Los Doce acaban por reconocer algo de Dios en Jesús, y los atrae esa mezcla de firmeza y dulzura, tan típica de las Escrituras antiguas. Caen pronto en la cuenta de que han nacido para esto, y de que este encuentro habrá de marcar el resto de sus vidas.

Ningún evangelista cuenta cómo y cuándo se une Judas al grupo íntimo de Jesús.[5] Esto dará pie, al menos a algunos intérpretes del Nuevo Testamento, a deducir que el maestro galileo no lo eligió directamente, sino que vino de la mano de otro discípulo, debido a su prestigio social o a su alta preparación en las Escrituras; o que se propuso él directamente.[6] Dentro del grupo de los Doce, cuando comienzan a ir de un sitio a otro juntos, y a vivir en comunidad, la tarea de Judas es la de llevar la "bolsa", las finanzas comunes, y se convierte en el "administrador" (Juan 12:4-6). El grupo de los seguidores de Jesús hace vida común y, o bien cada uno

---

[5] En el capítulo 3 podrán encontrarse algunos apuntes sobre el que pudo ser el primer encuentro entre Judas y Jesús.

[6] Elena Gould Harmon de White (a partir de ahora Elena White), inspirada comentarista bíblica norteamericana de finales del siglo XIX y principios del XX, que fue vital en los inicios del movimiento adventista, es de esta opinión: "Los discípulos anhelaban que Judas llegase a ser uno de ellos. Parecía un hombre respetable, de agudo discernimiento y habilidad administrativa, y lo recomendaron a Jesús como hombre que le ayudaría mucho en su obra…". White, *El deseado de todas las gentes*, 260. Posiblemente era un escriba, un doctor de la Ley, radicalizado por su nacionalismo, y adherido al grupo de los *sicarii*. Preocupado primero por las nuevas enseñanzas del profeta de Nazaret, quizá enviado a Galilea por sus correligionarios a recabar información sobre él, acabará subyugado después por su comprometida pasión por el Reinado de Dios.

pone una cantidad de dinero en una bolsa comunitaria, o se nutre de las limosnas y aportaciones que les suministran, o las dos cosas a la vez. El caso es que el Iscariote gestiona con una cierta independencia, parece ser, ese dinero. Es extraño que para esta tarea Jesús no haya elegido a Leví Mateo, que había sido recaudador de impuestos. Quizá sea una forma de proteger al publicano de la tentación; quizá porque Judas, si había ejercido de escriba, es el discípulo con más formación de los Doce; quizá porque el Iscariote es realmente la mejor opción. O puede que por las tres razones.

No existe razón para sospechar que se haya unido al grupo con intenciones espurias, ni con el ánimo de venderles a sus futuros verdugos. Al igual que los demás discípulos, lo deja todo para seguir al maestro galileo, y con todos ellos comparte las estrecheces de una vida incómoda, ni siquiera comparable a la de los zorros, que al menos cuentan con guaridas para dormir. Ningún sitio propio donde recostar la cabeza. El joven rabí[7] ya los había advertido (Mateo 8:18-22; Lucas 9:57-62). Siempre dependerán de la hospitalidad y de la caridad de la gente. Juntos se aventuran a adentrarse en poblaciones hostiles, aun a riesgo de perder la vida. Juntos comen y beben lo que hay y, al caer la tarde, también juntos se sientan incontables veces, alrededor de Jesús, para escuchar un consejo, una parábola, o una broma que les hace reír a todos.

Parece obvio que ni Jesús ni los demás desconfían de Judas, al menos por ahora. Por ello, el hecho de haber optado por acordar con los sacerdotes la entrega del nazareno constituye uno de los más inesperados, y desde luego complejos, fenómenos psicológicos del Nuevo testamento.[8] Giovanni Papini lo expresó así:

Dos únicos seres en el mundo han sabido el secreto de Judas: Cristo y el traidor. Sesenta generaciones han fantaseado acerca de ello; pero el hombre de Carioth… sigue permaneciendo tenazmente indescifrado. Comprendemos sin esfuerzo la demoniabilidad de los Herodes, el rencor de los fariseos, la cólera vengativa de Anás y Caifás, la cobarde debilidad

---

[7]Rabí era la forma de tratar a los maestros de la Ley. Es un apelativo que denotaba respeto, equivalente a maestro o "su excelencia". La palabra rabí (en la actualidad, rabino) deriva de la raíz *rav*, que significa "abundante" en hebreo o, en el arameo de los tiempos de Jesús, "distinguido".

[8]Al exagerar, como algunos comentaristas bíblicos hacen, la malicia natural de Judas, o al negar incluso que tuviese buenas intenciones cuando se unió al grupo de los Doce, minimizan o desprecian lo que se puede extraer de su historia con Jesús. Apéndice 2.1.

de Pilato. Pero no comprendemos con igual evidencia la abominación de Judas. Los cuatro evangelistas nos dicen poco de él y de las razones que le persuadieron a vender a su rey.[9]

No es difícil suponer lo que sentirán los discípulos al darse cuenta de que su compañero los ha traicionado a todos. Sus preguntas quizá sean las nuestras: ¿Cómo es posible que alguien tan cercano al maestro galileo cometa semejante fechoría? ¿Qué puede haber pasado por la cabeza de alguien en quien Jesús confía tanto que le ha conferido la gestión de las pocas monedas de que disponen? ¿Qué espera de él el discípulo de Judea? ¿Qué expectativas suyas se han visto defraudadas? ¿Qué lo empujará a tomar ese camino de traición y muerte?[10]

Es cierto que la vida puede ser dura, a veces, junto a Jesús. Tantos polvorientos caminos recorridos, tanto barro pegado a los pies en invierno,[11] tantos arrabales humanos visitados, tantos temores compartidos... Pero conocerlo, poder mirarlo a los ojos y escarbar en las profundidades de Dios, debe de ser como un milagro para Judas, la oportunidad de sacar la cabeza fuera del agua y respirar, cuando lo último que recordaba es que se hundía con una piedra de molino atada al cuello.

Desear algo que uno no cree poder conseguir hace que sufra, pero quienes más sufren son los que no desean nada, o los que creen no tener nada ya que desear, o los que no se creen ya con el derecho de hacerlo. Y el maestro le ha enseñado a desear, a creer y a soñar. Desear un mundo más humano para todos, en el que los lazos de fraternidad sean la ley con la que juzgar a las personas; creer que es posible sembrar una semilla viable de ese mundo en éste, y soñar con que crecerá bajo la mirada protectora de Dios.

Que la ley del amor sea la que juzgue a los seres humanos no significa una rebaja de las exigencias. Al contrario, constituye más bien una sublimación, una revisión al alza de los requerimientos. Simplemente se pone el acento no en ellos, sino en su autor.

El Legislador del nuevo pacto no exige menos que el del antiguo. Por el

---

[9]Papini, *Historia de Cristo*, 255-256.

[10]Jorge Luis Borges exploró las razones de la traición en su fascinante obra "Tres versiones de Judas". Apéndice 2.2.

[11]Las palabras de Jesús *"Rogad para que vuestra huida no sea en invierno"* (Mateo 24:20) podrían aludir a que en época de lluvias los caminos se hacían impracticables por el barro.

contrario, exige mucho más. Lleva la exigencia a un nivel totalmente distinto. No condena únicamente el hecho, sino incluso, y sobre todo, los pensamientos secretos del corazón, los móviles profundos y ocultos, el ser más que el parecer.[12]

Desear, creer, soñar. Y hacer lo posible para que se haga realidad lo imposible, para que crezca y madure lo que había nacido pequeño, pero llevando ya en su seno, secretamente, todo el potencial del Reinado de Dios. Éste es el sueño que a Jesús se le antoja alcanzable, y que está intentando contagiar a sus discípulos.

Pero los soñadores cansan. De entre éstos, los que se afanan en ver cumplidos sus sueños amenazan el *statu quo*. Y de estos últimos, los que se enfrentan a los que ostentan cualquier tipo de poder, secular o religioso, por defender las esperanzas de aquellos que ya no pueden más que soñar, molestan en exceso y han de ser eliminados. Deben morir antes de que sus sueños acaben con los privilegios de unos pocos.

---

[12]Zurcher, *La perfección cristiana,* 62. Apéndice 2.3.

Apéndice al capítulo II

2.1. Los ejemplos de las personas que aparecen en la Biblia pierden toda su intensidad cuando se piensa que eran de otra especie, sin nuestra debilidad humana o sin el portentoso potencial para el bien que nuestro Padre del Cielo está deseando otorgarnos. Me parece un error creer que Judas era un sinvergüenza sin escrúpulos. De su terrible final queda la advertencia de que incluso la amistad de Jesús puede ser vaciada de su fuerza restauradora, sobre todo para quien no se deja penetrar por ella de forma incondicional. Y aunque no se pueda minimizar la responsabilidad de Judas en la traición, ni soslayar su hondura y gravedad, ésta puede hacerse más inteligible si la pensamos como el resultado de una desorientación gradual.

2.2. Éstas son las tres versiones que Borges propone:

La primera versión: Judas fue el único que descubrió la divinidad secreta del Salvador. Y decidió hacer un sacrificio análogo: así como el Verbo se rebajaba a ser carne, un humano debía rebajarse a ser delator. "De ahí la muerte voluntaria, para merecer aún más la Reprobación".

La segunda versión: Judas habría sido un asceta que concibió la mayor mortificación de la carne: renunciar a la salvación, a la que se creía indigno, para mayor gloria del Redentor. "Judas buscó el Infierno porque la dicha del Señor le bastaba".

La tercera y más escalofriante: si Dios decidía ser hombre, tenía que ser consecuente y serlo hasta la infamia. "Para salvarnos pudo elegir cualquiera de los destinos que traman la perpleja red de la historia; pudo ser Alejandro o Pitágoras o Rurik o Jesús; eligió un ínfimo destino: fue Judas" (Borges, *Ficciones*). Aunque de una indudable belleza literaria, esta especulación de Borges no tiene, a mi entender, ningún apoyo bíblico o teológico.

2.3. En este sentido, es muy interesante la propuesta que Joaquim Jeremias hizo sobre la aparición de unas palabras de Jesús en el Talmud judío que, a su entender, recuperan la versión aramea literal de Mateo 5:17. En ella, Jesús habría dicho: "Yo no he venido a quitar de la Torá de Moisés, sino a *añadir*" (b. Shab. 116 a b), por lo que la mejor traducción no sería "a cumplirla" sino "a completarla", añadiendo conceptos (pensamientos secretos, motivaciones ocultas, etcétera) que la hacen aún más exigente, pues no se queda en lo superficial, sino que llega hasta el interior mismo de los creyentes.

Capítulo III

El primer encuentro

No sabemos a ciencia cierta dónde se encuentran Jesús y Judas por primera vez. Los evangelios guardan silencio sobre este hecho. Pero es interesante constatar que, por lo que cuenta el evangelio según Lucas (5:17-26), poco tiempo después de reclutar a sus cuatro primeros discípulos en Galilea, a orillas del lago de Genesaret, el joven nazareno se encuentra enseñando en una casa de Capernaum.[1]

Desde luego, y de esto no cabe ninguna duda, la elección de Galilea como centro neurálgico de la misión de Jesús es a todas luces extraña. Los galileos no gozan de buena fama. Al contrario, tienen más bien muy mala reputación. Se piensa de ellos que son medio paganos, incultos en lo que respecta a la ley, analfabetos, y que sólo saben dedicarse a oficios de medio pelo. La gente se ríe de ellos por su forma de hablar, y hacen chistes sobre su acento. Parece que "galileo estúpido" es un insulto habitual en aquellos tiempos.[2] A Nicodemo lo regañarán sus colegas fariseos, a propósito de Jesús: "*¿Eres tú también galileo? Busca en las Escrituras y verás que de Galilea nunca salió un profeta*" (Juan 7:52).

Por todo esto, está muy claro que el maestro de Nazaret no cuida mucho su imagen pública; desde luego, no cuando escoge la despreciada

---

[1] Es muy probable que esta casa fuese en la que vivía Simón Pedro, pues el mismo evangelio de Lucas nos presenta a Jesús entrando en esa casa, unos pocos días antes, y sanando de unas fiebres a la suegra del pescador (Lucas 4:38-39). Este mismo pasaje nos muestra tan agradecida a la mujer curada, que se pone a servir a Jesús. No sería aventurado pensar que cuando estaba en Capernaum paraba en la casa de la suegra de Pedro. Además, el texto paralelo de Marcos dice que "*la gente supo que estaba en casa*" (Marcos 2:1), lo que denota una presencia asidua del maestro en aquel hogar; tanto, que la gente sabe dónde buscarlo. ¿Qué mejor casa que la de su discípulo?

[2] Talmud de Babilonia, Erubín 53b. Citado en M. Sotomayor y J. Fernández Ubiña, *Historia del cristianismo I. El Mundo antiguo* (Madrid: Editorial Trotta, 2003), 96.

Galilea para plantar la semilla del Reinado de Dios. Si hubiera pretendido el reconocimiento de los cultos doctores de la Ley, de los magistrados o de las clases influyentes de su tiempo, su radio de acción hubiera sido otro, quizá Jerusalén o cualquier otro sitio de la más honorable Judea. Pero no. Comienza su misión precisa y voluntariamente allí, y allí se queda, de forma más o menos estable, justo hasta su última semana de vida. Sus criterios de elección no están guiados por el márquetin o la adquisición de una cátedra de prestigio. Tampoco por la creación de un movimiento con fuerte influencia entre los notables. Y, desde luego, no por la obtención de poder o de dinero. Al contrario, se marcha a la recóndita Galilea, lugar de pobres, iletrados, heterodoxos, y de gente con muy mala fama, porque allí se lo necesita mucho más que en ninguna otra parte.

El mensaje de Jesús va a estar repleto de propuestas de humildad, servicio, humanidad con los más pobres, sencillez, cercanía con los que sufren. Hacerlo desde la cátedra de Jerusalén habría sido una enorme contradicción, y no habría provocado más que las carcajadas de los que escucharan. Todo lo que Jesús quiere enseñar sólo puede hacerlo viviéndolo él mismo.[3] Únicamente entonces su palabra será eficaz y convincente. En Jerusalén no habría pasado de ser un simple charlatán, un bufón. El Reinado de Dios no puede proponerse sólo con las palabras, sino sobre todo con la vida. Y los cambios que el mundo necesita no vienen, ni pueden venir, desde arriba sino desde abajo. Es en la sociedad, en las personas una a una o en comunidad, donde puede comenzar ese cambio de estructuras, esa transformación de los valores que tanto se necesita, y no por decreto. Cuando intenta hacerse desde arriba, a base de imposiciones y dominación, la gente acaba rebelándose o, en otros casos, acatando de puertas afuera las órdenes, pero haciendo lo que le da la gana de puertas adentro. Como debe ser. La siniestra historia del cristianismo medieval da buena cuenta de esto. Pero cuando el Reinado de Dios se siembra desde abajo, entre la gente que aspira y suspira, en el corazón de aquellos que no se conforman y son conscientes de ello, el mensaje de Jesús puede convertirse en germen de una revolución total, asumida sin reservas por haber sido ansiada durante mucho tiempo. Sólo desde abajo se es consciente, y se siente, la cruda y dura realidad del dolor de este mundo. Estando siempre alerta, escuchando sus lamentos, generando en ellos esperanza, aunque muchas veces ya ni protesten porque se han quedado roncos de tanto gritar, o han asumido que lo único que les queda es luchar por la mera supervivencia.

---

[3] J. M. Castillo, *La ética de Cristo* (Bilbao: Editorial Desclée de Brouwer, 2005), 44.

Esto puede parecer, a simple vista, una ingenuidad. Pero los hechos son testarudos y no admiten dudas: sólo cambia la mentalidad de la sociedad cuando cambia la del pueblo, sobre todo el de más abajo. Jesús sabe intuir esto de forma revolucionaria. No se puede forzar a la gente si lo que se pretende es que la gente mejore. Efectivamente, si el objetivo es dominarla, servirse de ella como carne de cañón, utilizarla para conseguir los propios intereses —por espurios que éstos sean—, sólo a través del miedo y la imposición se sacará algo de ella. Ellos deciden lo que es bueno y malo para el pueblo, sin tener en cuenta al pueblo. Friedrich Nietzsche describió esta trampa de forma mordaz:

> *¡El juicio "bueno" no procede de aquellos a quienes se dispensa "bondad"! Antes bien, fueron "los buenos" mismos, es decir, los nobles, los poderosos, los hombres de posición superior y elevados sentimientos, quienes se sintieron y se valoraron a sí mismos y a su obrar como buenos, o sea como algo de primer rango, en contraposición a todo lo bajo, abyecto, vulgar y plebeyo.*[4]

Ésta es la práctica natural de los gobernantes, ésa que tanto detesta Jesús de Nazaret, y que él mismo propondrá a los suyos no utilizar nunca (Marcos 10:42-43): "*Entre vosotros no será así*". Sin embargo, cuando uno está y es de abajo, la perspectiva cambia y las oportunidades de la semilla se multiplican exponencialmente. No se trata de convencer al pueblo de lo que necesita, sino de estar pendiente de lo que necesita[5] y planificar el trabajo desde esta base. Así, el Reinado de Dios puede crecer de abajo a arriba, como Jesús quería.

---

[4] Friedrich Nietzsche, *La genealogía de la moral* (Madrid: Alianza Editorial, 2000), 37.

[5] Lamentablemente, esto ocurre muy poco en la sociedad y, desde luego, en las distintas instituciones religiosas. Los dirigentes idean planes, los concretan muchas veces hasta sus últimos detalles, y luego los proponen a sus laicos para que los apoyen. Esto hace que los más comprometidos se esfuercen en ponerlos en marcha, tirando a remolque de unos creyentes que no están convencidos. Entonces, los que los siguen se esfuerzan hasta lo sumo por llevarlos a buen puerto, pero sin el entusiasmo que necesita todo lo que tiene que ver con el espíritu. Y los que no los siguen empiezan a crearse un complejo de culpa, muchas veces insoportable. Esto no es lo que hizo Jesús. Al contrario, vivió con el pueblo, con los de abajo, asumió su forma de ser, vivir, alegrarse y padecer, pudiendo estar atento a lo que necesitaban. No fue Jesús un dirigente al uso, que impone sus planes como los gobernadores de este mundo. Más bien, escuchó, convivió y supo descubrir las necesidades de la gente, para concretar después un plan liberador que les diese respuesta. Esto debería ser un aviso a navegantes o, mejor, a gobernantes, seculares y religiosos que, según Jesús, deberían ser servidores más que dirigentes. Cuando unos siempre dictan, y los otros siempre escuchan y copian, los que dictan corren el riesgo de convertirse en "dictadores".

El criterio fundamental de Jesús son las personas, sus aspiraciones, sus necesidades, su hambre de dignidad y de justicia, y su apertura a un sueño divino que encontrará muchos menos obstáculos entre ellas, porque no tienen nada que perder. Por eso Pedro, cuando visite años después a un militar romano llamado Cornelio, para explicarle en qué consistió la vida de Jesús, sólo sabe decirle que fue un hombre que "*pasó haciendo el bien y liberando a todos los oprimidos, porque Dios estaba con él*" (Hechos 10:38). Pasar por la vida haciendo el bien. Ésta es la mejor manera demostrar la compañía de Dios, y el mejor modo que uno tiene de seguir el ejemplo de Jesús. Por eso podrá decirle Pedro a Cornelio que su maestro pasó su vida haciendo el bien. Como dice acertadamente José María Castillo:

Vio con sus propios ojos y oyó con sus propios oídos la alegría de los enfermos sanados por Jesús, el gozo de los pecadores acogidos y perdonados por el mismo Jesús, y el entusiasmo de las gentes que comieron hasta saciarse cuando se encontraron solos, en el desamparo de los pobres de la tierra. Jesús pasó haciendo el bien porque los que se acercaron a él se sintieron bien (…). No porque lo proclamó él, sino porque lo vieron y lo sintieron los demás.[6]

Pues bien, lo interesante del relato que nos ocupa es que el evangelista detalla quiénes están escuchando al maestro, allá en la casa de Capernaum: "*Y estaban sentados los fariseos y doctores de la ley, los cuales habían venido de todas las aldeas de Galilea, y de Judea y de Jerusalén*" (Lucas 5:17).

No es extraño que fariseos y escribas de Galilea acudan a averiguar qué pasa con Jesús de Nazaret, ya que las noticias vuelan entre las gentes del campo. Pocas distracciones pueden encontrarse en una tierra que obliga a sus gentes a trabajar de sol a sol. Las habladurías, los rumores y las noticias familiares y sociales son, para ellas, una forma agradable y entretenida de pasar el tiempo libre: ¿Quién se casa con quién? ¿A cuántas ovejas de fulanito mató el lobo el mes pasado? ¿De verdad que menganita está embarazada? Pero si sólo está comprometida, no está casada aún… ¿Y quién será el padre? ¿Cómo dices que se llama el nuevo predicador que viene de Nazaret?

Se ha corrido la voz, rápidamente, de que Jesús habla con una vehemencia y una autoridad desconocidas hasta ahora, y que acompaña sus predicaciones de curaciones y exorcismos. Así que a los escribas y fariseos de las comarcas colindantes les interesa conocer de primera

---

[6]Castillo, *La ética de Cristo*, 55.

mano lo que el nazareno va diciendo por ahí. No perderán mucho tiempo. En Galilea casi todo está a un tiro de piedra. No es sorprendente que a la casa de Simón bar Jonás, donde para Jesús, ya hayan acudido a escucharle religiosos galileos.

Lo realmente curioso es que se han desplazado hasta Capernaum escribas y fariseos de Jerusalén, y también de otras poblaciones de Judea. Esto llama mucho más la atención del lector. Para llegar hasta allí en un tiempo tan corto, los rumores han tenido que viajar extraordinariamente rápido. ¿Quién les ha hecho llegar con tanta celeridad la primicia de lo que está ocurriendo con el maestro galileo? ¿Quién les ha contado los rumores sobre sus predicaciones y milagros,[7] para que se hayan dado tanta prisa en cruzar de sur a norte el país?

Para responder a estas preguntas, habrá que recordar la procedencia del Iscariote. Efectivamente, si el apelativo le viene de su lugar de nacimiento o residencia (hombre de Queriot), es de Judea. Además, si acaba controlando la bolsa común del grupo de Jesús porque era el discípulo con más prestigio social de los doce, quizá sea un escriba muy bien formado. Ahora se puede empezar a atar cabos, juntando los dos datos: Judas quizá sea un escriba de Judea; por otro lado, nada más comenzar su ministerio, Jesús recibe en la casa de Simón Pedro a escribas de Judea. ¿Casualidad?

Es sólo una hipótesis, pero parece posible que Judas sea una avanzadilla, una especie de espía del grupo de escribas de alguna comarca de Judea, o de la misma Jerusalén, que ha sido enviado a controlar los movimientos de Jesús. O bien que sea uno de los doctores de la ley, ésos que llegan desde Judea hasta la casa de la suegra de Pedro, informados por un tercero, para oír y ver de primera mano lo que Jesús dice y hace.

Si esto es así, el pasaje evangélico de Lucas 5:17-26 podría estar narrando el primer encuentro entre Jesús y Judas. Un hombre con la misión de controlar las actividades del maestro galileo, y que acaba convertido en discípulo de Jesús. La pregunta parece obvia: ¿Qué va a ocurrir en aquella

---

[7]Sólo la comunidad creyente reconoce en los milagros de Jesús el advenimiento inminente del Reinado de Dios. No los considera como magia y falsa pretensión. Pero con ello no se ha suprimido el incógnito para los no creyentes. El no creyente ve magia y mundo equívoco. El creyente afirma el Reinado de Dios. Nuestro tiempo no vive ya en un mundo mágico, pero tiende a considerar el milagro como una manifestación visible e inequívoca de lo divino. No obstante, el milagro sigue siendo equívoco y precisa de interpretación. Sufre una interpretación tanto por parte de los creyentes como por parte de los no creyentes. D. Bonhoeffer, *¿Quién es y quién fue Jesucristo? Su historia y su misterio* (Barcelona: Ediciones Ariel, 1971), 86.

casa? ¿Qué verá y oirá el Iscariote, que desbaratará por completo sus planes?

Podría aducirse que, en realidad, nada cambiará en los planes de Judas y que aquellos tres años que va a pasar con el nazareno no serán sino una maquiavélica misión de espionaje a favor de los escribas de Judea, para tenerlo controlado y facilitar su detención si fuera necesario. Sin embargo, el relato de la mujer que vierte perfume sobre Jesús en Betania (Juan 12:1-8), como más adelante veremos, hace difícil esta interpretación. Es evidente que la mejor arma de un espía es no hacerse notar, pasar lo más desapercibido posible, no darse a entender. Sin embargo, en Betania veremos a Judas reprobando públicamente la actitud del maestro con aquella mujer. Esta reacción permite entrever una adhesión verdaderamente comprometida con el ministerio de Jesús, que se ve defraudada por la escandalosa actitud del maestro con la mujer del perfume, mucho más que la penumbrosa habilidad para no llamar la atención, que es lo que se espera de cualquier espía que se precie de serlo.

Así que vuelve a ser pertinente la pregunta: ¿Qué le pasó a Judas aquel día, allá en la casa de la suegra de Simón? ¿Qué vio, qué oyó para dejar de lado su inquisitiva misión, y echarse a los caminos siguiendo a Jesús?

La sociedad palestina de los tiempos de Jesús es tremendamente injusta. Unos pocos tienen mucho, y otros muchos poco o nada. El lujo de unos lo pagan otros con el hambre y el subdesarrollo. Una minoría acumula en sus manos el poder para imponer sus decisiones a la mayoría, privándola de sus derechos más elementales. Muchos israelitas viven condenados a interminables jornadas de trabajo, de las que consiguen sacar apenas un denario,[8] y otros ni siquiera tienen acceso al trabajo. En medio de aquella forma de vida, la mayoría de los judíos se encuentra imposibilitada para realizarse como personas dignas. Y, sin embargo, muy pocos parecen estar dispuestos a luchar contra aquella ignominia. La sociedad está como paralizada.

Judas va a descubrir que Jesús no es neutral ante las necesidades e injusticias que va encontrando en su camino, y actúa con una valentía que no se sujeta a ninguna otra autoridad que no sea la de Dios. Que siempre se pone de parte de los que más ayuda necesitan para llegar a ser libres. Que su actividad es símbolo de una Buena Noticia para todo el que busca liberación. Que cura, libera, reconstruye y reinserta a los más débiles, desatando un poder benéfico que jamás se ha visto antes en

---

[8] Se considera que en aquellos tiempos el sueldo normal por un día de trabajo, de sol a sol, era de un denario. Por ello, en la parábola de los obreros de la viña (Mateo 20:1-16), el dueño pacta con ellos un denario de salario por el día de trabajo.

Israel. Que contagia su esperanza a los perdidos, a los desalentados y a los últimos del escalafón social, convenciéndolos de que están llamados a disfrutar de la fiesta final de Dios.

En su predicación, el anuncio de la salvación se convierte en experiencia inmediata de salud física y liberación espiritual, ofreciendo a todos esperanza para enfrentarse al problema de la vida y al misterio de la muerte. Va a ser testigo de que de aquella sociedad paralizada por el miedo, el hastío y la desesperanza, está a punto de surgir un líder, un lugarteniente de Dios. Quizá el mesías esperado, que romperá las cadenas y devolverá la libertad a los que están de brazos y piernas caídos, como paralizados de cuerpo entero. Por eso está Judas en la casa de Simón, porque intuye, quizá, que el rumor que recorre Galilea y ha llegado hasta Judea y Jerusalén como una mecha prendida, puede ser cierto.

En el relato paralelo de Marcos (2:1-12), dentro de una casa tan repleta de gente que hay personas que tienen que quedarse a escuchar fuera, Jesús aparece en escena *"proponiéndoles la Palabra"*. En ese mismo momento pudo empezar la aventura de Judas. Está harto de ver que los numerosos mesías, ésos que van surgiendo por aquellos tiempos en todo Israel, acostumbran a proponerse a sí mismos como fuente de liberación y foco de atención. Jesús, sin embargo, les propone la Palabra y a ella hace dirigir las miradas de la gente. No sabemos qué Palabra, qué porción de las Escrituras explica Jesús aquel día. Marcos no lo dice. Pero si el Iscariote es un escriba, será pronunciada con una gran autoridad, de forma convincente, pues de no ser así nada lo retendrá en aquella casa.

Lo cierto es que a Jesús cualquier pasaje de las Escrituras le evoca la compasión y la bondad de Dios, a veces teñidas de la vehemencia y de la urgencia tan típicas de los profetas del Antiguo Testamento, y así suele decirlo a los que lo escuchan. Una palabra que invita a compartir, no a limosnear; a buscar la justicia, no la caridad beata; a dignificar y reinsertar a los marginados, no a convertirlos en perpetuos dependientes sociales.

Esa palabra revolucionaria, cargada de esperanza, en la que Dios aparece como poder vivificante para una sociedad medio muerta, ha podido hacer mella en Judas. Conoce perfectamente las Escrituras. Se las sabe casi de memoria. Pero mientras las escuelas de los viejos escribas parecen resecar cada vez más la Palabra, y se contentan con protegerla y enclaustrarla, en boca del maestro galileo adquiere un tinte de novedad sorprendente. Le parece que jamás hombre alguno ha hablado como éste (Juan 7:46). Es como si la escuchara por primera vez, y le permite sentir de nuevo el cosquilleo infantil del descubrimiento, el relámpago interior que produce percibir de forma novedosa una Palabra que ya se daba por sabida, cuando lo único que había sido es mil veces pronunciada.

Se ve en su rostro que Jesús vive las Escrituras que propone, y contagia su pasión a los que la escuchan. Es como si la Palabra se hubiera hecho carne, y estuviese viviendo entre ellos (Juan 1:14). Para Jesús, proponerles la Palabra no es un modo de teorizar, o de ganarse la vida, sino de actualizar en el interior de cada uno la presencia de Dios en las Escrituras, que no deben ser tablas de piedra sino la ley del amor escrita en sus corazones (Jeremías 31:33). Pero el corazón humano no se siente capaz de aceptar esa Palabra grabada. Porque a fuerza de petrificar la Escritura, él mismo se convierte en piedra. Por ello, lo primero que hará Jesús para que la Palabra sea eficaz será conseguir que el corazón de piedra, deshumanizado durante cientos de años de códigos y normas, se convierta en corazón de carne (Ezequiel 11:19), y así la ley de la compasión pueda ser grabada a fuego en él.

Esto no se lo perdonarán los dirigentes, porque con su vida deja al descubierto la hipocresía de los que se llaman representantes de Dios. Es la fidelidad de su vida a la Palabra lo que irá inspirando la confianza de los oyentes, y lo que los moverá a formularle sus más íntimos deseos. Sus dirigentes no quieren eso; es muy peligroso para ellos.

El desenmascaramiento de un poder religioso ruin, que paraliza a las gentes con el temor al castigo, le acarreará resistencias, que irán aumentando con el paso del tiempo: sus parientes lo querrán disuadir de su misión, los discípulos no acabarán de entenderle, los enfermos irán a él únicamente para quedar sanos de su mal, los dirigentes lo perseguirán...

¿Por qué todas estas resistencias a Jesús? ¿No es un simple e inofensivo predicador ambulante, un iletrado carismático arrebatado por el amor y la debilidad? En absoluto. Es muy difícil aceptar a una persona que puede poner en peligro la seguridad de la rutina, el dominio de las conciencias, la comodidad e incluso el futuro si la seguimos. Es más cómodo, y más rentable, seguir a aquellos que lo máximo que piden son unos ritos externos, al margen de los intereses verdaderos de la vida.

Casi todos los grupos religiosos entenderán que tienen motivos de sobra para oponerse a Jesús. Incluso el poder romano estará amenazado, aun sin saberlo. Cada uno de ellos verá peligrar sus propios intereses e incluso su idiosincrasia. Muchas diferencias los separan entre ellos, pero esto no. Consideran a Jesús un volcán a punto de estallar:

Los *saduceos* (sacerdotes) verán amenazado su ejercicio omnímodo del poder religioso. En Israel en tiempos de Jesús no hay diferencias entre el poder religioso, el político y el social. Quien pone en tela de juicio aspectos importantes de la religión es un enemigo, además de en este ámbito, en todos los demás. La predicación de Jesús traza, en efecto, una imagen de poder totalmente contraria a la de los saduceos. El maestro de Nazaret considerará ese poder como perteneciente al reino de Satán, se opone a él, y propone una nueva escala de poderes, en la que el más importante será el que sirva más y mejor. Frente al afán de dominación, Jesús predicará la diaconía o disposición al servicio. Esta forma de hablar y actuar lo situará en oposición frontal contra la práctica hegemónica del poder sacerdotal.

Los *escribas* (maestros de la Ley) verán amenazada su influencia sobre el pueblo y, en consecuencia, su acceso a responsabilidades de importancia en el Sanedrín. Por lo general son extremadamente pobres, y la única forma de salir de la indigencia es medrar hasta obtener algún cargo en Jerusalén. El pueblo los venera por considerarlos poseedores y cuidadores de la ciencia sagrada, ya que por su formación son los únicos capaces de traducir el hebreo sagrado al arameo popular. Aunque la forma de ministerio de Jesús se parezca mucho a la de ellos, pues lo que más hace es enseñar (por ello lo llaman rabí), critica repetidamente su afán de notoriedad, su pericia para conseguir los mejores puestos en los banquetes y en las sinagogas, su tendencia a imitar la ampulosidad vestimentaria de los sacerdotes, o su manifiesta voracidad por los bienes de sus benefactores (Marcos 12:38-40; Lucas 20:45-47). Pero sobre todo, lo que más critica Jesús a los doctores de la Ley es que monopolicen las Escrituras y las hagan prácticamente incomprensibles, ejerciendo ellos una función casi esotérica (Lucas 11:52). Hacer de la Escritura un discurso hermético, oscuro para el pueblo, es desconocer su finalidad esencial, ahogarla con una complicada casuística académica que termina por debilitar su fuerza original. Para ellos, el pueblo ignorante no puede captar el verdadero sentido del texto. Para Jesús, sin embargo, basta con una regla de interpretación muy sencilla: para entender las Escrituras sólo hay que leerlo todo bajo el prisma del amor y del servicio a los más débiles y necesitados, que era el grito de los profetas que ellos han enmudecido, al olvidar a los marginados y despreciarlos. Por eso, son incapaces de sostener la mirada a Jesús sin sentir todo el peso de la acusación de los enviados de Dios, a los que sus padres mataron sin vacilar (Lucas 11:47-51). Así que la predicación de Jesús los sobresalta y los irrita.

Los *fariseos* (guardianes de la ortodoxia) verán amenazado su pilar más importante, que han intentado proteger de cualquier manoseo popular: la Ley de Moisés. Hay algo en Jesús que los exaspera. Mientras ellos, por su santidad forjada a base de ritos de pureza, se consideran el "verdadero Israel", el nazareno va diciendo por ahí que el verdadero Israel son las prostitutas, los publicanos, los leprosos, es decir los impuros. Ellos son a los que ha venido a buscar y a sanar. Los fariseos creen serlo porque obedecen, pero Jesús les dice que las meretrices y los ladrones entran antes que ellos al Reinado de Dios. Mientras que la gente del vulgo (*am-haarets*) no tiene dignidad para ellos, que se sienten superiores en todo, porque todos los males de Israel vienen por culpa del pecado del pueblo, Jesús viene a enseñar que cualquier pecado puede aspirar al perdón de Dios, y que para ello no hace falta pasar por los mil y un ritos de pureza que ellos imponen, sino pedírselo de corazón al Padre del Cielo. Mientras que ellos protegen la Ley con un valladar, de forma que la hacen intocable y absoluta, Jesús relativiza las seiscientas treinta normas que han puesto encima de la Ley, y las supedita a la salud, la felicidad y el bienestar humanos (Marcos 2:23-27). Esta actitud los enfrentará sin remedio con Jesús, y buscarán constantemente su desprestigio.

Los *esenios* (monjes apocalípticos) verán amenazada la propia razón de su existencia: la pureza. Tanto la ansían, que se segregan, y crean en Qumram una comunidad ritualmente pura. Llegan al paroxismo decretando que cualquier defecto físico es signo de impureza y, por lo tanto, de rechazo divino. Además, son los elegidos para la venganza de Dios por todos los agravios sufridos por Israel. El esenio es un creyente profundamente pesimista, pues sólo ve en el presente el acrecentamiento inexorable de las fuerzas del mal.

Sin embargo, Jesús se mezclará con la masa, a quien anuncia la liberación próxima y anima su confianza en la fuerza arrolladora del Reinado de Dios, que llega de forma inminente. No teme rodearse de pecadores, enfermos e impuros, pues su misión no consiste en condenar al pecador, sino en salir a su encuentro para ayudarlo. Dios es el Padre de todos, y no el vengador de Israel. Jesús toca a los lisiados, leprosos, mujeres impuras por su flujo de sangre, porque la salvación o la santidad no son bienes que se puedan retener celosamente, o atribuir su usufructo a una élite de elegidos. Y tampoco se deja embaucar por el dualismo apocalíptico de los esenios. Mientras que ellos esperan la llegada del fin del mundo encerrados entre las cuatro paredes del monasterio, castigando su cuerpo para que su alma pueda ver la luz cuando llegue, Jesús ilumina la etapa presente de la historia con el misterioso avance del Reinado de Dios. Más que orientar a sus discípulos a una ansiosa espera del futuro, Jesús los llama a tomar y a reafirmar la decisión de entregarse ya, aquí y ahora. No hay que esperar, porque ya está aquí, sin rayos ni centellas en los cielos. Jesús atenta contra la médula misma del esenismo.

Los *zelotes* (guerreros de Dios) verán amenazada la propia tierra de

Israel. Nacionalistas acérrimos, enloquecidos por la opresión romana y la traición de Herodes, quieren devolver a Israel la tierra que Dios le había dado en el pasado. Hay que purificar el sacerdocio, medio vendido al poder romano para poder continuar en sus puestos. Hay que rescatar el Templo de las manos impías que ahora lo regentan. Y todo esto, con un fundamento profundamente religioso: sólo Dios puede reinar en Israel, por lo que el invasor romano no tiene ninguna legitimidad, y hay que expulsarlo a él y a sus colaboradores. Evidentemente, a un invasor que ha entrado a sangre y fuego sólo se lo puede combatir de la misma forma. Sin embargo, a Jesús no le interesan todas estas consideraciones. El Templo no es un absoluto. Los sacerdotes no son mediadores imprescindibles. La tierra no es un lugar sagrado. La etnia no dignifica. Ningún privilegio es concedido a Israel sólo por serlo (Mateo 12:41-42; Lucas 11:31-32). Los paganos no son enemigos de Dios, sino tan hijos suyos como los judíos. Las armas no son el instrumento que acercará su Reinado. El mesías no ha venido a matar gigantes, sino a velar por los pequeños. Jesús supera el nacionalismo de los zelotes, y se embarca en un proyecto de mucha más envergadura: la levadura del Reinado de Dios debe leudar toda la masa, y ésta es mucho mayor que un pueblo determinado. Quiere desarmar al gigante, convencerlo para que deje la espada, y se ponga a servir con él a los más débiles que él. Por utópico que esto parezca. Esta radicalidad en su universalismo, su no violencia y su predicación y práctica de la paz y del servicio le granjeará muchos enemigos entre los zelotes.

Los *herodianos* (lacayos del rey Herodes) verán amenazados sus privilegios cortesanos y su vida acomodada, construidos a costa de esquilmar a todo el pueblo, indefenso frente a la omnipotente maquinaria real, estrangulado por ingentes impuestos, y represaliado con extrema violencia cada vez que se echa a la calle a protestar por su mísera forma de vida. Ya Juan el Bautista había sufrido en sus carnes la política de persecución y exterminio del sangriento monarca ante cualquier disidencia. Los poderes humanos, sobre todo cuando son absolutistas, soportan muy mal al profetismo, que los acorrala entre los muros de sus propias incoherencias. Llamados a servir al pueblo, tan sólo quieren servirse de él. Puestos entre la espada y la pared por las demandas de justicia y misericordia de los profetas, reaccionan como bestias acorraladas saltando sobre quien los señala con el dedo, y devorándolo. No tienen piedad. Sólo ambición sin límites. No permitirán que algo o alguien se oponga a su privilegiado destino. Tienen muchas cosas que perder. Jesús se enfrentará, y su vocación profética no le permitirá evitarlo, a este sistema imperante. Entre el Reinado de Dios, orientado por el amor y el servicio a los oprimidos, y el reino casi esclavista de Herodes, se producirá una colisión que hará saltar las chispas. Sólo la superstición del rey, creyendo que el galileo es, de alguna forma, una manifestación sobrenatural del Bautista asesinado, y también la perspicacia de Jesús al escapar siempre de sus trampas, mantendrán al maestro con vida en muchas ocasiones. Pero las palabras del nazareno se yerguen ante el monarca como llamaradas de fuego. Llamarle "*levadura corruptora*" (Marcos 8:15), o simple "*zorro*" saqueador de gallineros (Lucas 13:31-32), cuando el uso idiomático hace del verdadero enemigo un león feroz (1 Pedro 5:8)) es realmente humillante para el tetrarca. Herodes no se lo perdonará, y se desquitará mofándose de él cuando se lo lleven a palacio atado de manos.

Y para terminar, los *romanos* (verdadero poder imperial) verán amenazado el *statu quo*, siempre precario en Israel. Implacables dominadores, salvadores de un mundo sumergido hasta su llegada en una densa oscuridad de incivilidad. El César romano había recibido el título helenístico de *Soter*, "Salvador, Benefactor", porque bajo su imperial bota surge un mundo nuevo, moderno y pacificado, civilizado. Su poder absoluto trae la urbanidad, el derecho, las calzadas, el comercio, la luz y la grandiosidad de todo un imperio. Pero, para ello, hay que rendirle pleitesía al estilo romano: más impuestos. El sistema imperial necesita una ingente cantidad de dinero para sobrevivir, y sus conquistados deberán hacer frente a pagos astronómicos. Donde no haya recursos, habrá que encontrarlos. Los campesinos, pescadores, y artesanos son su tesoro. ¡A por ellos! Jesús toma posición de manera explícita sobre la manera de ejercer el poder, y su finalidad. Él ha tenido que ver, desde su más tierna infancia, cómo juzga el imperio, y cómo castiga sin juicio previo, por simples sospechas o delaciones sin base ninguna, a personas que pueden ser inocentes. Su desprecio por la verdad los hace cómplices de la mentira. El fin justifica los medios. Esto trae mucha falsedad, corrupción e injusticia. A pesar de que cuando se le acerca algún soldado romano para pedirle ayuda el maestro se la presta, y se admira de su fe (Mateo 8:5-13), no echa el paso atrás a la hora de criticar su manera de ejercer el poder: "*Los reyes de las naciones las tiranizan, y los que ejercen el poder se hacen llamar 'Benefactores'. Pero vosotros, ¡nada de eso!*" (Lucas 22:25-26). La referencia al César, que también posee el título de Benefactor de Roma, es francamente explícita. Quien quiera mandar, que lo haga para servir a sus semejantes, para ofrecerles una vida más digna. Entonces el poder sí adquiere un sentido benefactor. Lo contrario, ignorar y pisotear los derechos del más débil, como Pilato en el propio juicio a Jesús, es manifestar su propia precariedad. Se cree omnipotente, pero acaba cediendo ante las pretensiones de los sacerdotes y de una turba manipulada.

Esta combinación de universalismo, crítica vehemente a tantas instituciones religiosas esclerotizadas, y radicalidad no violenta ante la opresión y la marginación del pueblo más débil, enfrentará a Jesús tanto al Sanedrín y a los sacerdotes, como a los romanos. Es difícil salir con vida de una conjunción de poderes tan ecléctica. Como una tormenta perfecta. Bien dice José María Castillo:

> La predicación del reinado de Dios es una cosa que no se puede realizar impunemente. Porque predicar el Reino es predicar el cambio radical de la situación que vivimos. Y es, por eso, amenazar directamente contra este orden de cosas. Jesús anunció las persecuciones, las cárceles y la misma muerte a sus discípulos (Mateo 10:16-33). Y tenía que ser así. Porque el reino de Dios, que es la promesa mejor que se puede hacer al mundo es también, y por eso mismo, la amenaza más radical para el presente orden constituido.[9]

Ninguno de estos grupos humanos está dispuesto a aceptar que Jesús, con sus palabras, actitudes y actuaciones, revolucione de tal manera un sistema que parece funcionar a la perfección, proponiendo una nueva escala de valores que desautoriza los ritos sin espíritu, que compromete seriamente a sus seguidores con la justicia y la libertad, que está a favor de los que margina la sociedad, que aborrece la violencia, que reta a quien es abofeteado a enfrentarse a su agresor poniendo a su disposición la otra mejilla, que amenaza los intereses de los poderosos, civiles y religiosos... Todo esto da miedo. Y todo esto está a punto de escuchar Judas, de boca de Jesús, entre las paredes de aquella casa de pescadores, llena de gente hambrienta y sedienta de justicia. Quizá muchas cosas más se oirán allí.

Mientras está enseñando,[10] llegan cuatro campesinos llevando a un paralítico en una especie de camastro.[11] No consiguen hacerse sitio para

---

[9]J. M. Castillo y J. A. Estrada, *El proyecto de Jesús* (Salamanca: Ediciones Sígueme, 1987), 39.

[10]Lucas 5:17. El empleo del tiempo verbal imperfecto (en) junto al participio presente (*didaskon*) indica lo reiterativo y continuado de la actividad pedagógica de Jesús. Debería traducirse algo así como "Estaba enseñando, fiel a su costumbre". Al maestro le gustaba enseñar, y lo hacía siempre que podía. Marcos, por su parte, construye su evangelio bajo el signo de la enseñanza de Jesús. Inicia su ministerio público enseñando con autoridad (1:21-28), y lo termina de la misma forma en el Templo de Jerusalén (11:15-19). La pedagogía fue un eje central del ministerio de Jesús. Rius-Camps, *El Evangelio de Marcos*, 183.

[11]Por influjo romano, el uso del catre montado sobre patas se fue extendiendo en

pasar, y empiezan a ponerse nerviosos. Han oído que Jesús está en la aldea, y no quieren perder esa imprevista oportunidad. Por todo Capernaum y sus alrededores circulan historias de curaciones inauditas, milagrosamente realizadas por el rabí nazareno. ¿Por qué no probar? Pero por mucho permiso que piden, y a pesar de los empujones y apretones que dan, sólo irritan aún más al personal, que no está dispuesto a apartarse para dejarlos pasar.

Desde dentro se oyen algunas voces en la calle que empiezan a subir de tono. El maestro mira hacia afuera, pero los escribas le ruegan que siga hablando. Sus palabras les encienden el corazón, para bien o para mal. Jesús continúa hablando, pero se nota que no está tranquilo. Otea el hueco de la puerta, por si alguno de sus amigos le hace alguna seña para que salga. Pero la gente ha dejado de moverse y de gritar. Entonces, el maestro de Nazaret se pone de pie y para de hablar. Está a punto de dirigirse hacia la salida cuando se oyen unos extraños ruidos en la azotea, hecha de baldosas de barro cocido y paja.[12] Todas las miradas se dirigen, a una, hacia arriba. Empieza a verse entrar la luz del sol por en medio de las vigas del techo. La fe se está haciendo paso, recia y terca, a pesar de los obstáculos de la vida. Jesús sonríe, mueve la cabeza hacia arriba y hacia abajo, y se lleva las manos a los labios, en signo de admiración. ¡Cuánta fe han demostrado aquellos hombres que ahora asoman la cara por el nuevo hueco de la techumbre! Mira a Pedro, y esboza una media sonrisa, señalando el agujero en el tejado. ¿Le pedirá cuentas la suegra de su amigo?

Cuando los hombres consiguen hacer un boquete suficientemente grande en el tejado, hacen descender la camilla[13] con un par de cuerdas pasadas de forma transversal. Se adivina un cuerpo debajo de la manta que la cubre. Judas estira el cuello, para intentar ver qué es aquel bulto inmóvil.

Por fin, la camilla toca suelo. Todo el mundo está expectante. ¿Qué es aquello? ¿Hay alguien allí debajo? El Iscariote se acerca, mueve la camilla tirando de una de sus asas, se vuelve hacia Jesús y se fija en su rostro. La luz

---

Palestina entre las familias pudientes; pero los pobres dormían sobre esteras o sobre el propio manto, en el suelo de la habitación común o de la terraza.

[12] El tejado normal de las casas de Palestina consistía en unas vigas de madera, que descansaban sobre las paredes de piedra o de adobe. El espacio entre las vigas estaba cerrado con una especie de cañizo, ramas de espino entretejidas y mezcladas con unos cuantos centímetros de yeso, que ofrecían una buena consistencia. Tenía un cierto declive y, normalmente, antes de la estación de las lluvias se alisaba cuidadosamente. Apéndice 3.1.

[13] En el versículo 18: Lucas había usado la palabra "camastro" (*kliné*), pero ahora (v. 19) utiliza el diminutivo *klinidion*, "camilla". Pudiera ser que lo que bajaran con las cuerdas fuera la camilla, o jergón, propiamente dicha, prescindiendo del armazón (camastro), que no habría podido pasar a través del boquete.

que entra desde arriba ilumina sus blancos dientes. No para de sonreír. La expresión del rabí nazareno es extraña. Judas no puede definirla con una sola palabra. Es una mezcla de admiración, alegría, ilusión y esperanza. Entonces le hace un gesto al escriba de Queriot para que levante la manta. Cuando lo hace, la gente echa un paso hacia atrás, espantada.

Encima de la camilla se encuentra un varón joven, enjuto, con los brazos como cañas y las piernas retorcidas como las ramas de un olivo. Es un hombre paralizado.[14] Lo han recostado de lado y, girando el rostro, mira a Jesús con una infinita tristeza, pero también con una incipiente fe.[15]

Judas se acerca al maestro y le dice: "Mucho ha tenido que pecar este hombre para merecer tal castigo". La expresión del nazareno cambia de repente. Su sonrisa desaparece y los ojos se le inundan de lágrimas. Pone la mano sobre el hombro del Iscariote, pero no dice nada. No hace falta.

Según el modo de pensar judío, cada pecado humano recibe el castigo merecido. Y, por reflexión inversa, de los padecimientos de un enfermo o accidentado se puede deducir, a ciencia cierta, que está cargado de culpas y que es un pecador. Jesús se opone tajantemente a esta mentalidad y cómputo legalistas. Cuando el prefecto Poncio Pilato hizo degollar a los peregrinos galileos surge la pregunta: ¿Las víctimas habían incurrido en culpas descomunales para que se precipitase sobre ellas semejante castigo? Jesús responde:

> ¿Pensáis que esos galileos eran más pecadores que los demás porque acabaron así? Os digo que no; y si no os enmendáis, todos vosotros pereceréis también. Y aquellos dieciocho que murieron aplastados por la torre de Siloé, ¿pensáis que eran más culpables que los demás habitantes de Jerusalén? Os digo que no; y si no os enmendáis, todos vosotros pereceréis también (Lucas 13:2-5).

El maestro de Nazareth no niega que haya una cierta conexión entre el pecado y el sufrimiento del mundo. Pero contradice el punto de vista

---

[14] Los demás evangelistas usan la palabra paralítico (*paralytikos*), pero Lucas emplea otro término, *paralelymenos*, un participio pasivo de perfecto, que se traduce mejor como "un hombre paralizado". Este matiz introduce la idea de un mal exterior, más que una consecuencia del mal interior, de los pecados, como creían los judíos. Ese mal que azota a este hombre no le viene de dentro, no tiene la culpa él, sino que es producido por algo ajeno a él, la enfermedad que lo paraliza.

[15] Lucas escribe que "Jesús se dio cuenta de la fe de ellos" (v. 20). Esta fe (*pistis*) se refiere a la actitud de los cinco, y no sólo a la de los acompañantes. Denota la convicción profunda de que Jesús era capaz de hacer algo por el desvalido, una especie de confianza en el poder que manifestaba Jesús.

corriente de que tal conexión pueda ser perceptible, comprobable en el caso concreto de la suerte de un ser humano.[16]

El escriba se siente enfermo de inmediato, como si sus palabras hubieran revelado una malformación mucho más grave que la del hombre de la camilla. Se queda pensativo, rumiando la hondura de lo que acaba de decir, y ve cómo Jesús se acerca al paralítico. En aquella casa hay, al menos, dos enfermos. Del Iscariote se ocupará más tarde, no se olvidará de él, porque el joven rabí es el médico de Dios, sanador y salvador de cuerpos y almas, siempre atento a las dolencias y debilidades de la carne, y a los dolores y angustias del corazón. Ha venido a paliar las necesidades de los que son conscientes de ellas, y a convencer de su propia precariedad a los que no lo son.

El nazareno se recuesta de costado en el suelo, de forma que sus ojos quedan a la altura de los del tullido. Así, el hombre puede apoyar de nuevo la cabeza en la camilla sin perder de vista al rabino galileo. Y se encuentra frente a frente con una mirada enigmática, limpia y turbadora a la vez, que parece penetrar hasta los lugares más recónditos de su alma. Se ha quedado pegado a ella. No quiere ni parpadear. Algo le dice que ésos son los ojos con los que Dios mira a la gente. Esa idea le trae súbitamente paz, porque sólo ve en ellos compasión y ternura. No es una mirada dura o exigente sino que de ella brota una misteriosa esperanza. Se da cuenta de que el maestro es capaz de captar su sufrimiento, su frustración, su sentimiento de abandono, y llega a atisbar en esa mirada infinita que ya no se sentirá abandonado nunca más.

Jesús le susurra algo al oído, unas palabras que ningún otro puede escuchar, pero todos ven cómo el paralítico sonríe, mira a Judas, y asiente con la cabeza. Entonces, el maestro vuelve a ponerse en pie y le dice: "*Chaval*,[17] *tus pecados ya han sido perdonados*".[18]

---

[16]E. Lohse, *Teología del Nuevo Testamento* (Madrid: Editorial Cristiandad, 1978), 58.

[17]En Lucas (5:20), el término empleado es *anthrope*, "hombre", mientras que en Marcos (2:5) Jesús lo llama "hijo" (*teknon*), pero no "hijo" sólo en sentido de filiación, sino de niño pequeño y dependiente. El hijo ya maduro e independiente es el *huios*, mientras que el *teknon* es el infante, el hijo menor de edad, aún dependiente de los padres. Quizá, al ser el relato de Marcos más antiguo, preserve mejor el recuerdo del suceso y de su protagonista. Si fuera así, el paralítico podía ser un chico muy joven, un adolescente, porque es difícil que Jesús se hubiese atrevido a usar esta expresión con un hombre maduro, y porque así se llamaba a los niños más mayores (la adolescencia es un término muy moderno) que aún no habían cumplido la mayoría de edad. De todas formas, podría ser también una expresión cariñosa, sin tener que ver con la edad.

[18]Mientras que el relato paralelo de Marcos emplea la forma verbal *aphientai* (son

Judas reacciona espantado. Se arma un enorme revuelo entre los presentes. Nadie esperaba esa afirmación de Jesús. Los escribas y fariseos empiezan a murmurar en voz baja, y se dicen unos a otros que el rabí de Nazaret acaba de blasfemar,[19] pues sólo Dios puede perdonar los pecados.[20]

Jesús se da cuenta enseguida de las cavilaciones de los religiosos. Mira a Judas, y no puede por menos que sentir compasión por él. Aquel joven escriba tiene el ceño fruncido, y mascula entre labios palabras inaudibles. Lo que podía haber sido una fiesta, se está convirtiendo en un auténtico funeral, en el que el maestro de Nazaret puede acabar siendo el finado.

El rabí pasea su mirada entre la gente, alejándola por un momento del joven paralizado. Ahora hay otros enfermos que curar y, aun sin saberlo, también necesitan su atención.

—*¿Qué os parece más fácil decir: "Tus pecados ya han sido perdonados por Dios", o decir: "Levántate y anda"?*

Está claro que es más fácil decir: "Tus pecados ya han sido perdonados por Dios", porque no hay manera de verificar el efecto de esas palabras, mientras que curar a un paralítico está sujeto a la comprobación directa del resultado. Pero aunque para el de Nazaret es tan fácil una cosa como la otra, va a manifestar el poder de Dios realizando lo que ellos tienen por más difícil. De esa forma, los dos milagros quedan demostrados.

El escriba Iscariote ha levantado la mirada del suelo. Pensaba que Jesús se retractaría de su blasfemia. Empezaban a darle miedo las consecuencias de tanta arrogancia. Pero cuando el rabí pronuncia aquella última pregunta, tiene claro que ya se ha puesto a sí mismo entre la espada y la pared. La siguiente

---

perdonados), Lucas introduce el perfecto pasivo de indicativo *apheóntai*, que hay que traducir por "ya han sido perdonados". El sentido es el de la "pasiva teológica", es decir, "Dios te ha perdonado ya tus pecados".

[19]La actitud judía respecto a la blasfemia se basa en Levítico 24, donde se hace referencia a un abuso del "nombre del Señor". El castigo era la pena capital, aunque en la tradición rabínica posterior, cristalizada en la Misná, "el blasfemo no es culpable si no llega a pronunciar el Nombre (YHWH)" (Sanedrín 7:5). Es posible que esta tradición represente la mentalidad de los fariseos, más bien inclinados a mitigar las leyes penales, especialmente las que comportaban pena de muerte.

[20]En el fondo de esta acusación de blasfemia parece subyacer una concepción del pecado como ofensa a Dios, y de la enfermedad como consecuencia de este pecado. Si Dios había mandado ese mal a aquel joven, es porque era Él quien había sido ofendido y, por lo tanto, sólo Él podía perdonar la ofensa. Al atribuirse el poder de perdonar los pecados, Jesús puede ser juzgado culpable de un verdadero ultraje a la majestad divina, ya que se equipara con el propio Dios.

afirmación del nazareno va a amartillar el clavo, aún más, en la madera.

"Pues para que os quede claro que el Hijo del Hombre[21] *tiene poder*[22] *en la tierra para perdonar pecados".*[23]

El ambiente puede cortarse con una daga. Nadie respira. La pausa de Jesús se hace eterna. Judas está descompuesto. La simpatía que había empezado a sentir por el rabí de Nazaret va a saltar en mil pedazos, junto a la reputación, o quizá la vida, de aquel arrogante maestro. Si antes se ha colocado entre la espada y la pared, ahora parece a punto de anudarse la soga alrededor del cuello.

Pero con este perdón, Jesús quiere llevar hasta el fondo la liberación del hombre. El pecado, el mal, están en la raíz del desorden del mundo, manifestado externamente en la enfermedad, el dolor y, sobre todo, en la muerte. Su perdón no va en contra de la justicia, sino que la desborda. La justicia, y sobre todo la humana, no es capaz de contener, y mucho menos de comprender, la capacidad infinita del perdón de Dios.

Y Jesús acaba la frase, volviéndose hacia el joven lisiado y haciéndole un gesto con la mano:

"... A ti te digo: Levántate, recoge tu jergón, y vuelve a tu casa".

Judas siente latir su corazón al mismo ritmo que cuando, siendo niño, su padre le traía un regalo de Jerusalén después de la Pascua. Empieza a darse cuenta de que desea con todas sus fuerzas que aquel chaval se levante y eche a andar. Ese deseo perturba su espíritu. ¿Cómo es posible pensar así? ¿No ha venido él, junto con otros escribas, a investigar las actividades de Jesús? ¿No tienen la convicción de que es un farsante más, un advenedizo, un fraude, un falso mesías? Entonces, ¿qué hace él ahora, esperando que el milagro se produzca? No es capaz de aclarar sus ideas.

Un murmullo, leve al principio, empieza a sacarlo de su ensimismamiento. Pero el runrún se convierte en expresiones de

---

[21] Ésta es la primera vez que aparece en el evangelio según Lucas la expresión "el Hijo del Hombre" (*ho huiós tou anthrópou*). Parece claro que Lucas tomó esta expresión del relato original de Marcos (2:10). Apéndice 3.2.

[22] Ya en el versículo introductorio (5:17), Lucas había presentado a Jesús como investido de "la fuerza del Señor" (*dynamis kyriou*). Ahora habla de su "autoridad" (*eksousia*), una autoridad que radica en su carácter de portavoz de Dios.

[23] Es interesante constatar que en esta ocasión Jesús no habla de "tus pecados" (*hai hamartíai sou*), sino de "pecados" (*hamartías*) en general, toda clase de pecados, y los pecados de todos.

estupor.[24] Parece que todos se hayan vuelto locos. Unos aplauden, otros levantan los brazos al cielo en signo de alabanza a Dios, y a otros casi se les salen los ojos de las cuencas, cogiendo por los hombros a sus vecinos. Porque el chaval se ha puesto de pie. Algunos escribas se tapan la cara, como si estuviesen viendo a un fantasma, o la obra de algún demonio de Belzebú. Los fariseos aprovechan la algarabía para salir afuera de forma discreta, rotos sus esquemas pero dispuestos a remendarlos con alguna tela vieja. Sin embargo, Judas sonríe. No puede creerlo, aunque lo esté viendo con sus propios ojos. Ahora es él quien está paralizado. Ni los brazos ni las piernas le responden. Pero el alma sí. Está empezando a despertar. Siente que es como nacer de nuevo.

La palabra de Jesús ha expresado simultáneamente su poder (*dynamis*) y su autoridad (*eksousía*), y ha producido el milagro. Aquel prodigio es el signo de la liberación interior del joven paralizado, del desencadenamiento de una dinámica benéfica a favor de la vida. Si anda, es porque siente el perdón de Dios. La extraordinaria potencia de un Reinado divino que ya debe de estar aquí.

Lo sucedido al paralítico y a los que le acompañan le puede ocurrir a todo el que se ponga en camino de búsqueda. En esta casa, unos hombres acuden a confiar a Jesús el problema que los agobia; Jesús acoge su petición, pero, al mismo tiempo que la acoge, la eleva. Del hombre ante su suerte, se pasa al hombre ante Dios. Gesto decisivo, que algunos rehúsan, y se recluyen en el cerrado mundo de sus limitaciones; invitación que otros aceptan, capacitándose para su encuentro con Dios. Sin esta fe no hay nada que hacer. Con fe, todo es posible: incluso que un paralítico, o que una sociedad paralizada comience a caminar. Fe, pero no en uno mismo, sino en la fuerza de Dios, que da la vida.

La curación del paralítico, con el perdón previo de sus pecados, es una síntesis de la palabra predicada por Jesús[25]. No se puede reducir el anuncio del Reinado de Dios al ámbito de lo espiritual o al de lo corporal exclusivamente. Todo el que pretenda limitar el anuncio del evangelio de Jesús al perdón de los pecados, sin incluir el problema de

---

[24] El término griego empleado por Lucas es *ékstasis*. Es un término mucho más fuerte que como lo traducen muchas versiones en castellano (sobrecogimiento, asombro), y debería traducirse por "estupor": "éxtasis" e, incluso "locura".

[25] Aunque una lectura de los evangelios pueda hacer creer que Jesús realizó muchos milagros y prodigios, no fueron tantos. Si comparamos a Jesús con otros precursores de movimientos religiosos, o incluso con personajes mitológicos de religiones antiguas, la diferencia es abismal. X. Léon-Dufour, *Los milagros de Jesús* (Madrid: Ediciones Cristiandad, 1979), 24. Apéndice 3.3.

la liberación humana integral —física, social, espiritual— traicionará en cierto sentido la palabra de Jesús, tan claramente anunciada por él.

Ir construyendo el Reinado de Dios aquí en la tierra o, lo que es igual, ir facilitando el nacimiento de una sociedad alternativa sin excluidos, sigue siendo hoy —y tal vez hoy más que nunca— el gran reto de los seguidores de Jesús. Esto es a lo que más se dedicará Jesús durante toda su vida; por esta causa morirá y por esto, como confirmación de la verdad de su camino, resucitará al tercer día.

El desafío constante que la pobreza les presenta a los seguidores de Jesús es acompañar, sin ningún tipo de reparo, la proclamación de la verdad acerca del amor, la compasión y el interés por los otros, con actuaciones a favor de la justicia social y la dignidad de todos los seres humanos. Descubrir maneras concretas de aliviar las cargas del pobre y el necesitado. Verlos como personas con quienes los seguidores de Jesús son uno en Dios.

También desde el punto de vista de la acción práctica, las comunidades religiosas funcionan como catalizadores para la acción: proporcionan la convicción, el coraje y la esperanza para arriesgarse en pro de la defensa de los otros vulnerados. Ahí están los ejemplos cercanos del movimiento de los derechos civiles, o actualmente la vehemencia ética que surge desde pequeños grupos juveniles impulsando el movimiento del voluntariado social, de la defensa de los derechos humanos y de los llamados nuevos movimientos sociales.[26]

El vínculo entre el evangelio y la responsabilidad social de los cristianos se manifiesta claramente en el proyecto de Jesús. La Biblia insiste en que, cuando predominan la pobreza, la injusticia y la opresión, la fe que habla sólo a las necesidades espirituales de la gente, fallando en demostrar una férrea voluntad de cambiar las cosas, es una adoración falsa (Isaías 58). Como lo expresó Gandhi: "Debemos vivir en nosotros mismos los cambios que queremos ver en el mundo".

Un seguidor y verdadero creyente en Jesús no puede tratar con indiferencia las desigualdades materiales, ni la manifestación de poder y privilegios que hiere a tantos, y conduce al empobrecimiento de muchos. El evangelio invita a solidarizarse con todos los que sufren, para juntos recibir, incorporar y compartir las buenas nuevas de Jesús, y mejorar la vida. Hay veces que la indiferencia puede llegar a ser una de las más atroces violencias.

---

[26] J. M. Mardones, *Análisis de la sociedad y fe cristiana* (Madrid: Ediciones PPC, 1995), 201-202.

Nuestra sociedad ha tratado de despersonalizar la pobreza, hablando en términos de programas, organizaciones y estructuras. Sin embargo, la pobreza es personal. Los pobres, los marginados, los discapacitados, los inmigrantes son personas. Ésta es la gente de la que habla Jesús vez tras vez en su enseñanza y en su predicación. Busca dignificarlos, y desafía a los cristianos a asumir su deber de constituirse en una bendición para ellos.

Como tal, el seguidor del maestro de Nazaret debe involucrarse en esta situación humana. No puede argumentar que no es culpable de que estas personas sean pobres, y no tengan sitio en nuestro mundo racista, clasista y perturbado. La crisis, la parálisis que sufre esta sociedad es una creación humana. Y para quienes son unos privilegiados, ignorar a los pobres constituye una contradicción entre la confesión de fe y la conducta. Así lo expresa Leonardo Boff, teólogo defensor de la teología pacífica de la liberación:

No tiene cuidado con los empobrecidos y excluidos quien no los ama de forma correcta, y no se arriesga por su causa. La consolidación de una sociedad mundial globalizada, y la aparición de un nuevo paradigma de civilización, pasan por el cuidado de los pobres, marginados y excluidos. Mientras no se resuelvan sus problemas, seguiremos en la prehistoria. Podremos haber inaugurado el nuevo milenio, pero no la nueva civilización y la era de paz eterna con todos los humanos, con los seres de la creación y con nuestro espléndido planeta.[27]

Los seguidores de Jesús han de responder a la pregunta que Caín formuló a Dios: "*¿Soy yo, acaso, guarda de mi hermano?*" (Génesis 4:9b). ¿Cómo puedo llamarme seguidor de Cristo cuando no cuido de mi prójimo? ¿Cómo puedo pretender representar al Reinado de Dios, y no ocuparme de manera seria y práctica de las personas que están incluidas en su Reino?

Creer en Dios es creer en la vida de todos, especialmente en la vida

---

[27] L. Boff, *El cuidado esencial. Ética de lo humano. Compasión por la tierra* (Madrid: Editorial Trotta, 2002), 135. Considero apropiadísima la crítica que hace Leonardo Boff a la generalizada desidia hacia los pobres, ésa de la que hace gala la sociedad occidental. Sin embargo, no me parece acertada la visión excesivamente optimista que tiene sobre la capacidad intrahistórica del ser humano para crear una "era de paz eterna con todos los seres humanos". A mi entender, al final, Dios tendrá que actuar extrahistóricamente, para terminar definitivamente con el mal y su origen, y no será el propio ser humano el que desde la intrahistoria sepa poner fin definitivo a tanta injusticia social. Creo que esta idea refleja mejor la escatología bíblica, que ve a Dios interviniendo finalmente para acabar con la maldad e instaurar, Él sí, una era de paz eterna.

de los pobres. La fe cristiana no permite pactar con la muerte de los pobres, ni sublimar sus miserias en nombre de la cruz o de una vida futura. Creer es crear. Ha de serlo. Crear espacios de fe y de acción, donde la vida digna pueda abrirse camino.

Allí donde se agrede a la vida, se agrede a Dios. Allí donde el cristianismo no propaga ni anima la vida, allí donde las prácticas de los cristianos y sus dirigentes no crean espacio para la vida, y para aquello que manifiesta la presencia de la vida —la alegría, la libertad, la creatividad—, allí habrá que preguntar a qué Dios se anuncia y se adora.

> *El problema que a mucha gente se le plantea es que el Dios que les han enseñado es una cosa tan extraña y hasta tan difícil de aceptar que prefieren buscarles otro sentido y otra orientación a sus vidas, al margen de toda religión y de toda creencia sobrenatural. Por eso, lo primero tiene que ser repensar la idea que tenemos de Dios. Y analizar a fondo si ese Dios nuestro coincide o no coincide con el Dios que anunció Jesús (…). Más aún, no parece aventurado asegurar que, si la modernidad (a partir de la Ilustración) abandonó cualquier planteamiento ético que tuviera como punto de partida la idea de Dios, eso ocurrió porque el "Dios" que la gente tenía en su cabeza en aquellos tiempos era un "Dios" tan absolutamente insoportable, que lo que la cultura hizo fue liberarse de semejante carga. Y eso se hizo porque lo que la gente quería era sencillamente poder vivir sin miedo, sin angustia, con paz y libertad.*[28]

Para la Escritura, la negación de Dios no lo es tanto el ateísmo cuanto la idolatría, la adoración de un dios falso. Y la propia Escritura menciona cuáles son los competidores de Dios: los falsos dioses, los fetiches e ídolos, especialmente la riqueza, el poder y la avaricia. Lo propio de estos dioses no es hablar, escuchar y tener misericordia, sino matar, asesinar, querer la sangre de los demás y sus bienes, por escasos que sean.[29]

La Biblia lo deja claro: la responsabilidad social de los cristianos hacia los que sufren la injusticia social no es de menor importancia que la predicación del evangelio, ni es opcional, porque son lo mismo. Es una parte integrante del evangelio:

> *Para salvar a todos, la iglesia del Crucificado, de acuerdo con la contradicción de la cruz, será parcial y tendrá que tomar partido en los conflictos concretos sociopolíticos en los que se encuentra. No tomará*

---

[28] Castillo, *La ética de Cristo*, 28.

[29] L. Boff, *Teología desde el lugar del pobre* (Santander: Editorial Sal Terrae, 1986), 74.

parte en los partidos existentes, sino que intervendrá parcialmente de parte de la humanidad traicionada y de la libertad oprimida. El único punto de partida legítimo para esto es tomar en serio la cruz liberadora de Cristo, en las situaciones concretas en las que ella se encuentra con otros.[30]

En la casa de Simón, todos siguen gritando alabanzas y glorificando el poder del Eterno, que parece manifestarse de una forma especial en el maestro de Nazaret. Nadie ve cómo Jesús se despide del joven curado, y cómo le dice que tenga ánimo y se confíe a Dios, porque Él vela como un padre tierno por todos sus hijos. Le da un pequeño empujón en la espalda, como invitándole a que se marche a compartir esa alegría con su familia. Y el chaval sale corriendo de la casa, se abraza a sus amigos, y se dicen que quizá han conocido al mesías de Israel.

El jolgorio parece que no va a acabar nunca. Alguno llega a decir: "*¡Hoy hemos visto cosas increíbles!*".[31] Pero Judas sigue sonriendo tranquilamente, sin aspavientos, con una tranquilidad de espíritu y una paz que jamás había sentido. De pronto, siente cómo una mano se posa en su hombro. Al volverse, Jesús le dice: "¿Por qué no te vienes conmigo y con mis amigos? Vamos a hacer algo grande por Dios. Vamos a traer su Reinado hasta aquí.

No puede decirle que no. El corazón le brinca y lo invita a probar fortuna. Deja caer las suspicacias que lo paralizan, y se pone en movimiento junto a Jesús. La personalidad de Jesús lo cautiva.[32] Quizá ha descubierto al Santo de Dios. Quizá, al final, el viaje desde Judea haya merecido la pena mucho más de lo que pensaba.

Traspasan la puerta juntos. La tarde huele a nuevo. La vida del Iscariote también. Entonces le pregunta al rabí:

—¿Qué le has susurrado al chaval antes de curarlo, maestro?

---

[30]J. Moltmann, *El Dios crucificado. La cruz de Cristo como base y crítica de toda teología cristiana* (Salamanca: Ediciones Sígueme, 1975), 80.

[31]Lucas 5:26. El término griego *parádoxa* (cosas inesperadas) no aparece más que en este pasaje en todo el Nuevo Testamento. A esta clase única de palabras se las llama *hápax*, y es curioso que vaya relacionado con un prodigio. La terminología de la "paradoja" es, posiblemente, la más cercana a la noción moderna de "milagro". El episodio deja traslucir el carácter extraordinario de esa nueva dimensión que cobra la existencia humana por el poder y la autoridad de Jesús.

[32]Empleo aquí el verbo "cautivar" en su etimología más próxima al latín del que proviene: *captivare*, capturar. Pocos son capaces de mantenerse indiferentes ante Jesús. Se sienten cautivados o espantados. Lo aman o lo detestan. Por eso el galileo tuvo que decir "*No he venido a traer paz sino espada*" (Mateo 10:34).

—Le he preguntado: ¿Quieres que le demos un buen susto a aquel escriba tan serio?

Apéndice al capítulo III

3.1. Lucas, por su parte, cambia la descripción y convierte ese tejadizo en una verdadera azotea embaldosada, como era corriente en las casas del Mediterráneo oriental en el periodo helenístico. De este modo, la acción resulta más comprensible a unos lectores de cultura griega, poco familiarizados con las costumbres judías palestinenses. Es muy interesante sin embargo que, pese a las remarcables diferencias existentes entre los relatos sinópticos en lo que concierne a la casa, o a los asistentes, sobre las reacciones de la gente, sobre cómo llega Jesús a la casa, los evangelios coinciden completamente en el relato de lo que dijo e hizo el maestro. Este hecho, que se repite con mucha frecuencia, muestra que la tradición oral valoraba sobre todo las palabras y hechos de Jesús, mientras que actuaba con gran libertad al incluir los otros elementos de la narración.

3.2. Algunos comentaristas entienden que este apelativo indica la propia humanidad, pero de forma mucho más asertiva. Puesto que los escribas habían murmurado *"¿Quién es éste (hombre), que dice tales blasfemias?"* (v. 21), ahora Jesús les responde: *"Para que sepáis que este hombre..."*. Sin embargo, un documento encontrado en la cueva 4 de Qumram (4QOrNab 1:3-4) da una explicación bastante plausible del uso de esta expresión en un contexto de perdón de pecados. En él se dice que uno de los deportados de Babilonia, un judío que era exorcista, "perdonó los pecados de Nabonido en nombre de Dios". Este escrito mostraría la convicción que tenían algunos judíos palestinenses de que había hombres que podían perdonar los pecados en el nombre de Dios. De todas formas, la mayoría de los especialistas coincide en que esta expresión, en boca de Jesús, hace referencia al título mesiánico y al Hijo de hombre de Daniel 7:13. (*Bar Enás*) A mi entender, ésta es la interpretación correcta. El reino que se promete a *"los santos del Altísimo"*

(Daniel 7:18) adquiere aquí un matiz muy peculiar, al proyectarse sobre un horizonte de perdón de los pecados, que es lo que Jesús anuncia que va a hacer en ese momento.

3.3. No sólo el número de milagros es mucho menor en el caso de Jesús, sino que sus prodigios tienen siempre un sentido de lucha contra la enfermedad y la marginación, y asumen también como objetivo la comunicación de un hálito de esperanza. Por el contrario, los milagros de la mitología clásica suelen tener un objetivo moralista (por ejemplo, el castigo de Zeus a Prometeo por compartir la ciencia del fuego con los humanos). El milagro, en los evangelios, es tan sólo un *signo*, una señal que obliga a mirar hacia otra parte. Por ello, hay que devolver a los milagros de Jesús su dimensión de *signo*. Pero también hay que dar razón de su existencia como *hecho*. De lo contrario, tarde o temprano se producirá el desplazamiento: el énfasis en el signo hará que éste termine por suplantar al hecho, o viceversa.

CAPÍTULO IV
VIVIR CON UN PROFETA

Isaías, Jeremías, Ezequiel, Oseas, Nehemías… todos pagaron cara su osadía. Eran, con sus ejemplos y sus palabras, los modelos del más puro compromiso con su pueblo. Pero eso no significaba darle siempre la razón. Muy al contrario, los antiguos profetas se convirtieron en agentes de desorden y de agitación a los ojos del Israel más institucional. Y el creyente que se nutre del alimento de los profetas suele convertirse en un agente revolucionario para su pueblo.

Por ello, los profetas ejercieron una cierta violencia intelectual y moral frente a su pueblo. Jesús, como ellos, se enfrenta a quienes quieren dominarlo, manipularlo, utilizarlo para sus fines torcidos. Toda la esencia evangélica es, en cierto sentido, violencia para el ser humano. Violenta los prejuicios, las mentalidades, los hábitos morales. Jesús rompe sus expectativas hasta en el mismo signo de la cruz. Pero todo lo que es captado como violencia en sus palabras o en su acción está encaminado a la regeneración, a la redención, jamás a la destrucción o a la condenación. Por ello no es un revolucionario más. Se consagra a la tarea de transmitir esperanza a la humanidad entera, pobres y ricos, explotados y explotadores, esclavos y amos. Una presencia regeneradora con la que da a todos la oportunidad de elegir.

> *De esta forma, en la muerte de Cristo, lo que glorifica al Padre no es el hecho de que Cristo haya sufrido, que haya sido humillado, que se haya aniquilado o que haya muerto; sino el hecho de que Cristo haya amado a los hombres aceptando hasta sus últimas consecuencias las exigencias de su misión. No es directamente a través de su propia destrucción como Cristo afirma la primacía de Dios, sino a través del don total de su vida a los hijos de su Padre.*[1]

---

[1] J. Girardi, *Cristianismo y liberación del hombre* (Salamanca: Ediciones Sígueme,

El joven rico adquiere su riqueza, posiblemente, explotando a sus trabajadores; Nicodemo consigue entrar en el Sanedrín, quizá, a base de medrar; la pobre mujer a punto de ser apedreada habla de amor cuando quiere decir sexo; Pilato está embriagado por el poder; Pablo es un inquisidor despiadado; la samaritana prefiere la vía fácil y sin complicaciones; el zelote Simón es un terrorista sangriento. Pero todos tienen su oportunidad. Ése es el mensaje profético. Jamás podrán engañarnos con eso. El profeta se levanta no sólo para criticar cómo son las cosas en la actualidad, sino también, y sobre todo, para mostrar cómo pueden ser con la ayuda de Eterno. Es la doctrina de Dios: todos tenemos nuestra oportunidad. Es el imperio de la esperanza, por mucho que nos equivoquemos.

Pero es verdad que este mensaje de Dios tropieza, en la humanidad y a veces en las diversas iglesias, con una resistencia tenaz. Los profetas hebreos experimentaron en su propia carne esa resistencia, hasta morir por su causa. La persecución que conocieron fue dolorosa. Basta recordar las lamentaciones de Jeremías, agotado por la incesante hostilidad que tuvo que soportar a causa del mensaje que Dios le encargaba transmitir a su pueblo. Hasta que deseó, por un momento, no profetizar más:

> *Oh, Dios, tú me sedujiste, y yo quedé seducido; tú fuiste más fuerte que yo, y te saliste con la tuya; yo soy todo el día objeto de risas, de chanzas, y todos hacen mofa de mí. Tu palabra no me acarrea más que continuos oprobios y escarnios. Así que me dije: no volveré más a hacer mención de ella, y no hablaré más en nombre de Dios. Pero luego sentí en mi corazón como un fuego abrasador encerrado dentro de mis huesos; quise sofocarlo y no tuve fuerzas para ello...* (Jeremías 20:7-9).

Jeremías fue perseguido, apaleado, encerrado en una mazmorra y asesinado por su propio pueblo, el Israel que se sentía elegido por Dios. Jesús afirma que quienes son así perseguidos por transmitir el mensaje de Dios, asumiendo su misión profética, son bienaventurados (Mateo 5:11-12). No por el hecho de ser perseguidos, sino porque la persecución que sufren, la resistencia violenta con que tropiezan es la señal de que enseñan, contra viento y marea, el mensaje del Padre. Esa misma resistencia se convierte en signo, en marchamo de su propio ministerio. Los falsos profetas jamás tropiezan con resistencia alguna cuando enseñan, porque su enseñanza se adapta a la voluntad común, la halagan (Mateo 7:13-15). Por el contrario, el profeta auténtico, el que no habla de lo que sale de su propio corazón, sino que ha recibido un

---

1975), 33.

mensaje, una instrucción procedente de Dios, suele enseñar y ser contra corriente. Y lo que enseña y es no suele ser deseado ni esperado, sino detestado.

> La conciencia profética *espera siempre el juicio de Dios, al igual que el tiempo de salvación que Dios trae, para un tiempo próximo; esto es claramente visible en los grandes profetas del AT. Esta conciencia se basa en que para ellos aparece tan grandiosa la soberanía de Dios, y tan libre de ataduras su voluntad, que frente a ella el mundo se derrumba y parece encontrarse al límite de su existencia. La conciencia de que la relación del hombre respecto de Dios decide su destino, y de que el tiempo de su decisión está limitado en el tiempo, hace pensar también que está presente para el mundo la hora de la decisión. La palabra que el profeta pronuncia aparece como la última palabra por medio de la cual Dios llama a la decisión humana.*[2]

Jesús conoce sobradamente esa ley de la existencia profética. Alude a ella en varias ocasiones para hablar de su propio destino (Lucas 13:31-35), y no oculta a sus discípulos que ellos mismos tropezarán con esa resistencia. Comenzará cuando emprendan la tarea de dar a conocer la propuesta de amor radical del nazareno (Juan 15:20).

La amenaza de muerte se cierne ya sobre el maestro. ¿Piensa Judas que su proyecto está fracasando, quemándose como la espiga que sale demasiado pronto de la tierra, y es abrasada sin piedad por el sol? Ese mismo sol que Jesús no ve como algo amenazante, sino como signo de la presencia de Dios junto a todos, justos o injustos, porque a todos ama; a veces satisfecho por sus logros y a veces sufriendo por sus errores, pero siempre inspirándolos a recorrer el camino de la ternura y de la justicia. No intuye el discípulo que si la tarea del galileo parece ahora un fracaso, su fracaso acabará alzándose sobre el éxito de todos, como el sol lo hace cada mañana sobre las tinieblas de los hombres.

Quizá esa desesperada sensación de fracaso empuja al Iscariote a tomar medidas desesperadas. Es terrible el sentimiento de fracaso. Cuando no vemos la luz al final del túnel nos pasan por la cabeza ideas cargadas de locura. Las decepciones suelen infligir en el alma heridas que tardan mucho en curar. Cuando curan, si es que lo hacen, las cicatrices que dejan recuerdan a los que las sufrieron el dolor que les produjo no conseguir lo que pretendían. Y Judas, probablemente, está lleno de ellas. Las puede contar una a una, y de todas guarda el amargo recuerdo de la

---

[2] R. Bultmann, *Teología del Nuevo Testamento* (Salamanca: Ediciones Sígueme, 1981), 61.

derrota. Puede que ellas sean la razón por la que se acerca por primera vez a Jesús. Heridas que no acaban de cicatrizar, o cicatrices demasiado visibles como para olvidarse de ellas. Quizá la memoria de un familiar asesinado por los romanos; quizá una infancia esquilmada por los atroces impuestos exigidos por el imperio;[3] quizá el hambre, el miedo, la opresión de Roma,[4] o el recuerdo familiar de los violentos escarmientos de Herodes el Grande.[5] No sabe asumir el mensaje verdaderamente revolucionario de Jesús: Dios ama tanto a los romanos, o a los idumeos, como a los judíos, por incomprensible que esto parezca.

Todos llevamos cicatrices en el alma. Son como el mapa de nuestra vida desde su punto de origen. Mojones en el camino que nos indican dónde nos equivocamos en el pasado, y nos ayudan a esquivar el sufrimiento, a huir de él. Hay quienes piensan que necesitan de su pasado para sobrevivir, y también quienes están convencidos de que dando el paso siguiente construirán a una vida nueva, y tienen el arrojo de intentarlo. Judas es de los segundos. Está seguro de que la historia más importante es la que construimos hoy. ¿Cuáles son peores, las viejas heridas que nunca curamos o las nuevas, que se superponen a las anteriores? Judas no piensa permitir que el fracaso le abra una nueva. Tanto trabajo, tantas privaciones, tantos sueños de libertad no pueden acabar en el estercolero, en la Gehena. Él merece más. Israel merece más. Y Jesús también.

Judas no es un hombre cualquiera. Es un discípulo del nuevo profeta de Dios. Hace parte del proyecto que el maestro quiere proponer a los seres humanos. Tiene una misión. Piensa que un hombre sólo lo es de verdad cuando es consciente de que está aquí para algo.

Seamos creyentes o no, sentirnos de utilidad para algo más grande que nosotros mismos, algo que nos supere en importancia, nos da el valor y la fuerza para afrontar los retos, esas metas que no seríamos capaces ni siquiera de atisbar si nos sintiésemos gotas de agua perdidas

---

[3] En Palestina, como en las demás provincias romanas, había dos clases de tributos directos: 1) Impuesto sobre los productos del campo (*tributum solí*). 2) Impuesto sobre las personas (*tributum capitis*). Apéndice 4.1.

[4] Algunos de los episodios de opresión romana más graves ocurridos en Palestina son relatados por Flavio Josefo, historiador judío del siglo I, de forma realmente aterradora. Apéndice 4.2.completamente Ema comer sus graor, luego destruyacierae cobijan pequeñas bandadas de jilgueros, muy aficionados a comer sus gra

[5] Jesús no lo conoció, porque nació poco antes de su muerte. Así que probablemente Judas tampoco, pero sus padres seguro que sí sufrieron (o disfrutaron) su forma de gobernar. Apéndice 4.3.

en el océano de la confusión y del caos.

Pero no podemos perder la perspectiva. No estamos solos, no todo depende de nosotros, no podemos obsesionarnos con la responsabilidad que sentimos, o con las esperanzas que otros han puesto en nosotros. Nadie es imprescindible, por importante que sea su aportación. Cuando uno empieza a sentir todo el peso sobre sí, y comienza a dudar de la capacidad de los demás para llevar el barco a buen puerto, pierde de vista la fabulosa ayuda que tiene a su alrededor, y cómo cada pieza del engranaje funciona si tiene en cuenta para qué fue fabricada; olvida que su trabajo es sólo posible, y útil, cuando es realizado en equipo. Empieza a parecerle que nadie comprende como él la importancia de lo que se está haciendo, y todo lo que está en juego.

Además, Dios no quiere dejarnos solos ante nuestros problemas, sufrimientos o desafíos. Quiere construir junto a nosotros ese mundo más humano hacia el que nos sentimos atraídos. Por eso, toda la vida de Jesús será una llamada a la esperanza. Hay alternativa. También para Judas. No es verdad que la historia tenga que discurrir obligatoriamente por los caminos de la violencia que trazan los poderosos de la tierra, ni tampoco por el "ojo por ojo" de los que luchan contra ellos. Es posible un mundo más justo y fraterno, pero no respondiendo a la brutalidad con brutalidad. Se puede modificar la trayectoria de la historia, si ésta comienza a construirse sobre la piedra angular del amor. Jesús cura, regenera, crea y recrea. Es médico, no guerrero. Albert Nolan profundizó en esta idea:

> *Su vida, su mensaje y su espiritualidad fueron, en este sentido, revolucionarios. Jesús no fue un reformador. No propuso algunas mejoras de las creencias y las prácticas religiosas de su tiempo, a la manera de un remiendo en un vestido viejo. Jesús volvió el mundo, tanto judío como gentil, del revés. Esto no significa que fuera un típico revolucionario en el sentido político de la palabra. Él no quería simplemente reemplazar a quienes estaban en el poder, por otros que aún no estaban en el poder. Él pretendía algo más radical que eso. Tomó los valores de su tiempo, en toda su variedad, y los volvió del revés. Estuvo empeñado en una revolución social, no en una revolución política; una revolución social que exigía una profunda conversión espiritual.*[6]

Jesús aprende, probablemente desde su niñez, viendo trabajar a su madre María, que un vestido roto no se puede remendar con un

---

[6] A. Nolan, *Jesús hoy. Una espiritualidad de libertad radical* (Santander: Editorial Sal Terrae, 2007), 82.

trozo de tela nueva, porque lo nuevo tira con fuerza de lo viejo y acaba rompiéndolo más. Al igual, tampoco puede meterse vino nuevo en un odre viejo, pues cuando fermente el vino y gane volumen, romperá el recipiente viejo que ya no puede ganar elasticidad. Éstas metáforas de Jesús, auténticas cargas de profundidad disparadas a una sociedad anquilosada, explican la imposibilidad de meter la novedad del Reinado de Dios en los viejos esquemas humanos. Sin una mentalidad nueva no podrá emerger, con su fuerza sobrenatural, el proyecto de Dios (Marcos 2:21-22). Seguramente, Judas pretende que el mensaje de Jesús quepa en sus añejos sueños de un Israel alzado a la cumbre de los reinos. Jesús quiere mostrarle que eso es imposible, y que es imprescindible hacerlo todo nuevo: no reformar el antiguo edificio, para darle una imagen mejor, sino reconstruirlo todo desde la base, con la piedra angular que corre el riesgo de ser rechazada.

El maestro parece profesar una querencia especial por los escritos del profeta Isaías.[7] No en vano, basa la reflexión con la que inicia su ministerio público en Nazaret abriendo en la sinagoga el rollo de ese libro, e invitando a sus vecinos de toda la vida a reconocer la presencia salvadora de Dios entre todos los seres humanos, también entre los malditos por la enfermedad, entre los pobres, los cautivos, supuestos signos del repudio divino:

El Espíritu del Señor está sobre mí, por cuanto me ha ungido para dar buenas nuevas a los pobres; me ha enviado a sanar a los quebrantados de corazón; a pregonar libertad a los cautivos, y vista a los ciegos; a poner en libertad a los oprimidos; a predicar el tiempo de gracia del Señor (Lucas 4:16-30).

El texto que cita Jesús es el de Isaías 61:1-2a. Es interesante la utilización selectiva que él hace de este pasaje del Antiguo Testamento. Porque esta profecía continúa: "*...y el día de la venganza del Dios nuestro*" (v. 2b). Y unas frases más tarde, el profeta sigue clamando: "*Y extranjeros apacentarán vuestras ovejas, y los extraños serán vuestros labradores y vuestros viñadores... comeréis las riquezas de las naciones, y con su gloria seréis sublimes*" (vv. 5-6).

Este especial uso de la Escritura parece indicar que Jesús no percibe la inspiración divina de la Biblia como algo estático, inamovible, sino como algo dinámico, adaptable a la concreta situación que se vive.

---

[7] Según los evangelios sinópticos, Jesús cita al profeta Isaías unas cuarenta veces. Apéndice 4.4.

Jesús no quiere hablar, en ese momento, de la venganza de Dios, ni de extranjeros esclavizados por un pueblo de Israel triunfante y dominador, y detiene su lectura. El evangelista lo narra de una forma muy gráfica: "*Y enrollando el libro, lo dio al ministro y se sentó*" (Lucas 4:20).

Los asistentes esperan, probablemente, que el maestro siga leyendo, y reivindique el poderío secular al que el pueblo judío está supuestamente destinado. Pero Jesús se siente libre de parar su lectura donde él quiere, y de centrar la atención de ellos en el paternal trato que Dios está dispuesto a dar a los más débiles y marginados de la sociedad: "*Hoy se está cumpliendo esta palabra entre vosotros*" (Lucas 4:21). El maestro parece estar diciéndoles que la alegría de unos no tiene por qué estar basada en el sufrimiento de los otros.

La reacción de los presentes, intentando matarlo despeñándolo montaña abajo, será el anticipo de lo que ocurrirá tres años más tarde. El libro de Isaías puede leerse, ciertamente, con una mirada revolucionaria de paz y compasión.[8]

Por ello, desde el comienzo de su vida pública, Jesús se compromete con lo más bajo del espacio social, allí donde confluyen todos los arroyos de la miseria humana: los pobres de pan y de cultura, los enfermos de cuerpo y de espíritu, los despreciados por la religión y la sociedad. Dios, en su Hijo-Profeta Jesús, quiere estar cerca de la miseria humana. De toda clase de miseria humana: de la angustia del ser humano frente a la fuerza ciega de las catástrofes naturales, como cuando los discípulos se ven sorprendidos por una tormenta, dentro de una pequeña barca de pesca sin defensa; del dolor de una madre por la muerte de su único hijo; del desamparo de la viuda, de la que todos abusan; de la desesperación del amigo asesinado por absurdos motivos políticos; de la soledad hiriente de todos los excluidos por la sociedad; del dolor físico en todas sus formas y grados de crueldad; del hambre, de la sed, del desamparo; del desprecio social más rudo, o del más refinado, en sus formas políticas, culturales o religiosas.

---

[8]Esta compasión divina, y la paz que produce en el creyente, hacen que las propuestas de Isaías no se contenten con presentar a Dios como un padre, sino algo mucho más revolucionario y radical, sobre todo para una sociedad patriarcal como la del profeta del Antiguo Testamento y la de Jesús. Isaías se atreve a presentar a Dios como una madre: "*Porque así dice Jehová: He aquí yo extiendo sobre ella paz como un río, y la gloria de las naciones como torrente que desborda; y mamaréis, y en los brazos seréis traídos, y sobre las rodillas seréis mimados. Como aquél a quien consuela su madre, así os consolaré yo a vosotros, y en Jerusalén tomaréis consuelo*" (Isaías 66:12-13). Apéndice 4.5.

Frente al problema del mal, Jesús se coloca incondicionalmente del lado de las víctimas. Su vida profética es, en esencia, oposición a las fuerzas del mal, y la confirmación de que Dios está presente, con su amor y con su poder, para salvar a todos. A todos sin excepción; primeramente, a los pobres, a los *anawim*, que son los que piden a las puertas de las casas (como Lázaro en la parábola que aparece en Lucas 16:19-31), y dependen siempre de otro para la mera subsistencia. Pero también a los ricos, amos y esclavos a la vez, pues las cadenas que los atan a sus riquezas, y los inmovilizan y paralizan, son muy difíciles de romper. En Jesús, Dios se hace presente para todos a través de su Reinado que viene.[9]

Algunos, sin embargo, preferirán citar un texto del profeta Joel, que parece invitar a la violencia: *"Proclamad esto entre las naciones, proclamad guerra, despertad a los valientes, acercaos, venid todos los hombres de guerra. Forjad espadas de vuestros azadones, lanzas de vuestras hoces"* (Joel 3:10).

Jesús, no obstante, ha retenido una de las primeras frases del libro de Isaías, que invita exactamente a lo contrario: *"Y juzgará entre las naciones, y reprenderá a muchos pueblos; y volverán sus espadas en rejas de arado, y sus lanzas en hoces; no alzará espada nación contra nación, ni se adiestrarán más para la guerra"* (Isaías 2:4).

El paralelismo antitético entre estos dos textos de la Escritura es sobrecogedor, e indica la voluntad de Dios de adaptarse a las concretas circunstancias del tiempo de su revelación. Pero orientar su predicación hacia una de estas dos citas de la Escritura, y escoger la paz y la compasión como señales inequívocas de su ministerio, es algo natural para Jesús. Para Judas, no tanto. Quiere que llegue "lo nuevo y bueno", las Buenas Nuevas, pero le da miedo el nuevo método que propone el maestro.

Este miedo a la novedad, a los nuevos métodos y medios, a las nuevas percepciones de Dios y de su presencia; ese miedo a lo nuevo, por bueno que sea, que tanto daño hace en algunas comunidades de creyentes, merece una reflexión en estas líneas.

Nadie se atrevería hoy a hacer una crítica tan radical[10] al conservadurismo cristiano como la que hace Jesús en su parábola

---

[9] A. Torres Queiruga, *Recuperar la salvación. Para una interpretación liberadora de la experiencia humana* (Santander: Editorial Sal Terrae, 1995), 129-130.

[10] Utilizo aquí este adjetivo en su acepción más antigua, más latina: radical, que llega hasta la raíz. No me refiero, por tanto, a la acepción más común en la actualidad, que hace de "radical" un adjetivo que apunta a lo extremo, al extremismo.

de los talentos. Al tercer siervo de la parábola no se le recrimina que haya cometido maldad alguna, sino que se haya limitado a conservar estérilmente lo recibido, sin hacerlo fructificar. Lo que Jesús critica es la actitud conservadora de quien, por miedo al riesgo, reduce la fe a una mera auto-conservación de la ortodoxia, impidiendo su crecimiento y expansión. Como bien explicó Moltmann:

> *La poca fe hace su aparición la mayoría de las veces con el ropaje de la ortodoxia, que se siente amenazada y que, por lo mismo, es especialmente rígida. Hace su aparición allí donde, para combatir la inmoralidad de la época presente, se cambia el evangelio del amor creativo para con los abandonados por la ley de la pretendida moral cristiana y por derecho penal. La poca fe quiere asegurarse y protegerse a sí misma, porque está poseída por el miedo. Quiere proteger sus "bienes más santos": Dios, Cristo, la doctrina de la fe y la moral, porque a todas luces ya no cree que sean lo suficientemente fuertes como para mantenerse a sí mismos. Cuando la "religión del miedo" se introduce en la iglesia cristiana, tiene lugar la violación y asfixia de la fe por parte de aquellos que se consideran sus mejores defensores. En lugar de la confianza y la libertad se expanden la angustia y la apatía.*[11]

No es preciso mirar a otros. El miedo al riesgo, y la tentación fácil del conservadurismo, acecha a todos. Pero ese miedo puede ocultar una falta de fe en la fuerza que se encierra en el evangelio. Es explicable que a los dirigentes eclesiásticos les preocupe asegurar la ortodoxia, y poner orden en el interior de las distintas iglesias, pero ¿es eso lo que va a revitalizar el espíritu de los creyentes?

Para los teólogos puede ser más cómodo "repetir" una teología heredada, ignorando los interrogantes, intuiciones y valores del creyente moderno, pero ¿no se esteriliza así el cristianismo, haciéndolo aparecer como una reliquia históricamente superada?

Para los pastores y sacerdotes, para el clero en general, puede ser más fácil y gratificante "restaurar" formas religiosas tradicionales, para ofrecerlas a quienes todavía se les acercan, pero ¿es ésa la manera más evangélica de hacer fructificar hoy la fuerza salvadora de Jesús en las nuevas generaciones?

A todos puede parecernos hoy más seguro, y sobre todo prudente, defender nuestra fe en una especie de gueto, y esperar a que lleguen tiempos mejores, pero ¿no es más evangélico vivir en medio de la

---

[11] J. Moltmann, *El Dios crucificado. La cruz de Cristo como base y crítica de toda teología cristiana* (Salamanca: Ediciones Sígueme, 1975), 35.

sociedad actual, esforzándonos por construir un mundo mejor y más humano, permitiendo así que lo que somos llamados a ser —sal, luz, levadura— llegue a ser de utilidad?

Esta actitud defensiva es tanto más peligrosa cuando no se presenta bajo su propio nombre, sino invocando a la ortodoxia, al sentido de iglesia o a la defensa de los valores cristianos. Pero ¿no es, una vez más, una manera de congelar el evangelio?

> *Por eso un Cristo ya terminado, ya biografiado, ya predicado definitivamente, sin posibilidad de nuevas sorpresas, es un Cristo demasiado pobre que, lógicamente, ha sido rechazado por tantos a quienes hoy llamamos ateos; es un Cristo, un Dios en el que yo tampoco creo. Habíamos empequeñecido de tal modo al Dios cristiano, que lo habíamos hecho a la medida de los personajes meramente humanos, que tienen un arco de interés limitado en la historia. Pero Cristo es el único personaje que resiste al tiempo porque está fuera del tiempo (...) ¿Qué haremos, pues, con el pasado, nosotros, hombres de una generación más veloz ya que el sonido, y con un pie en las estrellas? ¿Qué haremos con el pasado para que, sin pecar de injusticia, no nos sirva de pretexto para seguir sentados sobre las cenizas muertas de lo que ya no volverá a nacer?*[12]

Al igual que, nada más nacer, la larva de un insecto se come su propia cáscara y, más tarde, vuelve a comérsela cuando completa su metamorfosis antes de echarse a volar, el cristiano es llamado a repensar su pasado religioso, y todo lo que sus maestros le legaron. No ha de desecharlo, ni combatirlo, sino aprovecharlo, asimilarlo, emplearlo como el nutriente imprescindible para no morirse de hambre, antes incluso de haber comenzado su nueva vida.

Como la nueva mariposa, el creyente ha de llevar el pasado en sus entrañas (lo que le enseñaron a pensar sobre el Padre), para construir un nuevo presente (lo que va descubriendo por el ejemplo del Hijo), a fin de preparar un nuevo futuro (lo que se atreve a esperar impulsado por el Espíritu). Ha de tener el valor de proponer nuevos caminos, y de recorrerlos con la esperanza en la inspiración de Dios, siempre para el bien, pero sin escupir sobre lo que le ha permitido volar, descubrir, avanzar, crear.

> *La teología no trabaja en algún lugar situado por encima del fundamento de la tradición, como si la historia de la Iglesia comenzara justamente*

---

[12] J. Arias, *El Dios en quien no creo* (Salamanca: Ediciones Sígueme, 1970), 13-14.

hoy. Sin embargo, la tarea especial de la teología es una tarea crítica, a pesar de su carácter relativo. El fuego de la búsqueda de la verdad tiene que inflamar la proclamación de la comunidad, y la tradición que determina esa proclamación. La teología tiene que reconsiderar la confesión de la comunidad, examinándola y repensándola a la luz de su permanente fundamento, objeto y contenido.[13]

Muchas veces, la iglesia no pierde su fuerza y vigor evangélicos por los ataques que recibe de fuera, sino porque dentro de ella no somos capaces de confiar radicalmente en el Espíritu, ni de responder de manera audaz y arriesgada a los retos de nuestro tiempo.

Lo más grave puede ser que, lo mismo que el siervo de la parábola, creyendo estar respondiendo fielmente a Dios con nuestra postura conservadora, podamos estar defraudando sus expectativas[14]. Dios quiere que sus hijos lleguen a ser mariposas libres para volar, y no que se perpetúen como larvas ancladas a las viejas hojas de la morera. Esto exige una transformación, una metamorfosis que, del todo, estará siempre por llegar.

En realidad, estamos hablando del milagro de un mecanismo que se convierte en organismo. El mecanismo ha de funcionar siempre igual, porque si no lo hace es que está estropeado. El organismo, sin embargo, es capaz de improvisar, de actualizar, de sublimar su función. Esto conduce a errores, pero el resultado es sorprendente y mucho más promisorio. Porque el mecanismo sólo tiene el presente, y además sólo uno, mientras que el organismo puede optar entre multitud de presentes, y apunta a un futuro abierto a mil posibilidades...

Para Judas, enfrentar la agresión con una firmeza sin fisuras, pero sin levantar la mano contra el agresor, sino proponiéndole espacios de reflexión abiertos por el escándalo de no responder con violencia, es algo inaudito y extremadamente arriesgado. Anhela la novedad del fin, pero recela de unos medios que los sitúan en inferioridad de condiciones. Piensa que recibir con dignidad el golpe del opresor, pero sin devolvérselo, sitúa todo el futuro del éxito en la voluntad de reconciliación del autor de la afrenta. Y eso es demasiado esperar de un imperio que está acostumbrado a asestar el segundo golpe sin reparos.

Entonces, el discípulo olvida que el espacio abierto por esa actitud

---

[13] K. Barth, *Introducción a la teología evangélica* (Salamanca: Ediciones Sígueme, 2006), 63.

[14] J. A. Pagola, *Nunca es tarde* (San Sebastián: Editorial Idatz, 1993), 123-124.

pacificadora puede ser utilizado por Dios, mientras que el golpe devuelto lo cierra de nuevo y reabre una espiral de violencia que acaba, casi siempre, con la derrota del más débil. La novedad del fin está irremediablemente ligada a la novedad del medio.[15]

> *La historia ha demostrado que se puede vencer al enemigo haciendo bien, aun cuando no se le ame ni se haga mejor por el bien que recibe (…). Es propio de la naturaleza humana empezar a amar a aquél a quien se hace el bien; y, lo que es todavía más importante, cuando de veras se hace bien a uno —lo cual no es posible si no se le ama un poco—, éste, normalmente, se hace mejor.*[16]

Puede que ése sea el error del Iscariote: perder de vista que quien lo ha escogido y hecho uno de los suyos, aquél que es capaz de mirarle a los ojos y ver, como en un libro abierto,[17] todo lo que el Iscariote es capaz de dar, sabe lo que hace. Y la desconfianza que ya siente por la perspectiva y las aptitudes de sus compañeros, que a veces le parecen niños jugando a ser reyes, comienza a empañar también su relación con el maestro.

---

[15]"No traigáis a la memoria lo que ya pasó. No penséis en lo que sucedió hace tiempo. Mirad, ¡estoy haciendo algo nuevo, ya comienza a brotar! ¿Todavía no lo veis?" (Isaías 43:18-19).

[16]D. Flusser, *Jesús en sus palabras y en su tiempo* (Madrid: Ediciones Cristiandad, 1975), 96.

[17]Los evangelios afirman que Jesús era capaz de leer el corazón de Judas. Imagino que si podía hacerlo para ver sus defectos, también lo sería para ver sus virtudes, ésas por las que lo había escogido. La perspicacia para conocer lo que pensaba la gente parecía ser uno de los dones que Jesús poseía. Así aparece confirmado, por ejemplo, en Juan 6:64: *"Jesús, desde el principio, sabía quiénes eran los que no creían, y quién le iba a entregar"*.

Apéndice al capítulo IV

4.1. El primero (*tributum soli*) se pagaba parte en especie y parte en dinero. El segundo (*tributum capitis*) incluía diversas clases de impuestos personales: una tasa sobre la propiedad, que variaba según la evaluación del capital de la persona, y otra estrictamente personal, uniforme para todos los individuos (*capita*), incluyendo a las mujeres y esclavos; sólo los niños y ancianos estaban exentos de él.

4.2. En torno al año 53 o 52 a.C., el general Casio hizo esclavos a treinta mil judíos en los alrededores de Tariquea (Magdala); el año 4 a.C., el general Varo incendió Séforis y las aldeas de su alrededor, luego destruyó completamente Emaús y, por último, tomó Jerusalén, haciendo esclavos a un número incontable de judíos, y crucificando a unos dos mil. La destrucción de Jerusalén llevada a cabo por Tito en agosto del año 70, y descrita de manera espeluznante por Flavio Josefo, hace palidecer todas las acciones anteriores. Según el historiador judío, las tropas romanas sólo buscaban destruir la ciudad y asolar la tierra para castigar y aterrar al pueblo judío para siempre.[1]

4.3. El rey Herodes, llamado el Grande, no era judío sino idumeo, pues provenía de una antigua tribu que se había asentado en Edom. Su primer patriarca había sido Esaú. Herodes reprimió siempre, con mucha dureza, cualquier gesto de rebelión o resistencia a su política de rey vasallo de Roma. A él se achaca el asesinato de los niños en tiempo del nacimiento de Jesús. Sin embargo es su hijo, Herodes Antipas, quien más aparece en los evangelios. Él mandó matar a Juan el Bautista, y fue él también quien se mofó de Jesús en su palacio, pocas horas antes de su muerte en la cruz.

---

[1] F. Josefo, *La guerra de los judíos* (Barcelona: Editorial Clíe, 1986), 233-244.

4.4. Aun siendo cierto que el libro más citado por Jesús es el de Isaías, el maestro galileo manifiesta un profundo respeto por todas las Escrituras. Cita o alude a veintitrés de los treinta y seis libros de la Biblia hebrea (contando los libros de Samuel, Reyes y Crónicas como tres libros, no como seis): A los cinco libros del Pentateuco, los tres profetas mayores (Isaías, Jeremías o Ezequiel), ocho de los doce profetas menores y cinco de los Escritos (Salmos, Proverbios, Job, Daniel y Crónicas). En otras palabras, Jesús cita o alude a todos los libros de la Ley, a la mayoría de los Profetas y a algunos de los Escritos. Centrando aún más el foco, según los evangelios sinópticos, Jesús alude o cita el libro del Deuteronomio quince o dieciséis veces; Isaías, como hemos dicho, unas cuarenta veces; y los Salmos más de una quincena de veces. Parece que éstos fueron sus libros preferidos, si bien Daniel y Zacarías también se encontraban entre sus favoritos.

4.5. Sin ánimo de construir un Dios sólo femenino, que significaría convertirlo en algo tan controvertido como la teología machista que aún hoy solemos padecer, me gustaría hacer algunas consideraciones sobre la percepción de Dios como únicamente *Padre*.

Evidentemente, no se trata aquí de decidir si Dios es masculino o femenino. Primero, porque seguramente no es ni una cosa ni la otra. Y segundo, porque si ya es inútil, extravagante y sin sentido discutir sobre el sexo de los ángeles, cosa que ya ha comprendido la cultura popular y lo ha incorporado a su acervo, ¡cuánto más sería hacerlo sobre el sexo de Dios!

Sin embargo, queda fuera de toda duda que en el mejor de los casos, cuando el creyente quiere referirse a Dios en términos de bondad, lo llama Padre. Frente al Dios todopoderoso, juez implacable, presencia omnímoda que todo lo ve y lo controla, el acercamiento a Dios como Padre devuelve al creyente la esperanza en la misericordia, el afecto y la compasión divinos.

Así las cosas, y de todas formas, a cualquiera se le ocurre que la imagen del *padre* no es sino un antropomorfismo y, como tal, una figura que apunta a Dios de forma irremediablemente incompleta, y por razones que apuntaré más tarde.

Concebir a Dios como *padre* significa, en primer lugar, que quien así lo percibe lo hace como *hijo/a*. En las relaciones familiares la figura paterna, según los más prestigiosos estudios de psicología infantil, aporta cuatro componentes sociales, educativos y antropológicos muy importantes, desde los primeros años de vida, sobre todo en sociedades ancestralmente machistas como las nuestras: protección, seguridad, explicación y poder/autoridad.

Protección, por cuanto el niño pequeño se siente indefenso ante el mundo y, por lo tanto, amenazado por él. Cualquier presencia extraña puede convertirse en un peligro para su supervivencia, y en el padre encuentra un aliado cariñoso y fuerte, que podrá protegerlo ante cualquier agresión real o imaginaria. La sensación de desamparo infantil desaparece cuando el pequeño se sabe respaldado por un padre, quien puede hacer frente a los peligros que lo acechan. Con el padre, se siente más fuerte.

Seguridad, por cuanto esa presencia paterna, cariñosa y protectora, reafirma al niño y lo hace sentirse fuerte de forma empática. La fortaleza del padre "cubre", como un escudo, la debilidad del hijo. Le comunica una sensación benéfica, también real o imaginaria, que suple la impotencia y la inseguridad que presiente ante situaciones que es incapaz de dominar. Con el padre, se siente más fuerte.

Explicación, porque hay muchas cosas que el hijo no comprende en esta vida que está estrenando. Todo es nuevo para él, y las incógnitas se acumulan por todas partes. Necesita comprender lo que pasa, y por qué le pasa a él. Necesita aprender la razón y la naturaleza de lo que lo rodea. Las explicaciones que le aporta el padre lo informan y lo forman, dándole recursos intelectuales y emocionales para hacer frente a ámbitos de la vida de los que desconocía su funcionamiento y, como consecuencia, aprende a dominarlos. Con el padre, se siente más fuerte.

Poder/autoridad, pues el niño pequeño no ha conocido aún las consecuencias de sus actos, y necesita que se le explique lo que está bien y lo que está mal. Y no sólo esto, sino que necesita aprenderlo *imperiosamente*. No poner la mano en el fuego, no cruzar solo la calle, no soltarse de la mano, no hablar con desconocidos, hacer los deberes, comerse la sopa, no decir tacos, lavarse los dientes, venir cuando se le pide que venga, etcétera. Este *imperio*, el gobierno de sus actitudes y actividades, que el niño aún no está capacitado para realizar él mismo, es delegado en el padre, quien es percibido como una presencia de poder y autoridad, alguien que sabe lo que el hijo debe hacer en cualquier momento y circunstancia, he impondrá ese saber con la autoridad de quien puede aconsejar, amenazar, premiar y castigar. La figura paterna se convierte, así, en una especie de limitación a la libertad del niño. El padre manda lo que el hijo tiene que hacer, y prohíbe lo que no debe hacer. Lo alaba y premia cuando es obedecido, y lo censura y hasta castiga cuando no. Para poder otorgarle su protección, seguridad y explicación, el hijo ha de ceder una buena parte de su autonomía. Seguir los consejos, las órdenes, o las prohibiciones de la figura paterna, le asegura el despliegue de un poder que es más fuerte que él. Es el hijo, por así decirlo, como un súbdito privilegiado, alguien que a costa de una parte de su libertad puede sentirse y saberse protegido. En comparación con el padre, entonces, él mismo se siente menos fuerte.

Aquí es donde comienzan a aparecer los problemas con la imagen paterna de Dios. Porque Él, además de protección, seguridad, fuerza, bondad y cariño, es percibido como determinismo, prohibición, censura, castigo o premio, dependiendo de su propia obediencia y, a veces, hasta la intimidación. Él es más fuerte y, por lo tanto, capaz de imponer su autoridad y poder, aunque sea para bien del hijo. Y entonces comienzan los conflictos de intereses. Porque si hay algo tanto o más importante para un ser humano que la protección, la seguridad y la explicación, es la libertad. ¿Cómo puede hablarse de verdadera libertad humana a quien percibe a Dios como aquél que premia si se lo obedece, y que castiga si se lo desobedece? Pero no sólo esto. La cosa es más grave aún. Porque mientras que el castigo de un padre sensato puede consistir en no llevar al circo a su hijo, o en dejarlo sin postre, o incluso en darle un azote en el trasero, los castigos de Dios, en el imaginario popular, no suelen quedarse ahí. Ni mucho menos. El Dios Padre que a todos nos han enseñado, cuando es desobedecido puede inundar el mundo entero, hacer explotar ciudades, abrir la tierra para que se trague a los transgresores, matar a primogénitos (imagino que algunos de ellos inocentes), ordenar guerras sangrientas en las que no se perdona la vida ni de mujeres indefensas ni de niños pequeños, provocar enfermedades y pestilencias y, lo que es todavía peor, castigar con la muerte eterna a quienes no siguen sus designios.

Y que no se me venga con que cuando Dios actúa así es que ya no es padre sino juez, y que lo hace por un bien superior, porque eso sería admitir una especie de esquizofrenia más propia de humanos desquiciados que de Dios. Por eso decía al principio que incluso la imagen de un Dios paterno es un antropomorfismo que necesita matices. Porque Dios es Padre a su modo, y no al nuestro. Es un Padre divino, no humano. No podemos transpolar, así como así, nuestra forma de ser padres a la de Dios. Y así como reconocemos que, por su forma trascendente de ser, no podemos nombrarlo sin encasillarlo entre las cuatro paredes de nuestra corta inteligencia, tampoco sabemos llamarlo Padre sin adjudicarle algunas características paternas que son nuestras, pero no suyas.

Es seguro que Jesús de Nazaret consideró a Dios como Padre. Los evangelios dan fiel testimonio de ello. Lo llamó así, y así lo explicó a quienes lo escucharon. El nazareno fue también un hombre de su tiempo, insertado en una cultura en la que hubiera sido poco eficaz añadir vocabulario femenino a la percepción que se tenía de Dios. Pero cada vez que lo llamó Padre fue para destacar su bondad, su ternura, su ánimo protector, su abrazo que otorga seguridad, y jamás para presentarlo con una forma de ser autoritaria, celoso de su honor y del respeto debido, preparado y dispuesto a castigar a quienes se equivocan, y a premiar a los que aciertan. Al contrario, el Padre de Jesús hace llover sobre justos e injustos; alumbra y da calor a los buenos y a los malos. Además, es presencia benéfica para los pecadores, incluso antes de que se arrepientan de sus pecados. Ama a todos, y a todos quiere salvar y dar la vida eterna.

Esta forma de ser Padre le otorga una característica que no nos gusta demasiado a los seres humanos: la debilidad. Por ser un Padre así, Dios *se debilita*, se expone. Lo hace como la gallina que rodea a sus polluelos con sus alas para protegerlos, aun a riesgo de su propia vida (aquí tenemos, por cierto, una expresión maternal, femenina, de la visión que Jesús tenía de Dios). No hace valer sus derechos, no ejecuta las sentencias como lo haríamos nosotros. Y si no, ¿qué merecía la oveja descarriada, a la que el ejercicio de su libertad la había condenado a ser pasto de las alimañas? ¿Qué merecía, en justo derecho, el hijo que vuelve a su casa después de abandonar al padre, llevar una vida disoluta, y dilapidar su fortuna? El hijo mayor de la parábola compendia a la perfección las formas de ser familia que tenemos los varones. No soporta que se le haya faltado al respeto, ni que su hermano vuelva como si nada hubiera ocurrido. Para él, todo debe ser pesado y medido (*"ni un cabrito me diste, y a él le matas el cordero más gordo"*), y dar a cada uno lo que merece. Pero Dios no es así. Casi podría decirse que el padre de esta historia es mucho más madre que padre, porque ante los hijos los padres solemos anteponer la fuerza, la autoridad, la justicia, mientras que las madres son más capaces de renunciar a sus derechos, y hacerse *débiles* a favor de sus hijos. No se trata de consentirlos, ni de dejarles hacer lo que les dé la gana, sino de amarlos de forma incondicional y hasta el extremo. El honor y el respeto no puede anteponerse, para ellas, a la compasión y a la ternura. Nuestro Padre del Cielo es *Abbá* (papá) pero también *Imma* (mamá):

> *¡Si Efraín es mi hijo, mi niño, mi encanto! Cada vez que lo reprendo me acuerdo de ello, se me conmueven las entrañas, y cedo a la compasión* (Jeremías 31:20).

Debe entrar en consideración, por derecho propio, la imagen materna de Dios, que durante tanto tiempo ha olvidado el cristianismo.

Ya el Antiguo Testamento describía la relación que Dios tiene con sus hijos, a través de una palabra que hace saltar las alarmas a los defensores de una teología machista: *rahamim*. Esta palabra hebrea significa "entrañas". Pero no sólo eso. Es el término que se emplea para definir el útero materno, el lugar donde el ser humano mantiene con su madre una conexión tan profunda, tan honda, que jamás volverá a darse en toda su vida. El lugar donde se siente más protegido, más seguro. La mayor experiencia de gratuidad y don inmerecido. Estar dentro de la madre, alimentado y resguardado, para que su vida crezca y se prepare para el más allá. Nunca más se dará una intimidad tan profunda entre dos seres humanos, y de la que el hijo ni siquiera es consciente. En el útero materno, la presencia de la madre es, para él, algo que ocurre pero que no es capaz de percibir hasta sus últimos extremos. Y así, para algunos profetas. Dios es más madre que padre:

> *Sión decía: Me ha abandonado Dios, el Señor me ha olvidado. ¿Acaso olvida una mujer a su hijo, y no se apiada del fruto de sus entrañas? Pues aunque ella se olvide, yo no te olvidaré* (Isaías 49:14-15).

Si el creyente quiere aprender a mantener con Dios lazos familiares, tendrá que empezar a percibirlo no sólo como Abbá, sino también como Imma. Los seres humanos tenemos padre y madre. A los dos necesitamos para venir al mundo, y nuestra educación es mejor si podemos aprender de ellos las formas de ser masculinos y femeninos. Es más: por lo general, un hijo suele criarse mejor cuando le falta el padre que cuando le falta la madre. Así son las cosas. Parece como si las madres estuviesen más preparadas para ser también padres que al contrario. Saben ser estrictas cuando conviene, pero toda su relación está impregnada de la experiencia del útero materno, de la calidez y la ternura incondicional. En último extremo, siempre les podrá la compasión. Así es Dios:

> *Cuando Israel era niño, yo lo amé, y de Egipto llamé a mi hijo (...). Yo enseñé a andar a Efraín y lo llevé en mis brazos. Con cuerdas de ternura, con lazos de amor los atraía; fui para ellos como quien alza un niño hasta sus mejillas y se inclina hasta él para darle de comer (...) El corazón me da un vuelco, todas mis entrañas se estremecen* (Oseas 11:1-8).

Cuando un hijo se hace daño, generalmente es a la madre a quien llama antes. Ella lo consuela, y hasta parece tener el imaginario poder de curar sus heridas. Una vez leí que uno sabe que ha dejado de ser un niño cuando se da cuenta de que los besos de mamá ya no curan las heridas. Así es Dios: "*Como consuela la propia madre, así os consolaré yo*" (Isaías 66:13).

Es muy importante recuperar esta imagen materna de Dios, que fortalece, matiza y purifica su imagen paterna. No cabe una interpretación machista de la divinidad, en la que prevalezcan la fuerza, el poder y la autoridad del varón. La fuerza, el poder y la autoridad de Dios provienen de su ternura, de su compasión y de su amor incondicional, dispuesto a correr todos los riesgos necesarios para salvar a sus hijos. Por eso creo que Dios, si hay que decirlo de algún modo, si hubiera que elegir, es más madre que padre.

Lo materno, lo femenino, es una parte insustituible de nuestra experiencia vital. Lo es en la vida secular, y debe serlo también en la religiosa. Es posible que esto se haya olvidado porque, por lo general, el discurso eclesiástico ha ido siendo elaborado por muchos varones y por muy pocas mujeres. Y así como es cierto que lo propio del varón es la fuerza, la atracción por el poder, y a veces la violencia, es cierto también que esta impronta se ha ido marcando a fuego en nuestro discurso religioso, y también en nuestra forma de percibir a Dios. Dios es el poderoso, el todopoderoso, el omnipotente (la fuerza). Es el legislador que impone las normas y las hace cumplir (la atracción por el poder). Y es el que, si es necesario, ejecuta los castigos (la violencia). Percepciones de este tipo pueden hacer la experiencia religiosa muy confusa y hasta perjudicial.

En una religión así, la carencia de lo femenino puede hacerse insoportable. No se trata, evidentemente, de "matar al padre" por una especie de complejo de Edipo. Consiste, más bien, en que el Padre del Cielo pueda ser percibido de otra forma, como una respuesta, también maternal, a nuestras legítimas aspiraciones de compasión y ternura femeninas.

CAPÍTULO V

Echando fuera demonios

Arde el pecho del Iscariote cada vez que oye hablar al maestro.[1] Le brinca el alma cuando la gente se le acerca para preguntarle cómo es vivir con Jesús, qué cosas les cuenta a solas, de dónde saca el poder para reanimar a los muertos. Y quizá, a la vez que les responde con el corazón sobrecogido por sentirse participante activo en la consecución del proyecto divino, mira con impaciencia al carpintero y se pregunta si todo aquello servirá realmente para algo.

Recuerda a menudo la infinita ilusión, la expectación casi indescriptible que sintió cuando el maestro los envió en parejas, tras una breve instrucción, a predicar la llegada del Reinado de Dios, curando a enfermos y expulsando demonios (Marcos 3:13-15). Aprendió en la escuela de la experiencia y de la vida que de eso trata el mensaje de Jesús, y en eso consiste su *modus operandi*: traer la alegría de un Dios atento a las necesidades de los más débiles, como anticipo del proyecto divino para la humanidad:

> *Aunque como realidad escatológica el Reino esté abierto a todos, se dirige directamente a los pobres de este mundo, a los que están en el último estrato de la sociedad. El Reinado de Dios representa la voluntad divina básica y elemental; representa el designio de Dios sobre la vida y la muerte. También representa el plan de Dios para la existencia humana: la divinidad está a favor de la vida y de la integridad de la creación (...). En el fondo, se interpreta a Jesús como el agente del Reinado de Dios: sus curaciones por el poder divino, sus exorcismos, su acogida a los pecadores, su predicación, que retó a las gentes a que se convirtieran en seguidores suyos. El mensaje central, sin embargo, abarca todo: El Reinado de Dios viene para los pobres y los desheredados; es parcial, y*

---

[1]Ésta era, según los evangelios, una reacción habitual de quienes oían hablar a Jesús (Lucas 4:32; 24:32).

por tanto causa escándalo.[2]

Cuándo, cómo, dónde o con qué medios se haría realidad este sueño no les había sido desvelado aún por el maestro galileo,[3] pero la confianza que les contagiaba en su Padre del Cielo, y la convicción íntima que expresaban sus ojos al enviarlos, habían sido suficientes para insuflarles el ánimo necesario y convertirse en sus embajadores.

¿Quién acompaña a Judas por los caminos de Israel, predicando la Buena Nueva y ejerciendo, con él, de sanador y exorcista? No lo sabemos. Los evangelios nos dan muy pocos detalles sobre esta aventura. Sólo que, a la vuelta, todos están exultantes por el éxito de la misión (Lucas 10:17). Decenas, quizá cientos de curaciones y exorcismos han sembrado la fe, la alegría y la esperanza entre las gentes de los poblados por los que han pasado.[4] Jesús debe de ser, realmente, el enviado de Dios que tantas generaciones han esperado.

Sólo alguien con la fuerza del Eterno puede ser tan poderoso como para otorgarles el don de plantar cara a los demonios. Nada podría interponerse, a partir de ahora, entre Jesús y ellos. El reinado todopoderoso de Dios entre los hombres ha comenzado. Y ellos van a ser sus lugartenientes.[5] Ha llegado la era del Dios de Israel.

---

[2]R. Haight, *Jesús símbolo de Dios* (Madrid: Editorial Trotta, 2007), 90. No en contra (todo lo contrario), sino en modo complementario, quiero introducir un matiz a la cita de Haight. Efectivamente, Jesús no fue imparcial ante el sufrimiento de la gente, y se puso siempre de parte de los oprimidos y excluidos. Pero la parcialidad del maestro a su favor no fue a costa de su indiferencia ante los ricos o los opresores. Vemos constantemente en los evangelios que la intención de Jesús es atraer a todos los que lo necesitan, lo sepan o no. Sólo que, habitualmente, son los pobres y los que sufren quienes son más conscientes de su precariedad. Con los ricos y poderosos Jesús tendrá dos trabajos que hacer: convencerlos de su propia necesidad, y responder después a ella.

[3]Los evangelios confirman que ni siquiera Jesús sabía cuándo se completaría el proyecto del Reinado de Dios para los seres humanos, y que esos extremos sólo los conoce el Padre del Cielo (Marcos 13:32).

[4]De todas formas, a pesar de tantos portentos y señales la predicación itinerante de los discípulos debió de ser bastante mal comprendida por algunos. Marcos relata que, justo después de volver los predicadores, llegaron voces muy ambiguas hasta Herodes. Si fueron eco de lo que contaban los discípulos, revelaban mucha confusión sobre el ministerio de Jesús (Marcos 6:13-16).

[5]Jesús no respaldó el sacerdocio tal como habitualmente se entiende hoy en día, ni en los primeros tiempos del cristianismo hubo en su seno sacerdotes. Había discípulos y discipulados, "ministerios" que tenían un carácter meramente organizativo y administrativo. Variaban de unas comunidades a otras. Cada iglesia tenía libertad para organizarse como creía más conveniente, según las circunstancias

¿Qué conversaciones entablan Judas y su compañero, mientras viajan de una población a otra, contando a los lugareños lo que son capaces de hacer pronunciando el nombre de Jesús? ¿Discuten sobre el tipo de reinado que está por venir? ¿Se reparten ya los puestos de honor?[6] ¿Hablan de cómo se conmueven sus corazones cada vez que ven a los demonios salir despavoridos a su paso, o sonreír a un niño recién curado de la lepra? ¿Comparten sus dudas sobre la reacción que van a tener los sacerdotes? ¿Se animan el uno al otro, después de encontrarse a gentes sin fe que los persiguen hasta las afueras de las aldeas? ¿Se ríen juntos, pensando en cuando le cuenten todas estas peripecias al maestro? ¿Se preguntan cómo les estará yendo a sus compañeros? ¿Decae su ánimo por la noche cuando, a veces, tienen que dormir al raso por la falta de hospitalidad de los aldeanos? ¿Comparten el uno con el otro la íntima revolución vital que les ha supuesto encontrarse con Jesús?

Lo cierto es que cuanto más tiempo pasan lejos del maestro, más lo echan de menos, y más ganas tienen de encontrarse de nuevo con él, de contarle las maravillas de las que han sido testigos.[7] Nunca dos hombres han tenido más confianza que éstos en un maestro.

Pedro, Andrés, Santiago y Juan les han contado a los demás que la primera curación, el primer prodigio que le vieron hacer al maestro fue la expulsión de un espíritu maligno, tormento de un vecino de la aldea de Capernaum.[8] Lo recordaban más o menos así:

Es sábado y, acompañado por ellos, Jesús se acerca a la sinagoga[9] para hablar a los creyentes de lo que más le gusta, y que será el centro de su predicación los tres siguientes años: Dios es bueno, como un padre cariñoso que ama a todos sus hijos, aunque se equivoquen o pierdan

---

y necesidades de cada lugar.

[6] Sabemos por los evangelios que ésta era una costumbre de los discípulos que, por cierto, Jesús se empleó a fondo en cambiar (Marcos 9:33-34; Lucas 9:46-48; 22:24).

[7] Pedro resumió muy bien aquel estado de dependencia de Jesús en una lacónica frase, que resumía sin duda el sentir general del grupo de discípulos: *"¡Señor, a quién iremos? Tú tienes palabras de vida eterna"* (Juan 6:67-68)

[8] Este suceso aparece en Marcos 1:21-28. Capernaum era una pequeña población de Galilea, a orillas del lago Tiberiades. Su nombre en arameo significa "pueblo de Nahum", profeta del AT. De allí provenían Pedro y Andrés, y allí curó de unas fiebres a la suegra del primero (Marcos 1:9-13). Apéndice 5.1.

[9] Las sinagogas eran lugares donde los judíos se juntaban para escuchar las Escrituras, para orar y para resolver los problemas de la comunidad. Habían nacido a finales del siglo II a.C. y se convirtieron pronto, ya en tiempos de Jesús, en una institución básica del judaísmo. Apéndice 5.2.

el rumbo. No le cuesta perdonarlos, porque los quiere como a la niña de sus ojos (Deuteronomio 32:10; Zacarías 2:8), y está siempre con los brazos abiertos, dispuesto a recibir a quienes quieran volver a Él. Tanto los quiere, y tanto los echa de menos cuando se empeñan en alejarse de Él, que no se conforma con esperarlos sentado al calor del hogar, sino que sale todos los días a los caminos para ver si atisba sus figuras en el horizonte, y salir corriendo a su encuentro.[10]

Mientras el maestro habla, un hombre empieza a dar voces. Está ido, salta y grita como si estuviera poseído por un demonio. Parece que el Maligno se siente amenazado por la imagen que Jesús refleja de Dios. Como si al espíritu malo le convenga la imagen de un Dios que se aíra con facilidad, que es como el padre autoritario que hiere a sus hijos cuando no hacen su voluntad, que está sólo pendiente de su propia gloria, y que con esa actitud los aleja de su lado. Casi se le echa encima, con su rostro desencajado por la furia. El jefe de la sinagoga,[11] espantado, corre buscando la puerta de salida, pero tropieza con el sirviente[12] y los dos ruedan por el suelo.

El nazareno, sin embargo, no se acobarda y, con una firmeza que sorprende a todos, le dice "¡Cállate, y sal de él!", para que aquellos gritos malignos lo dejen en paz, y pueda escucharle hablar de la bondad de Dios. El hombre se convulsiona, retorciéndose sobre sí mismo, como si el espíritu quisiera hacerle daño por última vez. Se oyen unas extrañas voces alejándose, y entonces el hombre se queda tranquilo, tumbado en el suelo, exhausto. Ya es libre para escuchar lo que Jesús quiere decirle sobre la verdadera forma de ser del Padre del Cielo, una buena noticia para él.

Judas, como muchos otros judíos de su época, cree que los soldados de

---

[10]Parábola del hijo perdido y el padre que espera (Lucas 15:11-32). Sobre todo, el versículo 20.

[11]Los jefes de sinagoga eran probablemente elegidos entre los ancianos, supervisaban el servicio religioso y se encargaban de los asuntos de la sinagoga. A ellos tocaba designar al lector y al que dirigía la oración, así como invitar a la persona idónea para que predicara. Les correspondía, en general, evitar que nada impropio ocurriera en la reunión, y es probable que tuvieran también a su cargo la conservación del edificio.

[12]En las sinagogas había también un sirviente o sacristán, cuya tarea consistía en preparar los textos sagrados para el servicio religioso, y devolverlos a su lugar una vez finalizado éste. Se encargaba asimismo de anunciar el comienzo y el final del sábado a toque de trompeta. Cuando el consejo de los ancianos condenaba a algún miembro de la comunidad al castigo de los azotes, era el sacristán el encargado de ejecutar la sentencia; además, tenía a su cargo la función de enseñar a leer a los niños.

Roma (e incluso los príncipes herodianos) son los verdaderos servidores del Diablo, contra quienes hay que luchar. ¿No cantan los sábados en la sinagoga *"Mi Hijo eres tú, yo te he engendrado hoy. Pídeme, y te daré las naciones como herencia tuya, y como posesión tuya los confines de la tierra. Tú los quebrantarás con vara de hierro; los desmenuzarás como vaso de alfarero"* (Salmo 2:7-9).

Piensa, al contrario que Jesús, que el modo de vencer y destruir al Diablo es enfrentar a los soldados y latifundistas, y no dedicarse todo el tiempo a ofrecer esperanza contra el mal a los pobres, enfermos y poseídos, abriendo con ellos una ruta al Reinado de Dios, y luchando por ellos contra los malos espíritus, que tienen a los seres humanos oprimidos. En realidad, la propuesta de Jesús es diametralmente opuesta a la de Judas, pues para el maestro el Reinado de Dios no está contra Roma sino sobre ella.

Después de curar a aquel hombre, Jesús insiste en que muchas personas albergan imágenes falsas de Dios, deformaciones que los hacen vivir sin dignidad y sin verdad. Lo sienten no como una presencia amistosa que invita a vivir de manera creativa, sino como una sombra amenazadora que controla su existencia. Sus palabras despiertan la confianza y hacen desaparecer los miedos, porque atraen hacia el amor a Dios. Habla con una convicción serena, mucho más esclarecedora que cualquier cabriola oratoria. Empiezan a comprender que la presencia de Dios hace crecer la libertad, no las servidumbres; suscita el amor a la vida, no el resentimiento;[13] que las relaciones entre los seres humanos y su Padre del Cielo no pueden estar basadas en el modelo antropológico de *señor-vasallo*, en el que lo propio del señor es mandar y lo propio del vasallo es obedecer y cumplir sus órdenes. Jesús viene a decir que el modelo no es ése, sino el de *madre/padre-hijo*, en el que lo propio de la madre y del padre es amar y proteger, y lo propio del hijo es confiar y respetar.

Precisamente allá donde el pueblo cultiva y mantiene su pureza — la sinagoga—, ha venido Jesús a encontrarse con el hombre poseído. El espacio religioso no ha podido curarlo, ni la escuela rabínica a la que había asistido desde niño ha conseguido educarlo para una vida plena.[14]

---

[13]Debo esta reflexión al teólogo José Antonio Pagola. Está extraída del artículo "Curador", aparecido en su blog "Buenas Noticias". Puede encontrarse, ampliada, en la página www.periodistadigital.com.

[14]Aunque buena parte de la educación religiosa de los niños corría a cargo de la sinagoga, no hay que olvidar que los israelitas eran educados desde su más tierna infancia por sus padres. Apéndice 5.3.

Precisamente en una sinagoga sufre, malvive este hombre que es signo de los oprimidos por los muchos demonios de este mundo: enfermos, marginados, destruidos por la patología social y religiosa. Sólo la nueva palabra de Jesús lo sana. El maestro de Galilea no comienza su obra en aquellos lugares que pueden parecen más contaminados (casas públicas, mercados, caminos…), sino que ha venido al corazón de la pureza judía,[15] como indicando que precisamente allí, en el espacio que debía estar más limpio, el día de la gran pureza —el sábado—, un hombre hundido en gran necesidad está dominado por un espíritu impuro, y la forma de entender a Dios que le han enseñado allí no va a ser capaz de liberarlo.

No va a la sinagoga para renovar algunas enseñanzas, sino para enseñar curando; es decir, para liberar a los seres humanos dominados por el Maligno. Su evangelio es palabra sanadora, y es dicha por Jesús con autoridad, porque es nueva y no tiene que invocar la autoridad de alguien anterior.[16] Frente a la práctica ortodoxa de una institución que se cierra en la letra de unos códices fijados,[17] Jesús está desarrollando una actividad sanadora a favor de los enfermos y endemoniados.

Sus cuatro acompañantes, jóvenes pescadores de peces, están comenzando a aprender su nuevo oficio: liberar a un poseso, pescarlo y rescatarlo del agua, sacarlo a la superficie para que pueda respirar y vivir libre de ataduras oscuras. Éste ha sido el primer destinatario de su pesca para el Reinado de Dios. A partir de ahora serán pescadores de hombres. Echarán sus redes en las aguas turbulentas de la existencia humana, repletas de seres humanos agitados, ansiosos, deprimidos, enfermos, marginados, indefensos, para traerlos a la esperanza del Reinado de Dios. Así seguirán el ejemplo de su maestro.

Responder a la llamada de Jesús inaugura siempre un nuevo juego relacional entre él y el discípulo: el maestro delante, sus seguidores detrás. El encuentro con él los alcanza en el corazón mismo de su vida profesional, familiar y relacional.

La invitación a "pescar hombres" es una expresión extraña. Evoca la

---

[15]La Ley contenía el llamado "código de santidad" o de pureza: para mantener la relación con Dios era necesario precaverse del contacto con toda realidad considerada "impura". La pureza o impureza se determinaban con arreglo a una norma. Apéndice 5.4.

[16]Los rabinos transmitían a sus discípulos lo que ellos mismo habían recibido. En realidad, entendían que ésta era la única forma de ser fieles a las enseñanzas antiguas. Apéndice 5.5.

[17]A finales del siglo I estas tradiciones, Misná, Gemará y Talmud, empezaron a redactarse sistemáticamente por escrito. Apéndice 5.6.

imagen de salir de un medio acuático y comenzar a respirar con nuevos pulmones. ¿No podemos ver en ella la posibilidad de ayudar a otros en un nuevo nacimiento, de una salida de las aguas amnióticas para comenzar a respirar la vida del Espíritu?[18]

> *No necesitamos ir a Nazaret, a Capernaum y Betania, para andar en las pisadas de Jesús. Hallaremos sus huellas al lado del lecho del enfermo, en los tugurios de la pobreza, en las atestadas calles de la gran ciudad, y en todo lugar donde haya corazones humanos que necesiten consuelo. Al hacer como Jesús hizo cuando estaba en la tierra, andaremos en sus pisadas.*[19]

Esta sinagoga dominada por escribas-rabinos (gentes de escuela, de lectura y escritura) mantiene una enseñanza vinculada a unas tradiciones de la Ley, pero deja al creyente en manos de su propia enfermedad, controlado por espíritus impuros que parecen brotar de su misma religión. Está sólo pendiente de preservar la pureza de la ley. Esta actitud es mencionada por Javier Melloni entre las que caracterizan a una secta:

> *Cuando se hacen demandas de pureza inalcanzables, proponiendo un ideal imposible de perfección, para crear culpabilidad y vergüenza en los adeptos, se castiga a la gente y se le enseña a autocastigarse por no llegar a una meta que ya de entrada es imposible alcanzar.*[20]

En tiempo de Jesús, la vida entera de la comunidad judía está presidida por la Ley de Moisés (*Torá*). La finalidad de la educación impartida en la familia, la escuela y la sinagoga es convertir en "discípulo del Señor" (Isaías 54:13), mediante el conocimiento y la práctica de la Ley, a todo el pueblo de Israel. Hay que precisar que la Ley de Moisés no es sólo los diez mandamientos que aparecen en Éxodo 20 o Deuteronomio 5, sino el Pentateuco entero, los cinco primeros libros de las Escrituras (Génesis, Éxodo, Levítico, Números y Deuteronomio).

Dogma indiscutible para los judíos es que la Ley constituye la suprema expresión de la voluntad de Dios. De ahí que en torno a ella gire la vida individual y social de Israel. Debido al influjo fariseo, todos están convencidos de que la esencia de la religión es la sumisión estricta a los mandatos de Dios.

---

[18]D. Aleixandre, *Contar a Jesús. Lectura orante de 24 textos del Evangelio* (Madrid: Editorial CCS, 2002), 32-33.

[19]White, *El deseado de todas las gentes*, 595.

[20]J. Melloni, *Vislumbres de lo real. Religiones y revelación* (Barcelona: Editorial Herder, 2007), 231.

Contrasta esta actitud con la de los profetas, para los que la conducta moral no se define por la fidelidad a un código escrito, sino por una exigencia radical y vital de relación con Dios; el código, las normas morales concretas que definen la relación con el prójimo, debe ser expresión de la relación con Dios. Albert Einstein recogió esta ancestral tradición en algunas de sus declaraciones:

> *Está claro que el "servir a Dios" fue equiparado con el "servir a los seres vivientes". A favor de esto han luchado incansablemente los mejores espíritus entre el pueblo judío, en especial los profetas y Jesucristo.*[21]

Lo fundamental para los profetas es el diálogo, la relación con Dios. En su formulación más atrevida, usan términos de amor conyugal entre Dios y su pueblo (Oseas 2). La conducta es consecuencia de la actitud.

Sin embargo, la interpretación farisea de la Ley, convertida en centro de la vida religiosa, hace concebir la relación con Dios en términos de obediencia, y no de entrega filial o fidelidad por amor. Dios se convierte en el amo que inspecciona el proceder de sus siervos. La relación vital con Él pasa a ser una relación jurídica; la experiencia de Dios cede el paso a la enseñanza de un código. Jesús de Nazaret es fiel heredero de la visión profética de la Torá, y de su crítica a la "judicialización" de la vida espiritual de Israel, así como al olvido de lo que debe ser lo más importante de su religión: la relación con Dios como Padre del Cielo.

Pero la pura ley de esos escribas se muestra así de inútil: no consigue sanar al enfermo ni devolverle la dignidad. Quizá, al contrario, aumenta su dolor con nuevas opresiones.[22] Porque conciben la relación con Dios en términos de culpa-castigo y mérito-premio. Dios se convierte así en acreedor del culpable y pagador del justo. Como los méritos dependen de la observancia minuciosa a las normas, toda la atención se concentra en la Ley, olvidando al Legislador.

---

[21]Cita extraída de su conferencia-artículo "*Mi Visión del Mundo*", Ámsterdam, 1934.

[22]Jesús sintió que debía aligerar la pesada carga que los escribas y fariseos habían depositado en las espaldas de los creyentes. En este sentido, Mateo 11:28 es muy revelador, ya que el texto griego no dice "Venid a mí los que estáis trabajados y cargados, que yo os haré descansar", sino "Venid hasta mí los que estáis trabajados y habéis sido cargados (*pefortisménoi*), que yo os daré descanso". Como puede verse, las cargas aparecen en voz pasiva, lo que significa que no han sido asumidas libremente, sino que han sido otros (escribas y fariseos) los que las han colocado, a base de manipular sus conciencias, sobre las espaldas de los demás. Así, por el contrario, cargar el yugo que Jesús propone puede ser fácil, y también puede sentirse ligera su carga (Mateo 11:29-30), porque no es algo impuesto, sino escogido libremente.

Para ellos, Dios ya lo ha dicho todo, no tiene nada que añadir, y se limita a vigilar. La Ley ha pasado de ser tabla de piedra a piedra de lápida. Una lápida que se encarga de enterrar a los creyentes y casi al propio Eterno. El diálogo con Dios, y la apertura a Él, quedan sustituidos por el cultivo de la minucia y la obsesión del cumplimiento escrupuloso. No es de extrañar que haya tantos enfermos mentales entre el pueblo.

> *Jesús no discutió ni una vez con los romanos, ni con Herodes, ni con Pilato. Se enfrentó a los observantes fariseos, a los leguleyos de la Ley, a los que se servían de sus privilegios religiosos para oprimir al pueblo y cargarlo con yugos pesados. Esto es lo que yo leo en los evangelios. De tal manera que Jesús vinculó esta conducta conflictiva a su tarea por curar a los enfermos, por acoger a los pecadores, por estar cerca de los excluidos. Jesús pudo hacer las cosas de otra manera. Pero los evangelios es esto lo que nos han dejado como recuerdo subversivo que debe orientar nuestras vidas.*[23]

La misma estructura religiosa —en este caso la sinagoga, pero lamentablemente no es el único y llega hasta nuestros días— parece ser un terreno cómodo para el Maligno,[24] quizá debido a la exacerbación de una neurosis religiosa imperante. Jesús, sin embargo, ofrece su enseñanza nueva sanando. No viene sólo a enseñar interpretaciones de leyes, sino a curar a los posesos y enfermos, para que puedan ser personas. No cura como un mago, con ensalmos misteriosos, sino como mensajero de un Dios humanitario, compasivo, que perdona con una palabra que desata, libera, purifica al ser humano que se halla oprimido dentro de una sinagoga que, aunque no es su intención primaria, educa de facto para la opresión.

Jesús no concibe a Dios como el espía implacable del ser humano, ni a la Ley como cepo de caza. Él sabe que su *Abbá* del Cielo[25] es, ante todo, misericordia, esperanza y perdón, incluso para aquellos que no consiguen respetar perfectamente el inmenso código de leyes israelitas.

---

[23] Esta cita está extraída del artículo "Más diálogo y más respeto", del blog del teólogo José María Castillo "Teología Sin Censura". Se puede encontrar, ampliada, en esta dirección de internet: www.periodistadigital.com.

[24] Marcos 1:39: "*Y se fue a predicar en sus sinagogas por toda Galilea, expulsando demonios*".

[25] "Abbá del Cielo" es la expresión que más utilizó Jesús para hablar de Dios. Abbá era lo primero que aprendían a decir los bebés israelitas. Es una forma coloquial y llena de ternura, propia del lenguaje infantil, para denominar al padre. Hoy la traduciríamos como "papá" o "papi". Para Jesús, por tanto, Dios no era sólo el Eterno Todopoderoso, el Altísimo de Israel, sino también, y sobre todo, nuestro "papi" del

Todo lo que hacemos no siempre es fruto de nuestra maldad. Dios sabe discernir entre lo que viene de nuestra maldad o, por ejemplo, de un olvido (...), de nuestra debilidad, de nuestras presiones internas, de nuestros problemas complicados, de nuestra ignorancia o de nuestra estupidez, por qué no decirlo (...). Entonces, si todos cometemos tonterías, ¡qué maravilla que Dios sepa hacer la diferencia entre lo que viene de mi maldad, de mi ignorancia o de mi estupidez![26]

El maestro galileo está convencido de que la Ley no ha sido dada para acomplejar, culpabilizar o reprimir. Ante todo, está para ayudar al creyente a encontrarse consigo mismo, con Dios y con sus semejantes, desarrollándose así conforme a sus posibilidades. Todas las leyes, religiosas y seculares, han sido dadas para servir al ser humano, y no al contrario (Marcos 2:27). No más normas por encima de nadie, sino los cargados y cansados por encima de todo. Jesús pone a la Ley al servicio de los legislados, y a los legisladores también. La destrona de su papel de intermediaria entre Dios y los seres humanos, pasando a ser un instrumento al servicio de la felicidad de los creyentes y de sus semejantes.[27]

Los evangelistas parecen casi obsesionados con confrontar al lector ante esta pregunta de Jesús: "*¿Qué es lo más importante, cumplir la ley o remediar el sufrimiento?*". Ésta es una pregunta insoslayable. Todo creyente

---

Cielo. En los evangelios, el término Abbá aparece más de 170 veces en labios de Jesús. Ya a primera vista, no cabe duda de este hecho: Abbá era, sencillamente, la forma que Jesús tenía de llamar a Dios (J. Jeremias, *ABBÁ. El mensaje central del Nuevo Testamento* [Salamanca: Ediciones Sígueme, 1983], 37). Esta idea de Jesús sobre Dios queda explícita y magistralmente revelada en la parábola del hijo que vuelve y el padre que lo espera (Lucas 15:11-32).

[26]R. Badenas, *La justificación por la fe en mi vida diaria* (Barcelona: Aul@7Activa, 2004), 16. Roberto Badenas merece una mención especial en estas líneas. Fue mi profesor en el Seminario de Teología de Sagunto y en la Facultad de Teología del Salève (Francia), dirigió mi tesis de licenciatura, y supervisó mis primeros años de servicio pastoral en Ginebra (Suiza). Casi nada de lo que creo sobre Jesús de Nazaret le es ajeno. Sembró en mí la semilla de la pasión por el maestro galileo, y su ponderación amainó siempre mi ímpetu, muchas veces desorientado. Sus clases, sus libros, el ejemplo de su persona, pero sobre todo su generosa amistad, han iluminado, de forma imposible de medir, mi vida espiritual. Sé que, como en la parábola de Jesús sobre el juicio a las naciones, cuando él lea esto se sentirá incómodo y me preguntará "Juan Ramón, ¿cuándo hice yo eso?" (Mateo 25:37-39). Lo hizo siempre pero, como es normal en él, ni siquiera se dio cuenta. Gracias por todo, maestro; lo mejor de estas reflexiones son las espigas de tus semillas.

[27]Hay que aclarar que las invectivas de Jesús no fueron pronunciadas en contra de la Ley judía, sino de la interpretación que habían hecho de ella los fariseos y escribas, y de la inmensa maraña de códigos y normas que derivaron de ella. Según

que se tome en serio a Jesús de Nazaret y el mensaje al que dedicó su vida, tendrá la obligación moral de afrontarla y de responderla. Alguien que propone la sumisión irracional a la ley, a costa de prolongar e incluso aumentar el sufrimiento humano, ya está contestándola, incluso a su pesar. Se coloca en oposición abierta a la escala de prioridades marcada por Jesús, en la que el ser humano se encuentra por debajo sólo de Dios. Una lectura mínimamente atenta del Evangelio no soporta otro criterio.

En todas las controversias con los judíos en torno a la Ley, Jesús pone al ser humano "en el medio", y se pregunta cómo se le puede hacer el bien (Marcos 3:3-4). En el fondo, recupera el sentido primitivo de la Ley según la voluntad de Dios: ser instrumento de liberación y de realización de la justicia relacional. Lo importante no es el valor formal de la Ley, sino su función orientadora para el creyente de cada momento histórico. Es decir, Jesús no es intérprete de la Ley, sino un intérprete de Dios y de su voluntad en la historia.

El Dios de Jesús, que es entrega absoluta, acogida a los pobres y pecadores, se desvela al mismo tiempo como exigencia plena de perdón total, y como urgencia ilimitada de ofrenda hacia los otros, sobre todo hacia los últimos de la tierra. El creyente no se encuentra ante la Ley, sino ante la voluntad de Dios, que es una voluntad histórica de liberación y humanización. El aferramiento a la Ley, por exigente que parezca, no es sino la coartada del anhelo humano de seguridad, que se resiste a permanecer siempre expuesto a las inesperadas e ilimitadas exigencias que provienen del prójimo necesitado. Jesús desarbola al hombre, le quita seguridad, y le insta a la lectura continua de la historia como lugar de realización de la voluntad de Dios.[28]

A través de la enseñanza impartida en la sinagoga cada sábado, el pueblo es adoctrinado en la ideología farisea por los letrados de esta tendencia. Jesús frecuenta la sinagoga para abrir al pueblo, con su enseñanza, un horizonte alternativo, y afirmar la posibilidad de un cambio.[29]

Inevitablemente se suscita el conflicto: tanto su enseñanza como las acciones liberadoras ejercidas en la sinagoga, que dan autoridad a su enseñanza, chocan de tal modo con los intereses de la institución (Marcos

---

los evangelios, Jesús respetó radicalmente el sentido profundo de la Ley, y la defendió de sus desviaciones (Mateo 5:17-20).

[28] R. Aguirre, *El Dios de Jesús* (Madrid: Editorial Fundación Santa María, 1985), 28-29.

[29] Ya en tiempos de Jesús había escribas judíos moderados que percibían así

3: L-7; Lucas 13:10-17), o con el fanatismo del pueblo dominado por ella (Marcos 1:21-28: El poseído por un espíritu inmundo; 6:1-7: La gente de su tierra), que Jesús se ve amenazado de muerte (Marcos 3:6; Lucas 4:16-30). Las posibilidades que abre al ser humano, y la emancipación a que lo invita, resultan insoportables para un sistema cuyo interés principal es el dominio de la ideología y de la conducta (Juan 5:8-18).[30]

Jesús, por ello, no pretende una simple "reforma" de la sinagoga, como la que hará el rabinismo posterior,[31] sino una ruptura y superación del sistema de las sinagogas. A partir de entonces, se va a crear una comunidad donde los locos, los endemoniados, los enfermos y los marginados cabrán, serán escuchados, podrán recuperar su humanidad y, con ella, la salud física y la dignidad social.

Jesús es escuchado "*como quien tiene autoridad*" porque sabe escuchar. No sólo lo que ocurre a su alrededor, sino sobre todo lo que pugna por salir de dentro de la gente. Incluso el desesperado balbuceo de posesos y de locos que no consiguen pronunciar palabras inteligibles, pero revelan los anhelos más profundos de un alma en lucha. Son llamadas de auxilio que surgen del inconsciente de los perturbados, pero Jesús sabe interpretarlas y comprenderlas porque se detiene a escucharlas. No le da miedo ser salpicado por las impurezas que destilan, o por las enfermedades que las producen.

La fuerza de su compasión es mayor que el escándalo que producen los insultos, las amenazas y las blasfemias de los posesos. Sabe que su misión es escuchar sin juzgar; abrirse al sufrimiento de los desesperados, para así estar en disposición de sanarlos. No se cansa de hacerlo. Sólo trata de entender la angustia que revelan aquellos sonidos guturales propios de un animal acorralado. Y al entenderla, puede establecerse el diálogo con un Dios que acoge, sobre todo a los más humillados por Satán. Jesús, entonces, pronuncia las suyas, llenas de bien y bendición, que desatan los nudos y sueltan las cadenas. No son sortilegios ni fórmulas verbales secretas, sino la manifestación verbalizada del poder de Dios.

---

la Ley, y todo el marasmo de normas y prescripciones impuesto por los fariseos conservadores. Por ejemplo, "*El sábado ha sido entregado a vosotros, y no vosotros al sábado*" (*Mekilta* Éxodo 31:13 [103b]).

[30]J. Mateos, y F. Camacho, *El horizonte humano. La propuesta de Jesús* (Madrid: Editorial El Almendro, 1988), 83.

[31]Esta reforma rabínica de las sinagogas se llevó a cabo, sobre todo, después de la destrucción del Templo en el 70 d.C. Sin la presencia de éste, las sinagogas cobraron una importancia extraordinaria, y se convirtieron en el centro de la expresión religiosa de los judíos, hasta hoy. Apéndice 5.7.

> *No se trataba de una mera pericia técnica, de un "camino" popular; básicamente tampoco era una conciencia de poseer un poder desde sí mismo, una "fuerte personalidad". Se trataba de un conocimiento de otro poder actuando en él, juntamente con la convicción de que este poder era poder de Dios. Dios actuaba en su acción. Cuando él hablaba o estrechaba la mano sucedía algo (el enfermo se aliviaba; el prisionero quedaba libre; el demonio era expulsado). Esto sólo podía ser el poder de Dios. Entonces, ya es posible concluir: aquí está la fuente de la autoridad de Jesús (la conciencia de que el Espíritu de Dios estaba pronto para actuar a través de él; la conciencia de que Dios quería utilizarlo para curar y para vencer a los demonios, cuando se enfrentaban a él).*[32]

Esa actitud de escucha activa y de acogimiento, que revela la verdadera forma de ser de Dios, produce todo eso y más. Un Dios que habla, sí; incluso de forma vehemente muchas veces. Pero a quien lo que más le gusta es escuchar a sus hijos.

Ahora, Judas ha vivido esa misma experiencia. Él mismo ha visto cómo, al pronunciar el nombre de Jesús, los demonios dejan tranquila a la gente, creando un espacio bienhechor, y permitiendo escuchar el latido firme y compasivo del corazón de Dios. No cabe duda: el maestro de Nazaret tiene que ser aquél a quien tanto, y durante tanto tiempo, han estado esperando.

Poco sospecha Judas, ahora, que el mismo Diablo que en el nombre de Jesús le es tan fácil expulsar, entrará en él y lo poseerá un día.

Es curioso cómo los evangelios se esfuerzan en mostrar a Jesús como un luchador contra los poderes de las tinieblas: El Diablo lo tienta en el desierto (Mateo 4:1-11); es considerado poseso (loco) por su familia y por los escribas (Marcos 3:22); realiza numerosos exorcismos (Lucas 11:14; Marcos 1:21-28; 5:1-21; 7:24-30; 9:14-29) ; los discípulos son enviados a expulsar demonios (Marcos 2:7.13); María de Magdala aparece poseída

---

[32] J. D. G. Dunn, *Jesús y el Espíritu. Un estudio de la experiencia religiosa y carismática de Jesús y de los primeros cristianos, tal como aparece en el Nuevo Testamento* (Salamanca: Editorial Secretariado Trinitario, 1981), 91. Como se percibe en el lenguaje de Dunn, su aproximación a la persona de Jesús marca la diferencia entre el Jesús histórico y el de los evangelios, que considera relatos repletos de reinterpretación (o más bien de mitificación) postpascual del Jesús de Nazaret real. Para él, Jesús fue simplemente un profeta judío que adquirió la conciencia de ser "hijo especial de Dios". No puedo estar más en desacuerdo con él. Sin embargo, su reflexión sobre cómo percibía Jesús su misión, en cuanto a la lucha contra los demonios, me parece acertada.

por siete espíritus inmundos;[33] un exorcista anónimo expulsa demonios en el nombre de Jesús sin su permiso (Marcos 9:38-40); incluso Pedro o el propio Judas parecen poseídos en algún momento (Mateo 16:22; Lucas 22:3).

La vida pública del maestro estará marcada por la gran batalla contra el Diablo, y está convencido de que su mensaje, con sus exorcismos, forma parte de ella. No formula ninguna teoría sobre este asunto, pero sabe que debe luchar contra el poder de Satanás, liberando a los que se hallan sometidos a su tiranía. Es diabólico todo lo que oprime a los seres humanos y destruye su capacidad de vivir, de gozar, de pensar, de servir y ser útiles. Jesús sabe que aquel mundo está lleno de posesos, amenazados hasta el delirio por poderes diabólicos. Desde ese fondo se comprende su propuesta liberadora.

Una lectura atenta de los evangelios confirma cómo, en el momento en que Jesús aparece en escena, las manifestaciones demoníacas se multiplican por todas partes. Se antoja ciertamente anormal la proliferación de posesos de todo tipo, que parecen campar a sus anchas en Galilea, mientras el maestro camina por sus senderos. ¿Será que Galilea es la tierra preferida por los demonios? No es probable. Más bien, el Maligno va allá donde el Reinado de Dios inicia su incursión en este mundo. El norte de Israel convertido en un campo de batalla donde los poderes espirituales van a medir sus fuerzas, en el marco de una guerra más antigua que el tiempo marcado por el sol y por la luna.

En la mentalidad popular de la época era muy difícil trazar la frontera entre la enfermedad y la posesión diabólica. Jesús no se opone a tal mentalidad; antes bien, se sirve de ella para unificar aspectos de su ministerio que le muestran en situación conflictiva, en lucha abierta contra el mal en todas sus formas. *Pero en esta lucha el vencedor es Jesús.*[34]

La luz intentando abrirse paso en medio de la oscuridad, y las tinieblas luchando por conservar lo que creen suyo por derecho de guerra. No sólo las obras de curación proclaman que ha llegado la nueva era del Padre del Cielo, sino incluso la rabiosa manifestación del demonio. Jesús viene a mostrar cuánta esperanza tiene Dios en los seres humanos, y el

---

[33]Este dato de los siete demonios de María Magdalena puede ser controvertido, pues aparece en Marcos 16:9 y los manuscritos más antiguos no contienen los últimos doce versículos de este evangelio. Algunos especialistas sospechan que fueron añadidos dos siglos después de la redacción del material original.

[34]Léon-Dufour, *Los milagros de Jesús,* 71.

Diablo no se lo va a poner fácil. Las posesiones demoníacas serán un claro mensaje de Satán al maestro: Mira con qué facilidad hago míos a los que tú llamas hijos de Dios.

Aunque pueda ser cierto que, en la antigüedad, algunas posesiones demoníacas no eran más que manifestaciones de enfermedades que hoy se reconocen como tales (epilepsia, esquizofrenia, sordera que produce incapacidad para hablar, etcétera), e incluso son curables o se pueden controlar sus síntomas, los evangelistas tienen claro que la liberación-curación que Jesús ejerce sobre estas gentes proviene de un poder divino, y se enmarca dentro del combate de Dios contra las fuerzas de las tinieblas, que supera el alcance particular de un concreto exorcismo, y se convierte en la manifestación de la llegada del Reinado de Dios.

> *El ministerio de Jesús de curaciones y expulsiones no estaba motivado simplemente por la compasión por los enfermos y los oprimidos, sino que era parte de la restauración de Israel y la preparación para la llegada del Reino de Dios. La asociación de los milagros de Jesús con el Reino de Dios explica por qué el ciego Bartimeo clamó a Jesús: "¡Jesús, Hijo de David, ten misericordia de mí!" (Marcos 10:47-48).*[35]

Pero allí donde otros suponen que los pobres están condenados a sufrir bajo el poder de espíritus perversos, como chivos expiatorios inexorables de una sociedad dominada por poderes superiores, Jesús los considera, efectivamente, hijos de Dios, capaces de vivir en libertad, abriéndoles e indicándoles el camino del Reinado de Dios. Así se siente él, enviado por su Padre del Cielo para expulsar a los demonios, ocupándose de aquellos a quienes la estructura social, política, religiosa y familiar condena a la locura y a la posesión.[36]

Si, en este marco, Satán es "El Fuerte",[37] quien tiene dominados no sólo a los infelices que han sido poseídos, sino a toda la humanidad, pues es el príncipe de este mundo (Juan 14:30), el maestro galileo ha

---

[35]M. J. Wilkins, et alt., "¿Qué hizo Jesús?" en *Jesús bajo sospecha. Una respuesta a los ataques contra el Jesús histórico* (Barcelona: Editorial Clie, 2003), 151.

[36]Marcos 5:1-20; 7:24-30; 9:14-29

[37]Marcos 3:27. El término griego (*isjirós*) empleado para calificar a Satán puede indicar, también, "firme, sólido, poderoso, violento, bien fortificado", y se emplea muy a menudo en el lenguaje militar. Jesús es consciente de que ha entablado una batalla contra alguien a quien no será fácil vencer. Sin embargo, Marcos opone a este vocablo griego, poniéndolo en boca de Juan Bautista a propósito de Jesús, otro adjetivo que proviene de la misma raíz: *isjiróteros*, "*El más fuerte*" (Marcos 1:7). Pese a lo que pueda parecer a simple vista, el poder de Jesús es mayor que el de Satán.

venido a saquear el reino del Maligno. Pero para ello, para liberar a los que tenía prisioneros en la cárcel-casa no se puede, evidentemente, usar la violencia contra ellos. Al contrario, hay que atar primero al "Fuerte" para desactivarlo.

Pues bien, para Jesús, la forma de atar a Satán, para después poder sacar de su cárcel a los dominados por él, es perdonar (Marcos 3:28). No marginarlos, ni culpabilizarlos, ni excluirlos. La capacidad de restauración del perdón parece infinita en esta lucha contra los poderes del mal. Satán es "El Fuerte" porque puede oprimir, pero Jesús es "El Más Fuerte" porque puede y quiere perdonar. Una vez perdonados,[38] los presidiarios se sienten con la suficiente libertad para salir de la cárcel del Maligno. Una vez fuera, ellos también serán capaces de perdonar a su vez. Porque el perdón suele ser, y ha de ser, una virtud contagiosa. Recibido de Dios, podemos comunicarlo y compartirlo con los que nos dañan.

De este modo, el pecado no tiene la última palabra en una vida humana. El aspecto de interpelación y provocación que reviste esta forma de audaz fraternidad, revolucionaria por ser ilógica para los esquemas imperantes, no es sino el reverso del amor que se comunica gratuitamente, y que se sabe capaz de cambiar por completo la existencia del creyente.

El perdón hace correr un riesgo, es una iniciativa que pone a quien lo pide en manos del otro. Pero es también el único gesto de confianza capaz de restablecer una comunión rota, o de superar una relación deshumanizada. El perdón manifiesta la esperanza fundada de que quien hizo el mal salga de sí mismo, se libere de la lógica en que por el momento se encuentra prisionero, y acceda así a una opción más humana. El perdón es un acto de libertad. El que perdona no se deja dominar por el mal producido por su adversario. No paga calumnia con calumnia, difamación con difamación, engaño con engaño, muerte con muerte. Crea otra relación. Ésta constituye una llamada para que el mal no tenga la última palabra:

---

[38]El término griego traducido por "será perdonado" tiene matices muy interesantes. Seguimos, por cierto, en el ámbito del lenguaje militar. Se trata de *afethésetai*, y proviene del infinitivo *afíemi*, que significa, además de "resarcir o perdonar una deuda":"dejar libre, rescatar, licenciar a un soldado". Los pecados, que son como los soldados del Maligno, al ser perdonados los cautivos, son licenciados ellos. Ya no tienen oficio en esta batalla, ni es su guerra. Sin estas armas-soldados de Satán (los pecados), el resultado de la lucha entre éste y el Reinado de Dios sólo puede decantarse del lado del bien.

> *El amor, como categoría del derecho, no deja a ningún hombre abandonado, sino que cuenta siempre con sus posibilidades, incluyendo ahí aquellas posibilidades de Dios sobre él, que no se han realizado todavía. El amor al hombre inhumano, malvado, deforme, cuenta con el perdón de sus pecados y se hace concreto en el absolver. Esto, a su vez, significa que no puede hacer uso de la ley para "devolver mal por mal", sino para "devolver bien por mal", es decir, para no clavar al delincuente en su pasado, sino para conducirlo a su futuro mejor.[39]*

El perdón es un acto creador. Aceptado, abre de nuevo al que lo recibe, de modo positivo, a las relaciones sociales de las que se había excluido a sí mismo. La justicia nueva no consiste en destruir al autor del mal, sino en liberarlo de su voluntad destructora, de las estructuras que le han permitido funcionar contra su semejante o contra Dios.[40]

Precisamente los posesos, que pueden tomarse como signo de lejanía de Dios, pues viven con el Enemigo dentro, son para Jesús el grupo privilegiado de la acción de su Padre del Cielo, dirigida no solamente a ellos, especialmente dominados por Satán, sino a todos los hombres y mujeres, incluso a los coadyuvantes de su posesión. No viene sólo a recuperar a los que han caído en las garras del Maligno, sino también a los que están tan engañados que piensan que nunca les pasará algo parecido a ellos, despreciando a los contaminados, y ufanándose de su propia pureza. Todos están en peligro, y a todos quiere proteger. A unos, de los espíritus inmundos; a los otros, de sí mismos.

Los monjes esenios de Qumrán[41] han elaborado un proyecto de lucha militar contra Satán, interpretando los exorcismos desde un fondo de violencia militar.[42] En esa línea, el verdadero exorcismo será un tipo de guerra, al menos simbólica, dirigida por sacerdotes; una lucha de ángeles y hombres puros contra demonios, donde el mismo Dios combate con los suyos.

---

[39] Moltmann, *El Dios crucificado*, 110.

[40] H. Echegaray, *La práctica de Jesús* (Salamanca: Ediciones Sígueme, 1982), 202-203.

[41] A orillas de la costa occidental del Mar Muerto, en un valle del desierto de Judea, se descubrió el asentamiento de Qumrán. Allí se encuentran las ruinas de lo que parece ser un monasterio esenio, y también unas cuevas que salieron a la luz pública el año 1947: En las que permanecía oculto un auténtico tesoro arqueológico y bíblico. Apéndice 5.8.

[42] Así aparece en el Rollo de la Guerra (cf. 1QM: Milhama) y lo ratifica la Regla de la Comunidad, que manda "amar a todos los hijos de la luz y odiar a todos los hijos de las tinieblas" (cf. 1QS 3-4).

Por eso no pueden participar en esa contienda los impuros, enfermos o manchados (como supone la ley de la guerra santa israelita). La gran batalla contra Satán es una lucha de hombres puros y valientes, de la que se excluye a los contaminados, paralíticos, ciegos, sordos, mudos..., porque los ángeles de la santidad están entre ellos.[43]

Pues bien, completamente al margen de esa ley de pureza de Qumrán[44] y de su guerra, Jesús penetra en la sinagoga, lugar ahora de los impuros y los locos, para realizar allí su acción liberadora durante el día de la libertad, el sábado.

El precepto del descanso sabático tiene por objetivo en el Antiguo Testamento que el ser humano, sin distinción de clases, libre o esclavo, judío o no, pueda participar en el descanso del Dios Creador (Éxodo 20:8-11). No es un precepto para someterlo sino un don, una bendición (Génesis 2:3; Éxodo 20:8-11). Con el descanso, el hombre se asemeja a Dios, liberándose del trabajo y mostrando su señorío sobre la creación. El sábado es, pues, anticipo y promesa de libertad, signo de una liberación plena. Según los textos de la Ley, el descanso sabático ha sido instituido para impedir que el hombre sea alienado por el trabajo incesante y, al mismo tiempo, para poner freno a la explotación de los más débiles, esclavos y extranjeros (Deuteronomio 5:12-15).

La observancia del sábado recuerda a los creyentes la preocupación de un Dios protector de la libertad humana, que no quiere que nadie se vea privado de ese privilegio, ni olvide su condición de imagen suya. Por eso, el precepto va dirigido también al dueño o patrón respecto a sus esclavos (Éxodo 20:8-11), recordándole que también los judíos han sido esclavos en Egipto.

Sin embargo, lo que originariamente era muestra de liberación, los escribas y fariseos lo han convertido en una esclavitud. Según su

---

[43]Regla de la Congregación, 1QSa 2:1-9; Rollo del Templo, 1QT 45. Para los esenios, sólo de la asamblea pura, sin enfermos y manchados, surgirá el mesías, Hijo de Dios (1QSa 2:12-22).

[44]Algunos especialistas en textos *qumramitas* (Michael Wise, Martin Abegg o Edward Cook) han querido ver en el ministerio de Jesús de Nazaret trazos de la filosofía de los monjes de Qumram. Y aunque es cierto que hay algunas similitudes entre los dos mensajes, son muchas más las diferencias. El amor de Dios a todos los seres humanos, buenos o malos; la relativización de las normas de pureza judías; el protagonismo de los enfermos, pobres, marginados o mujeres en su mensaje sobre el Reinado de Dios; su inmersión en el mundo y sus peligros, frente a la reclusión de los monjes; la globalización (universalización) de la salvación para judíos y gentiles son claros ejemplos de las diferencias de contenido entre los dos mensajes.

doctrina, Dios ha creado al sábado antes que a la humanidad, y el descanso del sábado se celebraba en primer lugar en el Cielo; se ha llegado así a hacer del sábado un absoluto, una realidad preexistente a lo humano y ajena a él, a la que tiene que someterse sin intentar explicarla. Ya no está en función de su trabajo y de su reposo, de su libertad y de su fiesta; es una entidad misteriosa, existente por sí misma, en cierto modo independiente del creyente.

Este tipo de observancia sabática es, en realidad, el signo del rechazo a la libertad que Dios propone: No trabajes, ni hagas trabajar, para que tú y los tuyos podáis sentiros libres de las ataduras diarias, libres para encontraros en intimidad conmigo, libres para compartir vuestra libertad con vuestro prójimo. Sin embargo, a veces, al creyente le aterra no saber qué tiene que hacer. Prefiere abdicar de su libertad a ser responsable de lo que decide hacer. Necesita que le marquen los límites, bien definidos, para estar seguro de que se encuentra entre ellos. Si no traspasa la delgada línea roja, marcada por los que supuestamente entienden más que él, estará a salvo. Es el miedo a la libertad.[45] Pero esta actitud hace al creyente presa fácil, víctima de aquellos que sí están dispuestos a encerrarlo entre las cuatro paredes (o líneas rojas) de su propia experiencia religiosa. Ésos cuyo abecedario se reduce a cuatro letras: O, B, D, C. Se sacrifica, por fuerte que pueda sonar, la libertad en aras de la irresponsabilidad:

> *Si para mucha gente es terrible sentirse solo ante el mundo, ante la vida y ante el propio yo, mucho más lo es sentirse solo ante Dios, que es lo mismo que sentirse solo ante la responsabilidad definitiva. Por eso la gente quiere a toda costa que los dirigentes religiosos digan claramente lo que hay que hacer, que manden con firmeza y, si es preciso, con dureza, y que se impongan a los fieles mediante consignas claras y órdenes terminantes.*[46]

Estos límites que, lejos de lo que se pueda pensar, fueron dados (y por lo tanto son un don, no una exigencia) al principio por Dios a los creyentes para su propia protección, pueden ser convertidos en instrumentos de su encarcelación.

Recuerdo que, cuando yo era muy pequeño, durante el verano mis padres me preparaban una minúscula piscina de plástico en un pequeño

---

[45]Para profundizar en este asunto, es imprescindible la lectura del libro de Erich Fromm, *El miedo a la libertad* (Barcelona: Ediciones Paidós, 2008).

[46]J. M. Castillo, *El discernimiento cristiano* (Salamanca: Ediciones Sígueme, 1984), 21.

balcón de apenas 2m^2 de superficie. Vivíamos en la última planta de un edificio de quince pisos de altura. Allí pasaba largas horas jugando a hacer nadar a muñecos, y viendo cómo flotaban pequeños barcos de plástico. Tanto tiempo pasaba, que una vez miré mis manos arrugadas por el agua y grité espantado a mi madre: "¡Mamá, me he hecho viejo!". Las vistas eran espectaculares, pero el balcón tenía una barandilla llena de barrotes de hierro que no me dejaban disfrutar del paisaje como yo quería. Así que un día, con mucho esfuerzo, metí la cabeza entre los barrotes y descubrí el mundo a 45 metros de altura. Era maravilloso, espectacular. Allá abajo la gente era tan pequeña como mis muñecos. El problema llegó cuando intenté volver a mi mundo de 2m^2 No podía. Por más que forcejeaba, mis orejas no pasaban. Llamé a mi madre, pero ella tampoco era capaz de sacarme de allí. Estaba realmente aterrado. ¿Tendrían que cortarme las orejas? Llegó mi padre, pero él tampoco pudo hacer nada por liberarme. Los barrotes de protección se habían convertido en mi cárcel. Era como si la distancia entre ellos se hubiera acortado. Si no renunciaba a mis orejas, ¿tendría que pasar allí toda mi vida? Así que mi padre fue a buscar a un vecino que trabajaba en una herrería, con la intención de cortar uno de los barrotes que me apresaban. Para cuando llegaron los dos, yo ya había sacado la cabeza, aún no sé cómo.

A veces recuerdo esta historia y pienso en la utilidad protectora de la leyes de Dios, que nos impiden precipitarnos al vacío. Pero pienso también en que, a veces, parece que estrechemos tanto la distancia entre los barrotes que nos quedamos atrapados, encarcelados como niños pequeños entre aquello que había sido creado para protegernos. Es mejor un cristal blindado que los barrotes de hierro. Protege igual, pero deja disfrutar el paisaje. Y es menos peligroso para las orejas. Si en la experiencia espiritual no hay un alto grado de libertad, el creyente se acostumbra a depender de lo que otros le digan que puede o no puede hacer. Se convierte en un niño irresponsable, para el que las normas no serán sino algo acatado por obligación, que no lo hace feliz, pero que le proporciona un cierto sentimiento de seguridad.

En el fondo, hay oculto un inconfesable mecanismo de evasión: "A mí que me digan lo que tengo que hacer, y yo lo haré…". Uno se somete incondicionalmente a lo que otros le dictan, y así se libera de la pesada carga de la responsabilidad individual, que no está dispuesto a asumir: "Esto puedes hacer y esto otro no. Esto debes hacer y esto otro no". Y así se desembaraza del insoportable peso de la libertad: asumir las consecuencias de las decisiones propias. Evita la tediosa labor de informarse y de formarse. Prefiere que se lo den todo hecho, masticado. Es la cultura del "Aprenda paracaidismo en tres sesiones". Pero lo cierto es que no se puede aprender paracaidismo en tres sesiones. Aquello puede ser tan peligroso para la salud espiritual como esto para la integridad física.

Para los letrados, la observancia del sábado aúna todas las obligaciones de la Ley: es el mandamiento supremo. Quien lo observa fielmente tiene cumplida la Ley entera. Es más, afirman que su observancia tiene más peso que la de todos los demás mandamientos juntos.

En consecuencia, el precepto del descanso sabático, en vez de permitir y expresar la vida, la inhibe; en lugar de ser medio para evitar la alienación se convierte en su instrumento. De expresión de libertad pasa a serlo de sometimiento. Sin embargo, todo el ministerio público de Jesús está marcado por su lucha implacable contra este uso del sábado, y por su férrea determinación a devolverle su sentido liberador (Mateo 12:1-14).

La libertad de Jesús es la denuncia más fuerte que se puede hacer contra nuestro egoísmo. No sólo contra nuestro egoísmo descarado y manifiesto sino, sobre todo, contra nuestros egoísmos disimulados, refinadamente camuflados bajo apariencias de amor y fidelidad a las normas, a las tradiciones, a las instituciones de todo tipo. He ahí el sentido mas profundo de la libertad de Jesús: él comprendió, mejor que nadie, que los enemigos más radicales del bien del hombre son las mediaciones institucionales, en la medida en que tales mediaciones institucionales tienden, por su dinámica interna, a constituirse en absolutos, que ya no están al servicio del hombre sino que, en la práctica, lo que hacen es someter y esclavizar al hombre. Eso es lo que pasa con las leyes, con las instituciones sociales, con las instituciones religiosas y políticas, con todo lo que no es directa e inmediatamente el bien del hombre, la felicidad del hombre, su desarrollo integral, su liberación total.[47]

La doctrina de los escribas ha determinado con exactitud qué clase de acciones y trabajos deben omitirse incondicionalmente en el día de sábado. Jesús rasga esta tupida —¿estúpida?— red de la casuística: *"El sábado se hizo para el hombre, y no el hombre para el sábado"* (Marcos 2:27). Mientras los rabinos sólo permiten excepcionalmente que, en caso de peligro extremo de muerte, se prescinda del precepto del sábado para salvar una vida humana, Jesús da un giro completo a la orientación del pensamiento: ya no ocupan el primer puesto las exigencias de la ley, sino que se da al ser humano y su suerte mucho más valor que al precepto del sábado.[48] O, mejor dicho, se vuelve a dotar al sábado de su sentido original y más profundo.

---

[47]Castillo, *El discernimiento cristiano*, 27.

[48]Lohse, *Teología del Nuevo Testamento*, 50-51.

Nunca debió el creyente olvidar quién estaba primero para Dios. En realidad, aquí en la tierra, el ser humano sin sábado puede encontrar algún sentido, pero el sábado sin ser humano no. De ahí su servidumbre. ¿De qué sirve un sábado impoluto para un hombre muerto? (Marcos 3:4). Si duda, el sábado es un don del Creador, por lo que continúa vigente para quien quiera aceptarlo como muestra de su cuidado y preocupación por los creyentes. Pero sólo llega a su máxima expresión cuando es vehículo del amor que pueden profesarse los seres humanos entre sí.

Lógicamente, los exorcismos de Jesús resultan escandalosos para muchos, pues parecen contrarios a las normas de pureza del Israel sagrado. Ésta será, probablemente, la apuesta más arriesgada de Jesús: empezar a construir el Reinado de Dios, no basándolo en la firmeza de las estructuras bien asentadas (sinagoga, escribas, autoridad, normas sabáticas), sino en los pilares que estas mismas estructuras expulsan y demonizan: los marginados, los excluidos y los parias. La confirmación de que el Maligno se está replegando, incluso por orden de sus propios discípulos, llena de inmensa alegría al maestro (Lucas 10:17-21), porque el Reinado de Dios se está haciendo cada día más fuerte, y ya no podrá ser detenido.

> *Del mismo modo que Jesús proclamó la buena noticia del gobierno de Dios, y demostró su realidad atacando al gobierno de Satanás, así también sus discípulos tienen que salir (como enviados) y hacer lo mismo. El gobierno de Dios y el gobierno de Satanás no pueden coexistir pacíficamente. El avance de uno implica la retirada del otro.*[49]

Pero cuando, después de muchos meses, Jesús sigue curando y predicando sin dar muestras de interés por el rendimiento político de su trabajo, comienza a decaer la confianza de Judas en el maestro. Tantos pobres aún, tantos ciegos, cojos, sordos y mudos… Tantos leprosos, endemoniados y paralíticos, que siguen malviviendo por los caminos… Tanta miseria, frustración y muerte, con las que no serán capaces de acabar, a ese ritmo, ni en diez vidas que vivieran…

---

[49] C. Evans, *El Jesús deformado* (Santander: Editorial Sal Terrae, 2007), 142.

Apéndice al capítulo V

5.1. Las ruinas de Capernaum fueron descubiertas en el año 1838. En el año 1986:cuando una sequía hizo descender inusualmente el nivel de agua del lago, se encontró un antiguo bote pesquero que data del siglo I a.C. Tenía una longitud de ocho metros y había sido preservado por el lodo. Después de un arduo trabajo, que debió realizarse antes de la subida de las aguas, el bote fue retirado del lugar hasta su actual emplazamiento en las cercanías del kibbutz Ginosar. Bajo la gran sinagoga blanca, en 1981 se descubrieron los restos de una mucho más antigua, posteriormente datada en el siglo I, construida con piedra basáltica negra. Muy probablemente se trata de la sinagoga de la que nos hablan los evangelios. Los escritos judíos de la época identifican a Capernaum como una de las localidades donde vivían *minim* (herejes o sectarios), en este caso judeocristianos.

5.2. En tiempos de Jesús y del cristianismo primitivo, la palabra "sinagoga" se aplica de un modo preferente a un grupo de judíos que se reúnen para estudiar y orar; pero también se aplica ya a la casa de reuniones donde se vinculaban y asociaban los judíos, de un modo organizado, en asambleas celebrativas, educativas y festivas, para desarrollar el culto de la palabra (escuchar los textos sagrados) y orar en común.

Al principio, las sinagogas se toman como un refuerzo o ayuda para el Templo, que sigue siendo el centro del judaísmo. Pero van adquiriendo cada vez más importancia, de manera que en el tiempo de Jesús aparecen ya como institución básica de un tipo de judaísmo presidido por escribas, grandes y escrupulosos estudiosos de la Ley.

5.3. La primera educación era por necesidad la de la madre. La comida del sábado, encender la lámpara del sábado y poner aparte una porción de la masa del pan de la casa, eran actividades con las que cada niño, cuando se agarraba a la falda de su madre, se iba familiarizando. Mucho antes de que pudiera ir a la sinagoga, las oraciones privadas con su madre y los ritos domésticos, fuera en el sábado semanal o las temporadas festivas, se imprimían de modo indeleble en la mente del niño.

Pero si bien la primera enseñanza religiosa venía, por necesidad, de los labios de la madre, era el padre el que tenía la obligación de enseñar a los niños. Impartir al hijo el conocimiento de la Torá le confería una distinción tan grande como si él mismo hubiera recibido la Ley misma en el monte Horeb (Sanh. 99b). Tan pronto como el niño aprendía a hablar, empezaba su instrucción religiosa con versículos de las Sagradas Escrituras, la oración "Escucha, Israel" —*Shema*— antes que nada. Luego seguían otros pasajes de la Biblia, oraciones cortas y dichos selectos de los sabios.[1]

5.4. Según la norma establecida, existían tres clases de pureza o impureza:

1) En sentido físico, se llamaba "puro" o "impuro" a lo que estaba limpio o sucio (un recipiente, por ejemplo), a ciertos animales que la Ley prohibía comer, y a todo cadáver de animal o persona.

2) En sentido médico, era "pura" la persona sana, e "impura" la afectada por alguna enfermedad repugnante, en especial las de la piel, como la lepra, o las venéreas.

3) Finalmente, en sentido religioso, se consideraba "puro" lo que era aceptable a los ojos de Dios, e "impuro" lo que no era aceptable ni digno de presentarse ante Él.

De esta exigencia derivaba un gran número de normas para garantizar la pureza, y de ritos para eliminar la impureza. De la ley de la pureza, y de la casuística que de ella se derivaba, nacía la idea de un Dios susceptible, quisquilloso, que por motivos mínimos rompía su relación con los hombres, excluyendo de su amor a quienes no se atenían a ese interminable conjunto de normas. Esto hacía vivir en un constante sentimiento de culpa y de indignidad ante Dios. Los evangelios muestran cómo Jesús criticó duramente la hipocresía religiosa derivada de esta obsesión (Marcos 7:1-13), y cómo el maestro galileo jamás percibió ni predicó a un Dios así.

---

[1] A. Edersheim, *La vida y los tiempos de Jesús el Mesías* (Barcelona: Editorial Clie, 1988), 270-272.

5.5. Estas enseñanzas antiguas, o tradiciones, eran de dos tipos:

Halaká, que daba interpretaciones de la Ley destinadas a la acción, reglas prácticas para vivir (la raíz *halak* significa "ir, ruta, camino"). El representante más importante de la Halaká fue Hillel el babilonio.

Haggadá, que estaba más bien destinada a la edificación, a la elevación de la moral (la raíz *hagad* significa "decir, hablar, comentar"). Su mayor representante fue Eleazar el medo.

Parece que Jesús, sin embargo, traía una enseñanza nueva, capaz de liberar de la opresión y curar de la marginalidad, lo que ni la *Halaká* ni la *Haggadá* hacían. Eso le dio una autoridad sorprendente, por la que empezó a arrastrar a multitud de seguidores. Max Weber supo distinguir sabiamente entre "autoridad" y "potestad". Potestad es la capacidad de obligar y someter, en tanto que autoridad es la capacidad de convencer y persuadir. Los letrados obligaban y sometían, o al menos eso es lo que pretendían hacer. Jesús, por el contrario, convencía y persuadía. Por eso Jesús no enseñaba con potestad, sino con autoridad. Y eso es lo que dejó pasmada a la gente. Tan asombrada, que aquello llegó al desconcierto. Lo dice expresamente el relato de Marcos: *"Se quedaron todos tan desconcertados que se preguntaban unos a otros: ¿qué significa esto? ¡un nuevo modo de enseñar, con autoridad!"* (Marcos 1:27). ¡Qué desconcierto! Un predicador que no dice lo que todos dicen, y que no repite lo que siempre se dijo.

5.6. La primera colección producida por esta redacción oral se llamó la *Misná*. Los comentarios a la *Misná* formaron la *Gemará*. El *Talmud* (enseñanza) es la reunión de todas estas tradiciones: la *Misná* como texto de base, la *Gemará* como añadido a la misma, más otras tradiciones que no habían encontrado sitio en las colecciones orales (*Toséfta*). El *Talmud* de Jerusalén o de Palestina se formó en el siglo IV; el *Talmud* de Babilonia, más completo, se acabó a finales del siglo V. Las investigaciones o comentarios sobre la Escritura, hechas en las escuelas o en las sinagogas, desembocaron en colecciones de *midrasim* que reunidos dieron a luz al *Midras*. Y, por fin, el *Targum* es la compilación de las traducciones (*targumim*) al arameo del texto de la Escritura que se leía en hebreo en la sinagoga. Hecha oralmente, esta traducción era una adaptación, una actualización. Por tanto, es muy interesante para que podamos ver cómo se interpretaba la Escritura en la época de Jesús.

5.7. Casi el mismo ritual que se realizaba en ellas sesenta años después de la muerte de Jesús se lleva a cabo en nuestros días:

El elemento más relevante de una sinagoga es el "arca" o armario colocado contra el muro oriental y vuelto hacia Jerusalén. El arca contiene los rollos de la Ley escrita en hebreo sobre pergamino, otros rollos envueltos en terciopelo, seda o brocado y adornados de campanillas, una corona y un "pectoral" de metal precioso. Enfrente mismo del arca hay una lámpara que arde permanentemente. En el centro de la sinagoga hay una plataforma o púlpito, desde la que se dirige el servicio religioso y se proclama la Ley. El servicio religioso sigue el orden establecido en el *siddur*, el libro hebreo de oración. Los fieles cubren normalmente sus cabeza en señal de reverencia. En las sinagogas ortodoxas, hombres y mujeres se sientan separadamente.

Todos los sábados, durante el servicio de la mañana, se abre ritualmente el arca, y el rollo de la Ley es levantado en alto y llevado en procesión alrededor de la sinagoga. Se leen varios pasajes del rollo en hebreo, siguiendo las antiguas costumbres judías. Miembros de la congregación son invitados a recitar la bendición tradicional antes y después de cada lectura. Terminada la lectura, se vuelve a llevar el rollo alrededor de la sinagoga antes de reponerlo en el arca. Los miembros de la congregación pueden tocar el rollo con su chal (en hebreo *Tallit*) de oración, para después besar sus borlas como un acto de devoción y de reverencia a la Palabra de Dios.

El servicio es dirigido por un cantor más que por un rabino. Los deberes de un rabino consisten en instruir en la fe a la asamblea, y en tomar decisiones relativas a las cuestiones legales judías. Tiene derecho a ser llamado *rabí* sólo después de haber realizado serios y laboriosos estudios sobre la ley judía.

5.8. Este asentamiento, a trescientos setenta y cinco metros bajo el nivel del Mar Mediterráneo, fue construido durante el reinado de Juan Hircano, alrededor del año 134 a.C. (aunque la construcción más antigua data del siglo VIII a.C.), y tuvo diferentes etapas de ocupación hasta la caída de Jerusalén en el año 70, cuando Tito y la *Legio Decima Fretensis* destruyeron el lugar.

El yacimiento arqueológico sacó a la luz una pequeña fortaleza militar, con algunas habitaciones y una cisterna circular para el abastecimiento de agua. Estuvo abandonada durante varios siglos, hasta que los esenios la reocuparon hacia el año 170 a.C., añadiendo dos cisternas rectangulares, una red de acequias y dos hornos para alfarería.

Cerca de sus ruinas se encuentra un conjunto de cuevas que fueron descubiertas por unos pastores beduinos. En ellas se descubrieron una serie de pergaminos con textos religiosos. Posteriores excavaciones en once de las cuevas, y en las propias ruinas del asentamiento, permitieron encontrar vasijas de cerámica que contenían manuscritos sobre la historia, los estatutos y reglamentos de la comunidad esenia que habitó el lugar, así como apócrifos y algunas versiones de libros de la Biblia en hebreo y en arameo. En total se han podido recuperar unos seiscientos pergaminos y cientos de fragmentos, algunos en perfecto estado de conservación.

La importancia de estos antiguos manuscritos es mayúscula: permiten estudiar importantes fuentes teológicas y organizativas del judaísmo y del contexto histórico, religioso y cultural del nacimiento del cristianismo.

CAPÍTULO VI
El tiempo se acaba

Poco después de haber escogido Jesús a los Doce, llegan a Galilea unos escribas de Jerusalén, preocupados probablemente por los rumores que ya se oyen allí sobre el nazareno,[1] y empiezan a extender la maledicencia de que es el propio Jesús quien está poseído por el Diablo, y que por su poder maligno expulsa él a los espíritus inmundos (Marcos 3:20-22). Judas se da cuenta enseguida de que, justo al comienzo de su ministerio público, los representantes del poder religioso ya están comenzando a darle caza.

Empieza a pensar que se les acaba el tiempo; que la vida es muy corta, y la faena enorme; que las palabras de Jesús son como agua en el desierto que la arena se traga en un suspiro, y que se oyen durante poco tiempo y mal; que no basta con que las manos del maestro se posen, cariñosas, sobre la cabeza de un niño en particular; que los oídos del galileo son demasiado importantes como para tener que escuchar los problemas concretos de la gente corriente; que el camino es demasiado largo como para frenar el paso en cada aldea; que los pies del constructor de Nazaret se mueven con desesperante lentitud, siempre dispuestos a pararse, a poco que cualquiera le tire de la túnica, o pretenda refrescarlos con algún ungüento comprado a precio de oro; que el tiempo de su amigo es demasiado valioso como para dedicarlo a comer con gente de mal vivir. Y empieza a pensar que Jesús se está enredando en una misión local, cuando debería pensar a escala global.

No se da cuenta de que los tiempos de Dios no se miden como los nuestros, porque Él adapta su ritmo al de los más lentos.

---

[1] Quizá fueron alertados por el propio Judas. O quizá fueron invitados por él para que escucharan por sí mismos el revolucionario mensaje de quien se había convertido en su maestro.

No percibe que cuando Jesús cura a un paralítico (Marcos 2:1-12), les está diciendo a sus discípulos: tranquilos, no corráis, todo se andará.

No es capaz de entrever que cuando el maestro devuelve el habla a un mudo (Lucas 11:14), les está diciendo: tranquilos, somos pocos aún, y el tiempo corre deprisa, pero estoy multiplicando las voces que expandan el Reinado de Dios.

No llega a atisbar que cuando el galileo sana a un leproso (Marcos 1:40-42), les está diciendo: tranquilos, la transformación del mundo llegará, pero no por la fuerza sino por el poder curativo del Padre.

No comprende que cuando Jesús libra a alguien de un demonio (Mateo 8:28-34), les está diciendo: el mal tiene fecha de caducidad, pero está tan arraigado en la humanidad que hay que actuar poco a poco, como un cirujano, para no extirpar con lo malo también lo bueno.

No capta que cuando el carpintero reanima a un muerto (Marcos 5:35-43), les está diciendo: tranquilos, no os preocupéis, porque aunque yo muera, otros se levantarán y continuarán la misión con vosotros.

No comprende que cuando el nazareno devuelve la vista a un ciego (Juan 9:1-7), les está diciendo: tranquilos, tened visión de futuro, y mirad más allá de la urgencia que sentís ahora.

No es consciente de que cuando el joven profeta convierte el agua en vino (Juan 2:1-11), para el disfrute de unos pocos comensales, les está diciendo: tranquilos, todos lleváis dentro la fuerza, la sorpresa y la alegría de la irrupción de Dios allá donde ya no se lo esperaba. Aunque no os deis cuenta ahora, nuestro Padre os habita y os transformará, cambiando vuestra impaciencia nacionalista por el gozo del servicio.

En realidad, Judas no llega a entender que la prisa no aconseja bien, y que las continuas paradas del maestro en todas aquellas diminutas aldeas (Lucas 9:6), pobladas por gentes cuyos nombres no se recordarán de generación en generación, son las primicias, la primera brisa que anuncia la entrada del Reinado de Dios en el mundo como un huracán. Que todo proyecto nace pequeño. Pero que, como pasa con la semilla de mostaza,[2] si se está pendiente de ella y se le dan los cuidados necesarios, puede convertirse en un árbol lo suficientemente grande como para dar cobijo a las aves, y acogerlas como

---

[2] El grano de mostaza no mide más que la cabeza de un alfiler, pero con el tiempo se convierte en un árbol de unos tres o cuatro metros en el que, a partir del mes de abril, se cobijan pequeñas bandadas de jilgueros, muy aficionados a comer sus granos. Los campesinos podían contemplar la escena cualquier atardecer. Apéndice 6.1.

hogar (Mateo 13:31-32). Que la impaciencia casi nunca trae algo bueno. Que es natural que lo que será grande un día, nazca pequeño, entre los pequeños y para los más pequeños. Porque si el proyecto de Jesús nace grande, ¿cómo será asumido por los pequeños, por aquellos que más lo necesitan?

Las prisas del Iscariote son fácilmente comprensibles. Los humanos tenemos fecha de caducidad. Y cuantas más cosas queremos hacer, o cuanto más grandes queremos que sean, de menos tiempo nos parece que disponemos para realizarlas. Todo el tiempo del mundo se antoja insuficiente. Además, el discípulo sabe atar cabos que a los demás les pasan inadvertidos.[3] Al menos al principio. Intuye probablemente, casi desde el comienzo de la vida pública de Jesús, que el estilo de vida del joven maestro y sus propuestas pacíficas de justicia social sólo le traerán problemas con los poderosos, aquellos para los que no hay nada más intolerable que el cambio de mentalidad de los oprimidos:

Jesús era un peligro. Todo el que sigue los dictámenes de su conciencia antes que los preceptos y las leyes; todo el que no considera definitiva la actual distribución del poder y las riquezas; todo el que proporciona a la gente insignificante una conciencia de sí mismos como la que tienen los príncipes; ese tal es un peligro para la seguridad.[4]

Ése había sido siempre el discurso de los profetas de Dios: reclamar justicia y compasión hacia los marginados, y juzgar severamente los excesos de los poderosos.

La palabra "profeta" proviene del griego *profetés*, que significa "altavoz, portavoz": el que dice lo que la divinidad le ha inspirado. En hebreo, el término es *nabí*, palabra de origen incierto que, según parece, significa "el que ha sido llamado":"el que tiene una vocación". Pero en la Biblia se utilizan otros términos para hablar de los profetas. Por ejemplo, Amós es llamado "vidente" por Amasías, y responde que no es "profeta". En 1 Samuel 9:9 se consideran sinónimos "profeta" y "vidente". Y a Eliseo se le llama con frecuencia "hombre de Dios".

Para la mayoría de la gente, el profeta es un hombre que "predice" el futuro, una especie de adivino. Pero no es así. El profeta es un mensajero y un intérprete de lo que Dios dice. En este sentido, el profeta es ante todo un hombre inspirado. Desde otro punto de vista, resulta lógico decir que

---

[3] E. White, *La educación* (Buenos Aires: Asociación Casa Editora Sudamericana, 1978), 79.

[4] G. Theissen, *La sombra del galileo. Las investigaciones históricas sobre Jesús traducidas a un relato* (Salamanca: Ediciones Sígueme, 1995), 183.

el profeta es un hombre público. Su lugar es la calle y la plaza, donde se reúne la gente, donde el mensaje es más necesario y la problemática más acuciante. El profeta se halla en contacto directo con el mundo que lo rodea: conoce las maquinaciones de los políticos, las intenciones del rey, el descontento de los campesinos pobres, el lujo de los poderosos, la despreocupación de muchos sacerdotes.

Ningún sector le resulta indiferente al profeta, porque nada es indiferente para la Palabra de Dios. Esta palabra divina se refiere normalmente al presente, es decir, a las situaciones que se viven cuando el profeta habla. Se puede decir, en consecuencia, que mientras el adivino o el futurólogo interpretan el futuro a partir del presente, el profeta interpreta el presente a partir del futuro. Es decir, el futuro del hombre es Dios; por tanto, el futuro es la vida sin límites, la vida plena y dichosa para todos.

Ahora bien, desde este punto de vista es desde donde los profetas critican y enjuician el presente, la situación de los seres humanos y de la sociedad. Por eso se oponen y juzgan tan severamente las injusticias, los atropellos, el despotismo, la hipocresía. Esto les acarrea la animadversión de los poderosos. De ahí que el profeta sea siempre un hombre amenazado.

Una rebelión armada se puede aplastar con más armas, con más soldados, con más violencia.[5] Pero el sueño apasionado por un mundo mejor; la confianza plena en un Dios que anima a los pobres a abrazar la libertad de su Reinado, y a sentirse libres de ataduras por ello; la fuerza moral de quien es capaz de poner su otra mejilla antes que dejarse llevar por la ira; el poder que otorga sentirse perdonados por el *Abbá* del Cielo, por oscuros que sean los pecados pasados, sin tener que recurrir a los intermediarios religiosos; todo ese mensaje contiene el germen de una revolución, una rebelión moral que llegará mucho más allá que una simple insurrección militar. Si crece, ni los muros del Templo judío[6] podrán detenerla, ni los estandartes romanos serán capaces de sofocarla. Supondrá el final del *statu quo* que tanto beneficia a quienes viven del miedo de los pequeños.

---

[5]El pueblo israelita iba a aprenderlo muy pronto. En realidad, habría que decir que lo aprendería más todavía, y con más sangre y fuego, pues ya lo había sufrido antes con invasiones, deportaciones y destrucciones del Templo de Jerusalén. Apéndice 6.2.

[6]El Templo de Jerusalén, en tiempos de Jesús, era un edificio colosal. Cuando el peregrino ascendía el monte, coronado por este edificio cuadrado de 250 metros de lado, que podía albergar dentro de su gigantesco perímetro a no menos de 210.000 personas, su asombro aumentaría a cada paso. Apéndice 6.3.

Fariseos,[7] herodianos,[8] escribas[9] y saduceos[10] no tardarán en echársele encima. Pese a sus disputas partidistas, su oposición a Jesús será lo único en lo que conseguirán ponerse de acuerdo.

> *Realmente, resulta difícil pensar que Jesús pudiera enfrentarse con todos los grupos e instancias de la sociedad de su tiempo. Al oponerse a algunos grupos e instituciones, necesariamente tenía que ganarse el apoyo de sus adversarios. Y, sin embargo, la realidad histórica es que Cristo vivió de tal forma que al final todos se aliaron contra él. El relato de la pasión nos presenta un "frente popular" en el que se han integrado todos los grupos de la sociedad. Sucedió lo más difícil: acabar enfrentándose con todos.*[11]

Las prisas encendidas por su pasión desbocada, y su comprometida adhesión a un proyecto infinito, que Jesús parece necesitar poner en marcha en un tiempo muy corto, hacen que Judas desconfíe de la lucidez de su amigo, y decide forzar al destino, poner al límite a ese hombre que a veces parece sobrenatural, para que deje de comportarse con tanta naturalidad. Empujar hacia su verdadera grandeza a un ser humano fuera de lo normal, para que deje de parecer normal. Conseguir que las manos, los pies, los ojos, los oídos y la boca del maestro no estén disponibles sólo para cientos, sino para miles y millones. Comprometer a Jesús, ponerlo entre la espada y la pared, hacer del peligro de una crisis una extraordinaria oportunidad.

Judas piensa, como los otros discípulos, que el Reinado de Dios va a establecerse en un evento fulminante. Con una lógica radical, en vista

---

[7] En hebreo, *perushim*: apartados, separados. Su nombre se explica por el rechazo a los compromisos políticos que el hasmoneo Alejandro Janeo practicó con el helenismo. Apéndice 6.4.

[8] Su nombre, como es obvio, proviene del de Herodes. Estos adoradores que sostienen abiertamente a Roma y a Idumea viven en su corte, obteniendo grandes fortunas con la corrupción del rey. Son abiertamente colaboracionistas con el imperio romano, y los menos especulativos de los adversarios de Jesús. Apéndice 6.5.

[9] En los evangelios, los escribas son siempre gente relacionada con la sinagoga. También se los llama doctores de la Ley y rabinos. Son totalmente independientes del Templo, y se dedican a impartir la enseñanza religiosa. Son los especialistas de la *Torá*. Apéndice 6.6.

[10] El nombre les viene, probablemente, de un descendiente de Aarón, Sadoc, que fue confirmado por el rey David en sus funciones sacerdotales. Giran alrededor del Templo, del que una larga tradición los ha hecho administradores. El Sumo Sacerdote es siempre saduceo, así como el alto clero que lo rodea. Apéndice 6.7.

[11] Castillo y Estrada, *El proyecto de Jesús*, 62-63.

de que Jesús se obstina en abstenerse de toda intervención espectacular, Judas pasa a la acción, a fin de acelerar los acontecimientos. Al entregar a su maestro a las autoridades del Templo, ¿no lo introduce en la fortaleza de sus adversarios, como Sansón en el templo de los filisteos? Y el Eterno, con su poder, daría un golpe de efecto para liberar e imponer a su mesías.

El Iscariote no cae en la cuenta, lamentablemente, de que el árbol no da antes su fruto por estrujar con fuerza sus ramas, sino por la fuerza misteriosa de la savia que lleva dentro, y la paciencia que imponen las estaciones.

Hay que dejar a Dios ser Dios. Eso les está diciendo muchas veces el maestro con parábolas, milagros y conversaciones vespertinas. No podemos dominarlo, ni debemos querer. Sólo hay que estar atentos a los signos de los tiempos, para descubrir cuál es su voluntad y ponernos en sus manos para que nos ayude a realizarla.

> *Hay que dejar a Dios ser Dios. Dejarle que se presente como desee, que cambie, que sorprenda, que sea lo que quiera ser y actúe como quiera actuar; y si su conducta no encaja en nuestros moldes, estar dispuestos a cambiar los moldes, y nunca rechazar su imagen porque no se ajuste a nuestras exigencias (...). La infinitud de Dios ofrece siempre, ante la limitación del hombre, un aspecto distinto, una luz nueva, y en esa suprema libertad y variedad está la esencia de su ser y la soberanía de su majestad (...). En nuestro mundo está cambiando todo, y generaciones enteras de fieles creyentes piden a gritos maneras nuevas de entender a Dios y de vivir la fe.*[12]

Posiblemente Judas no sabe confiar en los planes del rabí. Demasiados riesgos se ciernen sobre su proyecto. Quizá es el primero en darse cuenta de a dónde conduce todo esto: a la muerte, física o social, del maestro. Si Jesús es asesinado, la liberación de Israel morirá con él. Nunca más surgirá un caudillo con tanto carisma. Si es *in extremis* sobornado, también. Le parece una locura, un peligro inasumible. Lo ama con todas sus fuerzas, pero piensa que se equivoca.

Nadie aún ha ganado una batalla dejándose abofetear. Nadie ha comenzado una revolución regalando su capa a quien le acaba de quitar otra. Nadie ha conquistado un imperio predicando la paz. Nadie se ha hecho rey sin derramar una gota de sangre, y menos aún vertiendo

---

[12] C. G. Vallés, *Dejar a Dios ser Dios* (Santander: Editorial Sal Terrae, 1987), 185-186.

la propia. No cree en su visión de futuro, en el crecimiento de un diminuto Reinado de Dios que se agiganta en el medio mismo de la adversidad, porque lo hace desde el corazón de los creyentes que se sienten amados por su *Abbá* del Cielo, atemperando sus impulsos más primarios, y dándoles la fuerza de los pacificadores. Sus curaciones y exorcismos revelan que se puede luchar contra el Maligno, y contra todo su abrumador poder, sin las armas de los soldados. Basta con hacer el bien, y estar dispuesto a correr los riesgos que implica esta radical forma de vivir. Edward Schillebeeckx lo expresa de esta forma tan elocuente:

> *Jesús era un sanador y un exorcista. Mostró tal poderío que la gente hubo de juzgar si venía de parte de Dios o del diablo. El mensaje evangélico presenta a un Jesús que actuó por el poder de Dios, siempre para el bien de los hombres. De este modo Jesús reveló a un Dios completamente al lado de la existencia humana, y él mismo sirvió de mediador a este poder salvífico divino que actúa en la historia. En sus milagros Jesús ofreció la ayuda y compañía divinas.*[13]

Judas no confía en la estrategia de Jesús. Olvida que el camino no es tratar de ver para poder creer, sino confiar y creer, para poder ver después. Cuando el creyente tiene dudas, ha de convertirse en "confiante". No siempre sabremos creer, pero siempre podremos confiar. Por eso el maestro galileo puede decir que de los que son como niños es el Reino de los Cielos: para Jesús, ser como niños no significa tener una fe infantil, sino confiar en Dios porque se espera de Él lo mejor, como se espera de la propia madre.

Si crees, verás. Ésta es la estrategia de Jesús, que Judas quizá no sabe vislumbrar del todo. Y empieza a poner en marcha la suya. Si sus palabras y requerimientos no han hecho cambiar de opinión a Jesús, quizá la presión y el acoso de sus enemigos sí serán capaces. Enfrentándolo a vida o muerte ante los poderosos de la religión y de la política, hará de Jesús el mesías que todos esperan.

Lo ha visto reanimar a muertos, calmar el furor de un mar embravecido, devolver la salud a leprosos, ciegos, mudos y paralíticos; incluso dominar a una legión de demonios. Para él, Jesús no es el Cordero de Dios, sino el León de Judá.[14] ¿Cómo no va a ser capaz el maestro de hacer frente a unos cuantos viejos sacerdotes, medio vendidos al

---

[13]E. Schillebeeckx, E. *Jesús. La historia de un viviente* (Madrid: Editorial Trotta, 2002), 163.

[14]"León de Judá" era uno de los calificativos que se daban en la tradición al mesías, y que ponderaba, sobre todo, la fuerza y la fiereza del Salvador de Israel que el pueblo

poder de Roma? Si consigue reunirlos a todos, quizá Jesús los conmine de manera convincente a dejar de colaborar con un imperio que tanto oprime a aquellos que Jesús siempre defiende, y pueda salir de allí un pacto beneficioso para ambas partes, el inicio de una colaboración que acabará con Jesús de mesías revolucionario. O quizá ellos, temerosos de quedarse fuera del nuevo reino, se unirán a su causa, dándole el empuje que necesita para no marchitarse antes de crecer.

---

judío esperaba. Apéndice 6.8.

Apéndice al capítulo VI

6.1. John Dominic Crossan propuso otra interpretación a la parábola de la mostaza: El meollo de todo el asunto no es que la mostaza empieza siendo un grano de pequeñez proverbial, que se conviete luego en una arbusto de más de dos metros de altura, sino que se trata de una planta que suele crecer espontáneamente hasta donde no debe, que tiende a criarse de forma totalmente incontrolada, y que suele atraer a los pájaros hasta los campos de labranza, donde precisamente no son nunca bien recibidos. Pues bien, a eso es a lo que se parecería, según Jesús, el Reinado de Dios: sería como una planta de sabor picante con una peligrosa capacidad de propagación. Estamos desde luego ante una metáfora bastante chocante, cuya interpretación variaría mucho según quién la escuchara. Es decir, si el auditorio estaba formado por gente interesada fundamentalmente por sus campos de labranza y sus cosechas, o por individuos para quienes los campos y las cosechas no eran sino una propiedad ajena.[1]

Probablemente, los sacerdotes, los escribas y los fariseos sí percibían el Reinado de Dios propuesto por Jesús como un árbol desubicado y peligroso. La idea sobre Dios que el maestro galileo comunicaba a la gente no era rentable para sus intereses. Pero dudo mucho que el pueblo llano la entendiese así. Más bien, como aliento de liberación de todas las cargas impuestas por los primeros.

6.2. Pero quedaba más, mucho más, pues desde los tiempos de Jesús hasta ahora, Jerusalén ha sido saqueada once veces, y cinco veces ha sido destruida totalmente. En el año 70 d.C. las legiones de Tito hicieron que la ciudad cayese pasto de las llamas. Al mismo tiempo, se

---

[1] J. D. Crossan, *Jesús: Biografía revolucionaria* (Barcelona: Editorial Grijalbo, 1996), 81-82.

arrasaron completamente sus alrededores en un radio de 18 kilómetros, convirtiéndolos así en un desierto calcáreo que aún subsiste hasta hoy. Se derribó la triple muralla, y se mancilló y destruyó el Templo. Más tarde, los romanos demolieron totalmente lo que quedaba, cuando los judíos intentaron desprenderse del yugo romano, bajo las órdenes de Ben Kochba. Adriano fundó, sobre las ruinas, una nueva ciudad, Aelia Capitolina. (Para más detalles: Flavio Josefo, *La Guerra de los Judíos*).

6.3. En el ángulo noroeste del Templo, y conectado con ella, se veía la Fortaleza Antonia, ocupada por una guarnición romana.

Dentro de las puertas se levantaban, alrededor del perímetro, dos columnatas dobles, cubiertas con bancos para los que acudían a orar o a realizar consultas. La más venerada era el antiguo "Pórtico de Salomón", o columnata del lado este. En ese lado se levantaba otra torre, probablemente el "pináculo" de la historia de la tentación. Desde esta altura se veía el barranco o valle de Cedrón, a unos ciento quince metros más abajo. Desde este alto pináculo el sacerdote observaba cada mañana, y anunciaba los primeros rayos del sol.

Pasando más allá de estas columnatas o pórticos, se entraba en el "Patio de los Gentiles", al que los rabinos llamaban el *Chal*, o lugar profano, al que tenían acceso los no judíos. Aquí estaban el mercado para la venta de animales sacrificiales, las mesas de los cambistas y los lugares para la venta de artículos necesarios (Juan 2:14; Mateo 21:12).

Avanzando por este patio, se llegaba a una pared baja, que se alzaba hasta la altura del pecho, y marcaba el espacio más allá del que ningún gentil o persona levíticamente inmunda podía entrar. Había anuncios en forma de tabletas con inscripciones que lo indicaban. Un tramo de escaleras conducía a la puerta "*la Hermosa*" (Hechos 3:2).

Entrando por esta puerta se llegaba al Patio de las Mujeres, llamado así porque ellas ocupaban en él dos galerías elevadas y separadas. Allí estaba el Tesoro del Templo.

El Santuario sobresalía visiblemente, al estar encima de una terraza más elevada que el Patio de los Sacerdotes. Aquí, en cámaras separadas, se guardaba todo lo necesario para el servicio sacrificial. En dos mesas de mármol, cerca de la entrada, estaban colocados el pan de la proposición viejo que era sacado, y el nuevo que se introducía.

El Santuario propiamente dicho se dividía en dos partes a su vez. El Lugar Santo tenía el candelabro de oro (sur), la mesa de los panes de la proposición (norte) y el altar de incienso. Un doble velo de tela gruesa y pesada cerraba la entrada al Lugar Santísimo, que en el segundo Templo (el que Jesús conoció) estaba vacío; no había en él nada más que un pedazo de roca, llamada la *Ebhen Shethiyah*, o Piedra del Fundamento, que según la tradición cubría la boca del pozo u hoyo, y sobre la que se creía fundado el mundo.

6.4. Según Flavio Josefo "se distinguían de los demás judíos por su piedad y por su interpretación más rígida de la Ley". Jesús los trata con mucha dureza, pero parece percibir en ellos el gran drama humano de unos creyentes que quieren, pero que no pueden; y a la vez, no pudiendo, creen que sí. Es cierto que el maestro galileo les profiere apelativos altisonantes, pero no suele negarse a conversar con ellos. En sus discusiones se puede percibir en Jesús un afán de quitarles las legañas de los ojos, para que vean. Algunos de ellos tienen una relación amistosa con él. Además de Simón el leproso, Nicodemo también era fariseo. Los fariseos no serán, ni de lejos, los adversarios de Jesús más peligrosos.

6.5. Cuando los fariseos se cansan de ver cómo Jesús se escapa siempre de sus trampas, llaman a los herodianos. Hasta su aparición en los evangelios, los oponentes de Jesús lo tratan duramente, sin hacerle daño. Pero estos cortesanos lo acosarán como a una fiera: *"Entonces se fueron los fariseos, y enviaron a los herodianos para que le dieran caza"* (Mateo 22:15-16). Este vocabulario salvaje, digno de la persecución a un oso o a un ciervo, dice mucho de lo que pensaban los propios fariseos de los partidarios de Herodes: a sus ojos, son sólo unos brutos, hábiles sólo para asestar los golpes más bajos. A la postre, será de la pérfida trampa de los herodianos (*"¿Es lícito dar tributo a César, o no?"*), de la que los sacerdotes sacarán la acusación más demoledora contra Jesús ante Pilato (Lucas 23:2). Una de las discípulas del maestro galileo, Juana, mujer de Chuza, provenía del entorno de los herodianos, ya que su marido era el mismísimo intendente de Herodes (Lucas 8:1-3). Al señalar este parentesco, el evangelio describe con sobriedad la radicalidad de una conversión que debió de ser difícil. Juana abandonó su lujo y adoptó, junto a Jesús, la vida pobre y nómada del pequeño grupo. Su nivel económico le permitiría sostener, junto a otros, la economía del nuevo movimiento.

6.6. En la sinagoga leen los textos sagrados delante del pueblo, los comentan mil y una veces. Transmiten la fe, controlan la justicia que deducen de sus sabias exégesis. Sus lecciones fueron formando paulatinamente el *Talmud*. Algunos son fariseos, y otros pertenecen a la nobleza sacerdotal. Los encontramos por todas partes en los evangelios, paseando como hormigas por todos los rincones del país. No gozan de ningún privilegio, de ninguna función sacerdotal, ni están adscritos a ninguna jerarquía. Los más importantes son los diez ancianos que forman el Gran Consejo. Por entonces, la mayor parte de escribas ejercían un oficio, distribuyendo su tiempo entre la enseñanza gratuita y la vida profesional. Por Hechos 18:3; 22:3 sabemos, por ejemplo, que Pablo era fabricante de tiendas. Trabajar como artesano no era visto siempre como algo incompatible con la condición de maestro en la Ley. Uno de ellos aparece en los evangelios. Es Jairo, principal de la sinagoga, que acude a Jesús para que sane a su hija enferma. En el camino, la niña muere y es resucitada por el maestro (Lucas 8:40-56).

6.7. Se reclutan siempre entre las clases acomodadas. Además de sus funciones sacerdotales, se encargan de tratar con el imperio romano. ¿Colaboracionistas? Un zelote lo hubiera entendido así. Ellos se consideran más bien realistas y pragmáticos. Aunque nacieron del mismo impulso revolucionario que los fariseos, andan siempre peleados con ellos. Tienen una noción muy distinta del respeto religioso. La Ley es sagrada y el hombre no puede ni tocarla. La limitan a los artículos más antiguos, consignados en el Pentateuco. Todo lo demás son pamplinas: libros ulteriores de la Escrituras, comentarios de fariseos, ideas de moda, resurrección de los muertos, o existencia de los ángeles. Unos integristas. No tienen ninguna gana de que llegue el mesías, ya que sus privilegios sociales les permiten vivir con una cierta holgura. Jesús los estorbará muy pronto, porque lo perciben como un agresor al Templo. Y mientras que los fariseos se contentan con buscar motivos de acusación, los acontecimientos se precipitan en cuanto entran en escena los saduceos. Están decididos a detenerlo, y luego ya verán lo que hacen con él. Ciertamente lo consiguieron.

6.8. El apelativo *"León de Judá"* provenía del mismo Génesis, cuando Jacob (después llamado Israel) pronunció bendiciones a cada uno de sus hijos (precursores de las doce tribus de Israel). A Judá le dijo: *"Judá, te alabarán tus hermanos; tu mano en la cerviz de tus enemigos; los hijos de tu padre se inclinarán a ti. Cachorro de león, Judá; de la presa subiste, hijo mío. Se encorvó, se echó como león. Así como león viejo: ¿quién lo despertará? No será quitado el cetro de Judá, ni el legislador de entre sus pies, hasta que venga Siloh; y en él se congregarán los pueblos"* (Génesis 49:8-10).

CAPÍTULO VII
El mesías esperado

En los tiempos de Jesús, el pueblo de Israel espera al mesías como nunca antes. La palabra "mesías" transcribe el término arameo *mesihá* y el hebreo *ham-masíah*, y significa "el ungido".[1]

En el antiguo Oriente se ungía tanto a las personas como a las cosas, derramando sobre ellas o aplicándoles aceites aromáticos para dedicarlas a un uso especial. Se ungía con algún tipo de aceite, por ejemplo, la piedra cúltica (*massebah*), y de este modo se veneraba a la deidad que habitaba en ella.[2] Cuando se consagraban el Tabernáculo o el Templo al culto divino, se ungían las diversas partes del edificio y los vasos sagrados (Éxodo 30:22-29).

En el Antiguo Testamento, el sentido primario y propio de la expresión "el ungido" es "el rey", el monarca de Israel. Por ello, los israelitas no hablan de "coronar" a un rey, sino de ungirlo (1 Reyes 1:38-39).

Se ungía también a los profetas en el momento de consagrarlos y admitirlos en el cuerpo profético (1 Reyes 19:16). A esta costumbre alude el profeta cuando, en Isaías 61:1, dice: "*Yahvé me ha ungido*".

Así mismo los sumos sacerdotes eran ungidos con un especial aceite aromático (Levítico 8:12), que no podía dedicarse a usos profanos (Éxodo 30:31-33). Se guardaba en el Santuario, y sólo ellos tenían acceso a él (Números 3:5-10).[3]

---

[1] Ya desde el cristianismo primitivo, a Jesús de Nazaret se lo conoce como Jesucristo porque, en griego, el término para "ungido" es *khristós*. Es Jesús, el Ungido.

[2] La *massebah*, o pilar sagrado de piedra, se remonta a los tiempos de Jacob (Génesis 28:6-22; 31:44-53), y formaba parte (o estaba al lado) del santuario, tanto en el periodo cananeo como en el israelita primitivo (Éxodo 24:4; Josué 24:26-28). Apéndice 1.

[3] Después del exilio, la unción con aceite de los sumos sacerdotes cayó en desuso. Apéndice 2.

Pero, por encima de todos, cuando Israel se refiere al "Ungido de Yahvé" está pensando en el mesías. Esta idea va evolucionando conforme pasa el tiempo, pero siempre guarda un sentido escatológico, de fin de los tiempos y, por lo tanto, su imagen está conectada imperturbablemente a un futuro de esperanza.

La historia del mesianismo judío es muy larga. La gran esperanza de Israel es el Reinado de Dios, que cambiará el curso de la historia, liberando a Israel de todas sus opresiones y empezando la época de justicia, paz y prosperidad anunciadas por los profetas, sobre todo a partir de la amarga experiencia de la deportación a Babilonia.

Una especie de denominador común de esta expectación, en tiempos de Jesús, podría ser el siguiente: el Reinado de Dios será inaugurado por el mesías, líder consagrado por Él, Rey de Israel, restaurador de la monarquía de David, guerrero victorioso que expulsará a los romanos, derrotará y humillará a las naciones paganas. Él será el custodio y maestro de la Ley (Juan 4:25), el juez que purificará al pueblo, e inaugurará la época donde no habrá pobres ni oprimidos, cuando todas las instituciones —rey, Templo, sacerdotes, tribunales— funcionen como es debido. Se acabarán el pecado, el hambre y la desgracia, para entrar en una sociedad feliz. Según muchos, el mesías hará su aparición en el alero del Templo (Mateo 4:5; Lucas 4:9-13), desde donde proclamará al pueblo el comienzo de la guerra contra los impíos, y empezará su victoria.

Un mesías es impacientemente esperado, pero uno al estilo de su historia hasta entonces. Los judíos recuerdan bien las intervenciones de Dios en su historia. Israel no olvida la sorprendente aparición de Dios cuando el pueblo se hallaba sometido por los egipcios. Moisés había sido un mesías, un liberador. Recuerda también la historia de José, que había sido vendido por sus hermanos a un pueblo extranjero, para convertirse en un salvador para el pueblo. Otro mesías. Y así, sucesivamente, Israel vive esperando la intervención de Dios en los momentos difíciles. Tiene la experiencia del poder de Dios para vencer a quienes los tienen sometidos. Dios jamás les ha fallado. Y en los momentos concretos en que aparece Jesús de Nazaret, las expectativas parecen cumplirse.[4]

Dios está actuando en medio de su pueblo. Ahora vendrá la liberación de Israel del sometimiento romano. Y habrá que sumarse al movimiento liberador. Justo cuando el maestro galileo nace, empezaban a surgir los primeros grupos de guerrilleros zelotes. Siempre ocurre así: de la

---

[4] El Talmud llegará a decir: "Todos los profetas profetizan sólo acerca de los días del mesías" (Sanhedrin 99a).

pobreza, de la represión, de la desesperanza o del hambre, suelen salir los deseos de revancha, de venganza contra los ricos que se aprovechan de la miseria ajena para llenar aún más sus propias arcas. Así ha sido siempre. Este hecho no justifica, en absoluto, las infamias que puedan cometerse en nombre de la miseria. Pero las explican.

Según las concepciones judías, Dios es Rey y Señor de Israel. Con la aceptación de la Ley, el pueblo ha reconocido la soberanía de Dios sobre él. Cada israelita lo asume cuando le promete obediencia, y se impone con ello el yugo de la soberanía divina. Pero el gobierno de Dios no está aún establecido de modo visible en el mundo; los paganos y los impíos prosiguen con su mal obrar. Sin embargo, su tiempo está medido y acabará en breve. Entonces llegará el día por el que suspiran todos los piadosos, con los brazos en alto:

Aparta de nosotros las penas y los suspiros; sé rey sobre nosotros tú, único Señor en misericordia y piedad, en gracia y justicia. Que tu gloria se haga visible y que tu majestad sea reconocida... y proclama ahora, sin perder tiempo, tu gloria, y no retrases lo que has prometido (Bar. sir. 21, 23, 25).

Pero Israel se cansa de esperar. Y de la oración ardiente y piadosa, pasa a la acción de fuego y espada. Como a Judas, al pueblo le puede la impaciencia. Y ante la trascendencia o la revolución sangrienta, escoge ésta última. Entre el Cielo y la tierra, elige la tierra (*Eretz Israel*).

Ya se habían realizado algunos antiguos alzamientos, pretendiendo ese objetivo. Matatías, por ejemplo, del linaje de los Asmoneos, junto con los llamados Macabeos[5] y Juan Hircano I, por citar alguno. Pero habían sido glorias pasajeras para el pueblo de Israel, y no habían durado mucho. Se cambiaban los dominadores. Unas veces Siria, otras Egipto, los persas, y, últimamente, los romanos. En el pasado y ahora, la esperanza en un mesías que estableciera un nuevo reino se mantenía viva. Y entonces apareció Jesús de Nazaret, hablando de la restauración de Israel, e insinuando que él era el enviado, el esperado, el Deseado de todas las gentes.[6] Por supuesto que había que sumarse a aquel

---

[5]Los macabeos (del hebreo *makabim*) constituyeron un movimiento de liberación nacional judío, que luchó y consiguió la independencia de Antíoco IV Epífanes, rey de la helénica dinastía seléucida, sucedido por su hijo Antíoco V Eupátor. Los macabeos fundaron la dinastía real asmonea, proclamando la independencia judía en Israel durante un siglo, desde el 164 al a.C. Aún son recordados nacionalmente por el pueblo judío en la festividad de Hanucá.

[6]El profeta Hageo ya había pronunciado una profecía que se había convertido en esperanza mesiánica: "*Y haré temblar a todas las gentes, y vendrá el Deseado de todas*

movimiento reolucionario y liberador, con una férrea determinación.⁷

*Entre estos mesías abundaban los predicadores, que proclamaban la necesidad de hacer penitencia, pero también entusiastas de la agitación, como ocurría en todas las épocas de crisis. Y también charlatanes y vocingleros, falsos profetas (Mateo 7:15). La muerte en la cruz no fue un acontecimiento excepcional: en su patria, los romanos crucificaban a los esclavos; en las colonias, a quienes se les oponían. Así es como morían todos los años centenares de personas, agitadores, soñadores e inconformistas.*⁸

El pueblo de Israel, con el recuerdo histórico que tiene del rey David, alberga la esperanza de volver a instaurar un reino semejante. Un sueño parecido alimenta sus expectativas en la historia. Muchas sentencias sagradas auspician esa esperanza (Génesis 3:15; 12:1-3; 49:8-12). Todas estas referencias parecen indicar, precisamente, que Israel recibirá un mesías de estirpe real, es decir, un rey al estilo de David.

Ésta es la tradición de los judíos, el enorme malentendido que proviene de l de Dios creylos tiempos cuando el pueblo creyó descubrir su destino: gobernar sobre las naciones e instaurar una era eterna de paz y prosperidad, durante la que todos se inclinarían ante el poder del único Dios verdadero, aunque hubiera que obligarlos con la ayuda de la espada divina del mesías. Sin embargo, no hay paz donde reina la violencia o el sometimiento, por mucha tranquilidad y orden que haya. Si esto ocurre de alguna forma, no será de Dios de quien provenga.

La interpretación militar de algunos textos da lugar a la esperanza en la venida de un caudillo divino. Algunos de ellos, leídos con la ansiedad de quien está sometido a un poder dictatorial, pueden afianzar el malentendido:

Protégeme como a la pupila de tus ojos; escóndeme a la sombra de tus alas de los malvados que me acosan, del enemigo mortal que me rodea. Se han encerrado en su obstinación, hablan con arrogancia en los labios; sus pasos ya me tienen cercado, se preparan para derribarme por tierra, como un león ávido de presa, como un cachorro agazapado

---

las gentes; y henchiré esta casa de gloria, ha dicho Jehová de los ejércitos" (Hageo 2:7).

⁷Flavio Josefo afirmaba que sólo con una inquebrantable determinación los israelitas podrían zafarse del yugo romano: "Dios sólo apoyará esta empresa a condición de que el hombre colabore activamente en ella, y si los partidarios de esa gran causa no la abandonan fatigados en el empeño" (Ant. 18, 5)

⁸M. Machovec, *Jesús para ateos* (Salamanca: Ediciones Sígueme, 1974), 45-46.

en su guarida. Levántate, Señor, enfréntalo, doblégalo; líbrame de los malvados con tu espada (Salmo 17:8-13).

Hay que reconocer que existe un mesianismo judío que mantiene reflexiones un poco más delicadas. Miqueas, Isaías, Sofonías o Jeremías perciben en el mesías a un siervo que sufre y cuyo sacrificio salvará al pueblo. Pero, si se prescinde de este grupo minoritario, ¿a quién le gusta esta presentación de un Salvador humillado? Las gentes y las castas no están de acuerdo con un mesías que no vengue la debilidad, o no haga rendir homenaje a su poder. Pues bien, Jesús va dibujando su figura mesiánica cada vez más adentro de esta imagen tan difícil.[9] A veces es saludado como mesías, pero porque ha maravillado al pueblo con alguna de sus palabras o de sus milagros. Sin embargo, cuando se despoja de estos signos visibles, los que lo rodean se alejan. Cuando algunos pretenden hacerle rey, él se escapa (Juan 6:15). En la cruz, todos se retirarán.[10]

Jesús vive en medio de un clima político agitado y tenso, bajo la insoportable presencia del ocupante y la presión continua de las masas despojadas; bajo el control policiaco de los servidores del Templo y la vigilancia atenta de las altas esferas judías. Tendrá que actuar en medio de fuerzas encontradas, que oponen a la suntuosidad del Templo el hambre de las masas; al engreimiento de una minoría privilegiada el abandono flagrante de las mayorías, que son víctimas de injusticias y enfermedad, que sufren mil sinsabores, no pudiendo defender sus derechos en este mundo.

Jesús, sin embargo, no rehúye una toma clara de posición. Su práctica será una réplica frontal a la ambición de hegemonía de los sacerdotes, y una respuesta original a las expectativas mesiánicas de los pobres; una denuncia de la corrupción y de la hipocresía, pero también una respuesta a las aspiraciones más hondas de los débiles, que quieren vivir de un modo diferente, en un mundo más justo y humano. Y todo esto, sin dañar a nadie, sin llamar a revoluciones sangrientas, sino confiando en que el amor compartido, y la convicción de que Dios está de parte de los que más sufren, pueden construir un mundo más vivible aquí, y con

---

[9] En su libro *Los hijos de los días*, Eduardo Galeano recuerda haber sido testigo de una escena insólita: durante una de las multitudinarias procesiones de la Semana Santa andaluza, cuando los cofrades sacan a hombros la imagen de un Jesús desvalido, salvajemente azotado y coronado de espinas, se hace entre los asistentes un silencio reverencial. Justo en ese momento, un niño de siete años, a hombros de su padre, y horrorizado por semejante visión, grita con todas sus fuerzas: "Jesús, ¡defiéndete, defiéndete!" E. Galeano, *Los hijos de los días* (Madrid: Editorial Siglo XXI, 2012).

[10] F. Queré, *Los enemigos de Jesús* (Madrid: Ediciones Paulinas, 1986), 48-49.

vida perfectamente plena en el más allá que vendrá al final.[11]

Judas es, posiblemente, heredero de esta ancestral esperanza. Obviar las circunstancias sociales, políticas y religiosas que generan esta visión mesiánica es arriesgarse a perder la perspectiva. No se trata de justificar sus decisiones, sino de enmarcarlas en su contexto, para comprender y aprender de sus errores, y no correr el riesgo de volver a cometerlos.

Contentarse con juzgarlo desde nuestros presupuestos del siglo XXI, sin tener en cuenta el intenso sufrimiento al que estaba sometido Israel, es sustraer al mensaje de Jesús una buena parte de profundo calado: por mucho que estemos sufriendo ahora, el fin no justifica los medios, pues los medios han de estar a la altura moral del fin que persiguen.

Podemos hacer frente y combatir la mala voluntad, porque se presenta al descubierto. La buena voluntad mal instruida y sin la crítica de la razón, engaña por las apariencias, puede producir el peor de los males a pesar de que la persona tenga la intención de hacer el bien, pero ingenuamente no se cuestione.[12]

Esto es radicalmente cierto. Y Jesús tendrá que enfrentar muchas veces este problema. El medio que se emplea para obtener un fin es tan importante como éste último. Es más: en cierto sentido, el medio es aún más importante que el fin. Y esto, por una razón que se comprenderá fácilmente. En lo que respecta al medio o al "cómo", el ser humano puede ser más fácilmente engañado que en lo que respecta al "fin". Para alguien que quiere conseguir un objetivo bueno, es difícil que se le desvíe de él. Pero es mucho más fácil hacer que se confunda de camino.

Así, por ejemplo, quizá Bin Laden perseguía el bien de su pueblo, aunque para ello destrozase la vida de miles de personas inocentes, y sembrase el miedo y la muerte por varios países. La claudicación de la antigua ética de la libertad a favor de la actual ética de la seguridad, se la debemos a su presunta búsqueda del bien.

También es posible que el presidente norteamericano George W. Bush pretendiese proteger su gente y promover, en sus propias palabras, "el eje del bien"; aunque para ello bombardease tranquilamente y sin escrúpulos Irak, masacrando a mucha gente pacífica que lo único que quería era vivir en paz.

---

[11]H. Echegaray, *La práctica de Jesús* (Salamanca: Ediciones Sígueme, 1982), 81.

[12]L. Boff, *El destino del hombre y del mundo* (Santander: Editorial Sal Terrae, 1978), 99.

Y no sólo él. En lo que nos toca a los españoles, también tenemos lo nuestro. El presidente José María Aznar, con los pies en la mesa y un puro en la boca, en la infame reunión de las Azores, organizó junto a otros mandatarios, en busca de unas armas de destrucción masiva que no existían, la masacre de parte de la población iraquí, con una retórica de la imposición del bien y la democracia a sangre y fuego, que sacó a protestar a las calles a millones de españoles. De nada sirvió.

También es probable que algunos inquisidores católicos creyesen velar por el bien de la iglesia, aunque para ello fuesen capaces de torturar y quemar viva a la gente. Pero no sólo ellos: seguramente también los protestantes calvinistas creían estar protegiendo el evangelio cuando quemaron en una hoguera a Miguel Servet en Ginebra. Y quizá también algunos religiosos de ahora pretender estar haciendo el bien cuando marginan a los divorciados, o a las madres solteras, o humillan a los homosexuales y los invitan a "curar su *enfermedad*".[13] Tantos despropósitos se cometen en aras del bien...

Jesús tiene siempre claro que su fin es salvar y liberar a los seres humanos de todas sus ataduras. El Diablo sabe esto, y no puede tentarlo por ahí. Por ello intenta hacerlo dudar sobre los medios para conseguirlo (las tentaciones del desierto son un buen ejemplo de ello). A Judas le pasa lo mismo. Quiere conseguir un buen fin, la liberación y la salvación de Israel, pero cede a la tentación de unos medios equivocados. Jesús tiene clara la naturaleza del Reinado de Dios. Judas no tanto.

Evidentemente, Jesús toma la expresión "Reinado de Dios" (en griego *basileía tou theoú* y en arameo *malkut haschmayyim*) de la esperanza escatológica de los judíos, pero le infunde un contenido nuevo. Purifica la llegada de ese Reinado de su vinculación con el futuro político de Israel. No dice ni una sola palabra sobre el derrocamiento de las potencias extranjeras, ni alude al triunfo sobre los paganos, sino que afirma exclusivamente que llega el Reinado de Dios.

Su venida no depende de tal o cual condición, como imaginan sus contemporáneos. No se la hace depender del desarrollo de una determinada

---

[13] No deja de ser curioso que los mismos que se empeñan en "curar" a los homosexuales, no suelen decir ni media palabra en contra de todos los que manejan los hilos de la economía, y dejan a su paso millones de pobres muertos de hambre; o contra aquellos que especulan con las casas de los demás, dejándolos al final en la calle; o contra los que se inventan guerras para dinamizar la economía; o contra los que invocan discursos xenófobos para arengar a las masas; o contra los que quieren privatizar hasta el aire que respiramos. Es éticamente insoportable que a todos éstos no tengan necesidad de "curarlos".

sucesión de acontecimientos apocalípticos, ni de la obediencia de Israel a la Ley, sumisión que pretende acelerar el comienzo de la época mesiánica. Al contrario, lo que Jesús propone es que Israel no ha de arrepentirse para que venga el Reinado de Dios, sino que ha de hacerlo porque ya ha venido.

Con su proclamación del inminente Reinado de Dios, Jesús se coloca en abierta contradicción con los activistas políticos y religiosos de su tiempo. Los zelotes quieren proceder por la fuerza contra la ocupación romana, y derrocar al gobierno pagano. Los fariseos y sus numerosos partidarios creen que no es la acción política, sino el esfuerzo religioso, la obediencia estricta a la Ley y la práctica cuidadosa de la piedad, lo que puede hacer que se cumplan las promesas divinas y que, en lugar de la tiranía extranjera y la miseria de Israel, aparezca la grandeza de los tiempos mesiánicos. Pero Jesús renuncia claramente tanto al mesianismo político como a violentar religiosamente el futuro, y no cae en una ideología fundamentalista ni en una utopía política. El giro decisivo que lo transmutará todo no es fruto del esfuerzo humano, sino que está fuera de su dominio y es obra exclusiva de Dios. De ahí que sea necesario extraer de esta afirmación la única consecuencia apropiada: arrepentirse, convertirse y volver a Dios.

Según las expectativas de la apocalíptica judía, tienen que aparecer determinados signos que permitan reconocer la proximidad del fin, y el momento del gran cambio. A las preguntas de los fariseos sobre la llegada del Reinado de Dios, Jesús responde: "*La llegada del Reinado de Dios no está sujeta a cálculo*" (Lucas 17:20b). Su irrupción será (o mejor "ha sido") inesperada, sin que haya podido ser computada de antemano. No hace falta provocarla, con revoluciones políticas o rigorismos religiosos, porque ya está aquí, "*entre vosotros*" (Lucas 17:21).[14]

Efectivamente, la llegada del Reinado de Dios y la del mesías van parejas. Pero no porque el mesías imponga el Reinado de Dios, sino porque viene a proponerlo. Por ello Jesús exhorta al arrepentimiento y a la conversión. Esta llamada no se asocia a la ira divina, sino que se presenta como la única consecuencia posible de que venga el Reinado de Dios. Por ello, para cada ser humano, Dios es siempre una posibilidad. Ya está aquí, pero todavía no. Está, porque se muestra disponible; aún no, porque es imperativo que se abrace y que se viva. Su aceptación, y por lo tanto su llegada particular e individualizada, es decisión de cada uno. Es futuro, pero también presente. Y, desde luego, no sólo futuro. Es el comienzo de una liberación que se engendra ahora. Unos,

---

[14] E. Lohse, *Teología del Nuevo Testamento* (Madrid: Editorial Cristiandad, 1978), 45-47.

los más humildes del escalafón social, se alegran por esta causa; otros, por lo mismo, desconfiarán y terminarán rechazándolo, por tener una concepción casi mágica de lo que debía ser el poder de Dios.

En efecto, los signos de liberación efectuados por Jesús seguirán pareciendo a algunos muy poca cosa. Esperan del mesías una conducta espectacular, más conforme con el deseo propio que con las necesidades ajenas: que vuelva a llover maná, que se abra el mar en dos partes, que una nube de fuego venga a perturbar los cielos. Son incapaces de calibrar la hondura de la propuesta del maestro nazareno. Su falta de sensibilidad por los más desprestigiados —los pobres, los enfermos, los posesos, los pecadores— los hace quedarse en la superficie de las cosas, sin llegar a percibir lo que está ocurriendo en medio de ellos.[15]

Por ello, en palabras de Jesús, no podrá decirse que el Reinado de Dios está aquí o está allá, sino que ya está en medio de la vida (Lucas 17: 20-21). Provoca una tensión misteriosa y benéfica, repleta de actualidad esperanzada, en quien comprende que los primeros síntomas de su llegada ya pueden sentirse y disfrutarse, pero que, a la vez, sólo podrá abrazarse de forma plena cuando llegue el fin de todas las cosas.

Todo esto es fácilmente comprensible: la avanzadilla del Reinado de Dios es Jesús mismo, sometido como cualquier ser humano a la contingencia de la vida y a la historia. No puede estar a la vez en dos sitios distintos; no puede vivir en dos épocas humanas distintas; no puede trabajar veinticuatro horas al día; necesita tiempo para comer, dormir, desplazarse, orar; cae enfermo, como todos, y ha de convalecer. Por ello, no todos los enfermos serán curados, ni todos los poseídos serán liberados, ni todos los humanos contemporáneos escucharán su palabra benefactora. Los chinos de su tiempo no tendrán la oportunidad de conocerlo en persona, ni los mochicas peruanos tampoco. Nada podrá hacer él contra eso. Sin embargo, el movimiento que continúe con su misión se extenderá en el tiempo y en el espacio, y preparará a la humanidad para la llegada plenipotenciaria del Reinado de Dios, al fin de los tiempos, cuando la contingencia y la historia ya no sean obstáculos insalvables:

> *El proyecto del reino de Dios será siempre utopía, es decir, será siempre algo no plenamente realizado en la historia. Porque ese proyecto apunta a una meta tan perfecta que será siempre algo irrealizado en la condición histórica del hombre. Siempre nos acercamos a él, y siempre será algo plenamente mal alcanzado. Porque, en su realización total, es un proyecto metahistórico. Siempre habrá hombres que se acerquen a él,*

---

[15]Echegaray, *La práctica de Jesús,* 165-167.

que lo vayan logrando más plenamente, pero de tal manera que siempre estarán lejos de su realización total.[16]

Por lo tanto, el Reinado de Dios no puede colocarse en el ámbito de la política, y ni siquiera en el de una religión concreta (en este caso la judía). Es un fenómeno transversal, que supera cualquier esquema político, social o religioso. Y por ello mismo, a él se puede acceder desde cualquier ángulo humano. Sólo hace falta convertirse a este nuevo paradigma vital: estar abiertos a la voluntad de Dios, y cumplirla (Marcos 3:35). Pero, ¿qué significa cumplir la voluntad de Dios? Y, antes que esto, ¿cuál es la voluntad de Dios y cómo puede ser descubierta?

La voluntad de Dios puede conocerse de modo inmediato, evidentemente, a través de la Ley y de los mandamientos (Marcos 10: 19). Jesús no reniega de las prescripciones que Dios dio a Israel en el desierto. Pero sí ataca duramente la hipocresía de los representantes de la piedad legalista, y su afición a imponer cargas sobre los hombros de los débiles (Mateo 15:1-20). Reconoce los peligros vinculados a una práctica religiosa que fundamente su forma de ser en la Ley. Por ello, cuando alguien le da a Jesús la oportunidad de resumir toda la Ley en un solo mandamiento, propone el amor (Mateo 22:35-40): Amar a Dios, amar al prójimo, y amarse de verdad a uno mismo. Esta ley que no tiene nada de nueva, pues arranca desde lo más profundo y ancestral del Antiguo Testamento (Deuteronomio 6:5; Levítico 19:18), ya no corre el peligro de ser adulterada por el rigorismo. Al contrario, cuanto más rigor se ejerza en ella más brillará su esencia.

Así que, ¿cuál es la voluntad de Dios? Que se le ame por encima de todas las cosas, que se ame al prójimo y que uno sea capaz de amarse a sí mismo de verdad. ¿Cómo puede ser descubierta la voluntad de Dios? Dejándose amar por Él, y amando. ¿Qué significa cumplir la voluntad de Dios? Amar. Por tanto, cuando uno acepta ser invadido por el Reinado de Dios, como consecuencia ama. Y este amor le indica el camino hacia la vida eterna.

Este es el mesianismo por el que Jesús opta, y que había sido descrito por todos y cada uno de los profetas del Antiguo Testamento. No hay nada nuevo con respecto al mensaje de ellos. Pero sí es una extraordinaria novedad para sus contemporáneos, que hace siglos habían optado por un mesianismo regio, al estilo de David.

El Iscariote y su entorno anhelan algo más que la opresión de cada

---

[16] J. M. Castillo y J. A. Estrada, *El proyecto de Jesús* (Salamanca: Ediciones Sígueme, 1987), 42.

día. Como tanta gente de su nación, vive confiando en las promesas de los profetas, que llaman a espabilarse, que anuncian la posibilidad de una vida más libre, más llena de felicidad, que proclaman que Dios quiere que su pueblo supere tanto mal arrastrado desde siglos, tanto miedo, tanta injusticia. Sabe que el Eterno actuará, de una forma o de otra. Pero no va a ser fácil para el discípulo, porque cuando Dios irrumpe en la vida de una persona, trastoca todos sus planes, suele lanzarla a la intemperie, al futuro, al riesgo, a la inseguridad, a la búsqueda continua. Judas ha aceptado seguir a Jesús, ser uno de sus íntimos, pero debe aprender a depurar sus primeras intuiciones. Servirán el hambre y la sed de justicia que trae consigo, pero deberá abandonar la espada y el escudo que las acompañan.

> *Jesús permanece para siempre, pero no lo hace a la manera del mesías. Jesús permanece para siempre precisamente en cuanto Hijo del hombre que ha de ser levantado. Pero la elevación ofrece la paradoja de ser una elevación en la cruz (...). El mesías de Judá tiene unas características que no podían ser captadas por el judaísmo.*[17]

Cada frase del maestro, cada milagro, cada parábola, cada discusión con los fariseos, cada momento de intimidad en el campo, deberán servirle a Judas para descubrir la verdadera hondura del mensaje de Jesús, y lo que ha venido a hacer. Sólo ha de estar abierto al cambio de mentalidad, a la novedad que significa el Reinado de Dios que llega, y permeable a la influencia de aquel rabí extraño pero atrayente, que cuenta que Dios camina con sus hijos, vive en sus historias, está presente dondequiera que vayan, los acompaña si se dejan. Que toda la vida de los creyentes está entretejida de llamadas de Dios, y de respuestas o evasivas propias. Que todas esas llamadas divinas han sido, y son, promesas que sus hijos pueden convertir en realidad. Que Dios se comunica a través de las pequeñas ocupaciones de la vida cotidiana, y no hace falta ir a buscarlo a otra parte. Que Dios no va detrás del poder. Que no prefiere los palacios de los reyes ni las casas de los ricos, sino que se encuentra más a gusto entre los pobres, expresión de todos los humildes cuya única fuerza es la esperanza. Que Dios es alegría, no temor; es fiesta, no velatorio; es libertad, no restricciones impuestas. Que el vacío de la vida puede ser fecundado por la acción de Dios, si los seres humanos se abren a ella, si derriban el muro de su suficiencia propia, recelos y miedos.

Si el Hijo de Dios hubiera aparecido en la gloria del Santuario,

---

[17] J. O. Tuñí, *El Evangelio es Jesús* (Estella, Navarra: Editorial Verbo Divino, 2010), 66-67.

seguramente hubiéramos creído que había venido sobre todo para los sacerdotes y para todo lo relacionado, de lejos o de cerca, con el mundo religioso, como algunos siguen pensando todavía. Si hubiera hablado desde lo alto de un trono real, habría permitido creer que venía a los grandes de este mundo, y bien sabe Dios que, a lo largo de la historia, muchos de ellos han pretendido asentar sobre Él sus poderes. Pero no fue así como sucedieron las cosas. Dios se manifestó en la vida de gentes ordinarias y pobres, desplazadas por decreto, como tantas familias marginadas de nuestros días. Vinculó definitivamente su rostro al de un recién nacido, acostado en un pesebre. Ése es el lugar en el que Dios se da a conocer. ¡Es el colmo, lo nunca visto![18]

Ni que decir tiene que las ideas mesiánicas del judaísmo tardío constituyen el panorama más lógico para situar las del propio Jesús. Él tiene que referir su propio pensamiento a las concepciones en boga entre su pueblo, y retenidas sin duda por sus propios discípulos, en parte positivamente —confirmándolas— y en parte negativamente —corrigiéndolas—. No las adopta tal como son. Al contrario, los evangelios nos lo muestran en constante conflicto con muchos aspectos del ideal mesiánico judío de sus propios discípulos.

Ante el Sumo Sacerdote Caifás, cuando sea juzgado por el Sanedrín, a Jesús le darán la última oportunidad de deshacer este tremendo malentendido. El religioso le preguntará directamente, harto ya de testimonios fallidos (Mateo 26:59-60), si él es el Cristo, el Hijo de Dios, con toda la carga ideológica que posee el término *khristós* (Ungido, Rey) para Israel en aquellos tiempos. Sorprendentemente, Mateo pone en labios de Jesús una respuesta que parece ser afirmativa: "*Tú lo has dicho*" (Mateo 26:64a). Pero si Mateo tradujo al griego (*Sú eípas*) las propias palabras de Jesús en su lengua materna, el arameo, el sentido estricto de esta expresión sería, más bien, "Tú lo has dicho, no yo", como bien argumenta Oscar Cullmann,[19] por lo que Jesús no habría respondido claramente, con un "sí" o con un "no", a la pregunta insidiosa de Caifás. Si además se añade que el comentario posterior de Jesús contrapone al "Hijo de Dios" de Caifás, su "Hijo del Hombre" (Mateo 26:64b),[20] parece claro que está reinterpretando la figura del mesías, dándole un sentido completamente distinto al del guerrero que esperan los judíos.

---

[18]B. Rey, *La discreción de Dios* (Santander: Editorial Sal Terrae, 1998), 51.

[19]O. Cullmann, *Cristología del Nuevo Testamento* (Salamanca: Ediciones Sígueme, 1998), 178-179.

[20]Comienza con la partícula *plén*, "pero", y no con "y además", como traducen algunas versiones en castellano. Así que Jesús está contraponiendo, no confirmando.

El Reinado de Dios que trae este mesías no va a colmar las expectativas de los que quieren detentar el poder, sino a juzgarlos como lo hace el Hijo del Hombre (Daniel 7:13). Caifás entenderá, probablemente, la diferencia que se empeña en marcar Jesús. Pero, a su juicio, el nazareno es tan dañino para la supervivencia de Israel que preferirá condenarlo.

Para el judío fiel, la inocencia de Jesús no es tan evidente. Jesús ha trastornado los fundamentos ideológicos de la nación. Desde ese punto de vista, nadie puede decir que el galileo sea de su partido: ni los zelotes revolucionarios que comulgan con los fariseos en el mismo amor a la Ley; ni los saduceos, sacerdotes cultos y menos sectarios, pero a quienes da vértigo la idea de un cambio; ni los fariseos, moralistas rigurosos, irritados por el laxismo de Jesús; ni el pueblo, que espera la restauración de Israel. Jesús ha abierto un camino tan especial, que pocos saben identificarse con él. Y de este modo logra que casi todos se unan en su contra: incluso a sus discípulos la cruz les parecerá la señal del fracaso de su predicación. La condena de Jesús no es, pues, la consecuencia de una maquinación sádica, sino el fruto de una interpretación legal de su comportamiento.

La escena de la burla al pie de la cruz resultará muy elocuente a este respecto (Mateo 27:39-44; Marcos 15:29-32; Lucas 23:35-37): los jefes comprueban cómo el camino de Jesús no lleva a ninguna parte. Si es el profeta de Dios, Dios se cuidará de él. Pero no lo hace. Al abandonarlo, ratifica su juicio. La ley tenía razón: la muerte de Jesús lo coloca efectivamente entre los blasfemos, ya que aquél de quien se había presentado como heraldo no lo justifica, ni lo defiende, ni lo salva de la cruz.

¿Quiere esto decir que no hay ninguna preparación en la Escrituras capaz de hacer posible la aceptación de las palabras de Jesús? Ciertamente no; pero la transformación que se les pide a unos espíritus alimentados con la venganza, el dominio, y la gloria, es demasiado radical para que su predicación surta efecto. Las palabras de Jesús son escuchadas: corresponden a un deseo latente de la religión judía; muchas de sus sentencias se parecen demasiado a las de los rabinos y a las frases de las Escrituras como para que no despierten cierto eco. Pero provocan una reacción de defensa: no hay nada que concilie aquella conducta extraña con las esperanzas nacidas en los tiempos más lejanos de Israel. Se necesita mucha libertad de espíritu para dejarse atacar por esta forma inesperada de mesianismo. Y los dirigentes judíos están demasiado ocupados en su religión como para gozar de esa libertad.[21]

La sinagoga, los escribas, y los fariseos, han impuesto a Judas y a

---

[21] C. Duquoc, *Cristología. Ensayo dogmático sobre Jesús de Nazaret el Mesías.*

los demás discípulos una educación marcada por la espera de la gloria: un pueblo, un mesías, y un futuro gloriosos. Pero Jesús enseñará que la mayor gloria, el mayor honor que un ser humano pueda conseguir, es aprender a servir y a amar, incluso a los que quieren hacerle daño; no sólo a los oprimidos, sino también a los opresores. Así quiere intervenir Dios en el mundo.[22] Judas y sus amigos tendrán que aprender a desaprender. Y esto, casi siempre, es mucho más complicado que aprender de nuevas.

> *La persona y el mensaje de Jesús no pueden comprenderse, en todo su alcance, sin situarlos dentro del ambiente en que Jesús vivió y murió. Es decir, dentro de la sociedad judía de aquel tiempo. Los evangelios remiten, por el contrario, a un personaje histórico, Jesús de Nazaret, que vivió en una época determinada, actuó en medio de una sociedad concreta, y sufrió la muerte a manos de las autoridades de su tiempo, debido a las opciones que había realizado y al mensaje que propuso. Desconectado de su ambiente histórico, Jesús pasaría a ser un maestro de sabiduría o un teórico de la salvación.*[23]

Además, Judas no es el único. Y si no, ¿por qué huirán todos los discípulos en Getsemaní, justo después de anunciarles que con su muerte se va a cumplir la Escritura? (Mateo 26:47-50). ¿O por qué Simón Pedro lo negará tres veces si, antes de que el maestro le prohíba usar la espada, estará dispuesto a morir con él, matando a guardias judíos y a soldados romanos? ¿O por qué dos de sus discípulos escaparán de Jerusalén, y huirán precipitadamente a Emaús el domingo?[24] Pues porque, como judíos que son, aún quieren creer que el mesías será un príncipe militar,

---

(Salamanca: Ediciones Sígueme, 1974), 417-418.

[22]Podría decirse que Dios, además de intervenir en el mundo, quiere "intervivir" con el mundo, a través de aquellos creyentes que se toman en serio el mensaje de Jesús (Juan 17:15). No para confundirse sin más entre las marañas de los corruptos sistemas de poder humanos, y menos aún para fundirse, pero sí para ser sal, levadura, y luz al mundo.

[23]J. Mateos y F. Camacho, *El horizonte humano. La propuesta de Jesús* (Madrid: Editorial El Almendro, 1988), 11-12.

[24]La razón que los dos discípulos de Emaús le dan a Jesús es muy reveladora: "*Nosotros esperábamos que él era el que iba a liberar a Israel; pero ya hace tres días que ha muerto*" (Lucas 24:21). No son más que herederos de la antigua esperanza israelita: "*El pueblo estaba en vilo, por ver si Juan era el Ungido de Israel*" (Lucas 3:15). Herido el pastor, se dispersan las ovejas (Mateo 26:31). Ya no quieren saber nada de lo vivido en Jerusalén. Todo ha acabado mal. "*Lo de Jesús el Nazareno*" (Lucas 24:19) ha sido un desastre. Habían depositado sus ilusiones en Jesús. Probablemente lo aclamaron entrando triunfante en Jerusalén los días de la Pascua. Debieron pensar que el Reino estaba por llegar de un momento a otro. Pero toda esta esperanza se frustra, y ellos

invencible y capaz de ganar prodigiosas batallas. Con otras palabras: la huida precipitada de todos, y la negación de Pedro, sólo tienen sentido si creen que el mesianismo de Jesús, al final, no era tal. El mesías verdadero será otro… y ya aparecerá tarde o temprano.

Hace cinco siglos que Israel ha perdido su independencia. Lo que fue un país protegido por la gloriosa monarquía de un David y un Salomón, ha pasado a ser una provincia de los sucesivos imperios que se lo anexionan: Babilonia, Persia, Asiria, Egipto, Siria, Grecia, Roma.

La exacerbación de la impaciencia ante esta situación, en la que Yahvé parece desentenderse de su pueblo, unida a las duras exigencias de la dominación extranjera, y a la lectura de viejas promesas leídas y releídas en los libros sagrados de Israel, llevan a muchos a la convicción de que al fin va Dios a intervenir. Es lo que en términos más técnicos —aunque no siempre usados con precisión— se llama una esperanza "escatológica": el *fin* de la situación presente está próximo. Para algunos, será el fin del mundo y el juicio divino. Para otros, el envío por Dios de un nuevo David, liberador y conductor de su pueblo hacia nuevas gestas históricas. Se esperan cosas muy diversas. Tal vez hasta contradictorias. De ahí que la "espera" se traduzca también en actitudes muy diferentes: desde el aislamiento del mundo que llevan a cabo los esenios, hasta la guerrilla de los zelotes para reinstaurar el trono de David, pasando por la renovación estricta de la moral que proponen los fariseos.[25]

Hay numerosos pasajes en la tradición judía que invocan al mesías guerrero y dominador:

Despiértales un rey, el hijo de David, al tiempo que hayas elegido para que reine sobre tu siervo Israel; cíñele de tu potencia, de modo que aniquile a los tiranos impíos, y purifique a Jerusalén de los paganos que la manchan con sus pies… Que les destruya con vara de hierro, y destruya a los paganos impíos con la palabra de su boca; que sus amenazas hagan huir a los paganos, y que castigue a los que son pecadores por los pensamientos de sus corazones. Entonces reunirá a un pueblo santo que gobernará con equidad, y juzgará a las tribus del pueblo santificado por el Señor su Dios, y dividirá entre ellos el país… y los extranjeros no

---

emprenden la vuelta a su aldea, a la seguridad de su casa, a la privacidad del hogar. Frustración, desencanto, decepción. Están "de vuelta", de vuelta de Jerusalén y de vuelta de todo. Huyen aturdidos por la depresión, y sólo quieren olvidar. Creen que todo ha sido un sueño ingenuo.

[25] L. Segundo, *La historia perdida y recuperada de Jesús de Nazaret* (Santander: Editorial Sal Terrae, 1991), 119-120.

tendrán derecho a habitar en medio de ellos... Someterá a los paganos bajo su yugo, para que le sirvan, y glorificará públicamente al Señor a los ojos del mundo entero, y él hará que Jerusalén sea pura y santa como lo era al comienzo (Salmos de Salomón 17:21ss.).

Pero ese Dios no es el de Jesús. Es el Dios imaginario, racionalizado por la lógica o la necesidad. Es el Dios de la impaciencia, el de la irritación frente a las diferencias. Es el Dios que aplaude la voluntad de dominio. Pero el Dios de Jesús disiente. En cierto sentido, es un *disidente*: ni la lógica, ni las leyes, ni las estructuras, ni los sentimientos de venganza, ni las expectativas de dominio, ni las mismas instituciones religiosas pueden encerrarlo.

El ideal mesiánico de Dios no podía coincidir con el de un rey al estilo de David pues, desde su origen, la monarquía no había sido el plan divino para Israel. Este plan preveía la existencia de un Israel distinto a los demás pueblos, una luz a la que todos pudieran acudir para salir de las tinieblas humanas. Israel debía ser diferente. Sin embargo, cuando el pueblo pide al profeta Samuel un rey para que gobierne sobre él, se expresa diciendo: "*Que haya sobre nosotros un rey, y así seremos como todos los pueblos*" (1 Samuel 8:20).

Mientras que Dios quería diferenciar a su pueblo, su pueblo quería asimilarse a los demás. Consciente del futuro que les espera, Dios pide a Samuel que les advierta de los peligros de aquella decisión (1 Samuel 8:9-18), y que serán sometidos por su gobernante, al estilo de las demás naciones. Mientras que Dios se acercaba al pueblo para servirle, el pueblo tendría que servir al nuevo rey, y el yugo podría llegar a ser insufrible. Pero Israel no hizo caso a la advertencia, y acabó ungiendo a Saúl.

Éste había sido el comienzo de la monarquía israelita. Era imposible que Dios enviase a un mesías así. Y muchas veces, mostrándolo como siervo sufriente, les anunció cómo sería. Pero los sueños de gloria y dominación pudieron más que el recuerdo de unos profetas que no paraban de gritar, en nombre del Eterno, ¡Justicia quiero, y misericordia!

Si Elías no hubiera huido ante Jezabel, habría muerto. Jesús no huyó... y murió. La muerte de Jesús es la consecuencia lógica de su compromiso profético; y tanto más lógica cuanto que, a diferencia de Elías, no sólo no huyó, sino que además vivió constantemente en una situación absolutamente natural y vulnerable, rechazando todo mesianismo de fuerza y poderío.[26]

Ésta es, posiblemente, la interpretación mesiánica de Judas: fuerza

---

[26] F. Varone, *El Dios "sádico". ¿Ama Dios el sufrimiento?* (Santander: Editorial Sal

y poderío. Muchos son los que han alegado, a lo largo de la historia, la avaricia del Iscariote para explicar su traición. Pero yo no lo creo. No tuvo sentido intentar devolver las treinta monedas de plata, si lo que pretendía era ganar algo de dinero. Tampoco se entiende la frustración que lo llevará al suicidio. Si lo que pretende es llenarse el bolsillo a costa de su maestro, ¿por qué suicidarse, si ya lo tiene? Probablemente Judas es un hombre mucho más complejo y con más inquietudes, más matices de lo que nos muestran los evangelios, que fueron escritos desde el sentimiento de los discípulos de haber sido traicionados, lo que es del todo justificable.[27]

No es del todo razonable que lo que mueva a Judas sea la ambición de tener más, sino la pretensión de que Jesús sea más de lo que quiere ser. Aunque sea a la fuerza... El de Queriot piensa que no tiene otra elección para conseguir lo que pretende. Porque las personas pueden elegir, pero algunas no se dan cuenta de que pueden. Judas no es de los que se quedan parados, esperando a que todo se solucione con el tiempo.

Como creen buena parte de los intérpretes bíblicos, es el único discípulo que proviene de Judea. Los demás son de Galilea. En el norte de Israel existe un espíritu mucho más vindicativo y violento ante la ocupación romana,[28] pero cualquier intento mesiánico deberá llegar a Judea, a Jerusalén, y hacerse grande allí.

La expectación religiosa estaba ligada a Jerusalén. Por eso todos los movimientos mesiánicos, muy numerosos en aquella época, tenían sus ojos puestos en Jerusalén.[29]

Terrae, 1985), 57.

[27]No olvidemos, y esto es una señal inequívoca de este recelo, que desde el comienzo de cada evangelio se cita ya a Judas como "el traidor". Antes siquiera de que comencemos a leer los hechos y dichos de Jesús sabemos ya, por anticipado, que el Iscariote lo traicionará. Es difícil, para el lector, sustraerse a esta información, y al juicio de intenciones que la sigue.

[28]El foco principal de las corrientes antirromanas y mesiánicas era Galilea. Es difícil imaginar que el comportamiento de Pilato en el Santuario contra unos peregrinos galileos que asistían a la Pascua (Lucas 13:1), no haya tenido un motivo concreto. Fue en Galilea desde donde se desarrolló el partido de los zelotes. Judas (no el Iscariote), cuya insurrección contra los romanos (6-7 d.C.) dio el impulso definitivo al movimiento, era de Galilea. Su padre Ezequías había sido ya cabecilla de un movimiento que luchó contra Herodes en Galilea. El hijo de este Judas, Menajén, fue uno de los principales líderes de la insurrección contra los romanos ocurrida en el 66 d.C.

[29]J. Jeremias, *Jerusalén en tiempos de Jesús* (Madrid: Ediciones Cristiandad, 1980), 92-93.

Judas ha aprendido desde niño que Israel, el único pueblo de Dios, debe desperezarse y reaccionar frente a la ocupación imperialista de Roma. No va a dejar a Dios el trabajo que le corresponde hacer a él mismo. Y echar a los romanos es cosa suya, no del Eterno. Una empresa que lo llenará de una profunda insatisfacción personal, y lo dirigirá a una espiral de recelo y amargura de la que le será, a la postre, imposible salir.[30]

Sin embargo, muchas veces les ha explicado Jesús qué significa realmente ser el mesías. Y qué es lo que no significa en absoluto. Tantas, que en una ocasión llega a decirles "*¡Que se os meta bien en la cabeza! El Hijo del Hombre será entregado en manos de hombres*".[31]

A pesar de ello, Judas tendrá un ojo puesto en Galilea, y el otro mirando a Jerusalén, destino del mesías verdadero.

---

[30] El biblista Daniel Rops, apuntando en esta dirección, se pregunta "¿No sería el amor el verdadero móvil, no un amor radiante y desinteresado como el de Pedro y los otros diez, sino una pasión absorbente que genera celos y arrastra a las peores aberraciones, un amor que raya en el odio, que bruscamente puede convertirse en odio y que, una vez cometido lo irremediable, se recupera con dolor y desesperación?". D. Rops, *Jésus en son temps* (Paris: Fayard, 1945), 470.

[31] Lucas 9:44. La paráfrasis griega está mucho mejor actualizada así, que con la imagen de los oídos.

Apéndice al capítulo VII

1. Hay, en una colina al norte de Samaria, un emplazamiento cúltico datado alrededor del siglo XI a.C. Consiste en un área circular de unos veinte metros de diámetro, rodeada por un muro, en uno de cuyos lados se encontró una massebah y, junto a ella, un enlosado de piedras. El centro de esta instalación no estaba construido (es posible que ahí hubiera plantado algún árbol). En ella se encontró también la figurita de un becerro de bronce hecha con gran habilidad, con paralelos en otras figuritas de toros halladas en Jatsor y Ugarit.[1]

2. Aunque algunos textos afirman que la unción era usada para consagrar a todos los sacerdotes (Éxodo 30:30; Levítico 10:7; Números 3:3), el sumo sacerdote era ungido de una manera especial, de forma muy profusa, no sólo en la frente sino en toda la cabeza (Éxodo 29:7). Incluso Salmos 133:1-2 hace referencia a que el ungüento bajaba por la barba y hasta la orla de sus vestiduras.

---

[1] G. E. Wright, *Arqueología bíblica* (Madrid: Ediciones Cristiandad, 2002), 69.

CAPÍTULO VIII

LA TENTACIÓN

Una noche, comiendo unos peces recién asados a orillas del lago de Genesaret, tras una extenuante jornada —el maestro ha estado sanando a todos los enfermos que han venido a su encuentro—, Jesús explica a sus discípulos cómo intentó engañarlo el Maligno cuando salió al desierto a encontrarse con su Padre del Cielo, y a prepararse para la misión que había venido a cumplir, en medio del silencio que tanto buscaron los profetas del Antiguo Testamento.[1]

El desierto[2] aparece en la literatura judía como lugar donde moran los malos espíritus, y en especial los demonios.[3] Allí habitan el león, el chacal, el avestruz, las serpientes y los escorpiones, todos animales inmundos para el judaísmo. Pero también se presiente como el espacio de recogimiento espiritual, vital para la búsqueda de una percepción especial de la presencia de Dios. Habitualmente, es Él quien invita a ese retiro.[4] A veces, incluso, arrastra o empuja al ser humano a estos espacios de soledad. Como si necesitase desligarlo de los lugares en los que impera el ruido y la esclavitud de los quehaceres diarios, y ofrecerle

---

[1] Mateo 4:1-11.

[2] El término más común para nombrar al desierto es, en hebreo, *midbar*, que en su origen significa "conducir" "apacentar" (el ganado). Es el que más aparece en la Biblia. Se utiliza para describir una región solitaria, pero no totalmente estéril o desprovista de vegetación y agua, pues se trata de una lugar de pastoreo, como lo indica Jeremías: "*Llorad y gemid sobre los montes, lamentaos por los pastizales del desierto (midbar), porque están desolados, no hay quien pase por ellos ni se oye el balar de los rebaños*" (Jeremías 9:9; 17:6). El término castellano más adecuado para traducir este vocablo hebreo sería "estepa".

[3] En el desierto habitan demonios como Azazel, a quien se envía el macho cabrío cargado con los pecados del pueblo, durante la celebración del Día de las Expiaciones (Levítico 17:17; 16:10).

[4] "*Voy a convencerla, llevándomela al desierto y hablándole al corazón*" (Oseas 2:16).

la oportunidad de encontrarse en calma consigo mismo y con Él.

Así lo hizo con Moisés (Éxodo 2:11-15), tras asesinar a un capataz de Faraón; con el pueblo de Israel durante el éxodo (Éxodo 15:22), tras su esclavitud en Egipto; con Agar (Génesis 16:7; 37:22), concubina de Abraham, tras tener que salir, de forma precipitada, de la casa patriarcal con su hijo Ismael; con el profeta Elías (1 Reyes 18:1-9), tras la vorágine de locura y violencia del Carmelo. Así lo ha hecho con Juan el Bautista (Mateo 3:1-2), que saca a las gentes de las ciudades y las reúne en el desierto para hablarles de la necesidad urgentísima de convertirse a Dios.

Pero el desierto significa también la absoluta dependencia de Dios; habitar en un lugar hostil contra el que el ser humano no puede luchar con sus propias fuerzas, y ha de abandonarse al cuidado existencial del Eterno.

En la historia de Israel, tal como la han visto los profetas, Oseas en particular, la vida nómada de los orígenes encierra un significado existencial y espiritual privilegiado. La condición nómada es la que precede a la instalación en tierra de Canaán, y a la acumulación de tierras y riquezas. La vida nómada es la condición propia del hijo de Abraham según el espíritu: extranjero y peregrino sobre la tierra. El hombre es un ser inacabado, un ser que viaja hacia alguna parte. Instalarse no es bueno para él.[5]

En el desierto tienen su lugar, también, todos los grupos que rehúsan el poder establecido en Jerusalén y en el Templo. Se espera que de él vendrá el mesías. Es el lugar del encuentro con el Dios liberador, para organizarse junto a Él.

Para los esenios, que quieren manifestar su rechazo a todo el sistema establecido, y buscan una vida comunitaria, silenciosa, dedicada a la oración y al trabajo, preparando así la venida del mesías justiciero, el desierto es el lugar ideal para su retiro, el campo de batalla personal y comunitario contra todo lo que pervierte el corazón del hombre.

Para los zelotes, decididos a la lucha armada contra los romanos invasores, y también contra los judíos vendidos a ellos, el desierto es un buen lugar de escondite, de reunión y de reflexión. Allí se llenan del celo de una Ley que han manchado de sangre.

En el caso del galileo, parece que la decisión de salir al desierto no es, en principio, suya. Marcos, en su evangelio, emplea un término muy

---

[5]Tresmontant, *La doctrina de Yeshúa de Nazaret,* 60.

fuerte para describirlo, que indica una cierta violencia.[6] El maestro es "empujado" por el Espíritu al desierto, como sintiéndose arrebatado por una fuerza ajena a sí mismo, por una inspiración divina que no entra en sus planes. Su Padre del Cielo lo llama a una experiencia nueva de intimidad, lejos del barullo y de la gente, para que durante cuarenta días sólo Él sea su prioridad. Ya habrá tiempo de ocuparse de los seres humanos. Ahora necesita pasar unos días pegado a Él, para ahondar en su experiencia vital de dependencia absoluta, desde su más profunda humanidad.

En el desierto, Jesús rompe con el pasado. Ya nada será lo mismo. Se terminó el trabajo de artesano constructor, la familia como la había entendido hasta ahora, y su anonimato. Del desierto emergerá una persona nueva, la que acaba de ser confirmada en el Jordán como el Hijo queridísimo de Dios, y que a Él se debe. No continúa la historia, sino que nace una historia nueva. Marcos sabe que comienza algo nuevo con respecto al Antiguo Testamento, y a la historia y esperanzas de los seres humanos.[7] La Buena Noticia de Jesús no brota de la historia, ni se explica sólo por ella, como si fuera el resultado lógico de su desarrollo. Jesús es la irrupción en el mundo de la novedad de Dios. Es una noticia esperada, deseada, pero al mismo tiempo provocadora y sorprendente. Es el manantial que surge del desierto.

—¿Qué pasó en el desierto con el Maligno, maestro? Nos tienes a todos en vilo…

La voz de Judas saca a Jesús de su breve ensimismamiento. El nazareno lo mira sonriendo, degustando la expectación provocada en sus amigos. Apoya los brazos en las rodillas y entrecruza los dedos de las manos, haciéndose de rogar. Y comienza a contarles la historia:

—Fui al desierto buscando orientación y paz, para decidir cómo iba a hablar a mis hermanos y a vosotros en especial. Allí me encontré conmigo mismo y con Dios en su plenitud. Abbá me retiró de la gente y de la ciudad, para que pudiera tomar distancia de la vida que oprime, y así verla mejor. Me invitó a mirar mi propia vida, y mi historia

---

[6] "*Y luego el Espíritu le impulsó al desierto*" (Marcos 1:12). La forma verbal griega empleada es *ekballei*, del infinitivo *ekballo*, que significa literalmente "echar fuera, lanzar, empujar, desterrar, soltar, dejar caer".

[7] El comienzo del evangelio de Marcos, "*Principio del Evangelio de Jesucristo, Hijo de Dios*" (Marcos 1:1), tiene reminiscencias muy antiguas para un judío. Rápidamente el lector se ve transportado a otro "principio", el de todas las cosas: "*En el principio creó Dios los cielos y la tierra*" (Génesis 1:1). Apéndice 8.1.

pasada, presente y futura, desde el desierto. En el desierto el aire es limpio, transparente, sin el aliento de los egoísmos y de las violencias. En el desierto el hombre puede enfrentarse consigo mismo. La primera pregunta que me hice fue "¿Qué quiere de mí *Abbá*?"

Aún resonaban en mi mente las palabras de Juan: "*Preparad el camino del Señor, allanad sus senderos*".[8] ¿Quién podrá allanar estos caminos para que sean transitables, de salvación? Los fariseos exigen un cambio, pero siempre dentro del esquema actual, que no tocan para nada. Todo cambio lo transforman en un adecuarse más y mejor al sistema, cuyas leyes fijan hasta el último detalle. Cambian lo externo, algunas fórmulas y ritos. Pero ¿de qué sirve el cumplimiento de ritos y leyes si el corazón está lejos de Dios?[9] Me hice éstas y otras muchas preguntas. Unas respuestas vinieron del desierto, pero otras debería ir encontrándolas entre vosotros. Sentado sobre una roca, lejos de la vida que se agita, algunas veces hablaba en alto, pero no había nadie conmigo. Es como si dialogase con alguien invisible. Incluso escribía con el dedo en la tierra una especie de programa de vida salvadora. Y entonces dije:

—Sólo aquél que esté dispuesto a responder desde lo profundo de su vida a la llamada de *Abbá*; sólo aquél que viva abierto a lo que Abbá le pueda pedir, sin querer defender nada personal; sólo ése irá entendiendo y comulgando con esta gran esperanza que trastoca la totalidad de los pensamientos.[10]

Las palabras se me agolpaban en la cabeza y me desbordaban el corazón:

—*Abbá* nos invita a un cambio de mentalidad y de vida, a una opción por los pobres y los marginados. Por eso es raro el rico que la escucha y la pone en práctica.[11] Porque hay que sentirse ciego, sordo, paralítico, para poder verlo, oírlo y caminar con Él. Los sanos, los que se creen decentes, se quedarán insensibles; no entenderán nada.[12] Para llegar a la verdadera vida es necesario pasar por la conversión, que no se centra en ayunos y abstinencias,[13] sino en la adhesión a *Abbá*, justicia y amor. No ayunar, sino compartir; no plañir, sino dejarse transformar y consolar;

---

[8] Mateo 3:3.
[9] Lucas 18:10-14.
[10] Lucas 11:2.
[11] Marcos 10:25.
[12] Lucas 5:31-32.
[13] Mateo 9:14-15.

no sólo lamentarse de lo que está mal, sino comprometerse para que vaya a mejor, bajo la mirada tierna de *Abbá*.

Entonces me cambió el ánimo. Estaba preocupado:

—El problema es que mis hermanos han perdido las ganas de luchar, la ilusión, la alegría, la esperanza, y se han empeñado, día tras día, generación tras generación, en buscarlas en "cisternas rotas".[14] Después de largas esperas, de grandes sufrimientos y fatigas, logran algunas gotas de agua, insuficientes para saciar su sed. Y con cada gota que consiguen beber se echan a la boca, además, un ardiente desierto. Pero cuando alguien se convierte, *Abbá* lo conduce al encuentro con la fuente que había buscado en un lugar equivocado, y descubre un criterio nuevo sobre la vida, que sólo es capaz de ver el que va experimentando su compañía en la vida. Y ya no tiene sed jamás.[15]

Me sentí feliz, y empecé a levantar la voz:

¡Dichosos..., dichosos..., dichosos...! Una dicha que no es sólo para después, para cuando el Reinado de Dios alcance su presencia completa. Es también para ahora, si somos pobres, limpios de corazón, mansos, misericordiosos, si preferimos ser perseguidos antes que renunciar al sueño de Abbá...[16] El Reinado de Dios empieza aquí. Pero hace falta coraje, aceptar pasar por loco en una sociedad que considera anormal al que rechaza sus reglas del juego;[17] demente a quien no es o no hace como los demás; desequilibrado a quien no se conforma; alienado a quien busca en otra parte.

Se me encendió un fuego que no se ha apagado hasta hoy:

—Precisamente de donde todo parece difícil, imposible, que no vale la pena, que no se saca nada en limpio, que es demasiado arduo, puede saltar la ilusión y la alegría de vivir.[18] Hay que desandar el camino, volver a la casa del Abbá que espera impaciente, pedirle perdón, aceptar que sus criterios de vida son lo mejor que nos puede pasar, acoger su presencia, que es como una Buena Noticia, e irla asimilando en las actitudes fundamentales de la vida.[19]

---

[14] Jeremías 2:13.
[15] Juan 4:13-14.
[2] Mateo 5:3-12.
[17] Juan 10:20.
[18] Lucas 15:1-2.
[19] Lucas 15:1-32.

Entonces no me escuchaba nadie, pero cuando volví del desierto empecé a incomodar a mucha gente. Porque en el desierto confirmé una intuición que ya venía de antaño:

—He de invitarlos a un cambio de vida, han de tomar una decisión. Si no, no podrán entrar en el Reinado de libertad y de vida, de justicia y de amor de Abbá. Me preguntarán qué significa convertirse. Y les contestaré que convertirse significa seguir mi camino hacia Abbá, depender de Él como de respirar, creer que puede y quiere restaurar a quien no puede ofrecer ni la fe.[20] Pero para eso hay que estar dispuesto a entregar la vida, si fuera necesario, por el prójimo.[21] Convertirse es aceptar ser como Abbá quiere.[22] Es aprender a vivir solidariamente la fe, la esperanza y el amor.[23] La fuerza recreadora de Abbá traspasa todas las barreras nacionales y todos los prejuicios de clase, de género o de casta.[24] Tendré que advertirles de que no confíen en su sangre judía, religiosos de toda la vida. Si algún pueblo o grupo se siente con derecho a decir que es el escogido de Dios, debe demostrarlo en su forma de vivir.[25]

El viento arreció y borró las palabras escritas en la tierra, pero yo ya lo había guardado todo en mi corazón:

—Todo ser humano puede ser renovado por Abbá y participar en esta sociedad nueva,[26] pero ha de aceptar un cambio en el orden de la justicia, en el que la norma de comportamiento siempre sea velar por el bien del otro, aunque no nos trate igual.[27]

—"Entonces, ¿qué hacemos?", me preguntarán. Y yo les responderé:

—Sólo el que está dispuesto a responder desde lo hondo de su vida a la llamada de Abbá, a ser fiel a esa llamada, comulgará con su esperanza y encontrará el sentido de su vida. Hay que compartir, servir, y trabajar en favor de todos. Esto es lo que agrada de verdad a Abbá, y le hace sentirse orgulloso de sus hijos.[28]

---

[20] Marcos 9:20-27.
[21] Juan 15:13.
[22] Mateo 11:27.
[23] Mateo 25:31-45.
[24] Juan 4:7-10.
[25] Juan 8:39-47.
[26] Juan 3:3.
[27] Lucas 6:27-30.
[28] Marcos 12:32-34.

Se acercaba una tormenta de polvo, pero yo no podía salir de mis cavilaciones:

—Servir implica poner en el centro de nuestra mirada y de nuestro corazón a los que se sienten perdidos, a los que nadie quiere querer. Situarse en la perspectiva de los que sufren el arrinconamiento de una sociedad que los devora y los defeca, pero siempre con las manos bien lavadas de impurezas,[29] o con los pies limpios y los vestidos blancos para poder entrar en el Templo.[30] Hacer nuestros sus sufrimientos y aspiraciones. Asumir su defensa.[31] Servir es vivir comprometidos con las necesidades del mundo. Sacudirnos de encima la indiferencia. No limitarnos a principios teóricos, sino acercarnos a las personas en su situación concreta.[32] Es desarrollar la acogida. No vivir con mentalidad de secta. No excluir, ni excomulgar.[33] Hacer nuestro el proyecto integrador e incluyente de *Abbá*, donde quepan todos. Derribar fronteras y construir puentes. Eliminar cualquier forma de discriminación.[34]

Pero servir es también asumir el desprecio y la muerte por el Reinado de *Abbá*. No dejar de definirnos o de tomar partido por miedo

---

[29]Mateo 15:1-11. Según la tradición, en efecto, el pecado de los impuros se comunicaba por el simple contacto, o incluso por la sombra del impuro. Por ello, hacía falta purificarse cuidadosamente, lavándose ritualmente las manos, para que la impureza no pasase de las manos a los alimentos, de los alimentos al cuerpo, y del cuerpo al ser interior. Jesús les responde que esa suciedad a la que ellos aluden, la que entra por la boca, no es difícil de limpiar: es fácilmente evacuada por el otro extremo del tubo digestivo. Sin embargo la de ellos, la que sale del corazón, las calumnias, los falsos testimonios, las malas intenciones, todo eso no hay tubo digestivo que lo evacúe.

[30]En este sentido, es muy interesante un relato que aparece en el Papiro Oxirrinco 840, una hoja amarillenta, roída por los gusanos, encontrada el año 1905 en la antigua ciudad de Oxirrinco (Egipto), y datada alrededor del 400 d.C. Los estudios del reputado investigador neotestamentario Joachim Jeremias muestran, con gran verosimilitud, que este relato pudo ser cierto, y las palabras de Jesús también. Apéndice 8.2.

[31]Juan 8:1-11.

[32]Lucas 10:30-37. Jesús no fue un filósofo al estilo platónico. No pudo estar más en desacuerdo con las tesis del sabio griego. Para Platón, lo verdaderamente importante era el mundo de las ideas, de las abstracciones. La realidad física, material, carecía de importancia y, por lo tanto, sentía un profundo desprecio por ella. El maestro galileo, sin embargo, se movió con los pies en la tierra, disfrutando de su fisicidad, atendiendo las necesidades materiales concretas de sus semejantes, y enseñando a sus discípulos a hacer lo mismo.

[33]Marcos 9:38-40.

[34]Lucas 10:38-42.

a las consecuencias dolorosas. Cargar con el peso de desenmascarar al "antirreino",[35] y tomar la cruz de cada día en comunión con los crucificados de la tierra.[36] Es confiar en el *Abbá* de todos, y sembrar la esperanza divina contra toda desesperanza.[37] Sin prisas por recoger el fruto, ya que a veces unos siembran y otros recogen después.[38]

> *A todos nos suele interesar más cosechar que sembrar. En todos los ámbitos, incluso en el religioso, interesa más la cosecha que la siembra. Los expertos no dejan de buscar técnicas de crecimiento y desarrollo. Es decir, se ocupan más de lo que apenas les concierne que de lo que se les ha confiado. Se diría que, en vez de sembrar, prefieren apartar piedras, arrancar zarzas, o hacer espantapájaros. (...) Olvidamos quizá que cuando el crecimiento es fruto del amor, siempre escapa a la explicación y el cálculo.*[39]

Llegó la tormenta. Y con ella, presencias misteriosas y turbadoras. El calor, la luz y el polvo del desierto se estaban fundiendo en un nube insalubre, como una maldición. Azotados por las ráfagas de viento, se alzaban torbellinos furiosos, como animados por los cambios de humor de un demonio acechante. A pesar de la altura a la que estaba,[40] me cegaban, se pegaban a mi piel sudorosa, me taponaban la nariz, y la arena en mi boca me hacía crujir los dientes.

El maestro para de hablar. Mira a sus amigos con tal intensidad que se asustan. Es como si Jesús esté librando aún una batalla contra la tormenta de la que habla. Sus ojos parecen fuego purificador. Y continúa:

—De repente, le vi la cara al Maligno. Un rostro inquietante, hermoso y aterrador a la vez. Adiviné en sus ojos toda la terca determinación del mal. Oí que se reía, y decía que nuestro duelo estaba a punto de comenzar, y que éste era su mundo, su reino. Conocía sus secretos y la debilidad de sus habitantes. Sabía qué hacer para embelesarlos. Todos nacían súbditos suyos, y mi esfuerzo por mostrarles cómo es realmente

---

[35]Lucas 13:31-32.
[7]Marcos 10:17-22.
[37]Mateo 13:1-9.
[38]Juan 4:37-38.
[39]Badenas, *Para conocer al Maestro en sus parábolas*, 30.
[40]La tradición cree que la tentación pudo comenzar en un montículo de caliza blanca, de unos 400 metros de alto, llamado Djebel Quarantal, al noroeste de Jericó. Los ascetas del cristianismo primitivo que acudían allí a hacer penitencia llegaron a ser tan numerosos que se empezó a llamar al monte "el hogar de las almas". El apelativo Quarantal hace alusión a los cuarenta días que Jesús pasó en el desierto.

Abbá iba a ser en vano. No atendían más que al poder, al dinero y a la gloria. Me susurró que él sabía cómo llamar su atención, porque llevaba miles de años entre ellos; que no hacía falta tanto esfuerzo, ni años de predicación, ni exponerme al sufrimiento o a la muerte; que en un momento se pondrían a mis pies y me aceptarían como el mesías que tanto esperaban. Sólo tenía que comer un poco para recobrar fuerzas, pedirle a *Abbá* que sus ángeles me acompañasen a presentarme en el Templo con ellos, y reconocer que él había sido, hasta ahora, el rey y amo de este mundo. Me aseguró que encantado me lo daba. Y, con él, a vosotros; que no os necesitaba para nada. Ni al mundo, ni a vosotros.

—¿Y qué hiciste, rabí?

La impaciencia de Pedro está ya al límite. Se muerde las uñas, y no para de mover una pierna, como si tuviera un tic nervioso. Jesús, entonces, mira al Iscariote. Le parece ver en el rictus de su rostro una mezcla de desazón y de esperanza. De esperanza, porque nunca pensó que pudiera ser tan fácil. De desazón, porque intuye cuál será la respuesta del maestro.

—Le dije que no, por supuesto, y que se apartase de mí. Que se había metido a este mundo en el bolsillo, pero que la última palabra la tendría *Abbá*; que Él no busca la gloria o el poder, ni se siente tentado por ellos; y que yo había venido a mostrar a los seres humanos cuánto los ama, para que caigan rendidos a su ternura.[41] Si para eso tenía que sacar a la luz su trampa demoníaca, y correr el peligro de morir, así sería.

Los discípulos prorrumpen en aplausos, vitoreando a su maestro campeón. Un nuevo David derrotando a Goliat con unas cuantas piedras. Pero Judas no está tan contento, porque sabe que los aplausos acabarán pronto. Plantarle cara al diablo es una cosa. A fin de cuentas, los demonios creen y tiemblan. Pero si eso significa desenmascarar a los que detentan el poder y buscan la gloria, de seguro que Jesús se jugará la vida. Cuando eso ocurra, ¿quién aplaudirá?

El Iscariote siente que el maestro quiere decirle algo especialmente a él con la historia del diablo, como si fuese él mismo quien está en peligro de caer en sus redes. Poder y gloria. Es cierto que mal usados pueden ser espadas de doble filo. Los romanos son fiel ejemplo de eso. Pero ¿no había prometido Dios someter a las naciones bajo sus pies, para que pudiesen reinar sobre toda la tierra?[42] ¿Qué tenía eso que ver con la humildad y el servicio?

---

[41]Mateo 4:4, 7:10.
[42]Salmo 47.

En realidad, Jesús les está diciendo que el enemigo no es Roma (gobierno político), ni los sacerdotes de Jerusalén (gobierno religioso), ni Herodes Antipas, o los jerarcas de Galilea (unión siniestra de ambos paradigmas), sino Satán.[43] De esa forma, Jesús está desmilitarizando lo más militar (la batalla contra los enemigos del pueblo), e iniciando su "guerra antibélica" a favor de los excluidos y rechazados de la sociedad, es decir, de aquellos que aparecen dominados por Maligno.[44] Judas quiere luchar contra Roma, uno de los síntomas del mal, pero Jesús ha venido a luchar contra el Satán, la causa, la raíz de todos los males.

Entendida así esta guerra, como una lucha sin cuartel contra los poderes espirituales de la maldad, las tentaciones de Jesús desenmascaran los medios que no han de utilizarse para vencerlos. Ni la urgencia de los propios intereses (el pan), ni la alianza con los triunfadores (los reinos de este mundo), ni la imposición religiosa (el mesianismo político) servirán para abrir paso al Reinado de Dios, que es como una semilla que brota, crece y se expande, y no como un conquistador que arrebata, domina y se instala en contra de la voluntad humana.

Esta renuncia tendrá como consecuencia, evidentemente, todas las dificultadas inherentes a la paciencia de un Dios que no desea imponerse, sino proponerse. Pero se verá impulsada, empujada (*ekballei*) por el mismo Espíritu que llevó al maestro al desierto, y lo ayudó a vencer las tentaciones. Los medios que Dios utiliza no serán jamás los que emplea el Maligno. Un fin bueno no justifica el uso de instrumentos malos para su consecución.

No será precisa para esta lucha la violencia contra los opresores, tan víctimas, aun sin saberlo, como sus sometidos. Consistirá en plantarle cara al verdadero Enemigo, y ganarle terreno para llegar a instaurar un Reinado de amor y servicio. Será una lucha terrible contra el imperio de Satán, a fin de liberar a sus rehenes —los seres humanos— de su

---

[43] Marcos utiliza la forma semita de llamar al Maligno, *Satán* (3:23-26; 4:5; 8:33) como fuerza y poder del mal (y no en su forma griega, *Diabolos*, como hace Mateo 4:1 o Lucas 4:2), cuyo imperio se visibiliza y actúa en la enfermedad y la opresión de los seres humanos. Pues bien, en ese contexto aparece Jesús, para liberar a los más oprimidos por el poder de Satán, que los domina.

[44] Debo esta idea al teólogo Xabier Pikaza. Está extraída del artículo "Cuarenta Días con Satanás", de "El Blog de X. Pikaza". Puede encontrarse, ampliada, en www.periodistadigital.com. He de decir, sin embargo, que no estoy de acuerdo con la connotación de "parábola fundante" que el autor le da al relato de las tentaciones de Jesús en el desierto.

secuestro.⁴⁵ Por ello, las espadas, los arcos y las flechas, que tanto ansía Judas, no serán necesarios; bastará una vida de servicio radical a los más excluidos y oprimidos, aunque esto signifique oponerse, de forma pacífica pero insobornable, a los poderes fácticos de este mundo.

No hay ninguna guerra que declarar, porque todos están librando ya una, en el oscuro campo de batalla de su fuero interno, contra seres astutos como el viento que empuja a un fuego de verano hacia los trigales; poderosos como la locura del mar en tempestad; sibilinos como las corrientes que arrastran mar adentro, donde se pierde pie; voraces como la tierra durante el terremoto. Ninguna espada podría pararles los pies. Ninguna armadura soportaría sus golpes. Sólo el servicio, el perdón y el amor. En definitiva, el Reinado de Dios en la vida de cada uno.⁴⁶

Las tentaciones de poder, dominio y riqueza están cada día a la vuelta de la esquina. Judas lo sabe bien. No provienen de Dios, porque Él no tienta jamás (Santiago 1:13). Pero quien se adhiere a la dinámica de su Reinado saldrá fortalecido de ellas. Probablemente eso es lo que les quiere decir Jesús a sus discípulos cuando les cuenta las tentaciones del desierto.

Son las tentaciones sobre los medios adecuados para obtener un fin, por loable que sea. No todo vale. En el desierto, los fines propuestos por el tentador no tienen nada de malo, todo lo contrario. En realidad, la consecuencia inmediata de no hacer frente a cada una de las pruebas del Maligno hubiera sido la exaltación de Jesús (el pan para la supervivencia, imprescindible para continuar con su misión; la obtención de la primacía sobre todos los reinos de la tierra; la aparición incuestionable

---

⁴⁵Desde el comienzo de su camino mesiánico, Jesús se enfrenta a Satán, y por eso ambos aparecen ya como poderes antagónicos, que seguirán enfrentados a lo largo de todo el evangelio de Marcos, de manera que podría decirse que Satán es Anti-Cristo (el término aparece en 1 Juan 2:18-22; 4:3 y 2 Juan 7). En esa línea se puede afirmar que el evangelio de Marcos (como en otro plano el Apocalipsis de Juan) es la crónica de la victoria de Jesús contra Satán, una victoria que se expresará en la expulsión de los demonios.

⁴⁶Fiódor Dostoyevski propuso una interesante actualización-interpretación de las tentaciones de Jesús en el desierto, en su obra *Los hermanos Karamazov*. En el capítulo titulado "El gran Inquisidor" explora la posibilidad de que Jesús volviese a la tierra durante los tiempos de la Gran Inquisición en Sevilla. El mesías es apresado y llevado ante el inquisidor, quien le recrimina que no utilizase su poder divino en el desierto ante el Maligno, para legitimar la fuerza que tienen que usar ahora ellos contra la herejía. F. Dostoyevski, *Los hermanos Karamazov* (Valencia: Editorial Edaf, 2009).

como enviado de Dios). Sin embargo, en lo profundo de esta historia subyace la alianza con el mal. Ahí está el verdadero peligro. ¿Tiene el ser humano derecho a aliarse con los poderes oscuros que gobiernan este mundo, a utilizar sus métodos de coacción, de presión, de veneración idiotizada, de obediencia por el miedo a la fuerza, para conseguir un fin, por bueno que sea? ¿Tiene el creyente derecho a travestir la salvación en un espectáculo, el miedo al más allá en un instrumento de conversión, la anulación de la razón en condición para la fe, el volumen de la cosecha en objetivo prioritario? Creo que no. Y creo también que lo que Jesús contó a sus discípulos sobre sus tentaciones en el desierto me da la razón.

Repito: no todo vale. La evangelización, y la posterior experiencia comunitaria serán para Jesús, y para los que son de Jesús, una humilde propuesta de vida para la vida. No con fuegos de artificio, sino con el contagioso testimonio de una existencia transformada. No con la intransigencia de quien ostenta un poder omnímodo, sino con la actitud de servicio del que se sabe discípulo de aquél que sirvió hasta el final. No echando mano del miedo a la condenación eterna, sino compartiendo la alegría de la salvación. No con la veneración al líder, sino con el compromiso de sentirse todos partícipes de un proyecto divino, el de Jesús, que viene a proponer a la humanidad una nueva forma de vivir. Entonces, los valores del poder, la fuerza y la preeminencia van siendo transmutados por Dios en humildad, servicio y entrega sin condiciones. Ésa es la verdadera evangelización a la que Jesús llama a los suyos, y ésa es la verdadera comunidad que crea para los que lo siguen.

Puesto que la humanidad entera está inmersa en una oscura guerra que la supera, y es imposible no participar en ella, siempre se podrá contar, para pelearla, con la asistencia del Padre del Cielo y de su Espíritu. Como si los seres humanos fueran adalides del Reinado de Dios, que van creciendo y madurando conforme se enfrentan al Maligno.[47]

---

[47] "El hombre se concibe como creado a semejanza de Dios, con capacidad para una evolución cuyos límites no están fijados. Observa un maestro hasídico que 'Dios no dice que el hombre era bueno después de haberlo creado; esto indica que mientras el ganado y todo lo otro estaba terminado después de haber sido creado, el hombre no estaba terminado'. Es el hombre mismo, guiado por la Palabra de Dios, tal como está formulada en la Torá y los profetas, quien puede desarrollar su naturaleza inherente en el curso de la historia". E. Fromm, *El humanismo judío* (Editorial El aleph-Digital: 1999).

Apéndice al capítulo VIII

8.1. En la Septuaginta, que es la versión en griego del Antiguo Testamento hebreo, Génesis comienza con la misma palabra que el Evangelio de Marcos: Arjé. Es como si un mundo nuevo estuviese naciendo con Jesús, con un nuevo principio y con derecho a una nueva historia. Además, los paralelismos no acaban aquí.

En Génesis, Adán es una figura de barro inerte que recibe el Espíritu de Dios que lo anima; en Marcos, Jesús recibe el Espíritu de Dios en el Jordán. En Génesis, Adán es empujado (expulsado) del Edén a una tierra inhóspita, que dará como fruto espinas y cardos; en Marcos, Jesús es empujado (más abajo mostraré cómo el término griego denota también expulsión) al desierto hostil. En Génesis, Adán y Eva son tentados por el demonio, quien les propone ser más de lo que han venido a ser; en Marcos, Jesús es tentado por Satanás, quien también le propone ser más de lo que ha venido a ser. En Génesis, el demonio aparece como una serpiente, una bestia; en Marcos, Jesús en el desierto está rodeado de fieras, de bestias. En Génesis, después de la caída de Adán, los ángeles protegen el árbol de la vida; en Marcos, los ángeles protegen a Jesús. La diferencia está en que Adán y Eva se dejan dominar por las fuerzas del mal, introduciendo la muerte en este mundo, mientras que Jesús no cae en su trampa, e introduce la vida en este mundo. Pablo aprovechará este paralelismo para llamar a Jesús "el segundo Adán", argumento desarrollado en 1 Corintios 15:21-28.

8.2. Transcribo aquí la traducción del relato, porque incide de forma fuerte en el tipo de pureza que Jesús buscaba y proponía:[1]

---

[1] Para más información y un análisis pormenorizado de sus argumentos, se puede consultar la siguiente referencia bibliográfica: J. Jeremias, *Las palabras desconocidas de Jesús* (Salamanca: Ediciones Sígueme, 1976), 56-67.

"Y él (Jesús) los (discípulos) llevó consigo al recinto santo mismo, y se paseó por el atrio del Templo. Y salió a su encuentro un fariseo, jefe de los sacerdotes, por nombre Leví, y habló al salvador: ¿Cómo se te ha ocurrido entrar en este recinto santo, y ver estos santos utensilios, sin haberte bañado y sin que tus discípulos ni siquiera se lavasen lo pies? ¡Por el contrario, has manchado el Templo, entrando en este santo lugar, siendo así que nadie, sin haberse bañado primero, y sin haberse cambiado el vestido, puede entrar, y puede osar contemplar estos objetos sagrados! En el acto se paró el salvador con sus discípulos y le respondió: Y tú ¿qué?; tú estás también aquí en el Templo. ¿Estás tú limpio? Aquél le replicó: Sí, estoy limpio, pues me he bañado en la piscina de David, bajando por una escalera y subiendo por la otra, y me he puesto vestidos blancos y limpios, y sólo entonces he venido aquí y he contemplado estos objetos sagrados. Entonces le dijo el salvador: ¡Ay de vosotros, ciegos, que no veis! Te has bañado en esta agua vertida, en la que día y noche están los perros y los cerdos, y te has lavado y has restregado la piel exterior, la que también las cortesanas y tañedoras de flauta ungen, bañan, friccionan y pintan para excitar la concupiscencia de los hombres, mientras que por dentro están llenas de escorpiones y de maldades de todo tipo. Yo, en cambio, y mis discípulos, de quienes has dicho que no nos hemos bañado, nos hemos bañado en el agua viva, pura, que desciende del Padre que está en el Cielo".

CAPÍTULO IX
De camino a Jerusalén

A medida que pasa el tiempo, el Iscariote se encierra más y más en sí mismo. Las últimas palabras de Jesús lo han dejado pensativo: "*Y cuando el Diablo acabó de tentarme, se apartó de mí por un tiempo*".[1] ¿Cuánto tardará en volver? ¿Será capaz el maestro de resistirse constantemente a sus tentaciones? Jesús suele hacerse el encontradizo con su discípulo, siempre dispuesto a entablar conversación con él, y a calmar la ansiedad que manifiesta cada vez con más asiduidad.

Justo antes de emprender un nuevo viaje a la Ciudad de Dios para la Pascua, el maestro se encuentra con un joven preocupado por cómo alcanzar la vida eterna.[2] La exigencia de Jesús de dejar atrás todas sus posesiones, darlas a los pobres y seguirle, le parece tan extrema que se queda en el camino. Dicen los evangelistas que porque era rico. Entonces Pedro reivindica su propio seguimiento y el de sus amigos, ya que coincide con las exigencias que Jesús acaba de plantear al joven: han dejado todo lo que tienen y lo están siguiendo a donde quiera que va, predicando la buena noticia de la llegada del Reinado de Dios.

"¿Qué hay de lo nuestro?", parece estar preguntando Cefas. "Lo vuestro está preparándose, pero no es para aquí abajo", le contesta el maestro: "El día de la regeneración[3] os sentaréis en tronos para juzgar a las doce tribus del nuevo Israel". Aunque Jesús extiende una parte de

---

[1] Lucas 4:13.

[2] Los relatos evangélicos de este suceso se encuentran en Mateo 19:16-30.

[3] El término empleado en griego es "*palingenesía*", y está formado por el adverbio "*palin*", que significa "de nuevo", y el término "*genesía*", que significa "creación". Así, Jesús está aludiendo al día en el que todas las cosas serán hechas nuevas, y la creación volverá a ser lo buena que era al principio, recién salida de las manos de Dios. En este contexto, sorprendentemente, Jesús parece incluir a Judas.

este honor a todos los que lo siguen (Mateo 19:28-29), prometiéndoles que en el último día recibirán muchas veces multiplicado[4] lo que hayan dejado atrás, y también la vida eterna, tiene reservado para sus íntimos, de forma figurada, el gobierno del nuevo Israel.

Es curioso constatar que, al mencionar a las doce tribus, Jesús parece estar incluyendo también, en este proyecto, a Judas. Si los íntimos son doce, es porque están llamados a constituir un pueblo que simbolizará la renovación de las doce tribus de Israel.[5] A este final está llamado, como sus demás amigos, el propio Iscariote. Aunque Jesús ya intuye las desorientadas intenciones de Judas, sigue proponiéndole mantenerse fiel a su proyecto. Es como si estuviera diciéndole que cuenta con él, pese a todo, y que para ello tiene que dejar atrás casa, familia, y tierras, cosa que ya ha hecho; pero también sus equivocadas expectativas mesiánicas, cosa que le queda aún por hacer. El Hijo del Hombre no ha venido a gobernar Israel ahora, sino a preparar el camino para que Israel sea gobernable para Dios.

Sin embargo Judas intuye, quizá, que esta revolución espiritual propuesta por Jesús acortará dramáticamente el tiempo de que disponen. Los poderosos del Templo y del imperio no la consentirán por mucho tiempo, y darán caza al maestro, matándolo o sobornándolo. Partiéndole la boca o cerrándosela con dinero. Borrándolo del mapa o regalándole algún terruño. Habrá que darse prisa, actuar rápido, abrazar la urgencia. Y la mejor forma será empujarlo a conquistar el poder, ése que le permitirá acelerar la llegada de un Reinado de Dios que no aparece aún en todo su esplendor.

Jesús y sus discípulos comienzan su último viaje a Jerusalén. Las más bellas parábolas sobre la oración, el amor, el desprendimiento, o la esperanza, son desarrolladas durante ese viaje. Suenan como una herencia que el maestro quiere dejarles, un legado del que tendrán que hacer buen uso. Pero también las palabras más duras y difíciles de comprender (Lucas 14:25-35), con las que el galileo les exige un compromiso tan radical que es necesario dejarlo todo atrás, supeditarlo todo al desarrollo del Reinado de Dios, incluida la familia y la propia vida.

---

[4] El original no dice, como en algunas versiones aparece, "cien veces más", sino "muchas veces más" (*pollaplasíona*). Evidentemente, no se trata de llevar las cuentas para multiplicarlas por cien, sino de saber que por mucho que se deje en el camino al seguir a Jesús, no tiene comparación con lo que se recibirá al final. En este sentido, cien veces aún resulta una cifra escasa.

[5] Esto no quiere decir que los Doce fueran miembros de cada una de las doce tribus Israel. No es posible, ya que algunos de ellos son hermanos (Jacobo y Juan; Andrés y Simón).

La necesidad de decidirse, en ocasiones, provoca graves crisis en el ser humano que camina por la vida, y acaba encontrándose en una encrucijada. Existen opciones fáciles de tomar: cuando se puede escoger entre algo que se cree claramente bueno, y algo que se sabe ostensiblemente malo. En esos casos, la opción no es difícil porque sólo es una cuestión de moral. Sin embargo, las decisiones que provocan crisis y desgarramiento, dudas y angustias, son las que llevan a escoger entre lo bueno que ya se cree poseer y algo, mejor todavía, que se presenta como un paso adelante y exige posponer lo anterior.

Ésta es la encrucijada frente a la que se encuentra Judas ahora. Cree que el mesías ha de venir; espera que ya haya llegado; quiere pensar que Jesús es ese liberador que les habla de parte de Dios. Pero, a la vez, buena parte de lo que ha aprendido en la sinagoga empieza a derrumbarse ante un mesías distinto al que esperaba. Tiene que escoger entre la esperanza antigua, o la confianza en que la novedad de Jesús superará con creces todas sus expectativas.

Optar por Jesús, y toda la revolución existencial que eso trae consigo, produce consecuencias que repugnan, hasta lo más hondo, al ser humano que aún no ha sentido dentro el manantial de agua viva, ése que brota tras el verdadero encuentro con el maestro. Ya se lo había advertido a todos: es como ponerse encima una cruz, porque significa aceptar radicalmente la voluntad de Dios, y luchar dentro de uno mismo por el mundo que Él desea. Esto lleva a asumir la contradicción de amar tanto la vida, que se sienta la necesidad de entregarla por los demás. Optar por Jesús es peligroso.

Por ello, Lucas recalca en su evangelio que, aunque grandes muchedumbres acompañan con un alto grado de compromiso al maestro,[6] la exigencia del galileo es más radical todavía. Si alguien no acepta esto, no puede ser discípulo de Jesús. Pero no porque él no le deje, sino porque puede llegar a ser tan duro, puede tener que hacer frente a tantos peligros, se puede estar sometido a tanta presión que, sin una opción total por el maestro, el discípulo correrá el riesgo de abandonar a las primeras de cambio, y hacerse mucho daño a sí mismo. Jesús no está subiendo el listón de las exigencias, sino protegiendo a aquellos que no hayan pensado bien a quién están siguiendo, y hasta dónde los llevará

---

[6]El verbo griego que aparece en Lucas 14:25 es mucho más radical que el castellano: *"sun-epomai"* significa, además de "acompañar":"seguir paso a paso, comprender, dejarse convencer, estar de acuerdo o en armonía con, obedecer". El compromiso que denota este término es firme.

ese seguimiento. No impone la cruz, sino que advierte que la cruz llegará irremediablemente, y hay que estar dispuesto a cargarla.

Esta opción total por Jesús comporta dos condiciones previas: Reflexión concienzuda y decisión firme. Es lo que muestran la parábola de la construcción de una torre y la del rey que va a la guerra. Nadie construye un edificio sin calcular antes los gastos, como ningún gobernante va a la guerra sin antes comparar sus efectivos con los del contrincante. Jesús está construyendo el Reinado de Dios en este mundo, y ha venido a declarar la guerra a los poderes del mal. Ardua tarea que exige de sus colaboradores una radical adhesión. Pero no porque el maestro sólo quiera a los más valientes y aguerridos, sino porque la misión es prácticamente suicida.[7]

Para el maestro galileo es preferible posponer, retardar, o incluso anular la decisión de seguirle, antes que tener que enfrentarse después a compromisos para los que no está preparado. Todo el que quiere emprender algo importante en su vida debe examinar cuidadosamente si tiene los medios y las fuerzas para hacerlo. Como la torre de la parábola, una obra interrumpida no es la mitad de una obra, sino un fracaso. Y el sentimiento de fracaso puede hacer mucho daño, y derivar hacia la autodestrucción. ¿Cuál será la opción del Iscariote?

La gota que colme el vaso será el encuentro de Jesús, en casa de Simón el fariseo, con aquella mujer que vierte su carísimo perfume[8] sobre los pies y la cabeza del maestro.[9] Van de camino a Jerusalén, a celebrar la Pascua, y paran en Betania,[10] como era costumbre de Jesús, para ver a su amigo Lázaro y a sus hermanas.

Una de las noches Simón, un fariseo al que posiblemente Jesús había

---

[7]No hay que olvidar que todos los amigos íntimos de Jesús, excepto Juan (y, aun así, murió exiliado en la isla de Patmos), murieron, según la tradición cristiana primitiva, asesinados. Apéndice 9.1.

[8]Este perfume o ungüento pudo haber sido comprado en Jerusalén, ya que fuentes históricas atestiguan que los árabes suministraban a la Ciudad Santa una gran cantidad de aromas, piedras preciosas y oro (Pseudoaristeas, 114).

[9]El relato completo de este suceso se encuentra en Juan 12:1-8.

[10]Betania significa, etimológicamente, "Casa del pobre". Era una aldea situada en la falda oriental del Monte de los Olivos, a unos dos kilómetros y medio al este de Jerusalén, en el camino desde ésta a Jericó. En Betania vivían Lázaro, Marta y María, hermanos a quienes Jesús visitó en varias ocasiones (Mateo 21:17; Marcos 11:1, 11-12; Lucas 10:38; Juan 11:1). La ascensión de Jesús ocurrió cerca de esta aldea (Lucas 24:50-51). El lugar se llama ahora Al-Azariyeh, en honor a Lázaro (allí se señala tradicionalmente su tumba).

curado de la lepra, los invita a cenar para agasajar al maestro. Pero en mitad de la fiesta, se hace el silencio cuando María se pone a sus pies, rompiendo un ungüentario de alabastro lleno de esencia de nardos para ungirlos con ella. No para de llorar, no se sabe si de alegría por la nueva vida que le ha ofrecido el maestro, o de tristeza por los funestos rumores de muerte que ha escuchado en las calles. Él, sin embargo, no cesa de sonreír, con el corazón enternecido por aquel inusitado gesto de cariño y devoción.

Una de las más escandalosas características del ministerio público de Jesús es lo que los teólogos llaman "comensalidad abierta". Con ella, el maestro galileo muestra que es posible otro tipo de relaciones sociales. Que pueden compartir mesa para comer pobres y ricos, hombres y mujeres, fariseos y pecadores, radicales nacionalistas y colaboracionistas con el imperio, todos en auténtico plano de igualdad, porque todos son hijos de Dios.

> *Comensalidad no es simplemente armonía: en la parábola de la invitación a la cena del rey, la incorporación de los nuevos invitados representa el rechazo de los primeros que, por lo demás, se habían excluido a sí mismos. El Dios del Reino es un "Dios disidente" porque choca, y por eso sorprende, con los usos aceptados o canonizados de este mundo, que así como está, no puede ser el lugar de su reino.*[11]

Además, en los evangelios el alimento es signo de vida. ¿Para qué se come? La finalidad inmediata es evidente: para subsistir. Por ello, comer es una actividad propia de seres vivos. Jesús manda a Jairo que "dé de comer" a la chiquilla que acaba de arrancar de las garras de la muerte: si come es señal de que está viva. Igualmente, cuando Jesús resucitado se aparece en el cenáculo, pregunta a los discípulos "si tienen algo de comer": es la prueba de que está vivo. Comer con los pecadores, con las prostitutas, con los publicanos, con los enfermos, es un acto revolucionario por parte de Jesús, ya que demuestra su afán de comunicar vida a todos, no importa cómo sean al comienzo, o de dónde provengan, o lo marginados que se encuentren. La vida se hace paso, a través de las comidas de Jesús, donde no se la esperaba.[12]

Esta costumbre de Jesús provoca muchos enfrentamientos, y no pocas críticas por parte de sus detractores. Sobre todo cuando rompe, con esta comensalidad abierta, las barreras de prejuicios entre hombres y mujeres.

---

[11] Echegaray, *La práctica de Jesús*, 159.
[12] Léon-Dufour, *La fracción del pan*, 52.

El maestro sabe que nadie puede estar por encima de otro o de otra, y que todos pueden estar juntos con Dios, haciéndose mejor la vida los unos a los otros. John Dominic Crossan lo expresó de esta forma:

La comensalidad abierta niega en profundidad las distinciones y jerarquías entre la mujer y el varón, entre el pobre y el rico, el gentil y el judío. Y lo hace a un nivel que ofendería las leyes rituales de cualquier sociedad civilizada. Éste fue precisamente su reto.[13]

Pero esto parece ser demasiado para Simón, y quizá también para Judas y los más íntimos, muy arraigados aún en la cultura patriarcal y machista que lo impregna todo en Israel. Proponer como ejemplar a una mujer es caer demasiado bajo. Ya había hecho algo parecido cuando se encontró con la mujer sirofenicia, de la que había alabado su fe (Mateo 15:21-28); o con María, la hermana de Lázaro, a la que felicitó por dejar de lado el tradicional papel de ama de casa otorgado a las mujeres, y sentarse a escucharle, como lo hubiera hecho un varón (Lucas 10:38-42). Esa actitud, el trato igualitario con las mujeres, debió de agenciar al nazareno muchos quebraderos de cabeza. Sin embargo, su forma de ser y su mensaje están plagados de referencias a la total igualdad, sobre todo social y espiritual, entre hombres y mujeres.[14]

Como la viuda de la parábola (Marcos 12:41-44), María está entregándole todo lo que tiene. Sólo que en este caso no es una pequeña moneda, sino el equivalente a trescientos denarios, el salario de casi un año de trabajo de un jornalero. Cuántas cosas podrían haber hecho con ese dinero. Cuántos pobres alimentados; cuántas voluntades adheridas; cuántas espadas forjadas; cuántos soldados bien pertrechados; cuántos víveres preparados para la batalla que está por venir, debió de pensar el Iscariote.

Por eso, cuando ve cómo Jesús no sólo no reprende a la mujer, sino que alaba públicamente su gesto, se le revuelven las entrañas. Mira a

---

[13] J. D. Crossan, *El Jesús de la historia. Vida de un campesino judío* (Barcelona: Editorial Crítica, 2000), 311.

[14] Me permito recomendar, a este respecto, el artículo "Ordenación de mujeres al pastorado", que fue publicado por el blog www.dosamedialuz.blogspot.com, en el que exploro esta significativa audacia de Jesús en su trato con las mujeres, y su esfuerzo por dignificarlas en una sociedad que las recluía entre las cuatro paredes de la casa del padre o del marido. Audacia, por cierto, que al parecer se nos queda grande aún hoy, a tenor de las reacciones de muchos cristianos ante la propuesta de un ministerio eclesiástico igualitario, con los mismos derechos y deberes, entre varones y mujeres. Espero que un día acabe este escándalo.

sus compañeros, y ve también en ellos una mueca de desaprobación. Murmuran su desconcierto e indignación,[15] pero el maestro no se da por enterado. Nadie se atreve a afearle la conducta. Así que Judas decide tomar la palabra, quizá porque es a quien más le preocupa el resbalón del rabí.

Piensa que Jesús se ha dejado llevar por las emociones surgidas por aquella sugerente muestra de adulación; o quizá que su sempiterna predisposición a quitar hierro a los errores de la gente se le ha ido de las manos. No quiere parecer insensible, ni tampoco enfadar al maestro, así que decide recordarle a aquellos que parecen ser la niña de sus ojos: los pobres. Jesús les ha grabado a fuego, durante los últimos tres años, la importancia que tienen los pobres en el Reinado de Dios, alrededor de los que gira la mayor parte de su mensaje. ¿Cómo es posible que, ahora, el maestro permita ese gesto de incoherencia con su propia predicación sobre la pobreza?

"¿Por qué este desperdicio? Este perfume podría haberse vendido a un buen precio, y el dinero habérselo dado a los pobres".

Judas está comportándose ni más ni menos que como un buen escriba de Jesús, velando por la aplicación de su enseñanza, incluso delante del propio maestro, y actualizándola en un caso concreto. Como si sacase su libreta de notas y le leyese, una por una, todas las veces que Jesús ha predicado la injusticia de un mundo en el que algunos derrochan lo que tienen, sin ser sensibles a la necesidad de los pobres, mientras que éstos se mueren literalmente de hambre a las mismísimas puertas de sus fastuosas mansiones.[16]

Es posible que el Iscariote pretenda hacer un favor al maestro, ayudándole a enmendar su desliz. Lo del perfume ya no tiene remedio, porque está todo derramado en sus pies y en su cabeza, pero su

---

[15] El texto griego de Mateo 26:8 es revelador. El verbo que explica la indignación de todos los discípulos es *aganacteo*, que significa literalmente "fermentar, irritarse físicamente como cuando sale un sarpullido, indignarse, enojarse". Hasta ahí llegaba el enfado de los amigos de Jesús. Es como si se estuviesen corrompiendo por dentro, o como si les estuviese saliendo un sarpullido por una reacción alérgica. La actitud del maestro debió de ser, desde luego, muy escandalosa para ellos. Al comparar los diversos evangelios, se concluye que todos se pusieron muy nerviosos, pero sólo Judas se atrevió a verbalizar todos esos sentimientos. Quizá porque era el que más indignado estaba, o tal vez porque era de los que más confianza tenían con Jesús.

[16] Quizá Judas tenía en mente la parábola de Jesús sobre el pobre Lázaro y el rico avaro e insensible (Lucas 16:19-31).

reputación sí. Quizá intenta darle pie a Jesús, de forma que pueda explicar a los asistentes por qué se está dejando hacer todo aquello. Una parábola, cuatro palabras del maestro bastarán para deshacer el entuerto. Cualquier cosa menos no decir nada. Su silencio sepultaría bajo toneladas de incoherencia todo su mensaje. Judas, como un buen escriba, recuerda las palabras del Eterno en la Escritura Sagrada:

Porque nunca faltarán pobres en tu tierra; por eso te ordeno, diciendo: Con generosidad abrirás tu mano a tu hermano, al necesitado y al pobre en tu tierra (Deuteronomio 15:11).

La fijación obsesiva del escriba, siempre pendiente de hacer inamovible lo que se ha dicho o escrito, a fin de que sobrevivan al tiempo, no es lo que el maestro aprecia más de su discípulo. Jesús nunca se siente preso de sus palabras, porque incluso su mensaje está supeditado a la necesidad concreta de la gente. Parece contradecirse pero, en realidad, sirve a una coherencia mucho mayor: el bien de quien está más cerca, aquí y ahora. Por eso se mueve, actúa y habla con una libertad excepcional,[17] porque no es esclavo de sus discursos, ni siervo de sus silencios, sino enviado de un Dios compasivo, siempre dispuesto a apreciar un gesto de cariño, desorientado o no, y a devolverlo multiplicado en forma de abrazo restaurador. Allí, y precisamente en ese momento, aquella mujer necesita realizar ese signo de afecto y devoción, de hiperbólica adhesión, y Jesús no va a devolverle un gesto indiferente o desagradecido. Además, también Judas y los demás necesitan aprender la lección que la mujer les está dando, y oír lo que el maestro está a punto de decirles.

Por eso, ni aun así consigue el Iscariote que Jesús se desdiga. Al contrario, se reafirma en su conducta:

"Siempre tendréis a los pobres con vosotros..."

Cuando Judas oye la primera frase de Jesús, el corazón le da un vuelco: está recitando las palabras del Deuteronomio que él ha tenido en el pensamiento unos momentos antes. El maestro y él están pensando

---

[17]Hay, ante todo, un rasgo de Jesús que destaca con fuerza extraordinaria, y es su libertad. Libertad rica en matices, que cubre los más variados registros de expresión, y que es quizá la clave de la fascinación que el Salvador ejerció sobre quienes le rodeaban, e incluso sobre los que hoy, sin definirse como creyentes, reciben su testimonio con respeto y simpatía. Esa libertad se manifiesta como libertad de iniciativa y de movimiento, como desenvoltura y franqueza para hablar, como claridad cuando toma posición, instruye o critica. Echegaray, *La práctica de Jesús*, 176.

lo mismo. Su reflexión le ha sido útil al rabí. Está recapacitando, y va a aprovechar la oportunidad que el discípulo le ha brindado. Lo siguiente que escucha de labios de Jesús le cae, sin embargo, como un jarro de agua fría, como un reproche:

"... y cuando queráis les podréis hacer bien; pero a mí no me tendréis siempre. No la regañéis. Esta mujer ha hecho lo que podía; porque se ha anticipado a ungir mi cuerpo para la sepultura".[18]

Seguramente la intención del maestro no es reprocharle nada. No le lleva la contraria, ni le echa en cara sus palabras, ni le dice que se ha equivocado. No lo increpa por su falta de sensibilidad, o porque se lo haya dicho en público, aun a riesgo de dejarlos en ridículo a él y a la mujer. Judas hace bien pensando en los pobres. El nazareno simplemente intenta reorganizar el orden de prioridades y la escala de valores de su discípulo.

El fin del maestro está cercano, la muerte parece acecharlo ya, y aquella mujer ha querido mostrarle, quizá por última vez, el afecto que le tiene. Siempre habrá pobres a su alrededor que demandarán sus limosnas, y a los que deberán atender, como hasta ahora. Pero él está a punto de marchar. Su presencia debe ser ahora lo más importante para ellos. Lamentablemente, siempre tendrán oportunidades para ocuparse de los pobres. De él podrán ocuparse muy poco ya. Es urgente que comprendan lo rápido que van a suceder los acontecimientos, y que se prepararen para la prueba que está por venir. Necesitan abrirse, entregarse, rendirse del todo al mensaje que está trayendo a la humanidad, como ha hecho María. Experimentar el sentido profundo de la amistad y de la fraternidad. Para todo lo demás habrá tiempo después.

Judas aún necesita aprender otra lección. Jesús intenta enseñársela de una forma amable, provocativa, sugerente y creativa. Quiere aprovechar la ocasión y convertirla en parábola viva, en acción vivificante. No reprochando el error de él, de quien mete la pata, sino alabando el acierto de ella, el tino de quien ha comprendido cómo se recibe la gracia, y cuáles son sus consecuencias. El camino hacia el Reinado de Dios sólo puede andarse transitando el del servicio.

Aquella mujer no está entregando algo. Con aquel gesto se entrega así misma. Abrazada a los pies del maestro, ungiendo con intensa devoción sus cabellos, está desvelando, como en una revelación divina, lo nuclear del mensaje de Jesús. Tanto, que esa imagen va a convertirse, por los

---

[18]Marcos 14:7-8.

siglos de los siglos, para cualquiera que se tome en serio a Jesús, en un legado perenne, porque toda la potencia del evangelio está comprimida en ella.[19]

Pero hay una cosa más que el Iscariote, y todos los demás discípulos, deben aprender. La actitud de servicio tiene dos direcciones siempre. No es fácil servir a los demás pero, a veces, es mucho más difícil dejarse servir por ellos. Aceptar que alguien tenga algo que ofrecernos, y que a nosotros nos falta. Situarse en el papel del necesitado, del que depende del otro para completarse. Cuando el maestro los había enviado a compartir su mensaje por las aldeas, les pidió que fueran sin nada, ni siquiera una alforja (Marcos 6:7-10). No fue por casualidad. Era parte de su educación para el evangelio. Todos vivimos en estado de precariedad, y necesitamos aprenderlo. Nadie lo tiene todo. Ni siquiera toda la razón, ni toda la verdad. Exponerse a ser servido significa estar dispuesto a reconocer que necesitamos la ayuda que se nos presta.

También Pedro necesita aprender esa lección: unos pocos días después, estará dispuesto a lavar los pies del maestro, pero no a que él se los lave. Y Judas también la necesita, quizá más que ninguno. Debe comprender que el futuro del Reinado de Dios no depende sólo de su valor, de su dedicación, o de su destreza.

Que hay que confiar en los demás, y sobre todo en Dios, quien por todos vela y a todos sirve.

Que lo que hoy parece insignificante y pasto del fracaso, mañana puede tornarse grandioso.

Que las velas del barco, aunque necesarias, no sirven para nada sin el viento, que no se sabe de dónde viene ni a dónde va.

Que no hace falta que el discípulo fuerce el destino, cambie el futuro, ponga al Cielo entre la espada y la pared.

Que el Padre de todos sabrá cómo llevar a buen puerto el proyecto que han hecho zarpar.

Que todos debemos aprender a servir, pero también a ser servidos, a reconocer nuestras carencias y a aceptar de buen grado que otro pueda suplirlas.

Que todos estamos incompletos, y no debemos avergonzarnos por ello. Asumirlo, y dejar que Dios nos ayude a través de otros, es aprender

---

[19]Jesús anunció que, para siempre, cualquiera que se acerque a los evangelios o a su mensaje sobre el Reinado de Dios recordará a esta mujer y su gesto (Mateo 26:13).

a andar el camino del servicio en las dos direcciones.

Es cierto que servir y dejarse servir, en definitiva amar y dejarse amar, nos hace vulnerables.[20] Nos convierte en pobres de espíritu; en gente que llora a menudo; en pacificadores aún a riesgo de su propia vida; en mansos desvalidos frente a la fuerza bruta; en desprendidos, capaces de quedarse sin nada por misericordia y compasión; en ingenuos a los que los sucios de corazón engañan fácilmente; en hambrientos a los que no es capaz de saciar el pan, sino sólo un mundo más justo; en perseguidos, cautivos, vituperados, ridiculizados. Pero para Jesús, es la única forma de ser realmente felices, bienaventurados.[21] Está claro que todo esto no es fácil. Pero nadie pretende que lo sea. Tampoco el maestro galileo.[22]

Jesús necesita ese gesto de devoción y cariño tanto como María ofrecérselo, y quiere que sus discípulos lo sepan. Es un bálsamo para su corazón tanto como para sus pies. Están muy próximos los días más difíciles de su vida. Se sentirá tentado a olvidar quién es y para qué ha venido. El recuerdo de aquella mujer entregándose lo ayudará a reafirmarse en sus convicciones, durante la larga y angustiosa noche de Getsemaní.

Tan extraña les parece a los discípulos la reacción de Jesús, que los evangelistas, tras esta escena, necesitan explicarla: recalcan que Judas no menciona a los pobres porque se preocupe por ellos, sino porque detrae dinero de la bolsa común. Si Jesús ha hecho caso omiso de la justificable inquietud de Judas, portavoz en ese momento de todos los demás discípulos, es porque las intenciones del Iscariote no están claras. No entienden nada. Aun siendo cierto que el discípulo no juegue limpio con los dineros comunes, los íntimos del maestro se perderán, como tantas veces, en lo accesorio. Lo importante ahora no es si Judas se queda con

---

[20]C.S. Lewis expresó esta idea de una forma magistral: "Amar, de cualquier manera, es ser vulnerable. Basta con que amemos algo para que nuestro corazón, con seguridad, se retuerza y, posiblemente, se rompa. Si uno quiere estar seguro de mantenerlo intacto, no debe dar su corazón a nadie, ni siquiera a un animal. Hay que rodearlo cuidadosamente de caprichos y de pequeños lujos; evitar todo compromiso; guardarlo a buen recaudo bajo llave en el cofre, o en el ataúd de nuestro egoísmo. Pero en ese cofre seguro, oscuro, inmóvil, sin aire, cambiará; no se romperá, se volverá irrompible, impenetrable, irredimible. La alternativa de la tragedia, o al menos del riesgo de la tragedia, es la condenación. El único sitio, aparte del Cielo, donde se puede estar perfectamente a salvo de todos los peligros y perturbaciones del amor, es el Infierno". C. S. Lewis, *Los cuatro amores* (Madrid: Ediciones Rialp, 1991), 135).

[21]Mateo 5:1-12 (Las bienaventuranzas).

[22]Mateo 11:12: "*Desde que Juan el Bautista comenzó a predicar hasta ahora, el Reinado de Dios ha sido atacado con furia por gente violenta que trata de destruirlo*".

el dinero o no, sino si todos serán capaces de interpretar, a la luz de su vida de servicio, los acontecimientos que están a punto de precipitarse.

No sabemos por qué Judas se queda con parte de la bolsa. Quizá porque aprovecha la confianza del grupo para apropiarse, de vez en cuando, el dinero. Entonces es un pillo, un sinvergüenza. Esto parece indicar una lectura de los relatos superficial y sin matices. Pero podría haber otras causas. Quizá el discípulo se da cuenta de que Jesús es incapaz de ahorrar, y que todo el dinero que reciben se les va rápidamente de las manos.

Se necesita tacto, habilidad y paciencia, así como una devoción concienzuda, para administrar los asuntos financieros de un idealista como él. El grupo necesita dinero para crecer, para hacerse más y más grande, y poder aspirar a convertirse en una facción poderosa contra del poder imperial. Harán falta víveres, espadas y sobornos cuando llegue el momento oportuno. Posiblemente el Iscariote ha creado una segunda contabilidad, con la que aspira a poder sufragar los gastos de la revolución que podría estar ya en ciernes.[23] No pierde la esperanza en que Jesús acabe por recapacitar, y reoriente su misión mesiánica. Pero sabe que el tiempo se acaba, que la decisión de Jesús es inamovible: van a subir a Jerusalén,[24] donde el peligro para el maestro acechará en cada esquina. Sin embargo, cuando ve cómo lo recibe la gente, vuelve a soñar de nuevo.

---

[23] El término griego que emplea Juan para calificar a Judas es *kleptes*, que significa "ladrón, truhán". Es cierto que la acepción es muy negativa. Sin embargo, el verbo emparentado etimológicamente con él es *klepto*, que posee muchos más matices que el sustantivo. Puede significar "robar, apoderarse por sorpresa, sorprender, engañar, sustraer, ocultar, disimular, hacer con disimulo, tramar o inventar calumnias". Es difícil saber lo que tenía en mente Juan cuando calificó de esa forma a su compañero. Es muy posible que lo estuviese llamando, simple y llanamente, ladrón. Pero la etimología de la palabra permite otras interpretaciones. Son éstas últimas las que he preferido explorar.

[24] Es curioso pero, para el judío de hoy aún, a Jerusalén siempre se sube, porque es la Ciudad de Dios, la prefiguración de las moradas celestiales. Tanto es así, que la compañía aérea israelí El-Al, cuando anuncia a sus pasajeros que van a aterrizar en Jerusalén, sigue diciendo: "Estimados pasajeros, subimos a Jerusalén".

Apéndice al capítulo IX

9.1. Éste fue, según la tradición cristiana primitiva, el destino de cada uno de los Doce íntimos de Jesús:

Andrés: Martirizado en Patras (Grecia).

Bartolomé: Martirizado en lo que hoy es Azerbaiyán.

Felipe: Martirizado en Hierápolis, alrededor del año 80.

Juan: Condenado por Roma al exilio, muere en la isla de Patmos.

Judas Tadeo: Martirizado en Persia.

Mateo: Martirizado en Hierápolis alrededor del año 80.

Pedro: Crucificado en Roma poco después del año 64.

Santiago el Mayor: Martirizado en Jerusalén en el año 44.

Santiago el Menor: Cortado en trozos en Egipto, alrededor del año 62.

Simón el Zelote: Martirizado en Persia.

Tomás: Martirizado en la India, alrededor del año 72.

Judas Iscariote: Se suicida después de haber entregado a Jesús.

CAPÍTULO X

La ciudad de dios

Salen hacia la Ciudad de Dios el domingo anterior a la Pascua. Nadie es consciente aún de que la semana que empieza va a cambiar el destino de este mundo. Alguien ha corrido la voz de que el maestro galileo se aproxima a Jerusalén, y tiene intención de celebrar allí la fiesta judía más importante. Es como un reguero de pólvora. Jesús no se ha prodigado mucho por la Ciudad Santa. La urbe guarda en sus entrañas peligros escondidos que no tardarán en salir a la luz. Él lo sabe, y ha explicado a sus amigos lo que les espera allí. Pero ellos no han querido entenderlo. Han oído que mucha gente espera la llegada de Jesús con expectación, porque confían en que él sea el mesías, el enviado por Dios para que los libre de la tiranía romana y de la corrupción de sus dirigentes. Betania está a unos pocos kilómetros, y el maestro había resucitado allí a su querido amigo Lázaro. La noticia del suceso se ha extendido rápidamente por la ciudad, y muchos comienzan a pensar que es el esperado, el elegido.

Otros, sin embargo, deciden acabar con el maestro. Pero cuando los discípulos ven el recibimiento que les han preparado, sus ilusiones se sienten confirmadas. El primer hosanna restalla como un trueno. Los siguientes vienen a cientos. Muchos gritan que Jesús es el Hijo de Dios,[1] el rey de Israel, y cuando Judas descubre que una buena cantidad de gobernantes creen que Jesús puede ser el mesías (Juan 12:42), vuelve a sentir que le nace la esperanza. No está todo perdido aún. Quizá no tendrá que hacer lo que no quiere. Quizá Dios empieza a ponerles las cosas más fáciles.

El maestro los despertará pronto de sus sueños de grandeza. Están, como casi siempre, desorientados. Cuando le oyen decir que el Hijo del

---

[1] Lucas 19:38, "¡Bendito el rey que viene en el nombre del Señor, paz en el Cielo y gloria en las alturas!". Apéndice 10.1.

Hombre será levantado, crucificado, y así podrá atraer a todos a sí mismo (Juan 12:32-33), la desilusión es aún mayor que la euforia inicial. Un manto de pesadumbre y abatimiento cae sobre todos, en especial sobre Judas. Y decide poner fin a la ingenua esperanza de hacer recapacitar a Jesús. Sin embargo, el maestro sigue tendiéndole puentes: *"Al que oye mis palabras, y no las guarda, yo no le juzgo; porque no he venido a juzgar al mundo, sino a salvar al mundo"* (Juan 12:47).

Judas podrá perder la esperanza en Jesús, pero él nunca dará por perdido al Iscariote, porque tiene claro para qué ha llamado al discípulo *"Yo, la luz, he venido al mundo para que todo aquel me cree a mí no permanezca en tinieblas"* (Juan 12:46). Una densa oscuridad está a punto de abatirse sobre su amigo, pero aún tiene la oportunidad de abrazarse a la luz. Sólo ha de creer que lo que le dice es cierto: *"En serio, os lo digo de verdad: si el grano de trigo no cae en la tierra y muere, queda solo; pero si muere, lleva mucho fruto"* (Juan 12:24).

Jesús pelea batallas que intuye perdidas. Porque los seres humanos necesitamos hombres que crean que aguantar, aun sabiendo que van a ser momentáneamente derrotados, da aliento a los demás para seguir con sus batallas, y tener una oportunidad de ganar la guerra.

Judas, sin embargo, sigue pensando que el tiempo de la siembra ha terminado, y que el de la siega está a punto de comenzar. Tantos desvelos, tanto sufrimiento podrán dar sus frutos por fin. No cae en la cuenta de que entre la siembra y la cosecha se impone, siempre, un tiempo de espera para que la espiga crezca, madure, y esté preparada para la hoz. Dios se amolda al ritmo que los seres humanos necesitan para abrazar el mensaje del Reino, como la vida lo hace con las estaciones. Así, esperar su actuación con paciencia no es sólo un signo de confianza, sino también de solidaridad con los que aún no lo han conocido de verdad. No hay que impacientarse porque Dios tarde, ya que la espera lleva en sus entrañas la oportunidad de la salvación de todos.

Por eso una vez, cuando Jesús está enseñando en el Templo, cuenta una parábola a los sacerdotes y ancianos, que ya lo rondan para poder acusarlo ante el Sanedrín. Le reprochan no tener autoridad para hacerlo, como si el maestro galileo estuviese predicando doctrinas engañosas, embaucando a los ignorantes y a los débiles de espíritu, dándoles falsas esperanzas basadas en la fe de un iluminado, enloquecido por un celo espurio que lo ha empujado a atentar contra la Casa Santa de Dios.[2] La expulsión de los cambistas y vendedores del Templo ha causado un gran

---

[2]Lucas 19:45-46.

revuelo, y solivianta a la burguesía saducea. Nada bueno puede venir de un perturbado así. Jesús es, para ellos, un indignado. No huye del conflicto con una religión conformista y opresiva, sino que adopta una actitud de rebeldía frente al sistema, y se comporta como un insumiso frente al orden establecido.

Indignado con la religión oficial y sus intérpretes, que anteponen su forma de entender la Ley al derecho a la vida, e incitan al castigo y a la venganza en vez de predicar el perdón.

Indignado con los poderes religiosos, vestidos de hipocresía y creando una ilusión fantasiosa de justicia propia, mientras imponen a los más débiles cargas insufribles que ni ellos mismos cumplen. Jesús les echa en cara la falsedad de sus palabras y su falta de coherencia.

Indignado con los poderes económicos, que basan su propia existencia en la explotación de los demás, y que sirven a la mamonas[3] en vez de a Dios, pues se convierten en medios de dominación y de opresión, generando pobreza por donde pasan. Al contrario, Jesús lucha activamente por la dignificación de los empobrecidos. Las más duras diatribas del maestro Galileo tendrán como objetivo a los ricos, que deben sus posesiones a la explotación de los más débiles.

Indignado con el poder político, a cuyos detentadores acusa de zorros (como a Herodes en Lucas 13:31-329) o de subalternos de un poder superior (como a Pilato en Juan 19:10-11). Ellos son los que pisan sin clemencia con su bota el cuello de los oprimidos, y Jesús los pone de ejemplo, ante sus discípulos, de cómo no han de actuar ellos (Mateo 20:25-26).

Indignado, por fin, con la sociedad patriarcal y machista, que margina y somete a las mujeres usando la religión y la política, mientras él se opone radicalmente a las leyes que las discriminan —lapidación por adulterio, libelo por repudio—. Jesús incorporará a las mujeres a su movimiento, en igualdad de condiciones que a los varones y con el mismo protagonismo, devolviéndoles la dignidad que les niega la religión oficial, y la ciudadanía que les niega el imperio romano.

El Templo de Jerusalén, si se mira bien, es el paradigma de todo lo que más indigna a Jesús: la conjunción, entre sus muros, de la religión oficial

---

[3]Éste es el término griego que aparece en los evangelios cada vez que Jesús habla de las riquezas injustas (Lucas 16:9-16; Mateo 6:19-21.24), y es una transliteración de la palabra aramea *mammon*, que significa "riqueza, tesoro, dinero, beneficio".

y del poder —religioso, económico, político y patriarcal o machista.[4] La práctica de Jesús se constituye, así, en combate militante contra la lógica del sistema imperante, como la vida se opone a la muerte, lo nuevo a lo caduco, la gracia al pecado.[5]

Jesús es un transgresor. Así actúa y así es percibido por amigos y enemigos. Ni unos ni otros lo entenderán del todo (¿nosotros sí...?), ni serán capaces de percibir la hondura y la radicalidad de su protesta. Allí donde los demás ven tan sólo residuos humanos, condenados de por vida a malvivir bajo el dominio del mal, él planta su tienda entre ellos,[6] y los anima y ayuda a salir de la marginalidad, convirtiéndolos en los verdaderos actores de su propia vida. Para ello, tiene que transgredir innumerables normas y preceptos que los dominadores de conciencias imponen a sanos y enfermos, jugándose su prestigio y hasta la vida. Tras de sí va dejando un verdadero ejército de indignados y exmarginales, reinsertados en una sociedad que no va a ponérselo fácil, pero en la que ya pueden ser autónomos y disponer de la fuerza del Reinado de Dios. Los malditos han sido bendecidos, y ya están dispuestos a que su voz se oiga.

Mientras tanto, los dignos y cumplidores, en abierta oposición al indignado y transgresor, pretenden que los expulsados sigan afuera, que los marginales sigan en los arrabales sociales, y que los malditos sigan sin tener acceso a Dios. Lo que importa es la institución que tan en peligro pone Jesús, y que no caiga la frontera sanitaria que divide a puros e impuros, sanos y enfermos, buenos y malos, con la intención de sostener el supuesto orden de Dios. Jesús, indignado y transgresor, acampado en la plaza de los excluidos, protestando por su situación y acogiéndolos sin condiciones, es un auténtico peligro para el statu quo. Es muy peligroso romper las fronteras que la religión excluyente impone, sobre todo cuando la apoya un poder violento y omnímodo. Jesús lo sabe, pero sabe también que debe correr el riesgo porque para eso ha nacido: ser mensajero de la gracia de Dios, del perdón incondicional, de

---

[4]No hay que olvidar que las mujeres tenían prohibido pasar más allá de su atrio en el Templo, y tampoco había levitas o sacerdotes mujeres. Como hoy entre nosotros, más o menos. Duele ver que dos mil años de historia cristiana no hayan servido para solucionar esta flagrante discriminación.

[5]Echegaray, *La práctica de Jesús*, 186.

[6]El evangelio según Juan define así el misterio de la encarnación de Jesús, como alguien que planta su tienda de campaña entre los seres humanos, para que contemplen, admiren, y se sientan atraídos por la verdadera forma de ser de Dios (Juan 1:14).

la reinserción para todos, y de la apertura a un mundo nuevo, allí donde reinan la compasión y la alegría de los que lo descubren y lo aceptan.

No es de extrañar que el maestro de Nazaret actúe como un verdadero *indignado* del siglo XXI. Hoy, las fuerzas del orden público lo hubieran aporreado, apaleado y encarcelado, como a ellos. Parece que no han cambiado mucho las cosas.

Tras el altercado en el Templo, Judas no sabe si asentir o escupir al suelo. Admira la valentía del maestro, siempre dispuesto a arriesgarse por lo que sabe justo, pero es cierto que la provocación de Jesús en el Templo ha sido, quizá, excesiva.

En realidad, los sacerdotes, los ancianos y el propio Judas tienen buena parte de razón. El gesto de Jesús en el Templo no es una simple purificación,[7] como llamarán más tarde las tradiciones cristianas. Significa algo mucho más profundo y escandaloso, que todos los testigos captan y que ratificará, de forma sobrenatural pocos días después, la rotura del velo del Templo, que divide el lugar santo del santísimo, en el mismo instante en que Jesús muera en la cruz.

El Templo, que ya no es lugar de acogida para todos, sino antro de negocios y plaza de mercado,[8] no va a ser reformado ni purificado. El lugar donde se sacrifica a los corderos para perdón de los pecados, su funcionamiento, sus modos y sus objetivos, están a punto de ser superados por el Cordero de Dios que será sacrificado. En este sentido, es interesante constatar que Jesús no habla de forma positiva sobre los sacrificios que se realizan en el Templo,[9] ni sobre el intercambio económico imprescindible para ellos, pero sí lo hace para alabar la

---

[7]Esta simple purificación sí fue acometida por los escribas de Jerusalén, después de la muerte de Jesús, quienes tomaron las medidas oportunas para situar fuera del recinto del Templo el comercio, indispensable para las ofrendas. Flusser, *Jesús en sus palabras y en su tiempo,* 128.

[8]Los peregrinos procedentes del extranjero debían cambiar el dinero para comprar su ofrenda animal, o para pagar las dos monedas (dracmas) del impuesto del Templo. Por ello, el Templo ofrecía siempre oportunidades de negocio.

[9]El único texto evangélico en el que Jesús parece refrendar el sistema de sacrificios es Mateo 5:23-24, "Por tanto, si traes tu ofrenda al altar y allí te acuerdas de que tu hermano tiene algo contra ti, deja allí tu ofrenda delante del altar y ve, reconcíliate primero con tu hermano, y entonces vuelve y presenta tu ofrenda". Pero como se ve fácilmente, lo que Jesús está primando es la reconciliación y no el sacrificio. Sin espíritu de perdón no puede obtenerse perdón. No está oponiendo un sistema frente a otro, pero sí está dejando claro que lo más importante es el restablecimiento de una relación curada.

generosidad de una viuda que va allí a entregar las dos únicas monedas que tiene (Lucas 21:1-4), y para enaltecer la verdadera contrición del publicano, que se acerca allí para confesar su pecado y expresar su sentimiento de culpa (Lucas 18:9-14).

Jesús entiende el Templo como lugar de perdón (pero no a través de sacrificios animales sino de oración), de humildad y de generosidad. Sin embargo, en este lugar sagrado sólo queda sangre, soberbia, bullicio y afán de riqueza. Cuando de él no quede piedra sobre piedra (Lucas 21:5-6), desaparecerán la sangre, la soberbia, el bullicio y la riqueza, pero el perdón, la humildad y la generosidad encontrarán otros lugares para ser practicados. Por ello, lo único que hace bueno y útil al Templo son las personas, los que van a él en busca de Dios y su bondad, y no sus imponentes muros, sus negocios, su altar sanguinolento o su oropel. En esta misma dirección apuntan las palabras de Jesús cuando expulsa a los cambistas y comerciantes, recordando a su vez las del profeta Jeremías (Jeremías 7:11): *"Escrito está: Mi casa es casa de oración, mas vosotros la habéis convertido en cueva de ladrones"* (Lucas 19:46). Para el maestro galileo, el Templo debe ser, ante todo, un lugar especial de oración, de recogimiento y de conversación con Dios.

Desparramar el dinero de los cambistas, y volcar sus mesas, no tiene sólo el sentido de limpiar este lugar religioso de todo lo que significa negocio, sino que apunta a un cambio de paradigma, a una rotura radical de los antiguos esquemas. Los vendedores de animales y los cambistas son imprescindibles para que se realicen los sacrificios y las ofrendas. Su actividad comercial no es un mero mercado folclórico, sino parte importantísima de las actividades del Templo. Tal como funciona, no puede prescindir de la venta de animales ni del cambio de monedas. Expulsar a los vendedores de animales supone abrogar los sacrificios y, por lo tanto, declarar finiquitada la función salvífica del propio Templo. Delante mismo de ellos se encuentra ya "otro Templo", un cuerpo que alberga como ningún otro sitio la presencia de Dios, manifestando claramente su forma de ser y de estar entre los seres humanos. Esta presencia del Dios vivo, encarcelada hasta ahora entre los muros petrificados y los pavimentos manchados de sangre inocente, se mueve libremente para hacer el bien delante de sus propios ojos. Ellos podrán destruirla, y efectivamente lo harán, pero volverá a la vida a los tres días (Juan 2:19).[10]

---

[10]Estas palabras de Jesús serían sibilinamente tergiversadas durante su juicio ante el Sanedrín. Algunos testigos, cometiendo flagrante perjurio, declararon que Jesús había dicho *"Yo destruiré este Templo y lo edificaré en tres días"* (Mateo 14:58), cuando

Esta advertencia no es de destrucción y de muerte, sino una propuesta de recreación (resurrección) y de vida. El énfasis no se pone en el derrumbe de los antiguos esquemas, sino en la aparición insospechada de uno nuevo, mucho más eficaz que la muerte de corderos inocentes. Apto para todos, incluso para los pobres que no pueden pagar sacrificios, y para los marginados e impuros que ven por ello vetada su presencia ante Dios. La curación de enfermos, presuntos malditos por Dios, que realiza justo después (Mateo 21:14), y la felicidad y admiración que trae a todos ellos (Mateo 21:15a), dan fiel testimonio de ello. Pero lejos de alegrarse por esta excepcional apertura divina a la salvación de todos, los principales sacerdotes y los escribas se enojan (Mateo 21:15b). Anclados en las viejas tradiciones, y asustados por la posible pérdida de sus prebendas, no saben apreciar la revolucionaria propuesta de Dios. Así que buscan cómo matarlo (Marcos 11:18). A la vida ofrecida por Jesús para todos, ellos están dispuestos a oponer la muerte.

Una distancia crítica respecto al templo se inspiraba, con frecuencia, en la desconfianza suscitada por los manejos políticos o económicos de quienes, desde el templo, acaparaban la gestión de todo. Jesús compartió con otros sectores del judaísmo de su tiempo una abierta reserva respecto de esta institución. Sus contemporáneos no podían dejar de percibir en su conducta el cuestionamiento político y social subyacente, y no se engañaban. La discusión sobre la autenticidad del templo tenía que ver con los lazos que lo ataban al poder y a la explotación. Por otra parte, religión y política son asuntos siempre interrelacionados en el mundo antiguo; el destino de la una afecta inevitablemente al de la otra.[11]

Al Iscariote se le están cerrando las puertas de la negociación. Provocar a los fariseos o a los escribas de las sinagogas en Galilea es una cosa. Siempre podrá explicarles a los saduceos de Jerusalén que los rumores no son más que exageraciones, infundios maliciosos de viejos, de continuo preocupados por perder su influencia en provincias. Pero hacerlo aquí, en la capital, delante de tantos testigos, le deja pocas opciones. Está perdiendo la posibilidad de presentar a Jesús al Consejo de Ancianos, al menos con un mínimo de garantías de éxito. El nazareno percibe los sentimientos contradictorios que se debaten, en guerra abierta, en el alma de su amigo. Y entonces les cuenta a ellos, pero sobre todo a Judas, la siguiente historia:

---

lo que él había dicho era "*Si destruís vosotros este Templo, yo lo levantaré en tres días*" (Juan 2:19). Mientras que Jesús suponía como autores de la destrucción (su propia muerte) a los sacerdotes, los testigos lo acusaron a él de pretenderla (la del Templo).

[11]Echegaray, *La práctica de Jesús*, 81.

> *¿Qué os parece? Un hombre tenía dos hijos. Se acercó al primero y le dijo: Hijo, ve hoy a trabajar a la viña. Pero el chico le contestó: No quiero. Sin embargo, después se arrepintió y fue. Se acercó al segundo y le dijo lo mismo. Y le contestó: De acuerdo, iré. Pero después no fue. ¿Cuál de los dos hizo caso a su padre?* (Mateo 21:28-31).

La explicación inmediata la da el mismo Jesús: entre los hijos de Dios hay quienes afirman con sus labios cumplir su voluntad, pero en realidad después sólo hacen sus caprichos; hay también quienes, en un primer momento, rechazan la Palabra con una vida disoluta, pero cuando llega el momento de la verdad reconcilian su vida con el Padre. De esta forma, la gente con peor fama entra en el Reinado de Dios, mientras que los sacerdotes, ancianos y fariseos se quedan fuera, porque no quieren entrar.

Jesús analiza en pocos trazos la actitud religiosa de dos grupos bien definidos de creyentes; o, para ser mas exactos, dos momentos que pueden darse en un mismo creyente, o dos aspectos de una misma persona que se dice religiosa.

Un chico de una conducta rebelde pasa a la aceptación de la voluntad de Dios. Ante la invitación del padre a trabajar en la viña, responde espontánea y taxativamente: No quiero. Pero después se lo piensa mejor, y va a trabajar.

Tal persona se nos presenta, al menos en primera instancia, como un rebelde. Ve la voluntad del padre como una imposición a la suya propia; su rebeldía significa la afirmación de su identidad, mucho más que el rechazo al padre. Es la situación típica del joven que necesita afirmarse a través de muchos noes que parecen, en primera instancia, bastante agresivos.

La parábola parece considerar asumible en la vida del creyente una primera actitud de rebeldía. En efecto, un servil sometimiento a Dios sería precisamente lo opuesto a la voluntad de Dios, libre para amar y deseoso de una respuesta libre por parte del creyente. En la medida en que éste se siente capaz de rebelarse y lo hace, se afirma como ser humano libre: entregar su voluntad en manos de otro, de forma indiscriminada, es algo que atenta gravemente contra sí mismo.

Así que puede haber un tiempo en la vida del creyente durante el que se sienta con el derecho a decir no a Dios; a medir el significado de una entrega que en ningún caso puede significar la renuncia a su propia identidad. Podría decirse, incluso, que ese primer rechazo no es visto por Dios como algo aborrecible en sí mismo, sino la afirmación de un creyente, todavía en proceso de maduración, de su derecho a elegir.

Lo que sí parece aborrecer Dios es la actitud hipócrita y santurrona de quienes ya se consideran justos y sin necesidad de cambio alguno. Ésta es una de las escandalosas conclusiones de esta parábola: El rechazo a Dios puede jugar un papel positivo en la vida de fe; puede permitir que nos veamos como somos, para saber después lo que queremos ser. Dios prefiere ese largo camino, saturado de libertad y de fracasos, al camino corto de los que dicen sí a todo pero no se comprometen en serio con nada.[12]

La libertad es inseparable de la sinceridad radical, considerada no como un abandonarse a la sensación momentánea, sino como adhesión habitual a la propia realidad profunda y total, más allá de las máscaras más o menos brillantes que intentan cubrirla ante los demás, y sobre todo ante uno mismo: estructuras inauténticas, frases hechas, soluciones prefabricadas, doctrinas seguras porque resultan especialmente tranquilizantes, o virtudes aparentes.

Este desarraigo puede provocar un sentimiento de soledad y de angustia. La sinceridad no es una virtud fácil, pues no consiste tan sólo en decir lo que se piensa, sino en pensar lo que se es.[13]

Por ello, es importante insistir en que la parábola no alaba el rechazo al padre como tal, sino el proceso de ese hijo que pudo, desde un rechazo instintivo y violento, a través de un itinerario de crecimiento, llegar hasta una aceptación reflexionada y voluntaria de la petición del padre.

Una vez más, Jesús resalta la pedagogía del Reinado de Dios, tan opuesta y distinta a la pedagogía que está al servicio de una institución religiosa coercitiva. La verdadera educación no puede ser nunca *educastración*. Dios no tiene prisa en recoger los frutos del creyente, no quiere frutos prematuros que después se echarán a perder por la helada tardía. Él sabe esperar, deja tiempo para pensar las decisiones, para reflexionar sobre todo el alcance de un compromiso que, para serlo de verdad, debe tener sus raíces bien enganchadas a la tierra.

Toda experiencia humana necesita ser sometida a prueba, criticada, para que pueda ser verificada y madurar. Al no tener nadie el privilegio de

---

[12]Por ello, "sólo cuando los creyentes configuren sus vidas por lo que son las necesidades reales del Reino (…) harán que la salvación, ofrecida por Dios a los hombres en Jesús, se pueda convertir en luz de las naciones y en sal de la tierra. De lo contrario, será luz bajo el celemín y sal ya sin sabor, que no sirve más que para ser arrojada". I. Ellacuría, *Conversión de la Iglesia al Reinado de Dios* (Salamanca: Editorial Sal Terrae, 1984).

[13]Girardi, *Cristianismo y liberación del hombre*, 85-86.

hallarse totalmente en el error, la crítica atea que sospecha radicalmente de la experiencia de Dios tiene también sus ventajas, porque obliga a salir de la ambigüedad en lo referente a Dios y a la religión, y fuerza al cristianismo, y a las Iglesias, a no contentarse con administrar el fondo de religión humana que todo hombre lleva en sí.[14]

El Dios de Jesús no se escandaliza por la debilidad humana, ni por el pecado, ni por la rebeldía, porque por ese trance puede pasar todo aquél que quiera comprometerse de verdad con el Padre. La rebeldía otorga la experiencia de las ataduras interiores y de los fracasos, y eso tiene un valor inmenso a la hora de elegir.

Dios se siente cercano a las contradicciones humanas, respetándolas, aun en una decisión adversa. Porque toda pedagogía de liberación pasa por ese trance doloroso, pero inevitable: ser consciente de que si no se es uno mismo cuando se escoge, en un acto libre, toda respuesta que se dé no tiene valor a largo plazo. Se trata de una apuesta arriesgada, que jamás aceptarán para los demás quienes no gozan de su propia libertad interior; sólo personas serviles y domesticadas pueden dar y exigir una respuesta prematura, servil y domesticada, al creyente.

Educar significa, pues, participar en la obra creadora y constructora de Dios, algo que normalmente se realiza a largo plazo, que es fruto de un amor fuerte y tierno, que requiere paciencia y benevolencia infinitas. La paciencia del campesino que espera y respeta los ritmos naturales, pero también la energía del hombre acostumbrado al duro trabajo del campo, una energía capaz de superar el posible rechazo de quien prefiere la inercia de la dependencia al coraje de descubrir y afirmar su identidad.[15]

Dios siempre da tiempo para responder; no apresura a escribir con buena letra a quien no ha aprendido a leer. Más bien, propone reflexionar sobre la Buena Noticia; probar, si es el caso, otros esquemas de vida; afirmar la personalidad de alguna manera, para que la opción de fe sea sentida como un gesto esencialmente libre y comprometido. Es importante que el creyente que busca vivir en libertad lo consiga. Jesús tiene la seguridad de que su Buena Noticia no defraudará a la larga. Por eso espera, respeta y confía.

---

[14] F. Varone, F. *El Dios ausente. Reacciones religiosa, atea y creyente* (Salamanca: Editorial Sal Terrae, 1981), 19.

[15] A. Cencini, *Los sentimientos del hijo. Itinerario formativo en la vida consagrada* (Salamanca: Ediciones Sígueme, 2000), 53.

Al menos para Jesús, una cierta actitud rebelde del ser humano, cuando le permite reafirmase como tal, no es un callejón sin salida; al contrario, puede llevarlo a ser consciente de la hondura de su propia libertad y estar en condiciones, entonces, de construir una vida plena con su Padre del Cielo. Decir que no, muchas veces, significa descubrirse como ser independiente, capaz de tomar decisiones propias, y así asumir que si somos libres para negarnos a recibir el amor de Dios, también lo seremos para abrirnos a su ternura. Todos los pasos que el hijo da, de forma libre y voluntaria, para alejarse de la voluntad de su padre, puede darlos para desandar ese camino, en el uso de esa misma libertad radical.

Dios paralizado, incluso crucificado, casi reducido a la impotencia por respeto a sus hijos que le han vuelto la espalda, sabe que su actitud de espera amorosa le a va ser dolorosamente echada en cara, y que los destrozos de su contestataria prole en la viña echada a perder van a ser puestos en la cuenta del padre, con la conocida y facilona frase "si Dios existiese no lo permitiría" y otras similares. (...) La paciencia de Dios, su silencio expectante, nos parecerán ausencia hasta que, un día, su discreción extrema que nos resultaba indignante, aparezca como prueba irrefutable de su respeto total, y los argumentos esgrimidos contra la providencia divina se conviertan, al fin, en señales contundentes de su amor. Precisamente por amor el padre no se opone a repartir su herencia con sus hijos, ni fuerza al hijo grosero a trabajar para él, por mucho que le haya faltado al respeto. Para Dios, nosotros contamos más que el sufrimiento que le causamos. Le importamos más que las heridas que le abrimos. (...) Por eso encaja nuestro "no" y nos deja reflexionar.[16]

Sin embargo, una conducta irreflexiva, sumisa y conformista puede conducir al fracaso del proyecto humano y del divino. Es la otra cara de la moneda. Desgraciadamente, muchas veces el cristianismo ha confundido obediencia con sumisión, respuesta con sometimiento, entrega con opresión.[17]

La pedagogía de Jesús no se plantea así. Es curioso que el verbo "obedecer" (*upakoúein*) aparece sólo tres veces en los evangelios. Pero más interesante aún es constatar en referencia a qué se utiliza. En la

---

[16]R. Badenas, *Para conocer al Maestro en sus parábolas* (Madrid: Editorial Safeliz, 2002), 178.

[17]Puede ser interesante observar, para comprender mejor el sentido del término "obediencia", que éste proviene del latín *audire*, que significa "escuchar" o "estar en actitud de escucha". Obedecer no es someterse al otro porque puede más. Es escuchar su llamada, escucharla desde dentro de uno mismo, como una invitación a salir al encuentro del otro. La respuesta que se da libremente es auténtica obediencia.

primera, la gente se asombra de que Jesús de órdenes a los espíritus inmundos y éstos le obedezcan (Marcos 1:27). En la segunda se emplea para narrar cómo el viento y el mar obedecen a Jesús (Marcos 4:41). Y en la tercera, el propio Jesús les dice a sus discípulos que si tienen fe hasta una morera les obedecerá (Lucas 17:6).

En los tres casos hay sólo una cosa en común: la obediencia se aplica a objetos inanimados (mar, viento), a plantas (morera) y a los demonios. Es decir, los seres humanos no están incluidos. Con ellos, el Reinado de Dios no se acrecentará a base de mandar y obedecer. Jesús no expresa la relación con Dios en términos de obediencia, sino de seguimiento (Mateo 4:18-20). Es mucho más sencillo ir por el buen camino cuando uno va siguiendo a alguien que va por él. Las relaciones que Jesús crea con sus discípulos no están basadas en la superioridad, sino en la ejemplaridad. Puede proponerles que sirvan a los demás porque él los ha servido primero (Juan 13:13-17). Así se adquiere y se practica, según Jesús, la verdadera autoridad. Y así se ejerce la verdadera libertad, que consiste en seguir por voluntad propia a quien uno ha aceptado como ejemplo de vida.

La verdadera obediencia, la que hace sonreír de satisfacción a Dios, "no es la que surge del poder que se impone, sino de la ejemplaridad que convence".[18] No en vano, mientras que como ya hemos dicho el verbo "obedecer" no se emplea nunca en los evangelios para seres humanos, el verbo "seguir" (*akolouthein*) se utiliza en ellos sesenta y siete veces, y siempre en relación a seres humanos que son invitados a seguir a Jesús, una persona que atrae y seduce, y cuyo comportamiento y propuestas son capaces de dar sentido a la vida. No se trata de desatender —y menos aún de despreciar— lo que dicen los que ostentan alguna autoridad en la iglesia. Se trata, más bien, de que los que disponen de esa autoridad lo hagan para servir de verdad a sus hermanos (*diakonía*), y susciten en ellos la ilusión, el entusiasmo, las ganas y la decisión de hacer lo mismo. Como hizo Jesús.

El gran peligro de una institución religiosa puede ser el aplastamiento del individuo ante el peso de las imposiciones. Las personas conformistas, o las que piensan especular después con el sometimiento servil, se colocan la máscara de la obediencia, pero sólo es una careta. Hay muchas maneras de adoptar esta postura: el cumplimiento rutinario del conjunto de normas establecidas por la comunidad, que permite no cuestionar la validez de muchas otras acciones; la exhibición del conocimiento, de

---

[18]Castillo, *La ética de Cristo,* 187.

la teología, de los pequeños vericuetos que hacen diferente y único a un determinado grupo religioso, y que dan la apariencia de creyentes aunque se puedan dejar incólumes las áreas del afecto; la sumisión a la autoridad religiosa, medrando a la sombra de los que mandan, con lo que se preserva el prestigio mientras que el mundo interior permanece ajeno a todo proceso de cambio.

De esta religiosidad enmascarada se ha hablado mucho a lo largo de los siglos, pero parece que a los fariseos de todos los tiempos les cuesta deshacerse de ella. Las apariencias les importan demasiado como para tener el coraje de mostrarse tal y como son.

No se puede confundir la aceptación de la fe con un simple sometimiento a normas y prescripciones, sin un compromiso reflexionado. Nada más opuesto al evangelio que esta actitud que, al abotargar al creyente, imposibilitándolo para todo proceso de liberación interior, termina por abotargar también la imagen de Dios.

La obediencia no puede ser radical, verdadera obediencia, mientras el hombre obedezca únicamente por estar mandado y, por tanto, haría cualquier otra cosa si es que esa otra cosa estuviese mandada, o no haría algo si es que estuviese mandado dejar de hacerlo. La obediencia radical es solamente posible cuando el hombre entiende la exigencia y la acepta por sí mismo. Y únicamente de tal obediencia tiene sentido decir que, cuando ella existe, el cumplimiento de las exigencias morales es cumplimiento de la voluntad de Dios.[19]

"*La verdad os hará libres*" (Juan 8:32). La aceptación de la revolución vital que supone el mensaje de Jesús de Nazaret no es lo primero en la vida del creyente. En todo caso, es el fruto de un proceso que implica, necesariamente, reflexión de quien ha de decidir, paciencia de quien espera la decisión, opción libre y compromiso. Sin estas premisas, la viña acabará por quedarse vacía: el que dijo que iba acabará por no ir, y el que dijo que no iría se mantendrá firme en su decisión, y nada lo moverá al cambio de actitud necesario.

Con las dudas del creyente pasa más o menos lo mismo. Hay muchos que añaden un cierto complejo de culpa a la ansiedad que produce la duda, como si en un buen creyente no cupieran esas presuntas veleidades. Si aparece la duda es que algo has hecho mal, le dicen algunos. Entonces, empieza a tener la impresión de ser desleal a los ideales que creyó, a la comunidad donde ha luchado por conseguirlos, a las personas con

---

[19]Bultmann, *Teología del Nuevo Testamento*, 50-51.

las que ha compartido esa lucha. Más aún: por tratarse de convicciones religiosas, el complejo de culpa se hace mucho más acusado, cree que es infiel también a Dios, a Jesús. Teme perder la fe.

Sin embargo, este complejo de culpa es un mecanismo de defensa. Nace del miedo a la libertad, al riesgo de la madurez, a la responsabilidad de quien ha de hacer frente a las consecuencias de sus propias decisiones. No hay que tener miedo a la duda, sino a no enfrentarla poniendo en marcha todos los mecanismos que estén al alcance de quien la siente, con la confianza en que hay alguien más grande que él, y que no deja jamás de velar por sus hijos.

No se trata de buscar la duda por la duda, sino de aceptarla lealmente cuando se presenta. No se trata de regodearse en ella, sino de convertirla en ocasión de un nuevo punto de arranque. Podrá parecer extraño verse enfrentado a una serie de interrogantes fundamentales quizá ya en una edad madura, después de haber vivido durante mucho tiempo de soluciones prestadas artificiosamente por otros creyentes. Pero, en realidad, el hecho de plantearse seriamente estas preguntas que surgen sin avisar puede suponer una juventud interior, una capacidad de renovación y, eventualmente, un nuevo comienzo.[20] No es malo que aparezca. Lo malo es no aprovecharla para aprender a confiar más.

Es más: Jesús de Nazaret también tuvo que enfrentarse a la oscuridad de las dudas (Hebreos 4:15). Necesitó discernir cuál era la voluntad de su Padre del Cielo; tuvo que buscar qué le pedía, y todo esto en medio de fuertes luchas (Lucas 22:28a) e inseguridades (Marcos 14:32-36), exactamente igual que ocurre en la vida de los creyentes más esforzados y honestos.

La vacilación, la búsqueda, la duda y la lucha interior no serán ajenas a la vida del maestro galileo. Según el autor de la epístola a los hebreos, en Getsemaní Jesús ora, suplica, grita y llora para que su Padre lo salve de la muerte (Hebreos 5:7). Pero tiene la confianza, más aún, la certeza de que Dios está dispuesto a guiarlo en la más densa oscuridad. No es una especie de robot divino programado para hacer siempre lo justo, o para solventar con un simple gesto la duda, sino que se ve sometido a la misma y difícil toma de decisiones que cualquier creyente[21]. Para ello ora, busca, pregunta, reflexiona y sopesa. Marcha al desierto para descubrir cuál es la voluntad de Dios para él, y cuáles serán los medios que deberá emplear para cumplirla. Se siente asediado por la duda, pero sabe vencerla y aprovecharla para reafirmar su relación con el Padre:

---

[20]Girardi, *Cristianismo y liberación del hombre,* 101-102.

[21]Castillo, *El discernimiento cristiano,* 130.

"Pero no se haga lo que yo quiero, sino lo que quieres tú" (Mateo 26:39b).

Ante la indiferencia humana, Dios poco puede hacer. La rebeldía y la duda, sin embargo, aunque plantean un serio problema al Padre del Cielo, son algo que Él puede resolver, porque no implican pasividad sino movimiento. Pueden mover la conciencia, mientras que la indiferencia no mueve nada ni a nadie. Por eso Jesús es tan crítico con los indiferentes, con aquellos que no son conmovidos ni por la presencia de un indigente en su propia puerta —el rico de la parábola no duda, lo tiene todo claro— (Lucas 16:19-31). O con los religiosos que no son capaces de dar ni un solo paso hacia el malherido para auxiliarlo —ellos tampoco dudan— (Lucas 10:30-35).[22] O con sus propios amigos, a los que no les importa la vida de los que no quieren recibirlos (Lucas 9:51-56), ni se preocupan por los niños —no les cabe la menor duda de que están actuando bien— (Mateo 19:13-15). O con los que con el pretexto de *qorban*,[23] dejan en la miseria a sus ancianos padres —la duda sobre sus buenas intenciones los ofende— (Mateo 15:5-6).

Jean Jaques Rousseau analizó esta indiferencia judeocristiana de su época (y quizá también de la actual) de una forma pesimista pero ilustrativa:

El cristianismo es una religión completamente espiritual que se ocupa

---

[22] Es curioso que en la parábola del buen samaritano, a los que Jesús acusa no es a los bandidos que apalean al pobre caminante y lo dejan medio muerto en la cuneta. Estos son malos y no necesitan ni juicio, porque cualquier persona cabal se siente asqueada por su acción. Lo que Jesús realmente critica en la parábola es la indiferencia del levita y del sacerdote. Una indiferencia que el común de los mortales no trataría tan duramente como la maldad, pero que el maestro galileo juzga severamente y sin paliativos al plantear la historia como lo hace. A los malos, a los criminales, a los bandidos se los ve venir. Pero a los "piadosos" e "intachables" no. Éstos son también muy peligrosos para la sociedad y, para Jesús, tan responsables del destino del malherido como los bandidos. En vez de *"El silencio de los corderos"*, éstos religiosos protagonizan *"El silencio de los pastores"*. Pero Jesús no se calla. Su palabra, como es habitual en él, invita a señalar de forma positiva a quien lo hace bien, y no tanto cebarse en la mala acción de quien lo hace mal.

[23] Expresión que, usada por los judíos, liberaba de la obligación de atender a los padres. *Qorban* aparece con frecuencia en el Antiguo Testamento (Levítico 1:3; 2:1; 27:9; Números 7:3, 12-13, 17) y significa "ofrenda o entrega". Cuando un judío pronunciaba este término en las circunstancias que describió Jesús, significaba que cualquier beneficio que los padres pudieran obtener de él a partir de ese momento era un regalo para el Templo, por lo que no podían utilizarlo ni para mantener a sus progenitores. Durante las excavaciones realizadas en 1968 en Jerusalén, cerca del Muro de las Lamentaciones, se descubrió la pata de un utensilio de piedra sobre la que había grabada la palabra *qorban* en letras hebreas. El utensilio habría sido dedicado a Dios o al Templo.

únicamente de las cosas del Cielo; la patria del cristianismo no es de este mundo. Cumple con su deber, es cierto; pero lo cumple con una profunda indiferencia sobre el buen o mal éxito. Con tal que no haya nada que reprocharle, nada le importa que vaya bien o mal aquí abajo.[24]

El problema del análisis de Rousseau es que se centró en el cristianismo que él conoció, el del siglo XVIII, que nada tenía que ver con el movimiento que Jesús puso en marcha, y que desarrollaron sus discípulos y el cristianismo primitivo. La práctica de Jesús, su forma de acercarse a la gente, su vida centrada en la acogida a los expulsados de la vida social y religiosa, su lucha sin cuartel contra la miseria y la enfermedad, su enseñanza radical de una ética del servicio y la compasión, no dejan lugar a la indiferencia.

El maestro galileo abraza a los niños de la calle porque no quiere que nadie se sienta huérfano. Bendice y cura a los enfermos porque no quiere que nadie se sienta olvidado por Dios. Acaricia y ofrece salud a los leprosos porque no quiere que nadie se sienta alejado del Reinado del Cielo. Da de comer a los hambrientos porque no quiere que nadie se sienta abandonado a su suerte. Acoge a las prostitutas y a los publicanos porque no quiere que nadie se sienta excluido y humillado. Increpa con vehemencia a los fariseos y a los escribas porque no quiere que nadie, tampoco ellos, se encierre en la habitación del hijo mayor, mientras su padre y su hermano pequeño celebran entusiasmados la fiesta de la salvación.

Podría decirse que, además de la violencia de la maldad, el mayor mal contra el que Jesús combate es la indiferencia. Porque para él, más que inocua, la indiferencia es inicua. Pero aun cuando el análisis de Rousseau no sea válido en lo que respecta a Jesús y a los primeros cristianos, quizá no haya perdido su vigencia si lo aplicamos a nuestro tiempo.

Por eso, a Jesús le gusta desconcertar y provocar a la gente, para que salgan de su indiferencia. Produce en ellos una rebeldía creativa. Puestos entre la espada y la pared, sin poder rehuir sus responsabilidades, no tienen otra opción que responder, moverse.

En ese movimiento el Espíritu de Dios puede actuar y, aunque no sepamos de dónde viene ni adónde va, él no para de moverse a la sombra de nuestros propios pasos. Dios no pierde nunca la paciencia. Así, el creyente que descubre que su Padre del Cielo no lo abandona nunca, por incoherente y dubitativo que se muestre, halla en Él, en la confianza que recrea y que salva, nuevas razones para dejarse orientar por su

---

[24] J. J. Rousseau, *Contrato social* (Madrid: Editorial Espasa, 1980), 163.

influjo benéfico. Dios, en su afán de transformar la vida de sus hijos para hacerlos más felices, no sólo hace, sino que sobre todo suscita.

En este sentido, la práctica de los enemigos de Jesús es la contraria. No aceptan un "no" por respuesta, ni que el creyente ponga en duda alguno de sus presupuestos. Mientras que el galileo usa la persuasión, ellos la disuasión. Su forma de entender la Ley los impulsa a condenar a muerte al nazareno. Mientras que Jesús se compadece del manco de la sinagoga y lo cura, los fariseos *"estaban al acecho, a ver si curaba en sábado, para denunciarle"* (Marcos 3:1-6). Para ellos, desde su propia aparición en la escena pública y hasta su muerte en la cruz, Jesús será un hombre peligroso porque duda. Y no sólo para ellos, sino para todos los que, con su mismo espíritu, pretenden que las cosas sean siempre como fueron por la simple razón de que así fueron siempre:

> *Tanto para la misma iglesia establecida cuanto para aquella sociedad que erige sus ídolos y tabús, en orden a asegurarse a sí misma, el recuerdo del crucificado será un recuerdo peligroso. Porque de este recuerdo dimana, constantemente, una iconoclastia de liberación contra las imágenes de bella y piadosa apariencia, en las que viven los hombres y con las que se engañan a sí mismos y a los otros respecto a la verdad.*[25]

Dos visiones de la religión que no pueden estar más contrapuestas: Jesús está atento al sufrimiento de las gentes para ofrecerles una vida más digna y, al mismo tiempo, los fariseos están atentos a la presunta transgresión de Jesús para encontrar pretextos de muerte. Es la religión que está pendiente del perdón y la dignidad, frente a la que vigila la transgresión y promueve la persecución. La forma de hacer del Dios de la religión, frente a la de los dirigentes de la religión. El compasivo ofrecimiento divino, frente a la inmisericorde exigencia humana. No se puede estar en aceras más opuestas. Porque la forma de ser de Dios es la compasión. El nazareno lo tuvo claro desde el principio, y alrededor de esta forma de ser construyó la idea de su Reinado. En su mensaje ya no sonará sólo aquel *"Sed santos como yo soy santo"* (Levítico 20:7) sino también, y sobre todo, este otro *"Sed compasivos como vuestro Padre celestial es compasivo"* (Lucas 6:36).

En realidad, todo esto no es nada nuevo para Israel. Muchos profetas se habían quedado roncos y exhaustos gritándolo a los cuatro vientos, con palabras de consuelo y de esperanza para los más desgraciados, pero también con altisonantes calificativos contra los opresores, fueran a su vez

---

[25]Moltmann, *El Dios crucificado*, 39.

pobres, ricos, sacerdotes o reyes. Las Escrituras antiguas no dejaban espacio a la ambigüedad.[26] Lo único que Jesús hace es recordarlo cada día, con cada palabra y con cada gesto: la forma de ser y actuar de Dios viene siempre generada por la compasión, y este principio deberá regir las relaciones entre todos los seres humanos. Por encima, incluso, de la casuística legalista. Esta propuesta irrita de tal manera a los escribas y fariseos que tienen claro lo que han de hacer con Jesús: habrá que callarlo a toda costa.

Sin embargo, Dios sigue siendo fiel a su particular pedagogía: los fariseos no son desarmados. Pueden proseguir con su particular batalla contra el maestro de Galilea y, al menos aparentemente, consiguen su propósito de cerrarle la boca y acallar su voz. Es cierto que la Resurrección de Jesús será la victoria final de la vida, de la libertad, de la pedagogía divina y del amor. Pero los fariseos continúan hoy su batalla dentro de la iglesia de Jesús y, paradójicamente, en nombre de Jesús. Se anotan una victoria cada vez que consiguen transformar el evangelio en un código, a Jesús en un legislador, y a la iglesia en una asamblea de creyentes encargados de conservar el orden establecido. Pero el orden forjado a base de órdenes ni es orden verdadero, ni crea comunidad. Es un espacio de tristeza, de culpa, y de miedo. El creyente, según Jesús, no debería conformarse con una asamblea así.

El apóstol Pablo, años después, lo entenderá muy bien y así lo expresará a los creyentes de la iglesia de Galacia:

Esos que intentan forzaros a la circuncisión son, ni más ni menos, los que desean quedar bien en lo exterior; su única preocupación es que no los persigan por causa de la cruz del mesías, porque la Ley no la observan ni los mismos circuncisos; pretenden que os circuncidéis para gloriarse de que os habéis sometido a ese rito (Gálatas 6:12-13).

El sometimiento irracional a la Ley de Dios, y sobre todo a las normas que algunos creyentes hacen derivar de ella, no tiene por qué ser signo de mayor entrega, sino que puede serlo de todo lo contrario: de que uno no quiere cargar con la cruz de la libertad del mesías, y con las consecuencias de esa cruz en la vida de cada uno. Hay que aprender a discernir el trigo de la paja; lo divino (que siempre va orientado a hacer felices a los seres humanos) de lo meramente humano (que a veces parece orientado a someter a los semejantes). Si todas esas normas no son comprendidas en toda su hondura (razón) y no son aceptadas como

---

[26]Isaías 63:7; Oseas 2:21; Jonás 4:2; Zacarías 7:9; Salmo 36:6; Salmo 86:5; Salmo 106:45; Lamentaciones 3:22; Nehemías 9:19.

fuente creativa de felicidad (corazón), de nada vale imponerlas. Podrá parecer que se ha vencido, pero no se habrá convencido. Esto hubiera conseguido el padre de la parábola sin su propuesta repleta de radical libertad.

Judas ya se está preguntando a cuál de los dos hijos se parece él. ¿Le ha dicho que sí a Jesús, a su propuesta, a su búsqueda pacífica del Reinado de Dios, y ahora se está arrepintiendo? ¿Lleva tiempo diciéndole que no, que se está equivocando, rebelándose ante la idea de un mesías desvalido, siervo sufriente, y el maestro le está diciendo que desde ahí, desde su propia rebeldía, Dios puede abrir aún un camino de vuelta a casa, donde la viña lo espera para ser trabajada con paciencia y esperanza?

Seguramente el Iscariote se siente interpelado por la parábola de Jesús, como siempre. No es inmune ni refractario a sus propuestas. Las analiza, sopesa, valora con la importancia que se le da a un maestro, y a un amigo. Pero aun los amigos y los maestros pueden equivocarse. ¿Puede un hijo decirle que sí y que no a la vez a su padre? ¿Puede convencerlo de que una viña puede cuidarse, no con vallas y cercados,[27] sino velando y protegiéndola con espadas, con arcos y flechas? ¿Hay que contentarse con ver cómo los ladrones saltan la tapia y saqueaban la viña, sin plantarles cara? ¿Cómo dará fruto si no se la protege con uñas y dientes, con la vida misma si hace falta?

Mientras tanto los sacerdotes, como perros gruñendo su rencor en las esquinas, y con el rabo entre las piernas, vuelven al Sanedrín en busca de ayuda. Quieren resolver antes de la Pascua el problema que suscita Jesús, para evitar motines entre su pueblo.[28] Así que lo ponen en busca y captura. Tras la resurrección de Lázaro proclaman un bando público: cualquiera que pueda ofrecer información sobre su paradero está obligado a hacerlo.[29]

A Jerusalén llegan masas de peregrinos, y los soldados romanos se encuentran ya en estado de alerta. Un par de días después, cuando falten dos días para la Pascua, el drama irá adquiriendo más y más intensidad. Hasta el Sanedrín[30] llegan rumores que avivan la llama de la sospecha. Jesús de Nazaret es un agitador que está predicando el desacato a la antigua ley hebrea, un instigador de masas que ha acusado públicamente

---

[27]Isaías 5:1-2. La imagen de Israel como una viña cuidada y cercada por Dios es habitual en la tradición veterotestamentaria. Apéndice 10.2.

[28]Marcos 14:1-2.

[29]Juan 11:57.

[30]Según los testimonios del Nuevo Testamento y de fuentes judías como el Talmud,

de hipócritas a los escribas y fariseos, un embaucador. ¿O es que no constituyen las turbas que le salen al encuentro, y que él mantiene hechizadas con sus palabras, materia propicia para la revuelta?[31]

El Consejo Supremo acuerda terminar con el peligroso agitador. Con la actitud del galileo se está poniendo en peligro el Templo y todo el negocio que va asociado a su funcionamiento.[32] No hay tiempo que perder. Pronto se reunirán en Jerusalén millares de peregrinos para celebrar la Pascua.[33] Si Jesús les habla, cualquier cosa puede suceder. Por ello, cuando la casta sacerdotal se entera de que el galileo cuestiona la prevalencia del Templo (el gesto de purificación, sacando de allí a los vendedores; la sentencia de su destrucción y reconstrucción en tres días), reaccionan de inmediato. Y comprendemos también por qué un gran gentío gritará ¡crucifícalo! cuando Jesús sea presentado ante la multitud por Pilato. Nadie puede tocar el Templo y salir indemne. Toda la ciudad se juega su futuro económico si alguien lo pone en peligro, porque es el gran negocio de Jerusalén. A Jesús no lo condena sólo su pretensión de ser Hijo de Dios, aunque Caifás se rasgue hipócritamente las vestiduras cuando el maestro lo admite en el interrogatorio, sino su "atentado" —o lo que ellos entienden como tal— contra el Templo.

> *El Templo es el gran "complejo industrial". Los sacerdotes y los levitas hacen su negocio; los albañiles tallan la piedra; se sacrifican millares de corderos y terneros; las pieles (propiedad de los sacerdotes) se curten y se exportan. La afluencia de peregrinos favorece a los comerciantes (alimentación y souvenirs), ya que los peregrinos han de gastar allí el segundo diezmo.*[34]

---

la Mishna, Flavio Josefo o el Midrás, tras la deposición de Arquelao (año 6 d.C.) se pasó de un gobierno monárquico a otro de constitución aristocrática, confiando al Sanedrín o Consejo Supremo la responsabilidad de la nación. Apéndice 10.3.

[31]"Si las muchedumbres que quedaban impresionadas por los poderosos hechos de Jesús, se mostraban igualmente entusiastas de sus enseñanzas, y si se unen ambas realidades, entonces el sistema mismo del Templo y la posición central de Jerusalén, como la sede del poder y la presencia divinos, estaba en peligro de derrumbarse". S. Freyne, *Galilea, Jesús y los evangelios. Aproximación literaria e investigaciones históricas* (Filadelfia: Fortress Press, 1988), 236.

[32]Los empleados y obreros del Templo estaban muy bien pagados. Cobraban entre 16 y 20 denarios diarios, muchísimo más que lo que cobraba un obrero normal, que era 1 denario diario. Apéndice 10.4.

[33]Algunos biblistas ha propuesto métodos para calcular los peregrinos que acudían a Jerusalén, desde todo el mundo, para celebrar la Pascua. En todo caso, debían de ser decenas de miles. Apéndice 10.5.

[34]E. Charpentier, *Para leer el Nuevo Testamento* (Estella, Navarra: Editorial Verbo

Una revuelta popular atraería a la guarnición romana, aplastando la libertad de la que gozan todavía las autoridades religiosas. Roma ha sido siempre muy escrupulosa a la hora de respetar el culto de las naciones anexionadas al imperio (excepto en la Galia y en Cartago). Y en especial, debido a su compleja idiosincrasia, con el culto levítico. En los reinados de César y de Augusto se firma una serie de edictos que aseguran a Israel el pleno ejercicio de su religión y de sus derechos comunales. En virtud de ellos no son molestados en sus ceremonias religiosas, ni en la observancia de sus sábados y fiestas. Se les permite transportar el tributo al Templo de Jerusalén, y el expolio de estos fondos por magistrados civiles es considerado como un sacrilegio. Como se niegan a llevar armas o marchar en sábado, son excluidos del servicio militar. Por causas similares, no se los obliga a aparecer en los tribunales en los días santos.

El emperador Augusto ordena incluso que, cuando la distribución pública de trigo o de dinero entre los ciudadanos caiga en sábado, los judíos tienen que recibir su parte el día siguiente. Este mismo emperador regala, junto con su esposa, ricos frascos al Templo de Jerusalén, y hace provisión para un sacrificio diario en favor suyo, que sólo cesará cuando se proclame la última guerra contra Roma.[35]

Pero toda esta especial consideración podría acabar si hay una revuelta sangrienta. A ojos de los sacerdotes y del Sanedrín, Jesús es capaz de provocarla. En medio de esta tensa situación, Judas va a verlos y les dice: "*¿Qué me dais si os lo entrego?*".

¿Por qué? ¿Qué razón lleva a Judas a tomar tal decisión? Los evangelios no nos lo dicen. Sin embargo, parece claro que no es por el dinero.[36] Le pagan treinta monedas de plata,[37] el equivalente al precio

---

Divino, 1994), 31.

[35] Estos derechos habían sido mantenidos por Vespasiano y Tito, incluso después de la última gran guerra judía. No es de extrañar que, a la muerte de César (44 a.C.), los judíos de Roma se reunieran muchas noches, despertando sentimientos de asombro en la población, a cantar melodías tristes con sus salmos, alrededor de la pira en que había sido quemado el cuerpo de su benefactor, y elevaban endechas patéticas. Edersheim, *La vida y los tiempos de Jesús el Mesías*, 98-99.

[36] Antonio Piñero, catedrático de Lengua y literatura del cristianismo primitivo en la Universidad Complutense de Madrid, explicaba, durante una entrevista radiofónica, su hipótesis sobre las razones de Judas: "Por la falta de decisión de Jesús para tomar una opción claramente política, y levantarse en armas contra los romanos como pretendían los zelotes. El Jesús pacífico es un estorbo para la causa superior de la lucha contra los romanos. Por eso, su entrega no es un acto de perversidad total".

[37] Casi todos los especialistas bíblicos se ponen de acuerdo en sostener que, muy probablemente, la moneda empleada en esta operación fue el *shekel* (siclo) de plata

de la compra de un esclavo (Éxodo 21:32). Desde luego, si Jesús es tan peligroso para la casta sacerdotal, su traición vale mucho más. Podría regatear para obtener una cantidad más suculenta. Pero no lo hace. Probablemente porque lo que menos le importa es el dinero. Además, el relato no menciona expresamente que Judas pida dinero. El *"¿qué me dais...?"* podría sugerir una clase diferente de demandas. Quizá un puesto preeminente en el nuevo gobierno que puede surgir del encuentro con Jesús. Quizá la promesa de que no se le hará daño al maestro...

Que los sacerdotes decidan entregarle treinta monedas de plata no significa forzosamente que Judas las pida, sino que los sacerdotes certifican el trato pagándole, para asegurarse de que Judas cumplirá con su palabra. El pago a cambio de información es habitual por parte del Sanedrín, pues su aceptación indica que el delator revela sus conocimientos de buena fe; negarse a aceptar el dinero haría sospechar a los jueces que el informante miente.

Además, Lucas propone una razón exógena, aparte de las íntimas que Judas tuviera: *"Y entró Satanás en Judas..."* (22:3). El evangelista, que había terminado el relato de las tentaciones de Jesús diciendo que el diablo *"se alejó de él hasta otra ocasión"* (4:13), inicia ahora el relato de la traición diciendo que *"entró Satanás en Judas, el llamado Iscariote"*, quien va a concertarse con los sumos sacerdotes. Así, la pasión de Jesús es el tiempo prealudido, y representa una renovación de las tentaciones a las que Jesús fue sometido al principio de su vida pública. Al terminar ahora la vida el nazareno, Satanás le dirige el último y más potente asalto, y lo somete a la más dura prueba, tras la que entrará en la gloria. *"¡Oh, insensatos y tardos de corazón...! ¿No debía padecer estas cosas el Cristo y así entrar en su gloria?"* (Lucas 24:25-26).

La expresión *"fue a los sacerdotes para entregarle"* puede interpretarse de diversas maneras. La paráfrasis verbal griega puede significar, efectivamente, "para entregarle", pero también "para ponerle en las manos de, para provocar el encuentro, para presentarles".[38] Quizá lo que quiere es que sacerdotes y Jesús se conozcan, y ver qué sale de ese encuentro. La norma estipula que cualquiera que se declara mesías debe ser examinado por el Consejo del Sanedrín. De otro modo no tendrá

---

de Tiro. Apéndice 10.6.

[38]En griego, *paradidomai*. Este verbo es utilizado unas sesenta veces en la Biblia en conexión con la muerte de Jesús, y traducido en veintisiete casos como "entrega", mientras que en treinta y dos se lo menciona con el sentido literal de "traición". Etimológicamente significa "entregar, transmitir, dar, conceder, permitir, transmitir por tradición, entregar a traición".

vigencia ni derechos, y se le hará perseguir como impostor. Pero Judas está convencido de que eso no va a pasar. Demasiados prodigios ha visto hacer a Jesús como para dudar de su identidad. No está de acuerdo con sus métodos, pero sabe quién es.

Apéndice al capítulo X

10.1. En la tradición de Israel, aunque todo el pueblo judío podía considerarse hijo de Dios, sólo el rey disfrutaba de este apelativo de forma personalizada. Era "el hijo de Dios". En el ambiente judío de aquel tiempo, "ser hijo de alguien" no significaba solamente haber nacido de esa persona, sino sobre todo comportarse como ella. *"El Hijo de Dios"* (Marcos 1:11) es por tanto el que, por su amor total al hombre, tiene el Espíritu de Dios y se comporta como Dios mismo, siendo su presencia activa en la tierra. Viendo a Jesús, conociendo sus actitudes y su actividad, conocemos a Dios (Juan 12:45; 14:8-10). Es más, para el Nuevo Testamento, el único modo de conocer al Dios verdadero es mirar a Jesús. Cualquier idea sobre Dios es falsa si no corresponde a lo que hace y dice Jesús (Juan 1:18).

10.2. Las palabras "viña":"vid" o "vino" aparecen más de seiscientas veces en la Biblia. Sobre todo durante el éxodo, la vid es un bien ardientemente deseado por los hebreos. Es, a sus ojos, el verdadero símbolo de la tierra prometida. Significa poder echar raíces, establecerse, dejar de vagar por el desierto. La cepa echa raíces y ya no se mueve. De la tierra de abajo toma el alimento que necesita, con la lluvia de arriba sacia su sed, y de la luz que la rodea extrae la energía para dar buen fruto. Todo lo que necesita está a su alcance, sin tener que ir a buscarlo a otro sitio. Era la aspiración de un pueblo en busca de su destino.

10.3. Por lo general, el gobernador romano no pasaba de ser un supervisor, mientras que el aristocrático Sanedrín actuaba como auténtico gobierno. Al titular del sumo sacerdocio, que era a la vez presidente del Sanedrín, se le calificaba de "jefe del Estado". Es verdad que los sumos sacerdotes eran nombrados y depuestos a voluntad del gobernador romano, pero incluso en esto los romanos se impusieron ciertas limitaciones. Esta suprema asamblea, o corte de justicia judía, compuesta por setenta y un miembros, y que era competente para juzgar cualquier asunto religioso o civil de Israel, comprendía tres grupos: los sacerdotes jefes, quienes, como ya se ha mencionado, proporcionaban la presidencia al Sumo Sacerdote (en tiempos de Jesús, Caifás); los ancianos, que representaban a la nobleza laica, los jefes de las familias laicas más influyentes (los evangelios mencionan a uno de ellos: José de Arimatea); y los escribas, que en su mayoría eran fariseos muy bien formados, pues para ser admitido en esta corporación había que recorrer un ciclo de estudios de varios años (los evangelios también mencionan a uno de ellos: Nicodemo).

10.4. El Templo era una fuente extraordinaria de negocio en Jerusalén. La industria del hospedaje vivía casi exclusivamente de los peregrinos, con sus tres viajes anuales para las fiestas judías. También dependían del Templo ganaderos (para los corderos pascuales), viticultores y comerciantes de vino (no olvidemos que cada peregrino, en la cena pascual, bebía al menos cuatro copas de vino), o productores de trigo y panaderos (para el pan ácimo). Josefo dice que los peregrinos de la Pascua "banqueteaban durante siete días y no regateaban ningún gasto" (Ant. XI, 4:8). Hay que recordar, además, que todo el segundo diezmo anual debía ser gastado en Jerusalén, recordando las viejas palabras de Deuteronomio 14:26.

Imaginemos decenas de miles de personas gastando todo este dinero a la vez. El negocio era impresionante para todos en la Ciudad Santa. Pero había más: los judíos de Babilonia solían comprar a sus mujeres, en Pascua, caros vestidos de lino (*Talmud Babilónico*, Pasahim 109), y casi todo el mundo se llevaba un objeto comprado como recuerdo de Jerusalén.[1]

10.5. Teniendo en cuenta que se han encontrado registros del número de corderos que se sacrificaban, y calculando cuántas personas podían comer con la carne de cada cordero, se puede hacer un cálculo aproximado de los judíos que invadían las calles de la Ciudad Santa para la fiesta de la Pascua. Flavio Josefo asegura que solían sacrificarse unos doscientos cincuenta mil corderos. Si cada uno servía para dar de comer a una media de diez personas (recordemos que, si la última cena de Jesús fue una comida pascual, en la mesa hay al menos trece comensales), llegaríamos a unos dos millones y medio de peregrinos. A Joaquim Jeremias le parece una cifra exagerada, pero admite que, en todo caso, debían ser unas cuantas decenas de miles los peregrinos que se acercaban a Jerusalén para la Pascua.[2]

---

[1] Para más información, ver Jeremias, *Jerusalén en tiempos de Jesús*, 120-123.
[2] Ibid., 74.

10.6. La tradición veterotestamentaria ya había mencionado esta cantidad de dinero: "*Y fue deshecho en ese día, y así conocieron los pobres del rebaño que miraban a mí que era Palabra de Dios. Y les dije: Si os parece bien, dadme mi salario; y si no dejadlo. Y pesaron por mi salario treinta monedas de plata. Y me dijo Dios: Échalo al tesoro; ¡hermoso precio con que me han apreciado! Y tomé las treinta monedas de plata, y las eché en la casa de Dios al tesoro*" (Zacarías 11:11-13). Ya las primeras comunidades cristianas vieron en este texto una profecía que se había cumplido con el precio de la traición de Judas. Además, no hay que olvidar que el texto de Zacarías se sitúa en el ámbito pastoril (ovejas, pastor, cayados), y que quien es valorado por treinta monedas de plata es el buen pastor.

Shekel o siclo significa "peso" en hebreo, y es de origen babilónico. La transacción más antigua registrada en la Biblia con esta moneda, es la compra por Abraham a Efrón el hitita de unas tierras y de una cueva en Makpelá, en las cercanías de Hebrón, para acoger la tumba de su esposa Sara, por cuatrocientos siclos de plata. Cuando él murió, el propio Abraham fue enterrado en ella (Génesis 23:1-20).

Por su parte, el propio evangelista Mateo conecta este suceso con un texto de Jeremías (Jeremías 32:9). Pero, en este caso, o Mateo se equivocó citando a Jeremías en vez de a Zacarías (el texto de Jeremías no habla de la compra de un campo por treinta monedas de plata sino, por diecisiete siclos de plata), o tenía también en mente a Jeremías por la compra que hizo del campo. Incluso el reformador Juan Calvino admitió que "el pasaje en sí muestra claramente que el nombre de Jeremías ha sido escrito por error, en lugar de Zacarías. En Jeremías no encontramos nada de este tipo ni cosa alguna que siquiera se acerque a ella" (ver Juan Calvino, *Comentario armonizado de los evangelios de Mateo, Marcos y Lucas*). Sin embargo, Craig Bloomberg señala que Mateo también podría estar diciendo que "la muerte de Jesús es un rescate, el precio pagado para asegurar la libertad de un esclavo" y que el uso del dinero para comprar un terreno de sepultura para extranjeros puede aludir a la idea de que "la muerte de Jesús hace posible la salvación para todos los pueblos del mundo, incluyendo a los gentiles".[3]

---

[3]C. Bloomberg, et alt. "Matthew", en *Commentary on the New Testament Use of the Old Testament* (Grand Rapids, MI.: Baker Academic, 2007), 97.

CAPÍTULO XI

LA ÚLTIMA PASCUA

Cuando Jesús decide enviar a alguien a contactar con el dueño de la casa en la que se reunirán para celebrar la Pascua, no llama a Judas como hubiera sido lo más normal. No sabemos si es porque no tendrá que pagar aquel servicio y, por lo tanto, no hace falta utilizar la bolsa común, o porque ya intuye que Judas tiene planes oscuros y prefiere guardar la localización de la casa en secreto, o quizá porque quiere abstraer a Judas de todo lo que está ocurriendo, y ofrecerle tiempo para pensar en lo que está a punto de hacer. El evangelio según Juan explica que, antes de iniciarse la cena, al Diablo ya se le ha metido en la cabeza que Judas entregue a Jesús.[1]

Lo cierto es que aquella última cena de Pascua[2] con sus amigos[3]

---

[1] Juan 13:2. Las Biblias en castellano suelen traducir: "Y cuando cenaban, como el Diablo ya había puesto en el corazón de Judas Iscariote, hijo de Simón, que le entregase...". Sin embargo, especialistas muy reputados en el evangelio según Juan, como por ejemplo Edouard Delebecque, aseguran que la construcción de la frase en griego (*tou diabolou ede beblekotos eis ten kardian ina paradoi auton Ioudas Iscariotes*) no permite la traducción anterior, sino ésta: "*Y teniendo lugar la cena, el Diablo ya había puesto en su corazón* (el del Diablo) *que lo entregase Judas Iscariote*". (E. Delebecque, *Evangile de Jean* [Paris: Editione Gabalda et Cie, 1987], 183). Delebecque, además, prefiere traducir *ede ten kardian* como "se le había metido en la cabeza" o "estaba decidido a", pues le parece una expresión más actualizada. Esto indica una insistencia pertinaz con Judas ¿Por qué este detalle de la insistencia del Diablo? ¿Quizá porque Judas ya se había resistido muchas veces a esta tentación, y Satán se vio obligado a redoblar esfuerzos, decidido a impulsarle a entregarlo? Es posible.

[2] Algunos autores especializados pusieron en duda, a partir de los primeros años del siglo XX, que esta última cena de Jesús con sus amigos fuera pascual. Lo avalaba el hecho de que, aparentemente, no se daban los requisitos rituales para poder definirla así. Sin embargo, Joaquim Jeremias demostró de forma contundente el carácter pascual de aquella comida. Apéndice 11.1.

[3] No podemos descartar que, en aquella última Pascua de Jesús, hubiese más gente

servirá otra vez de pretexto al maestro. Jesús no se da nunca por vencido. Es capaz de ver el sufrimiento de un alma atormentada por las dudas, y confía en que el ser humano puede volver sobre sus pasos después de asomarse al horror del abismo.

Ninguno de sus discípulos, ni siquiera Pedro, ha entendido de verdad la naturaleza profunda de su ministerio. Apenas atisban el poder de redención que contiene su mensaje. Ni siquiera entrevén el verdadero sentido de su vida junto a ellos, y el significado y las consecuencias de lo que está por venir. Tampoco son conscientes de que por su compromiso con la verdad, la justicia y la propia humanidad, él está dispuesto a llegar hasta el final, hasta la misma muerte. En esto, los otros once no son diferentes a Judas. Es muy difícil seguir a alguien que asegura que para vencer tendrá que morir primero. Es casi imposible de entender...

Esa incomprensión que todos, tantas veces, han demostrado durante los últimos tres años; la falta de sensibilidad de sus amigos ante las exigencias de una espiritualidad radicalmente comprometida, ha sumido a Jesús en un profundo estado de ansiedad, porque ninguno de ellos está preparado para lo que va a suceder. Intuye que corren un grave peligro, y el mensaje del Reinado de Dios con ellos. Necesita un espacio y un tiempo de paz e intimidad, para conversar por última vez, expresarles cuánto los ama, ayudarles a comprender que el futuro de su proyecto depende, al menos en una buena parte, de que amen a los demás como él los está amando, y convencerlos de lo importantes que son todos ellos para los planes de su Padre del Cielo. Juan expresa estos sentimientos del maestro con la frase que inicia su relato de la última cena: *"Habiendo amado a los suyos que estaban en el mundo, hasta el fin los amó"* (Juan 13:2).

Este *"hasta el fin"* (*eis télos*) no añade sólo un matiz temporal, sino que sobre todo se refiere al ámbito de lo cualitativo. Se podría traducir "por completo":"del todo". Los ama, no sólo hasta el último momento de su vida (tiempo), sino completamente (calidad). A esta efusión inmensurable de amor va a enfrentarse Judas durante las siguientes

---

que los trece. La costumbre era celebrar aquella fiesta en familia, por numerosa que fuera. Los evangelios dejan claro que los discípulos que le seguían (y no sólo los Doce íntimos) eran considerados por el maestro galileo como su verdadera familia (Mateo 12:46-49). El verbo griego que sirve para expresar el seguimiento incondicional de los Doce (*akoluteo*) se emplea también para el seguimiento de los demás discípulos y de las mujeres que los acompañan (Lucas 8:1-3). Por ello, lo más normal era que se reuniese con todos los que lo seguían de aldea en aldea. Si esto es así, no hay duda de que en aquella habitación se encontraban también las discípulas.

horas. Si "El Fuerte" está decidido a utilizar a Judas para entregarle, "El Más Fuerte" se empleará a fondo para proteger a su amigo, con el escudo del servicio y del amor completos. Un servicio y un amor que, a la vez que lo agrandan, lo debilitan. Porque el amor introduce la vulnerabilidad en la ecuación de las relaciones. Alguien que ama es siempre más débil que quien no lo hace. Dios se hace débil en Jesús.[4] Pero la última palabra deberá tenerla siempre el ser humano.

> *En Cristo Jesús, el cristianismo reconoce que Dios es desconcertante debilidad, no poder (1 Corintios 1-2). Su lugar no está en lo más alto sino en lo más bajo de la historia y de los hombres, y tal es la revelación más específica del cristianismo: Dios crucificado, "escándalo para los judíos y locura para los griegos" (1 Corintios 1:23). En esta cruz se da la intersección del eje vertical con el eje horizontal, que afecta a la imagen de Dios y a la historia de las relaciones humanas y sociales. Ofrece una alternativa al orden mundial.[5]*

Nadie tanto como él ha deseado celebrar esa cena con sus amigos (Lucas 22:15).[6] Aún no han comprendido que la fuerza más poderosa del mundo es el amor, y que amar significa servir. La lección que les ofreció la mujer del frasco de perfume no ha sido suficiente. Aquella noche no va a contarles una parábola, ni a predicarles un sermón. Lo que tiene pensado hacer con ellos será mucho más elocuente que las palabras. Necesita que comprendan que son llamados a servir a los demás, no a someterlos ni a dominarlos. Los imperios de este mundo se basan en el poder. Pero el imperio de Dios se basa en el servicio y en el amor.[7] El

---

[4]Esta debilidad divina libremente escogida, que tanto nos cuesta creer y asumir a los creyentes, pasó pronto al olvido, tras las primeras generaciones de cristianos. A pesar de que fue parte esencial del mensaje de Jesús, a la iglesia que acabó aliándose con el imperio romano le resultó una idea demasiado incómoda, y la sustituyó por exactamente la contraria un Dios infinitamente fuerte y poderoso, que juzga con severidad al mundo. Apéndice 11.2.

[5]Melloni, *Vislumbres de lo real*, 53.

[6]De esta cena surgieron la eucaristía de la misa, en el ámbito católico, y la celebración de la última cena en el protestante. Pero como bien explica Jürgen Moltmann, esta celebración no puede quedarse anclada en el pasado (la memoria de la muerte de Jesús) sino que debe proyectarse hacia el futuro (el anuncio de su segunda venida). Así, Pablo enmarcará esta celebración en el ámbito de la memoria reverente, pero también del anuncio esperanzado: "*Cada vez que coméis de ese pan y bebéis de esa copa, proclamáis la muerte del Señor, hasta que él vuelva*" (1 Corintios 11:26). Apéndice 11.3.

[7]Marcos 10:42-44: "*Sabéis que los que son tenidos como jefes de las naciones las gobiernan como señores absolutos, y los grandes las oprimen con su poder. Pero no ha*

Reinado de Dios no se conquista, sino que conquista a quienes se dejan. Para Dios, sembrar es servir, reinar es servir, y proclamar la Buena Noticia es servir. Las jofainas, el agua y las toallas están ya preparadas.

Hacia las cinco de la tarde,[8] faltando aún un buen rato para el ocaso, todo estbral. Su rostro se habíamaneceóoairmanorade, ya que la espera lleva en sus entrañas el signo de la salvaciá preparado en la lujosa casa de la familia de Juan Marcos. Arriba, en el ático, todo ha sido dispuesto con el máximo cuidado: en el centro, una mesa baja, en forma de U, y alrededor de ella trece divanes. Rodeando el conjunto central, otras mesas y divanes se diseminan por el amplio aposento alto, para albergar a seguidores y discípulos del maestro, por deseo expreso suyo.

En un extremo de la mesa central, la servidumbre ha colocado el pan, el vino, el agua y varios platos de legumbres, además de los platos y las cuatro copas de vino preceptivas para cada uno de los comensales.

En un rincón del comedor, y prácticamente pegados al muro de ladrillos, se encuentran unos lavabos de bronce, provistos de ruedas para poder ser trasladados cómodamente de un lado al otro del aposento. Junto a ellos, el dueño de la casa ha ordenado preparar varias jarras con agua, algunas jofainas, y lienzos para el secado.

La escasa luz que entra por los pequeños ventanucos que se reparten a lo largo de los muros, ha obligado a los sirvientes a encender lámparas de aceite, que iluminan cobrizamente los divanes y el mantel. El ronco y áspero sonido de los cuernos de carnero del Templo anuncia el final del día.

Todos los discípulos van ascendiendo las escaleras, camino del ático. No falta ninguno. Judas, encerrado en un mutismo total, sigue a sus compañeros mientras Jesús charla con la familia anfitriona. A juzgar por sus jocosos comentarios sobre la cena, el humor del nazareno sigue siendo excelente. Nada parece perturbarlo aún.

Mientras tanto los discípulos, al entrar en el aposento alto, reparan enseguida en la presencia de las jarras de agua y las jofainas con las toallas, y empiezan a disimular, evitando cualquier comentario al respecto. Pero la atmósfera se va cargando poco a poco: ¿Quién lavará los pies a quién? ¿Quiénes ocuparán los dos puestos más cercanos a Jesús? Rápidamente,

---

de ser así entre vosotros; el que quiera ser grande entre vosotros será vuestro servidor, y el que quiera ser el primero entre vosotros será esclavo de todos".

[8]Baso esta descripción en la recreación que hace Benítez, J. J. *Caballo de Troya* (Madrid: Editorial Planeta, 1984), 188ss.

Juan y Pedro se instalan en los dos divanes adyacentes al que está en el centro de la mesa principal. Seguro que ése va a ser el de Jesús, así que ellos serán los lugartenientes. Judas se coloca al lado de Juan. Todas estas correrías sublevan a los demás, produciéndose una agria discusión. Pero ninguno de los tres quiere atender a razones. Así que los otros se colocan donde buenamente pueden. El resto de discípulos y discípulas sonríen y murmuran lo infantil de tal actitud.

Cuando Jesús aparece bajo el marco de la puerta, los Doce se hallan en plena y violenta discusión, recriminándose mutuamente lo sucedido. Al verlo, se hace un brusco silencio. El maestro permanece unos instantes en el umbral. Su rostro se ha vuelto cada vez más serio. Evidentemente, ha captado la situación. Pero sin hacer comentario alguno se dirige a su lugar, sentándose entre Juan y Pedro.

Durante un breve instante desvía su mirada hacia los lavabos, comprobando que, en efecto, no han sido utilizados. Pero tampoco dice nada. Simplemente se incorpora y camina silenciosamente hacia las jarras de agua. Para sorpresa general, se quita la túnica, ciñéndose uno de los lienzos alrededor de la cintura. Después, cargando con una jofaina y el agua, da la vuelta completa a la mesa y se sitúa al lado de Pedro. Arrodillándose con lentitud, se dispone a lavar los pies del pescador.

Al verlo, los Doce se levantan a la vez, y del estupor pasan a la vergüenza. Jesús ha cargado con el trabajo de un criado, el que ni ellos mismos han querido hacer. Judas baja sus ojos, aparentemente más dolido que el resto. Entonces, el corazón de Pedro se enciende, como tantas veces, y protesta enérgicamente. Pero la decisión de Jesús es irrevocable, y el pescador no tiene más remedio que dejarse hacer. En un silencio dramático, el maestro rodea la mesa y lava los pies de cada uno de sus discípulos, hasta llegar al último de los comensales. Después se viste la túnica de nuevo, y retorna a su puesto.

Es difícil imaginar lo que pasa por la mente de Judas cuando su maestro le hace sentar, se arrodilla delante de él, le desata las sandalias y comienza a lavarle los pies. Toda aquella suciedad que, entre las manos de Jesús, pasa de sus pies al agua, y se diluye en ella para siempre, como si todo fuese igual de fácil; aquellas caricias suaves, delicadas pero concienzudas, que no dejan ningún tramo de piel sin explorar; aquella mirada con la que tanto le ha gustado cruzarse, y que no para de dirigirle, como si contuviera todo el agua del Jordán en ella, y todo fuese capaz de limpiar; aquella sonrisa que le ha contagiado tantas veces, y que parece decirle: aún estás a tiempo, no te des por vencido, eres de los míos a pesar de todo, no está todo perdido.

Habría que caer en la cuenta, alguna vez, de cuántas cosas tienen que ocurrir para que dos personas acaben siquiera conociéndose; cuántas vidas paralelas han de conspirar, aún si saberlo, para que lleguen a cruzarse sus caminos en un punto, y se dirijan la palabra por primera vez. Si todo puede ayudar para bien a los que se toman a Dios en serio,[9] todos ellos han vivido en cierto sentido, además de para sí, para que sus actos, realizados y omitidos, ayuden a esos dos pares de ojos a encontrarse, cuando ni siquiera un parpadeo mutuo estaba presentido. La intención de Jesús sigue siendo no permitir que toda aquella concatenación universal de acontecimientos caiga en saco roto.

¿Qué sentimientos están aflorando en el corazón de Judas? ¿Qué emociones lo embargan? ¿Qué fuego lo recorre por dentro? No lo sabemos. Pero tampoco sabemos qué siembra en su alma aquel gesto del maestro. Ni lo cerca que puede sentirse de él en este momento de intimidad y de dudas. Ni si se acorta la distancia entre aquellos dos hombres que se aman, cada uno a su manera. Lo que sí sabemos es que Jesús jamás da a nadie por imposible. Sólo necesita un poco de fe. ¿Será capaz de volver a despertarla en el alma de Judas?

Entonces Jesús comienza a hablar:

—Vuestros pies han sido lavados. Algo tan banal, que lo hacéis todos los días. Pero hay ocasiones en las que este gesto adquiere un profundo sentido. Ésta es una de ellas. Todos os veréis tentados a pensar que el servicio es para el otro, no dándoos cuenta de que si no servís al otro, no serviréis para nada.

Mientras habla, el maestro sigue secándose las manos con una toalla.

—Lo que acabo de hacer con vosotros no es sólo un gesto de humildad. Es, además, la razón de una alegría desbordante. Porque si yo, que soy vuestro maestro, puedo hacerlo, vosotros también podéis. Y si lo hacéis, aprenderéis que no sois inútiles, que servís para servir.

Pedro aún está pensando en lo que ha ocurrido, y parece seguir con dificultad las palabras del maestro. Tomás no para de parpadear, incapaz de creer lo que ha visto. Bernabé se pone la mano en la boca, ocultando su gesto de asombro. Judas tiene la mirada perdida. Y Jesús continúa hablando:

—No es sólo humildad lo que espero de vosotros, sino servicio a los demás, la humildad puesta en acción. La humildad que no empuja al servicio, más que una virtud es la excusa para no hacer nada. Lavándoos

---

[9]*"Para los que creen a Dios, todas las cosas les son para bien"* (Romanos 8:28).

los pies os digo que los verdaderos hijos de Dios aman, sirven, ponen a trabajar a su humildad, a fin de que no se les suba a la cabeza. Si el amor no se pone en acción, es como un címbalo que retiñe. Mucho ruido y pocas nueces.

El corazón del Iscariote se encoge poco a poco. Su ánimo también mengua, convirtiéndose en un hombre pequeño al lado de un gigante.

—Dejo en vuestras manos el futuro del Reinado de Dios. No os preocupéis ni sintáis ansiedad, porque el Espíritu divino os colmará de dones cuando yo ya no viva entre vosotros, para que mi mensaje siga en buenas manos. Pero tendréis que servir como yo os he servido, porque sólo sirviendo se enseña a servir, y sólo amando se enseña a amar.

Entonces, Jesús mira a los Doce y a todos los demás. Uno por uno.

—Sabéis que lavaros los pies no ha sido un hecho puntual. El Hijo del Hombre no ha venido para ser servido, sino para servir. Y vosotros, mis amigos, debéis hacer lo mismo. Servíos los unos a los otros. Amaos los unos a los otros. Así se dará cuenta el mundo entero de que sois mis discípulos, y de que hay esperanza: si vosotros podéis amarlos, ¡cómo no lo hará mucho más el Padre del Cielo! Si vivís amando, Dios será glorificado por vuestro testimonio, y su Reinado se hará más patente que nunca.

Pedro está a punto de llorar. Jesús conoce el alma de niño grande que se esconde detrás de aquella fachada de hombretón duro. Sus manos de pescador son mucho más duras que su corazón, siempre dispuesto a derramarse sin continencia. Mirándolo, el maestro dice:

—Os he lavado los pies para que entendáis que hay otros muchos pies que necesitan ser lavados, y yo no tendré tiempo de hacerlo. Pies heridos, hinchados, cansados de caminar sin rumbo, en dirección a ninguna parte. A esos pies podréis llevar un poco de frescura y descanso. No hay mayor alegría que la de saber recibir para aprender a dar. Es la alegría del Reinado que os he traído, la semilla que dará fruto en vosotros. Queréis estar en comunión conmigo, y que no me vaya. Pero la verdadera comunión es ésta: unos pies y unas manos que se juntan, que se acarician, que se sirven, que se consideran iguales. Nada está completamente limpio; ni siquiera las manos. Y al limpiar los pies, de ellas también desaparece la suciedad que tengan.

Judas se mira las manos. Le parecen más sucias que nunca. A su vez, el maestro se señala los pies:

—Los pies, que realizan el trabajo que no se ve, que soportan el peso de todo el cuerpo sin que nadie se lo agradezca, que casi nunca ven por completo la luz de día, porque van medio tapados por las sandalias; y al otro lado del agua las manos, que hacen los trabajos que se ven, que son alabadas, admiradas, que van siempre al descubierto y se las cuida, que no soportan ni su propio peso y se utilizan para las tareas más refinadas. Pues bien: en el Reinado de Dios, los pies y las manos estarán reunidos. Y lo más importante: serán las manos las que sirvan a los pies, ofreciéndose, sirviendo a los sufridos, explotados, ocultos pies. Ésta es la forma de vivir que yo os propongo. No os canséis de servir a los marginados, a los pobres, a los anulados por los poderes de este mundo desorientado. En vuestro servicio estará Dios, haciéndose paso hasta sus corazones. Ya os he enseñado estas cosas; ahora, felices seréis si las hacéis.[10]

> *El itinerario de Dios llega aquí al lugar último y más bajo: a los pies de la humanidad. Con este gesto, la revelación prosigue, se intensifica en una dirección insospechada. El maestro convertido en siervo. Alzamos la mirada y no lo vemos, porque ha descendido. Los cielos están vacíos de poder. Para encontrarlo hay que buscar por abajo, hay que decrecer, abajarse hasta lo ínfimo. Entonces lo hallamos a nuestros pies. Quisiéramos postrarnos ante él, pero ha sido él quien se ha postrado antes que nosotros.*[11]

Todo esto es el preludio de los acontecimientos que se precipitarán a partir de esa misma noche. Judas es llamado a reconvertir su imagen de Dios y de Jesús. También a verse a sí mismo con otros ojos. Un Dios que no invade, y un Jesús que no guerrea. Un Dios que se humilla ante los seres humanos, y un Jesús que no quiere más que servir y enseñar a hacerlo. Habrá que atravesar las tinieblas de esta alteración, pero si se hace merecerá la pena. Renacer a una nueva comprensión de la voluntad de Dios es lo único que puede sacar a Judas de sus dudas.

Paradójicamente, una infinita tristeza invade el ánimo del Iscariote. Apenas puede sostener la mirada a Jesús. Su alma se debate por salir de aquella ciénaga personal en la que se ha sumergido. No sabe cómo mantenerse a flote. Sin caer en la cuenta de que en una ciénaga uno no debe mantenerse a flote; tiene que salir de ella con urgencia, o corre el riesgo de morir.

Jesús sabe que aquellos serán los últimos momentos de tranquilidad que pasará con sus amigos, pero su atención parece estar centrada en

---

[10]Juan 13:17.

[11]J. Melloni, *El Cristo interior* (Barcelona: Editorial Herder, 2010), 77-78.

Judas. Es el que más lo necesita ahora, el más desorientado, el que más ha perdido el rumbo.

"Sé que uno de vosotros está pensando en entregarme".[12]

Las Biblias suelen traducir esta forma verbal griega (*paradosei me*) como "me entregará". Denota la seguridad de alguien que ya sabe que otro lo va a entregar. Parece el oráculo de un mero futurólogo. Sin embargo, si los evangelistas —en esto coinciden todos— hubieran querido plasmar así las palabras de Jesús, hubieran utilizado el verbo *paradidomi*, que sí significa literalmente "entregar"[13]. Por el contrario, los evangelistas emplean el verbo *paradoseio*, que literalmente, al menos en el griego clásico, significa "estar pensando en entregar a alguien" o "tener deseo de entregar a alguien",[14] y ni mucho menos "me va a entregar". Las implicaciones de esta diferencia verbal son enormes, como puede entenderse fácilmente.

Judas está acariciando a una fiera dormida y corre un grave peligro, pero Jesús no da por hecho el final. El Iscariote puede echar marcha atrás, recapacitar, y no hacer lo que se le está pasando por la cabeza. No hay nada escrito, nada es inevitable. Con Jesús, siempre existirá la oportunidad de volver sobre sus pasos, dejar de lado esos malos pensamientos, cambiar de mentalidad.

Jesús no pronuncia ningún nombre. Pero todos se sienten señalados porque todos, uno a uno, preguntan: *"¿Acaso seré yo, maestro?"*. Todos, uno por uno... Quizá piensan que cada uno de ellos le ha dado muestras al maestro de ser capaz de hacerlo. Posiblemente.

"El que ha mojado conmigo el pan en el plato, ése está pensando en entregarme.[15] *El Hijo del hombre se va, como está escrito de él, pero ¡ay*

---

[12] Mateo 26:21-22.

[13] Éste es el término elegido, por ejemplo, cuando Judas decide ir a los sacerdotes a pactar la entrega de Jesús (*paradoi*); o cuando Jesús advierte del destino de aquél por el que el Hijo del Hombre es entregado (*paradidotai*); o cuando Mateo apoda a Judas "el que le entregaba" (*ho paradidous*).

[14] Así lo traduce José M. Pabón S. de Urbina, excatedrático de lengua y literatura griegas en la Facultad de Filosofía y Letras de la Universidad de Madrid. *Diccionario Griego-Español* (Madrid: Ediciones Bibliograf, 1981), 450.

[15] De nuevo la aparición del verbo *paradoseio*, que hay que traducir por la paráfrasis "está pensando en entregarme", en contraposición con *paradidomi*, que denota certeza de la entrega. Y de nuevo el matiz, tan importante, de que el ser humano, ante Jesús, siempre tiene la opción de cambiar, porque siempre se le ofrecen oportunidades.

de aquél por quien el Hijo del hombre es entregado! ¡Más le valdría a ese hombre no haber nacido!"[16]

¿Es éste el quejido de un Jesús entregado a las contingencias del destino? No lo creo. Jesús nunca se comportó así. Más que una amenaza de castigo, es quizá una advertencia sobre el peligroso camino que Judas está tomando. Aun teniendo en cuenta lo fuerte del lenguaje empleado por el maestro en esta ocasión, ese "¡Ay de aquél…!" denota tanta tristeza, tanta preocupación por su amigo, tanta nostalgia por el recuerdo de los momentos vividos, y que están a punto de evaporarse como el agua del rocío en primavera, que se puede imaginar aquí, más allá de la amenaza, una mano tendida con la dureza de lenguaje que suele dar la urgencia. Como un padre que ve a su hijo pequeño sentado al borde de la ventana abierta, y no se entretiene en explicarle las consecuencias de la ley de la gravedad; lo que hace es gritarle que se aparte rápido de allí.

Así se puede interpretar, también, ese *"¡Más le valdría a ese hombre no haber nacido!"*. ¿Significa esto que toda la vida de Judas ha sido en vano, que todas las curaciones en el nombre de su maestro, todos los exorcismos, todas las limosnas repartidas, todas las almas reconfortadas, no tienen ningún sentido? No parece probable.

Para Dios siempre merece la pena nacer. Nacer significa que Él está disponible, que hay vida eterna que ofrecer, que hay una oportunidad que aprovechar. Jesús nunca pudo pensar en serio que hubiera sido preferible que Judas no hubiera nacido. Lo que está haciendo, sin duda, es pegar un golpe encima de la mesa para que su amigo despierte, y reaccione para bien.

"Tú lo has dicho".[17]

La respuesta afirmativa de Jesús a esa pregunta directa de Judas: *"¿Soy yo acaso, maestro?"* pasa inadvertida para los demás, todavía distraídos, quizá preguntándose los unos a los otros si tal o cual es el traidor; o señalándose mutuamente con tono acusador; o cuestionándose a sí mismos si serían capaces de llegar a tal extremo; o todo esto a la vez. En ese estado de precariedad se encuentra el grupo, no sólo Judas, en aquellos momentos.

Suponiendo que la mesa tenga forma de semicírculo, y que ellos estén recostados sobre divanes bajos, tal como se celebra la Pascua, Jesús está en el centro, a un lado se encuentra Pedro, al otro Juan y,

---

[16]Mateo 26:23-24.
[17]Mateo 26:25.

después de éste, Judas. Si Juan está recostado sobre el pecho de Jesús, como nos dicen los evangelios[18], el maestro se ha vuelto hacia Judas y le ha sido fácil mojar con él el pan, de modo que sólo él pueda oírle. Hay que hacer un nuevo intento, ofrecerle una nueva oportunidad de recuperación. Ese gesto no es una forma de delatarlo. Si quisiera hacerlo, bastaría una simple palabra. Nadie cuestionaría el juicio del maestro. Además, el texto deja claro que ninguno se entera. Al contrario, mojar el pan en el mismo plato con alguien indica un alto grado de intimidad, un gesto de confianza que se hacen entre sí sólo los mejores amigos, los familiares, los que lo comparten todo. Es, más bien, la prueba del irrenunciable amor del maestro, su férrea voluntad de mostrarle que no está todo perdido, que aún puede dar marcha atrás, que no hay nada que él no pueda perdonarle.

"Para que se cumpla la Escritura: Aquel que come de mi pan levantó su talón contra mí".[19]

Es muy importante comprender cuál es el sentido de esta referencia al Salmo 41: *"Para que se cumpla la Escritura"*. No puede tratarse de un guión que determinaría de antemano el papel de cada actor. Quien lee atentamente la Biblia sabe muy bien hasta qué punto Dios propone opciones, y pone a cada uno delante de sus propias responsabilidades. Citando este salmo, Jesús no puede estar afirmando que Judas no tiene otra opción que cumplir la profecía, sino que Dios, de una forma misteriosa, sigue pendiente de lo que acontece. Todo el Cielo está atento al drama de Judas y, al mismo tiempo, es Dios quien está obrando a favor de los seres humanos, a pesar de los errores del Iscariote.

Si la desilusión o el resentimiento de Judas siguen siendo incomprensibles para el universo entero, que contiene el aliento observando la escena, el amor de Jesús hasta el fin está aún más allá de toda comprensión. Los evangelios son muy discretos respecto a los motivos de Judas. No pretenden ahondar en el drama del Iscariote, sino conducirnos a la fe. No desvelan el abismo de tinieblas que se abre en el alma de Judas, sino que revelan la insondable e incomprensible profundidad del amor de Dios.

"Lo que tengas que hacer, hazlo pronto".[20]

¿Qué quiere decir Jesús con esto? De nuevo, conocer desde el

---

[18] Juan 13:23-25.
[19] Salmo 41:10, citado en Juan 13:18.
[20] Juan 13:27b.

principio el final de Judas, predispone al lector de antemano. Puesto que el Iscariote acabará entregando a Jesús, se ha sostenido que el maestro le está diciendo que se dé prisa, que lo entregue ya.

Pero, ¿cómo podría Jesús empujar a su amigo hacia el desastre personal, apremiarlo a tomar una decisión que provocará la muerte de los dos? Pensar siquiera que Jesús está acelerando su propia muerte, o la de su discípulo, resulta una ignominia. Sería como reconocer que la traición de Judas es parte imprescindible de sus planes, y su discípulo una simple pieza de un engranaje divino previamente establecido.[21] Creer esto me parece una aberración.

> Sabéis que hay gente que llega a elevar a Judas a la categoría de nuestro verdadero salvador. Hacía falta alguien, algún alma que se atreviese a denunciar a Jesús, puesto que Jesús, para satisfacer a Dios, tenía que morir. Por lo que hacía falta alguien en la tierra que traicionase a Jesús. Por consiguiente, si llevamos este razonamiento hasta sus últimas consecuencias, el verdadero salvador sería Judas; porque Judas sí dio su vida, y definitivamente perdida, mientras que Jesús da su vida, pero la recupera al tercer día. Comprended que este razonamiento nos lleva a algo totalmente absurdo. No hay nada en la Biblia que permita apoyar esta teoría.[22]

Nadie que haya captado mínimamente el mensaje de Jesús podría caer en un error así. El maestro nunca utilizó ni manipuló a nadie. Ni siquiera para el bien. Cuánto menos para el mal. Sin embargo, aún quedan estudiosos que defienden esta postura.[23]

Jesús ha dado ya muchas muestras de que sabe leer como nadie el

---

[21]Esta extraña opinión fue sostenida por la antigua secta gnóstica conocida como los Cainitas, descrita por Ireneo (*Adv. Haer.*, I, c. ult.), y más completamente por Tertuliano (*Praesc. Haeretic.*, xlvii), y Epifanio (*Haeres.*, xxxviii). Algunos de ellos mantenían que Judas estaba en realidad inspirado por Dios, y actuó como lo hizo para que la humanidad pudiera ser redimida por la muerte de Cristo. Por esta razón lo consideraban digno de gratitud y veneración. Éste es el argumento central del Evangelio de Judas (para más información sobre este documento antiguo, ver los anexos II y III al final de las páginas de este libro).

[22]G. Stéveny, *La cruz, fuente de vida* (Barcelona: Aul@7Activa, 2004), 12.

[23]Entre ellos, hay que destacar a Nils Runeberg: "Sin su acción, Jesús no hubiese cumplido la voluntad del Padre. La traición de Judas fue un hecho prefijado que tiene su lugar misterioso en la economía de la redención". Y añade: "Si el cristianismo es una religión basada en el sacrificio, Judas fue el que llevó esta lógica hasta rebajarse a delator (el peor delito que la infamia soporta) y ser huésped del fuego que no se apaga". Nikos Kazantzakis popularizó está idea en su novela La última tentación de Cristo (N. Kazantzakis, *La última tentación de Cristo* [Madrid: Ediciones Debate,

alma humana, y las consecuencias que traen aparejadas sus decisiones, buenas o malas. El maestro debe intuir, al menos, que si Judas se marcha para entregarlo va a acabar muy mal. Quizá tendrá la oportunidad de cruzar su mirada compasiva con la del Iscariote por última vez, como podrá hacer con Pedro. Pero no tiene seguridad ninguna. Es correr demasiados riesgos. Y si es así, ¿cómo imaginamos a Jesús capaz de animar a su amigo a que lo entregue, y además "pronto"?[24] Sería como tender la mano al amigo que está a punto de perder el equilibrio ante el precipicio, pero no para salvarlo sino para darle el último empujón. Jesús no es así. Nunca lo fue. Si tiende la mano, y lo hace siempre, es para salvar, para recuperar, para atraer; nunca para asestar el golpe de gracia.[25]

¿Y si lo que Jesús le está diciendo es exactamente lo contrario?:

"Lo que debes hacer, hazlo pronto. Mientras te debates, mientras te asaltan las dudas y estás a punto de tomar una decisión que nos hará mucho daño a todos, escúchame: Lo que sabes que debes hacer, hazlo; la decisión que sabes que debes tomar, tómala ya. No te demores más, porque cuanto más te adentres en el laberinto, más imposible te será salir. Sal de él ya, vuelve conmigo ya, lo que la bondad que aún no has perdido te empuja a hacer, hazlo ya".

Quizá sea arriesgado interpretar estas palabras de Jesús así, pero esta perspectiva de redención cuadra mucho más con el Jesús que los evangelios describen siempre. Ofrecer, de nuevo y sin descanso, una mano abierta, y no dar el fatal empujón a quien se debate entre el bien y el mal.

Es más, cabe hacerse una pregunta: Si Jesús sospecha desde hace tiempo que Judas va a traicionarlo, y ahora le está animando a darse prisa para hacerlo, ¿por qué lo mantiene hasta el final en el círculo de sus más allegados?

Entre los numerosos discípulos que le seguían, Jesús designó a doce de ellos para que estuvieran más cerca de él, para compartir y continuar

---

1995]), que fue llevada al cine por el afamado director Martin Scorsese en el año 1988.

[24] En griego (*tajion*), la expresión significa algo así como "lo más pronto que te sea posible". La premura, la urgencia a la que está invitando Jesús a Judas no parece indicar que esté incitándolo a hacer (o a acabar de hacer) algo malo sino, al contrario, a optar por algo bueno de forma rápida, urgente.

[25] Juan 3:17: "*Porque no envió Dios a su Hijo al mundo para condenar al mundo, sino para que el mundo sea salvo por él*".

su misión. No instituyó el grupo de los Doce íntimos a la ligera, sino después de orar toda una noche (Lucas 6:12-16).

Sin embargo, en un momento dado y según el evangelio de Juan, mucho antes de los acontecimientos de Jerusalén que acabarán en la cruz, Jesús comprende qué está pasando con el Iscariote (Juan 6:70-71). ¿Por qué entonces no aleja a Judas de su entorno? ¿Por qué lo mantiene junto a él hasta el final?

Quizá por la misma razón que lo hace con los demás. ¿O es que alguno de ellos, tan sólo uno, ha dado muestras de merecer al maestro, de ser digno discípulo suyo? ¿Lo es Pedro, a quien el maestro empieza pronto a apodar, con una poco velada ironía, "Cabeza de piedra" (Cefas)? ¿Lo es Tomás, que tiene los pies tan pegados al suelo que sólo ver a Jesús resucitado le servirá para alcanzar un poco de fe? ¿Lo es Mateo, que a tantos pobres ha esquilmado, sentado en su mesa de recaudador de impuestos, aumentando la ya de por sí enorme miseria de su pueblo? ¿Lo son Juan y Santiago, los hijos de Zebedeo, a los que el maestro apellida "*Hijos del trueno*" (*boanerges*), porque lo único que se les ocurre, al ser despachados de un pueblo, es pedir que baje fuego del cielo y los consuma a todos? ¿Lo es Simón Zelote, con sus manos de terrorista quizá manchadas de sangre, y su conciencia cargada de cadáveres? ¿Lo son todos, cuando demuestran en multitud de ocasiones que son impermeables al mensaje de amor y fraternidad, núcleo central del Reinado de Dios? ¿Lo serán cuando dejen solo al maestro en Getsemaní, frente a la guardia del Sanedrín? ¿Lo serán al refugiarse, llenos de pánico durante tantos días, en el aposento alto? Ninguno dará la talla. Judas tampoco.

> *Judas cree. Testigo del poder de Jesús, sabe que cura, que es el amo de las fuerzas de la naturaleza y de la muerte. No es el único que tiene la seguridad de que el Reino ha de ser de este mundo. Así lo piensan todos los demás, todos los discípulos. Lo creerán hasta el último momento, incluso cuando vean a Jesús resucitado. ¿Por qué, entonces, no se decide? No haciéndolo, está traicionando a Israel. Está traicionando a todos los que se han adherido a él. Judas está impaciente. Va a provocar el acontecimiento, el advenimiento. Va a obligar a Jesús a salir de su reserva.*[26]

Cuando se repasa la lista de los Doce íntimos, surge una pregunta que puede parecer, a primera vista, irreverente: al elegirlos Jesús, ¿no puede, no sabe, o no quiere escoger a gente más cualificada, más tenaz, más comprometida?

---

[26] J. P. Roux, *Jesús de Nazaret* (Madrid: Editorial Espasa-Calpe, 1993), 353.

Los relatos de los evangelios son claros en esto: los discípulos, en vida de Jesús, entienden muy pocas cosas sobre quién es realmente y a qué ha venido; mantienen una mentalidad ajena, discordante con el mensaje del maestro; actúan de forma incoherente con su misión. Hasta el punto de que, en alguna ocasión, sacan de sus casillas al maestro (Marcos 9:19).

¿No puede Jesús escoger a mejores creyentes? ¿Seguro que no los hay? Y si no cabe el "no puede"... ¿será que no sabe? Los mismos evangelios que cuentan con tanto detalle la ineptitud de todos ellos, muestran sin embargo la pericia, la intuición y la sabiduría que Jesús posee para analizar y desnudar el alma humana. Así que tampoco cabe el "no sabe". Parece que sólo queda el "no quiere". Y esto es sumamente revelador, pero también desconcertante. Pudiendo y sabiendo, parece no querer. Quizá porque su propia elección va a convertirse en un signo de cómo hace Dios las cosas; una parábola viviente, humana, de cómo nace el Reinado de Dios entre los seres humanos. El teólogo Gerhard Lohfink lo expresó de esta forma:

> *Sólo la fascinación de un Reinado de Dios, que se hace ya presente, regala la libertad interior de vivir con tal radicalidad el seguimiento a Jesús de Nazaret.*[27]

Casi me atrevería a afirmar, aunque suene un poco arriesgado, que a poco que Dios pueda elegir, no escoge a los mejores desde el punto de vista humano: Abraham, Jacob, José, Moisés, David, Jonás, Elías... Pedro, Juan, Santiago, Tomás, Mateo, Simón, Judas... Es como si el mensaje de cada concreta elección fuera: "Hasta ellos caben, hasta ellos participan, hasta ellos son valiosos para mi proyecto; así que tú también. Cometer errores es propio de lo humano. No necesito ángeles para esta obra, sino hombres y mujeres que me escuchen, que aprendan y que me aprehendan. Estas pequeñas semillas indefensas, imperfectas, inmaduras, de las que poco cabe esperar, pueden fructificar y dar ciento por una. Tú también...".

El caso de su hermano Santiago será paradigmático. Nada se espera de él, nadie puede pensar que se unirá al movimiento del maestro. Los evangelios destacan que no cree en Jesús ni en su mensaje (Juan 7:2-5), y que hasta suele tomar por loco a su hermano (Marcos 3:20-35). Sin embargo, esa semilla pequeña que Jesús siembra en vida, fructificará

---

[27] G. Lohfink, *La Iglesia que Jesús quería. Dimensión comunitaria de la fe cristiana* (Bilbao: Editorial Desclée de Brouwer, 1986), 50.

tras su muerte y su resurrección. Santiago, años más tarde, se convertirá en el líder de la primera comunidad cristiana, la de Jerusalén.[28]

Una de las frases de Jesús da una pista: *"¿Acaso no he sido yo quien os elegí, a vosotros doce?"* (Juan 6:70; 13:18). El verbo elegir o escoger es una palabra clave en la historia bíblica. Dios elige a Abrahán, elige a Israel para hacer de él su pueblo (Deuteronomio 7:7-9). La elección de Dios da origen al pueblo de la alianza. Dios no lo elige porque sea su pueblo, sino que su elección lo convierte en su pueblo. Lo que hace inquebrantable la alianza es que Dios elige sostener a Abrahán y a sus descendientes por siempre, aunque se equivoquen. Pablo de Tarso lo confirmará, años más tarde, muy claramente: *"Los dones y la llamada de Dios son irrevocables"* (Romanos 11:29).

Puesto que Jesús elige a los Doce como Dios a su pueblo,[29] no puede desesperar de ninguno, como su Padre no lo ha hecho con Israel. Tampoco de Judas, incluso cuando comprende que se está alejando demasiado. Quiere amarlo hasta el final, para dar fe de que la elección de Dios es irrevocable.

Los profetas, en particular Oseas, Jeremías o Nehemías, hablan en nombre de un Dios herido y humillado por las traiciones de su pueblo y que, sin embargo, no deja de amar con un amor de eternidad.[30] Jesús no quiere, ni tampoco puede hacer menos: abrumado por la traición de uno, no dejará de amarlos a todos. Rebajándose ante sus discípulos para lavarles los pies, se hace su servidor, también de Judas, con un amor ardiente que el discípulo se llevará a su noche más oscura.

Si quiere ser fiel imagen de su Padre –el Dios que ha elegido a Abrahán y a Israel, el Dios de los profetas que, por mucho que le falle su

---

[28]La tradición cristiana primitiva recuerda que Santiago, hermano de Jesús, fue acusado por los judíos de proselitismo cristiano, arrojado desde el pináculo del Templo de Jerusalén, y rematado con su bastón por un batanero, en el año 62 d.C. (Eusebio, *Historia Eclesiástica*, II 23:18)

[29]La elección de los Doce es suficiente para sostener que aquel grupo era una evocación a las doce tribus de Israel (todos los especialistas bíblicos coinciden en ello) y, por lo tanto, la confirmación de que Jesús ve su destino inequívoca e incondicionalmente vinculado al de todos ellos, como su Padre del Cielo lo había hecho en el pasado con su pueblo.

[30]Oseas 11:8-9:"¿Cómo podré abandonarte, oh Efraín? ¿Te entregaré yo, Israel? ¿Cómo podré yo hacerte como Adma, o ponerte como a Zeboim? Mi corazón se conmueve dentro de mí, se inflama toda mi pasión. No ejecutaré el ardor de mi ira, ni volveré para destruir a Efraín. Porque Dios soy, y no hombre, el Santo en medio de ti".

pueblo, no deja de sentir compasión por él y de actuar en su favor–31, Jesús no puede obrar de otro modo, tiene que mantener a Judas, y a los demás, junto a él hasta el fin. Jesús lo ama tanto como a los otros. Incluso si éste se encuentra enteramente envuelto por las tinieblas, "*la luz brilla en las tinieblas*" (Juan 1:5). En la noche más opaca del Iscariote, Jesús manifiesta el resplandor inaudito del amor de Dios. Porque durante esta cena, lo central no es la mesa del maestro sino el maestro de la mesa.

Terminada la celebración de la Pascua, Judas desaparece. Ninguno de los discípulos capta el drama entre Jesús y su amigo. Piensan que se va a entregar alguna limosna. Si alguno de los presentes hubiese tan sólo intuido la realidad, habría intentado impedir a Judas cualquier movimiento, seguramente por la fuerza o con la espada. Jesús no va a permitir eso.

---

[31] Nehemías 9:17, "*No quisieron oír, ni se acordaron de las maravillas que habías hecho con ellos; en vez de eso, endurecieron su cerviz, y en su rebelión pensaron poner caudillo para volver a su servidumbre. Pero tú eres Dios que perdonas, clemente y piadoso, tardo para la ira y grande en misericordia, porque no los abandonaste*".

Apéndice al capítulo XI

11.1. Éstos son los argumentos de Joaquim Jeremías para mostrar el origen pascual de la última cena de Jesús:

1. Según los evangelios (Marcos 14:13; Juan 18:1), la cena tuvo lugar en Jerusalén. Esto no es obvio en absoluto. En los días de la Pascua la Ciudad Santa rebosaba de peregrinos. En este sentido, y según Marcos 11:11: Lucas 21:37 o Lucas 22:39, Jesús solía abandonar la ciudad por la tarde y se iba a Betania. ¿Por qué se queda, contra su costumbre, en esta ciudad abarrotada de gente, la tarde de la última cena? Porque estaba escrito que el cordero pascual tenía que comerse dentro de los muros de la Jerusalén (Sifré Nm 69).

2. Marcos 14:13-15 supone que el local de la cena fue puesto a su disposición de forma gratuita. Esto podría estar de acuerdo con una costumbre: Jerusalén era considerada propiedad nacional, por lo que quedaba prohibido alquilar locales en Jerusalén a los peregrinos pascuales exigiendo un precio (Meg.bad. 26a), aunque era corriente indemnizar a los propietarios dejándoles las pieles de los corderos pascuales.

3. Según Juan 13:30 y 1 Corintios 11:23: La última comida de Jesús se celebró durante la noche. Tampoco es un dato sin importancia. La costumbre en la Palestina de los tiempos de Jesús era tomar dos comidas al día: un desayuno muy frugal, entre las diez y las once de la mañana, y la comida principal por la tarde, antes del atardecer. ¿A qué se debe que dicha comida se prolongue hasta la noche? A que, desde el origen de esta celebración, la Pascua era una comida nocturna. La cena comenzaba después de la puesta de sol, y se prolongaba hasta muy entrada la noche (Éxodo 12:8).

4. Mateo 26:20; Marcos 14:18; Lucas 22:14 y Juan 13:12ss narran que Jesús y sus discípulos estaban recostados durante la última cena.

Sin embargo, la literatura rabínica confirma que, habitualmente, los comensales estaban sentados durante las comidas ordinarias (Berjer VII,11c.48). ¿Por qué celebrar aquella cena recostados? Porque estar recostado durante la cena pascual era una obligación ritual, como símbolo de libertad (Pesjer X, 37b, 53s).

5. Jesús y sus discípulos bebieron vino durante la última cena (Marcos 14:23-25). Esto no era en absoluto habitual. Sólo se bebía vino en ocasiones solemnes, tales como circuncisión, petición de mano, bodas o funerales (Pes. bab 109ª). Los días ordinarios se bebía agua, por lo que hay que descartar que Jesús y sus discípulos bebiesen vino en sus comidas ordinarias. ¿Por qué, entonces, bebieron vino en la última cena? Porque todos los comensales de la cena pascual tenían la obligación de beber vino, cuatro vasos como mínimo (Pes. X, 1)

6. Según Juan 13:29, algunos discípulos creen que Judas, al abandonar la mesa, iba a dar algo a los pobres por orden de Jesús. Pero era de noche. Es difícil que Jesús tuviera la costumbre de repartir limosnas de noche. Ahora bien, era costumbre ejercitar la beneficencia con los pobres precisamente la noche de Pascua (Pes. IX,11).

7. La última cena termina con un canto de alabanza (Marcos 14:26; Mateo 26:30). Este canto debió ser la segunda parte del Hallel pascual, llamado ocasionalmente "himno" en la literatura rabínica.

8. Una última observación tiene extraordinaria importancia. Jesús anuncia durante la cena su inminente pasión, pronunciando las palabras que explican el significado del pan y del vino. ¿Qué lo mueve a anunciar la pasión de una forma tan extraña? Sin duda, que la explicación del significado de los alimentos es parte integrante del rito pascual. La costumbre sigue vigente hoy entre los judíos, y nace de la exégesis de Éxodo 12:26ss. Dicha explicación se pronunciaba después de terminar el primer plato, y de mezclar la segunda de las cuatro copas que formaban parte del rito.[1]

11.2. ¿Cómo ocurrió semejante trastoque? ¿Cómo se pasó del Dios debilitado libremente en Jesús, al Dios juez todopoderoso?

Todas las fuentes históricas atestiguan que fue por culpa de la inmersión del cristianismo en ambientes fuertemente helenizados. Era inevitable que, con el ensanchamiento de las fronteras del cristianismo, dejando atrás la diminuta Palestina, y sumergiéndose en una cultura

---

[1] Para profundizar más en los detalles véase J. Jeremias, *La última cena. Palabras de Jesús* (Madrid: Ediciones Cristiandad, 1980), 42-64.

griega que empapaba todo el imperio romano, los predicadores cristianos se vieran confrontados al diálogo con dicha forma de entender la vida, tanto secular como religiosa. Entonces, la idea de Dios que tenían los primeros cristianos comenzó a verse influenciada por la idea de sus dioses que tenían los griegos.

Para Jesús, el Dios Padre del cristianismo no gobierna como lo hace Zeus, el dios padre del helenismo. Pero para una iglesia que no paraba de abrirse camino, la idea de Jesús no fue suficiente. Y el Dios que se reveló en la debilidad de un hombre, de alguien que nació y vivió en la pobreza, entre los débiles y los desamparados, y que murió ajusticiado entre malhechores, fue sustituido por el *Pantokrátor* griego, el todopoderoso y soberano universal, el juez severo y distante, el ejecutor de las sentencias finales.

Ya en el segundo siglo de nuestra era, Clemente Romano designa a Dios como el todopoderoso (*Pantokrátor Theós*), al que los cristianos elevan sus manos para *"provocar su misericordia"*. La inversión del concepto ya es evidente. Según este autor, los cristianos ya no se las ven con un Dios que *"es misericordia"*, ni con un Dios que es bueno con todos, sean justos o injustos, sino con el Dios omnipotente al que se le puede suplicar que sea bueno, pero sólo si lo somos nosotros

A partir del siglo tercero de nuestra era, con Orígenes, todo esto se desquicia. Pasó lo que tenía que pasar, vista la deriva que la imagen de Dios Padre había sufrido. En su confrontación con los griegos, Orígenes salía siempre perdiendo porque ellos disponían de dioses con superpoderes, mientras que el Dios de los cristianos se había encarnado en un pobre hombre, que no dispuso de un lugar propio donde caerse muerto, y que no pudo hacer nada contra un poder imperial como el de Roma. ¿Qué clase de Dios es ése, que no pudo hacer nada frente a los hombres que querían matarlo, y de hecho lo mataron?

Así que Orígenes y los apologistas cristianos pensaron que era mejor convertir a Jesús en un *segundo Dios* al estilo griego, un *Logos universal* para el que el carpintero nazareno no fue sino un simple ropaje. Lo importante no era su humanidad, la cercanía de un Dios que se *abaja* y se encarna, sino su naturaleza divina, su poder y su gloria, tan apreciados por la cultura helenística. La suerte estaba echada, y abonado el campo para la aparición de tantas expresiones artísticas, de las que bebió el cristianismo de la Edad Media, y que hacían aparecer a Jesús como un *Pantokrátor*, un ser divino que gobierna y juzga al mundo desde arriba. De ahí al miedo religioso a Dios no había más que un paso. Y se dio.

El Dios amado y predicado por Jesús, aquél que por amor se hace débil carne humana (Juan 1:14) en el hombre Jesús de Nazaret, prototipo de los que sufren la opresión y la miseria, y descubren en Dios la razón de la felicidad, pasó a ser el temido juez omnipotente, al que hay que rogar misericordia para que se aplaque su ira, y se compadezca de los débiles e insignificantes mortales. Un dios con un rayo en la mano, al estilo de Zeus, que juzga, condena y castiga los errores de la gente. Un dios, por tanto, mucho más manejable por las jerarquías eclesiásticas que se estaban gestando, ávidas ya de poder, y a las que les venía muy bien un dios poderoso e irascible, al que sólo ellas podían aplacar a base de penitencias y ofrendas de la pobre plebe engañada. El cristianismo se convirtió en la religión del poder humano, y en la del miedo al poder divino. Un poder que impresiona, amenaza, manda y prohíbe, castiga y condena. Un dios omnipotente y agresivo, déspota y terrorífico, puesto al servicio de los inconfesables deseos de las jerarquías eclesiásticas. Cuando esto ocurre, la primera víctima es Dios mismo. Un dios que se proyecta como culpa, miedo y terror sobre cuantos se resignan a creer en él, en vez de hacerlo como perdón, desculpabilización, esperanza y alegría, como lo hizo Jesús de Nazaret.

El maestro galileo centró buena parte de su esfuerzo en ayudar a los seres humanos a desterrar al miedo. Me refiero a ese miedo destructivo, paralizante, deshumanizador. Ese terror íntimo a la vida, al porvenir, a los semejantes, a uno mismo y a Dios. Bajo esas circunstancias, es imposible llegar a ser feliz. Y lo que nuestro Padre del Cielo quiere es nuestra felicidad. Por eso Jesús dice constantemente en los evangelios *"No tengáis miedo"* (Mateo 10:28; 14:27; 17:7; 28:10; Marcos 6:50; Lucas 5:9-10; 12:4-5; Juan 6:20). Se dio cuenta de que, motivada por el miedo, la gente corre un enorme peligro. Sobre todo cuando pensamos en Dios, porque entonces el miedo se convierte en algo total, transversal, septicémico. Miedo a un dios exigente y justiciero, que castiga con su propia mano la maldad de los padres sobre los hijos, y sobre los hijos de sus hijos.

Y que conste que esta forma depravada de religión no ha sido prerrogativa exclusiva de la Iglesia Católica Romana. El protestantismo, a su nivel y cuando ha podido, ha hecho lo mismo. Se puede decir que de los atropellos por el poder, permítaseme la irreverencia, no se ha salvado ni Dios. Me pregunto si se puede pervertir de manera más radical el mensaje de Jesús. Entre el Dios de Jesús y el de todo esto, cabe el infinito.

El Dios que nos reveló Jesús es el Dios que se hace presente en lo pequeño, en la gente sencilla, en los que nada tienen que decir en este mundo. No es el dios del poder absoluto. Ni por tanto, el dios que tienen que mostrar los que a toda costa exigen obediencia y sometimiento, amparándose en el argumento de que ellos son la voz del dios omnipotente. El Dios de Jesús es el Dios que se funde con lo humano. Y es, por tanto, no el dios que somete, amenaza y castiga, sino el Dios que responde y corresponde a las apetencias de respeto, dignidad y felicidad que todos llevamos inscritas en la sangre de nuestras ideas más queridas, y en los sentimientos más auténticos y nobles de cualquier ser humano.[2]

11.3. El apóstol Pablo no interpretó la eucaristía como una celebración que repite la muerte de Jesús, aunque sea de forma ritual, como ocurre en la misa católica. No en vano, para él, *"sabemos que Cristo resucitado de la muerte no muere ya más (...) porque su morir fue un morir al pecado de una vez y para siempre"* (Romanos 6:9-10).

Así, su muerte no puede ser un sacrificio repetible, ni siquiera de forma simbólica. No se trata de la divinidad que muere y resurge continuamente. Esto es más propio de los cultos de misterio paganos. La celebración cristiana de la última cena recuerda la muerte de Jesús, actualiza su significado en la vida de cada creyente que participa en ella, y anuncia su esperado regreso a este mundo. No es un sacrificio vicario que necesita actualizarse cada día, sino una profesión de fe y de esperanza. Es la forma en que los primeros cristianos, y nosotros con ellos, recordaban el escándalo de un Dios que se da y se vacía hasta morir por sus criaturas, la alegría de su victoria sobre la muerte, y la impaciencia por verlo regresar en las nubes de los cielos.

Por esto mismo, la celebración cristiana de la última cena no debería circunscribirse sólo a los miembros oficiales de una determinada denominación religiosa, traspasando así los muros institucionales. Si se entiende que es la actualización de un recuerdo, la aprehensión de una alegría, y el anuncio de un esperanza, el mero deseo de participar debería bastar, pues no hay en la ceremonia carga ritual ni sacrificio real ningunos, y el pan sigue siendo pan, y el vino vino. Además, a nadie compete juzgar la sinceridad o la preparación con la que otro participará en la celebración. Eso es algo que habrá de dirimirse entre Dios y el participante.

---

[2] J. M. Castillo, *Dios y nuestra felicidad* (Bilbao: Editorial Desclée de Brouwer, 2001), 201. Para más información sobre esta perniciosa medida véase Idem., 169-201.

CAPÍTULO XII

GETSEMANÍ

El Iscariote ha tomado su decisión. Es el momento propicio para avisar a los soldados. *"Era de noche"* (Juan 13:30). Un apunte del evangelista que parece contener algo más que un dato temporal, describiendo en tres palabras (también en griego) el oscuro abismo en el que se está hundiendo el alma de Judas. Pero Dios no se da jamás por vencido. Y su hijo tampoco. El siguiente evento será testigo de ello. Es de noche, pues, y Jesús y los once marchan hacia el Monte de los Olivos, concretamente al huerto de Getsemaní.[1]

Están a punto de desatarse, con toda su furia, todos los poderes malignos que han conspirado contra el maestro de Nazaret desde el comienzo de su ministerio público. O desde mucho antes aún. El bien ha intentado abrirse camino en este mundo durante más de tres años. Una a una, las batallas con las que Jesús ha plantado cara a su príncipe no han hecho sino acercar, cada vez más, el Reinado de Dios y su ideal de justicia. Pero la guerra continúa.

No está dicha la última palabra, porque vienen horas que probarán, hasta el extremo, la hondura de la fidelidad de Jesús a la voluntad de su Padre,[2] el deseo irrenunciable de manifestar, sean cuales sean las consecuencias, la verdadera forma de ser de Dios, que prefiere morir

---

[1]Getsemaní significa, en arameo, "lagar de aceite o ungüentos". Este huerto se encontraba en la ladera occidental del Monte de los Olivos. Por ello, los evangelios hablan unas veces de Getsemaní y otras del Monte de los Olivos. Es curioso constatar que este monte era, en aquel entonces, el límite hasta el que llegaba la ciudad de Jerusalén. Este dato es significativo: durante la fiesta de la Pascua los judíos no podían salir de la Ciudad Santa. No sabemos si Jesús tenía esto en mente aquella noche, pero lo cierto es que si hubiera ido más lejos, probablemente los soldados judíos no hubieran podido apresarle.

[2]Juan 5:30: *"No he venido a hacer mi voluntad, sino la voluntad de mi Padre"*.

rescatando a quien se ahoga, antes que asistir de brazos cruzados al ahogamiento. A veces, es la propia víctima quien amenaza la vida del rescatador, intentando agarrarse histéricamente a él y propiciando su hundimiento. Otras veces, son los poderes oscuros y tenebrosos actuando en el propio mar los que pueden arrastrar, a quien pretende ayudar, lejos de la orilla.

La conjunción de estos dos peligros, la histeria de la víctima y las fuerzas ocultas bajo el agua, hacen el rescate prácticamente imposible. A este escenario se enfrenta Jesús ahora. Por un lado, los seres humanos, hastiados de bracear para mantenerse a flote, histéricos por sus miedos ancestrales, obstinados en agarrarse a una tabla que no es más que un espejismo de seguridad, están dispuestos a pelear con violencia por ella. Por otro, poderes malignos que no son de este mundo van a intentar doblegar la voluntad del maestro, imponiéndole terribles torturas emocionales y físicas.

Leer el pasaje evangélico de Getsemaní es como asistir a las distintas etapas de un duelo: rebelión, negociación, depresión y aceptación. Un duelo no sólo por su propia vida; también, y sobre todo, por el futuro de la humanidad, y especialmente el de sus amigos. Confía plenamente en Dios, pero los seres humanos, a veces, se ven sometidos a grandes presiones, tensiones que no son capaces de soportar si no están aferrados a las promesas del Padre del Cielo.

También Jesús tiene que experimentar y aceptar las impresionantes palabras de profeta:

Porque no son mis pensamientos vuestros pensamientos, ni vuestros caminos son mis caminos —oráculo de Yahvé—. Porque como aventajan los cielos a la tierra, así aventajan mis caminos a los vuestros, y mis pensamientos a los vuestros (Isaías 55:8-9).

Dios es misterio porque no se manifiesta en el poder ni en lo sublime, sino en el amor y en los últimos, porque subvierte las ideas que los seres humanos se hacen de Él. Lo ven como poder y dominio, tentación que sufrió Jesús cuando se le presentó el reto del mesianismo glorioso. Dios es incógnita cuando no le da a conocer ni el día ni la hora de la venida del Reino. Dios es escándalo cuando se calla en la cruz.

Aunque el príncipe de este mundo no tenga poder externo sobre él, algún poder sí tienen desde dentro los afectos y lazos humanos. La valentía y decisión de la entrega no pueden ocultar la lucha interna en Getsemaní, que Juan resume con estas pocas frases:

Ahora mi espíritu está agitado, ¿y qué voy a decir: que mi Padre me libre de esto? No, que para eso he llegado a este trance. Padre, da gloria a tu nombre (Juan 12:27-28).

La entrega total tropieza con la resistencia humana, con los lógicos sentimientos de supervivencia que tienen poder sobre él. Jesús tiene que pelear para imponer la voluntad del Padre por encima del abandono. La turbación insinúa dudas, sugiere evasiones; pero la conciencia de la misión las disipa. Después de tan largo viaje, retirarse al llegar al final no es una opción: *"para eso he llegado a este trance"*.[3]

En Getsemaní, Jesús aúna la confianza en el Padre con la obediencia a Él. El Padre sigue siendo Dios, y Jesús le deja ser Dios. Dios no es manipulable. Supera los conceptos humanos, sus instituciones, sus leyes y sus iglesias. A Dios se lo barrunta, se lo conoce de oídas, como Job (Job 42:5-8), se persiguen sus huellas en la historia, pero no se lo posee. Jesús polemiza con quienes pretendían tener a Dios encerrado en sus tradiciones, y enseña a vivir con actitud reverente ante el misterio de Dios, con los ojos de la fe siempre abiertos a descubrir su voluntad en la vida, y a aceptar sus caminos tantas veces insospechados.[4]

Sin duda, parte de la sangre que transpira Jesús en Getsemaní la produce la preocupación por su amigo.[5] Quizá parte de las oraciones que pronuncia allí son también por él. Quizá muchas de las lágrimas que vierte son a causa de su preocupación por el Iscariote. Pero también por los demás íntimos. Justo antes de salir para el huerto, ya había expresado al Padre lo preocupado que estaba por ellos, que iban a quedarse solos y desvalidos: *"Que todos sean uno"*.[6]

Los presiente perdidos, dispersos, divididos. El futuro de su movimiento está altamente comprometido. La noche se ha preñado de desencuentros: mientras él está dispuesto a lavarles los pies, ellos han entrado en la sala discutiendo por quién sería el mayor en el nuevo reino; Judas se ha marchado, y su futuro e intenciones son inciertos; Pedro acaba de decirle que está dispuesto a morir por él, cuando lo cierto es que está a punto de traicionarle también. Y Felipe está tan desorientado que le ha pedido que les muestre al Padre, a lo que el

---

[3] L. A. Schoekel, *Dios padre. Meditaciones bíblicas* (Santander: Editorial Sal Terrae, 1994), 108-109.

[4] R. Aguirre, *El Dios de Jesús* (Madrid: Editorial Fundación Santa María, 1985), 48-49.

[5] Aunque la imagen de Lucas 22:41-45 es poderosísima, es probable que el texto original consistiera sólo en los versículos 41, 42 y 45. Apéndice 12.1.

[6] La oración completa se encuentra en Juan 17:1-26. Es un clamor lleno de preocupación, pero también de compasión y esperanza.

nazareno tiene que responder: "*¿Tanto tiempo con vosotros, Felipe, y aún no sabéis quién soy?*" (Juan 14:8-9).

¿Qué será de ellos después de su muerte? ¿Se quedarán como ovejas sin pastor? ¿Se dispersarán y dividirán acosados por los lobos, siendo así más vulnerables, o se mantendrán unidos, dándose fuerzas y protegiéndose los unos a los otros? ¿Serán capaces de aprender a amarse —o siquiera tolerarse— Mateo el publicano y Simón el zelote cuando él ya no esté entre ellos? Es una pena, pero no saben quererse. Ni siquiera su presencia ha limado todas las asperezas. Son egoístas y violentos aún. Se dan codazos para ser —o parecer— los mejores. Siguen sin soportar la discrepancia, y tratan como enemigos a los que no son de los suyos. Les quedará de él un recuerdo imborrable, eso seguro. Pero ¿serán capaces de actualizar cada día ese recuerdo en sus propias vidas? ¿Y en las de los demás? ¿Conseguirán amarse de verdad los unos a los otros, y así predicar con el ejemplo el Reinado de Dios que deja en sus manos? Jesús tiene miedo a que olviden la forma de ser que les ha enseñado. Si lo hacen, la valiosa semilla legada correrá un grave peligro de morir antes de germinar.

Es muy probable que en aquel huerto de la tristeza, la oración más repetida por Jesús fuera "*Padre, que todos sean uno*". Por Pedro, por Felipe, por Judas, por todos... Ninguno de ellos le ha dado motivos para marcharse de este mundo en paz y confiado. Sólo puede esperar que el Consolador, el que vendrá tras su muerte, los colme de todo lo que les falta aún.[7] Eso es, quizá, lo que más turba al maestro durante estas últimas horas. Lo único que quiere es volver a juntar a sus discípulos, como la gallina junta a sus polluelos bajo sus alas (Mateo 23:37).

Los verbos que los evangelistas utilizan para describir la situación anímica de Jesús son explícitos. Marcos y Mateo emplean el verbo *ademonéo*, que expresa el efecto producido en un alma que está inquieta y atormentada. Es la angustia, el desamparo, la postración. Marcos añade

---

[7] Se podría explicar la función del Consolador (Espíritu Santo) entre los discípulos de Jesús utilizando un símil fotográfico: Los discípulos quedaron "impresionados" por la persona de Jesús. Cuando se toma la foto de un objeto o de una persona con una cámara analógica, la película queda impresionada, el objeto o la persona se registra en ella, pero no se ve nada. Para que aparezca la imagen que fue registrada, la película tiene que sumergirse en un baño que se llama, precisamente, "revelador". Durante su vida con Jesús, los discípulos quedaron impresionados por él, pero no sabían hasta qué punto. Hasta el Pentecostés, todo aquello quedó en negro. Para que apareciera toda aquella imagen múltiple que guardaban de él tuvieron que sumergirse en aquel baño (bautismo) revelador que fue la efusión del Espíritu Santo. A partir de entonces se sintieron inspirados a contar las experiencias que habían vivido con el maestro, y de aquellas experiencias surgieron los evangelios.

además el verbo *ekthambéomai*, que abarca desde el asombro hasta el estupor. Es la sorpresa de un ser que se ve invadido bruscamente por un sentimiento, y queda aterrado. La palabra más apta para traducirlo sería "horrorizarse". El horror de los discípulos cuando Jesús les anunciaba que él tenía que sufrir (Marcos 10:32) pasa ahora al maestro. Jesús ve abrirse ante sí el camino que no tiene que anunciar ya, sino recorrer. Lucas, por su parte, elige el término agonía, que significa un sentimiento de angustia y a la vez de disposición a luchar.[8] No es simplemente una inquietud, sino la ansiedad activa que invade al luchador en el momento en que comienza el combate, porque la victoria no se ha logrado aún. Juan, para terminar, emplea el verbo *taráxomai*, que significa "turbarse". Es el empleado para describir lo que sintió Jesús ante la muerte de su amigo Lázaro, y también lo que sentirán sus discípulos por la separación de su maestro (Juan 11:33; 14:1). Así se siente Jesús en Getsemaní. Una sola palabra no basta para describirlo.[9] Quizá una frase sí, la del propio maestro cuando entra en el huerto, que pide a sus discípulos que velen y oren por él, y les confiesa la razón: "*Me muero de tristeza*"[10] (Mateo 26:38).

La noche huele a muerto. Como el sudor de la piel de un demonio. Cuando Judas llega con la multitud, Jesús da un paso hacia adelante, colocándose entre la chusma y sus discípulos, como queriendo protegerlos, o como queriendo proteger a Judas de los discípulos. El pastor que defiende a sus ovejas de los lobos. El amigo que es capaz de dar la vida por los que ama. ¿Vendrá Judas para entregar a su maestro, o vendrá para entregarse, por fin, del todo, a su maestro?

Si se pudiera detener el tiempo en el huerto; si fuera posible congelar por un instante todo el miasma de intereses políticos, ambiciones de poder, fundamentalismo religioso, y espadas y palos rompiendo el viento, que en aquella noche terrible rondan a los dos amigos; si las ánimas amenazantes de la penumbra quedasen inanimadas, petrificados sus movimientos, espectadoras inmóviles del encuentro entre Jesús y Judas…

---

[8] La palabra griega *agón* significa "combate".

[9] X. Léon-Dufour, *La fracción del pan* (Madrid: Ediciones, Cristiandad, 1983), 126-127.

[10] Estas palabras de Jesús recuerdan a las del orante del Salmo 42:6: "*Dios mío, me muero de tristeza; por eso me acuerdo de ti desde la tierra del Jordán, y desde las cumbres del Hermón, desde el monte Mizar*". Se describe aquí la situación de un israelita en ambiente pagano, y que experimenta un dolor extremo al ver a su Dios despreciado por los que no creen en Él. En Jesús, la humanidad representada por el poder civil (Roma) y el religioso (Jerusalén) también despreciará a Dios, esperando a uno muy distinto, lleno de poder y dominio.

¿qué veríamos? ¿Qué conversación podríamos escuchar? ¿Qué palabras romperían ese silencio, presagio de muerte? ¿Qué miradas podríamos sorprender en cada par de ojos? ¿Qué gestos de las manos atisbaríamos de forma fugaz? ¿De qué pasos, hacia delante o hacia atrás, seríamos testigos? ¿Cuántos abrazos, nacidos o abortados, seríamos capaces de contar? ¿Cuántas lágrimas de ternura e impotencia, o de rabia y decepción, o de arrepentimiento y perdón, o de acogida y reproche, regarían el espacio entre aquellos dos hombres, a punto de unirse en un beso ambiguo?

Parece pertinente plantear estas preguntas, porque el sentido último del cristianismo duerme en el seno de sus respuestas. ¿Hay oportunidad de perdón hasta el último aliento de vida? ¿Expira la esperanza de Dios o, al contrario, inspira frente a todo pronóstico, hasta el último momento, para ofrecer y derramar vida en abundancia? Es más: me arriesgo a decir que nuestra idea sobre Jesús y su misión se verá reflejada en esas repuestas.

Al evangelista Marcos le contaron[11] que cuando Judas se acerca a Jesús, le dice "maestro, maestro…". No podemos percibir, en el texto escrito, el tono de las palabras del discípulo. No sabemos si es una artimaña para poder acercarse a él, temeroso de que los demás discípulos caigan en la cuenta del engaño demasiado rápido, o si es la expresión de un hombre angustiado por la aparición de una creciente turba que, detrás de él, viene armada con espadas y palos. Lo que sí parece indicar el relato es que Judas está preocupado por que a su maestro no se le haga daño. Marcos concreta que el Iscariote exige a la patrulla que se lo lleve "con seguridad".[12] Judas parece, pues, preocupado por la integridad física de Jesús, cosa que no cuadra mucho con el espíritu malvado, vengativo y traicionero que se le ha dado.

Viendo la expresión de los soldados que lo acompañan, y oyendo cómo, a medida que se acercan a Jesús, se empieza a oír el silbido chirriante de las espadas desenvainándose, cae en la cuenta de que quizá él ha sido el primer engañado. No van a tener ninguna compasión con su maestro. Ve a Jesús dar un paso hacia delante, dejando atrás a los discípulos, y abriendo los brazos para abarcar más extensión, como si pretendiese convertirse en su escudo.

---

[11]La tradición cristiana primitiva concuerda en que los recuerdos de Pedro fueron una de las fuentes que Marcos utilizó para escribir su evangelio.

[12]Marcos 14:44. El griego del evangelista es categórico y contundente: el término utilizado (*asfalós*) proviene del verbo "fortificar, asegurar, poner en seguridad, en lugar seguro que inspire confianza". Las intenciones del Iscariote no dan lugar a la duda: la protección de Jesús es una prioridad para él.

El Iscariote ya está frente a Jesús. Un discípulo sombrío, cabizbajo. El nazareno lo mira con pena. Teme por él. El maestro sabe que aquella mente está poseída por el Maligno, el diablo que siempre estuvo cerca, pegado a sus talones, como una sombra de muerte (Lucas 22:1-6).

El galileo, que no da nunca por perdido a nadie, ¿lo hará con su amigo, se dará por vencido? La trayectoria del maestro invita a contestar que no... Y Judas lo sabe. Porque cuando uno tiene un amigo como Jesús, en el que abandonarse como lo hace un niño pequeño, lleno de miedos y de dudas, entre los brazos de su madre, todo cambia: ha paladeado lo mejor que la vida podrá ofrecerle nunca. Nada conseguirá que lleguemos más lejos, nada sacará tanto lo mejor de nosotros mismos, nada sublimará tanto nuestros propios sueños como la mirada limpia, las palabras tiernas, o los silencios balsámicos de nuestro amigo. Y Jesús también lo sabe. Sabe que Judas no puede ser inmune a su presencia, ni echar al fondo del mar, atados a una piedra, todos los recuerdos de lo vivido con él. No va a tirar la toalla. Su amigo, por distante que ahora se sienta, merece cualquier intento de acercamiento, por precario que sea.

Entonces el Iscariote se acerca al nazareno y "lo besa efusivamente".[13] Un simple y fugaz beso hubiera bastado para señalar a Jesús,[14] y distinguirlo del resto de los discípulos. Pero delante de su maestro es incapaz de guardar las formas. Judas está derrumbándose. La culpa y el remordimiento comienzan a hacer mella en el discípulo, consciente de que está entrando en un callejón sin salida, y arrastrando con él a su maestro. Toda la ansiedad acumulada por el Iscariote está encontrando una vía de escape, a través de esos besos repetidos sin control. Como si el abrazo de Jesús hubiera despertado, compulsivamente, el cariño reprimido. No puede parar de besarlo.

---

[13] Cuando Judas acuerda con los soldados cuál será su *modus operandi* para indicarles quién es Jesús, emplea la expresión *"hòn àn filèso"*, "a quien yo bese". Ésa era la señal, un beso. Sin embargo, la expresión que utiliza el evangelista Marcos para describir la acción de Judas es *"katefílesen"*, es decir, besar efusivamente, repetidamente o, incluso, compulsivamente.

[14] En la Biblia, el beso es un gesto sagrado que se realiza para dar la bienvenida o para decir adiós; sella las reconciliaciones como la de Esaú y Jacob: *"Esaú corrió a su encuentro, le abrazó, cayo sobre su cuello y le besó. Ambos lloraban"* (Génesis 33: 4). Y es prueba de vasallaje: Las palabras del faraón a José *"Todo mi pueblo te obedecerá"* son la traducción libre de la expresión literal *"Que todo mi pueblo bese tu boca"* (Génesis 41: 40). La tradición cristiana primitiva no lo considerará de otro modo: *"Saludaos unos a otros con beso santo"* (Romanos 16:16; 1 Corintios 16:20; 2 Corintios 13:12).

Los evangelios rescatan sólo unas cuantas palabras del maestro:[15] *"Judas, amigo, ¿a qué vienes? ¿con un beso me entregas?".*[16]

¿Qué se esconde tras el aliento que ha urdido esa frase? ¿Qué intención desvelan esas palabras? ¿La lacónica aceptación por parte de Jesús de que ya no hay nada que hacer con Judas? ¿El desesperado reproche del amigo traicionado? ¿La expresión de impotencia de quien lo ve todo perdido? ¿O en ellas fluye la esperanza en que una vida puede cambiar; en que los seres humanos tienen remedio; en que el Reinado de Dios puede abrirse paso, aun en medio de la rabia, de la desesperación y del reproche; en que el tiempo de la gracia no termina mientras haya unos ojos abiertos, unos oídos atentos, un corazón que palpite, unas manos extendidas, o unos labios que depositen un beso, por ambiguo que éste sea, en la mejilla del maestro?

Ese Jesús de los publicanos y de las prostitutas; de los zelotes y de los hijos del trueno; de los resabiados por la religión que lo buscaban de noche;[17] de los ingenuos desesperados que creían en ángeles que viven acechando en un estanque, esperando a hacer magia con las aguas;[18] de los desahuciados y proscritos por enfermedades demoníacas; de los muertos que huelen a muerto, pero despiertan a la vida;[19] ese Jesús no esperó nunca a nadie para reprocharle su pecado, sino para mostrarle que siempre hay esperanza para quien se abraza a él, aun después de un beso delator. El contacto con Jesús podía sanar el cuerpo.[20] Quizá su abrazo consiga sanar el alma de su amigo…

---

[15]Los evangelistas narran el encuentro completo en Juan 18:1-12.

[16]Esta frase no aparece como tal en ningún evangelio. Es una compilación de las diversas expresiones que Jesús dedica a Judas en el momento de su encuentro, tomando como referencia la narración de cada uno de los evangelios.

[17]Juan 3:1-21. Nicodemo es la representación perfecta de todos aquellos que en vida de Jesús no se atrevieron a comprometerse con él, a pesar de saber que el camino propuesto por el galileo era el mejor para encontrarse con Dios. Sabían lo que debían hacer, pero sus prejuicios no les permitían hacerlo. Sin embargo, hay muestras de que Jesús caló hondo en el corazón de este judío. Apéndice 12.2.

[18]Juan 5:1-15. El evangelista Juan es el único que cuenta este suceso. El pasaje describe la insatisfacción que produce una religión llena de magia y rituales preestablecidos, que no es capaz de ofrecer esperanza a los que más la necesitan, y la novedosa solución que aporta Jesús a los que le creen a él.

[19]La historia de la resurrección de Lázaro, uno de los mejores amigos de Jesús a tenor de lo que le afectó su muerte, se encuentra en Juan 11:1-44.

[20]Es el caso de la mujer que tenía flujo constante de sangre: al tocar el manto de Jesús quedó sana (Marcos 5:25-29).

Además, el término que emplea Jesús para dirigirse a Judas es extremadamente revelador. No es el *"filos"* que esperaríamos de un amigo que saluda a otro. El maestro lo llama *"hetaire"*, que denota un grado de intimidad mucho más alto.[21] Significa, etimológicamente, "compañero, amigo íntimo, amante". Esa fue la palabra que escuchó el Iscariote. Algo así como "Querido mío...". No podemos ver el rostro del maestro a través de nuestra lectura de los evangelios, pero estoy seguro de que irradiaba más ternura que nunca, preocupación por su amigo querido, anhelo de que vuelva por fin en sí, y no desagrado o reproche.

En Getsemaní, Jesús no pretende saldar cuentas con su amigo. Al contrario: le está lanzando, de nuevo, un salvavidas.[22] Conociendo al maestro, es difícil interpretar como un reproche sus palabras: *"Judas, ¿con un beso me entregas?"* Más bien, como una nueva oportunidad. Como si el rabí pretendiese decirle:

"Querido mío, este beso que ahora sirve para señalarme, y que tantas veces has dado conmigo a los niños que jugueteaban junto a nosotros, a esas criaturas que sólo ven futuro en la vida, que no te arrebate el tuyo. Esos labios que se abrieron para comunicar la alegría del Reinado de Dios que viene, y que da vida, que no se cierren en un beso muerto. Esa boca que tantas veces rió a carcajadas mis ocurrencias, que no se congele en un rictus de desesperación. Esos dientes que masticaron la comida que conmigo compartiste, que no muerdan la vida que te traigo.

"Estás aquí y ahora. Ya lo sé, al ritmo que te deja el alma. Me gustaría que las cosas fuesen ya de otra forma. Pero no voy a forzarte a nada. La rosa no sale antes por tirar con fuerza del tallo. Ser testigo de su nacimiento es ya un milagro, como puede serlo este encuentro nuestro ahora mismo. He descubierto en ti a alguien en quien confiarme, a quien contarle mis aspiraciones, con quien disfrutar de conversaciones inteligentes, interesantes, mirándote a los ojos y descubriendo en ellos un mundo nuevo, lleno de posibilidades. Todo, todo lo que puedas entregarme será recogido por mis manos con devoción. Pero jamás tiraré del rosal. Te acompañaré todo lo lejos que quieras llegar, entendiendo,

---

[21]Debo esta apreciación a otro amigo-maestro, Fernando Castrillo, cuyo aprecio por la búsqueda del sentido profundo de las Escrituras, y por la investigación rigurosa de cada frase, de cada palabra bíblica, por corta que sea o insignificante que parezca, me inspira siempre a afinar más y más mi lectura de la Biblia.

[22]Curiosamente, en tiempos de Jesús se realizaba el sacrificio anual de la vaca roja en el Monte de los Olivos. Era ritual judío de complejo significado, que se remonta hasta los tiempos del Éxodo (Números 19), y que tenía que ver con la purificación de todo lo que había tenido contacto con la muerte. Apéndice 12.3.

respetando y disfrutando de lo que se pueda. Cualquier cosa buena que venga de ti, grande o pequeña —¿quién decide qué es qué?— me producirá satisfacción, aunque no sea como yo hubiera preferido.

"Tú, que pensaste obtener del peligro de una crisis la oportunidad de hacer mejor las cosas, aprovecha la tuya, y quédate conmigo. Has venido a entregarme sin saber siquiera, quizá, a dónde nos llevarán tus decisiones. Pero ahora estás aquí, a mi lado. Aún no es tarde. Hagamos realidad el sueño que un día los dos juntos acariciamos. Nada está perdido si me besas como antes lo hacías. Estamos juntos ahora. Tanto, que la piel de tus labios roza la de mis mejillas. No te afanes por lo que pasará mañana, ni por las consecuencias de lo que ya has hecho. No te des por vencido, saca algo bueno de tus equivocaciones. Yo sigo creyendo que tu pasión arrebatada tiene cabida en el Reinado de Dios.

"Recibo tu beso como el de alguien que se encuentra perdido y lleno de contradicciones, temores, dudas y culpa. Tengo miedo de que si te das la vuelta, si despegas tus labios de mi rostro y te marchas solo, algo malo pueda sucederte. La suerte está echada. Ya no puedes hacer nada por mí, pero aún puedes hacer muchas cosas para mí, si te quedas con tus hermanos. No me dejes solo. No los dejes solos. No te quedes solo. La culpabilidad, vivida en soledad, puede ser el peor demonio. Peor que el que ya llevas dentro. Pero si no te vas, si permaneces a mi lado, tendré la oportunidad de mostrarte que ni esto que estás haciendo es capaz de acabar con mi amor por ti. Date una nueva oportunidad con este beso".

No sabemos si Judas intuye ya que aquél va a ser el último beso que dé. Pero lo que sí debe de presentir es que las palabras de Jesús le abren una nueva oportunidad. Una voz, un susurro amigable asomando, pueden conseguir que la mirada del que está en el túnel se tope, allá a lo lejos, con el pequeño resplandor, testigo minúsculo de una perspectiva mejor. Sigues en el túnel, en el oscuro e íntimo tránsito, pero ya hay donde mirar.

No deberíamos nunca desesperar de la misericordia de Dios porque, en realidad, "*Dios es mayor que nuestra conciencia*" (1 Juan 3:20), y está dispuesto a darnos muchas más oportunidades de las que somos capaces de darnos a nosotros mismos. Si Dios nos ama, y nosotros no queremos verlo, ¡cuánto amor desperdiciado!

Judas fue siempre una aventura de fe para el maestro, puesta a prueba a menudo por la impaciencia del discípulo, pero terca y a contracorriente como el amor de un padre hacia su hijo. El Iscariote desesperó, pero Jesús nunca se permitió ese lujo con él. El universo entero debía saber que el proyecto de Dios es para todos, aun para los que están desorientados y perdidos. Como si los seres humanos fuéramos las palabras con las que Dios habla al universo, y lo que hace por nosotros fuera su manera de ser.

Por eso cuando Pedro, apoyado y jaleado por los demás discípulos,[23] desenfunda su espada y asesta con ella un golpe a Malco,[24] sirviente del Sumo Sacerdote Caifás;[25] envite que podría haber sido mortal si éste no hubiera reaccionado a tiempo. Jesús salta de golpe y sujeta el brazo armado del discípulo,[26] mirándolo severamente a los ojos y negando con la cabeza en signo de rechazo, como si le dijera: "¿Es que no habéis entendido nada? ¿De nada han servido estos tres años conmigo? ¿No habéis comprendido aún que el Reinado de Dios no se impone con las armas, sino que ha de compartirse y extenderse con el testimonio de una vida renovada, y el amor que va naciendo fruto de ella? ¿Aún no sabéis que si yo quisiera, si fuera parte de los planes de mi Padre, legiones de ángeles vendrían a defenderme?" (Mateo 26:53).

Los ojos de Jesús siguen fijos en los de Pedro, que ahora mira a Judas con una mueca, mezcla de ira y de desprecio. Escupe al suelo y gruñe como un animal acorralado. El maestro, con un gesto de la mano suave pero firme, le gira la cara y vuelve a alinear la mirada del pescador con la suya. Se encuentra con el rostro, descompuesto por el miedo y el rencor, de alguien que no sabe si volver a la carga o echarse a llorar. Por imposible que se le haga al discípulo allí enfrente está Judas, su amigo,

---

[23]La tradición lucana afirma que, en ese momento, todos los discípulos estaban dispuestos a defender a Jesús con las espadas. Tanto es así, que le preguntan al maestro: "*Señor, ¿les herimos con las espadas?*" (Lucas 22:49).

[24]Podría ser, de todas formas, que Pedro no quisiera matar a Malco, sino a Judas. Si así fuera, la escena cobraría un cariz aún más sugerente: A un lado (Judas), la desesperación y la locura que producen los sueños rotos de un mesianismo antiguo y mal comprendido; al otro (Pedro), la furia del ojo por ojo, paradigma de una religión antigua que se ha comprendido mal a sí misma; y en el medio, el amor, la compasión, la pacificación, la mansedumbre (Jesús), que es la visión más nueva, más moderna de Dios. Jesús entre Judas y Pedro, intentando atraer al primero, y haciendo recapacitar al segundo. Dos religiones antiguas enfrentadas, a las que intenta centrar, actualizar, modernizar, renovar, la fuerza y la esperanza del amor.

[25]En el año 18 d.C. Caifás fue nombrado Sumo Sacerdote por el procurador romano Valerio Grato, sustituyendo a Simón ben Camithus. Casado con la hija del ex Sumo Sacerdote Anás, se mantuvo como máxima autoridad religiosa judía durante toda la administración de Poncio Pilato. Cesó en su cargo el año 36 d.C.

[26]Algunos intérpretes ingeniosos observan que un hombre que utiliza normalmente la mano derecha asesta el golpe al lado izquierdo del oponente que tiene frente a sí. Si Pedro hubiera sido diestro tendría que haber cortado la oreja derecha de Malco, de lo que deducen que Pedro sería zurdo, a menos que fuera un cobarde y atacara a su víctima por la espalda.

con quien ha compartido aventuras de fe, desvelos, alegrías y noches al raso, escoltado ahora por los soldados judíos. ¿Cómo entenderlo? ¿Cómo aceptarlo? ¿No merece morir? ¡Maldito traidor! Los labios de Jesús se acercan a su oído, y le susurran una frase que le recuerda tiempos pasados: "Hasta setenta veces siete. Mete tu arma en la vaina". Cuando se atreve a devolverle la mirada, descubre en ella tanta ternura y tanto anhelo de ser comprendido, que tiene que bajar la espada y arrojarla al suelo. Con ella se están derrumbando, también, sus sueños de grandeza.

Al volverse el maestro hacia Malco, y ver cómo donde antes estaba su oreja derecha[27] sólo hay un reguero de sangre, se acerca hacia él con las manos a la vista para mostrar que no está armado, y pone una de ellas sobre la herida. El órgano cercenado se recompone de inmediato. El siervo ha sido misteriosamente curado. Los discípulos no entienden nada. El maestro y todos los demás están en peligro, y él se dedica a curar a quien quiere apresarlos. Se quedan estupefactos. ¿Es que no se da cuenta de que está cavando su propia tumba? Quizá Pedro guardaba aún este recuerdo en su corazón cuando escribió a los cristianos de la diáspora, muchos años más tarde: *"Pero si alguno padece como cristiano, no se avergüence, sino glorifique a Dios por ello".*[28]

La confusión se adueña de los soldados y los paraliza. Alguno de ellos parece una estatua viviente. Otro cae al suelo inconsciente, quizá por al impresión de ver la sangre, quizá por el impacto del milagro. Pero cuando ven que los discípulos salen corriendo despavoridos, prenden a Jesús y le atan las manos como a un criminal cualquiera. No perciben miedo alguno en el rostro del galileo, pero sí una extraña mistura de convicción y tristeza. Las palabras del maestro no les suenan a reproche sino, más bien, a llamada de atención; como proponiéndoles que se cuestionen a sí mismos: *"¿Como contra un ladrón habéis salido con espadas y palos? Habiendo estado con vosotros cada día en el Templo, no extendisteis las manos contra mí; mas esta es vuestra hora, y la potestad de la tinieblas".*[29]

El tono de su voz les provoca una extraña sensación de desahogo, como si fuese posible cambiar de vida, aspirar a ser felices, dejar atrás el pasado, curar sus conciencias. El maestro sigue sembrando semillas de oportunidad, aun en sus captores, y nunca se cansa de ofertar el mensaje

---

[27]Marcos y los mejores manuscritos de Juan utilizan *otarion*, un doble diminutivo que podría significar "el lóbulo de la oreja". Mateo (22:51) y Juan (18:26) usan *otion*, también un diminutivo. Lucas (22:50) dice *ous*, "oreja".

[28]1 Pedro 4:16.

[29]Lucas 22:52-53.

de esperanza del Reinado de Dios.

¿Cómo saber si están haciendo bien? Posiblemente, aquellos hombres no son monstruos ávidos de sangre. Quizá alguno ha escuchado, tres años atrás, la potente voz de un profeta del desierto, que lo invitaba a entrar en las aguas del Jordán como signo de vida nueva, y a dejar la violencia, a no abusar de la fuerza, a vivir en fraternidad.[30] Quizá no recuerda que ese mismo día, un joven artesano constructor se había metido en el agua para ser bautizado, y algunos contaron que se oyeron voces misteriosas en el cielo. Y quizá no cae en la cuenta de que está de nuevo ante ese hombre, mientras no para de hacerse preguntas:

¿Qué fuerza lo impulsa a mantener esa extraña calma? ¿De dónde le viene el poder de curar? ¿Es un mago, o un enviado de Belzebú? Pero, entonces, ¿por qué no quiere resistirse? ¿Y si es un profeta de Dios? Pero uno de ellos da un paso hacia delante y tira de la cuerda que ata las manos del preso. Tienen una misión que cumplir. El Sumo Sacerdote no puede equivocarse. Además, ellos deben cumplir las órdenes, no cuestionarlas. Son soldados del Templo. Tienen a Dios de su parte. Es la lógica de Caifás: *"Más vale que un hombre muera, antes que un pueblo entero perezca"*.[31]

La religión, a veces, tiene estas cosas. Nos encontramos con una sorprendente llamada de Dios, y respondemos con nuestras propias e incuestionables convicciones. Cuando éstas tienen más fuerza que aquélla, es que hemos perdido el rumbo, nos creemos prácticamente infalibles, y acabamos incapaces de cuestionarnos lo más mínimo.

Richard Dawkins, biólogo y azote moderno de creyentes, en su libro *El espejismo de Dios*[32] llega a decir que "la religión puede ser una fuerza del mal en el mundo". Fuerza del mal, porque quien se considera en posesión de la verdad absoluta, del bien absoluto, de normas absolutas, lógicamente no admite dudas, ni diálogo, ni menos aún una opinión contraria a la suya. De ahí la intolerancia, la intransigencia, la rigidez extrema contra todo lo que pueda atentar a "lo absoluto". Una postura, en definitiva, que lleva abiertamente al fanatismo y, normalmente, a la religión represiva e inquisitorial.

Una postura absoluta equivaldría a carecer de todo punto de apoyo. La absolutización de la propia postura no sería más que una estupidez. Esto no significa ni mucho menos relativismo. Quien aprecia la relatividad

---

[30] R. Badenas, *Encuentros* (Madrid: Editorial Safeliz, 1991), 30.
[31] Juan 11:49-50.
[32] R. Dawkins, *El espejismo de Dios* (Madrid: Editorial Espasa-Calpe, 2007).

de la relatividad adoptará una postura relacional, es decir, en relación con los otros, lo que no significa renunciar a su propia identidad.[33]

Las religiones han de traer paz. Paz al individuo y paz al mundo. Si no, sólo son instrumentos del mal que someten a los creyentes, y dan motivos a los demás para no creer. Ya lo dijo Jesús de Nazaret: *"La paz os dejo, mi paz os doy".*[34]

Si mi Dios —la idea que me he hecho de Él, el nombre que le he dado— es el único verdadero, todos los demás son falsos. Esto, que ya es peligroso humanamente hablando, lo es más si pasamos al siguiente estadio: Si mi Dios es el único verdadero, y todos los demás son falsos, son además enemigos. Y sus seguidores, enemigos también a los que hay que combatir y, a fuerza de hacerlo, abatir.

Jesús torturado y crucificado por ser fiel a Dios debería ser el mejor antídoto contra la intolerancia de algunos que se hacen llamar cristianos. La propia cruz, símbolo de lo ignominiosa que puede ser una forma de religión que prioriza el dogma o la norma, despreciando la vida humana, aniquilándola con el pretexto de defender a Dios, es la que se erige contra el absolutismo y el fanatismo religiosos.

Algunos creyentes ven en el diálogo ecuménico[35] una traición a los ideales propios, en busca de una amalgama heterodoxa. Yo creo que esto no es cierto. ¿No pidió Jesús de Nazaret a su Padre del Cielo *"que todos sean uno"*?

¡Y lo fueron! Esto no quiso decir que, para Pedro, su perfil judío dejase de tener importancia, ni que para Pablo debiese tenerla. Cada uno guardó sus convicciones íntimas pero, a la vez, toda su intimidad fue puesta a los pies del único que sería capaz de darles unidad a todos: Jesús de Nazaret.

Cada día que pasa es más imperioso el diálogo constructivo entre las

---

[33]Moltmann, *El Dios crucificado*, 22.

[34]Juan 14:27.

[35]Entiendo aquí lo "ecuménico" en su acepción puramente etimológica, que proviene del adjetivo griego *oikouméne*. Esta palabra pertenece al campo semántico de la vivienda, asentamiento, el orbe habitado. Inspiró al movimiento religioso que, desde principios del siglo XX, intenta promover la unidad de los cristianos. No se trata de conseguir que todas las iglesias se unan para formar una sola, sino de fomentar un espíritu de sana convivencia, ausencia de competitividad, respeto por las creencias de las demás tradiciones, y búsqueda de los innumerables rasgos que unen a los cristianos. Esto no tiene nada que ver con la idea de un ecumenismo que pretende asimilar a todas las denominaciones cristianas, haciéndolas renunciar a sus legítimas particularidades.

diversas religiones. Pero a ese diálogo no puede irse con la idea de tener la única razón y la única verdad, porque entonces no servirá de nada. Es mejor ni organizarlo. Pero si uno es capaz de entablar una conversación, un diálogo en el que cada cual se siente y se muestra permeable al otro, expone y se expone, entrega y recibe, entonces el Espíritu de Dios puede realizar, allí donde hace tan sólo unos siglos se imponía el fratricidio, milagros de fraternidad.

No se trata de relativizar las creencias o las convicciones religiosas, sino de comprender que cualquier idea que se tenga sobre Dios, y lo que espera de sus hijos, por perfecta y completa que parezca a quien la cree, no es sino una aproximación parcial y limitada a Él. Entonces, lo que el otro piensa sobre Dios, por diferente que parezca, le puede abrir espacios de comprensión que habían permanecido ocultos hasta ese momento. Y viceversa. Lo que quiere decir que no se puede ir por la vida pensando —y actuando— con la ingenua pretensión de que uno es capaz de comprender y decidir, desde su propia sensibilidad y cultura, cómo es o debe ser Dios para los demás. Sí se puede, sin embargo, compartir con ellos la propia convicción, esperando que les aporte paz y esperanza, y estando abierto a que la de ellos haga lo mismo con la propia.

> *Hoy vivimos una época original de la historia. Está en curso un inmenso proceso de mundialización de la experiencia humana. Las culturas se encuentran, las religiones se descubren unas a otras (…). El pluralismo no sería decadencia de una unidad monolítica, sino manifestación de la riqueza de una realidad tan abarcante que jamás podrá ser apropiada por un único símbolo, por un único discurso y por una única institución. En lenguaje cristiano diríamos: el Reinado de Dios es tan global y omnipresente que nadie solito puede traducirlo en una gesta histórica. Es anticipado por todos y todos le dan alguna configuración histórica. El cristianismo le da su expresión singular, unida al acontecimiento de Jesús vivo, muerto y resucitado, y a la convicción de que el Espíritu está actuando dentro de la historia entera de la humanidad, y se hace vivo en las manifestaciones religiosas y en los portadores de la memoria de Jesús. Pero esta singularidad no invalida otras expresiones del Reino y de la revelación de Dios en la Historia, como reconoce la epístola a los Hebreos: "Muchas veces y de modos diversos, habló Dios en otros tiempos a nuestros padres por los profetas" (Hebreos 1:1), y continúa todavía hablando.*[36]

Con la división, sin embargo, llega la intolerancia, que no admite ni soporta lo diverso, y mucho menos lo opuesto o lo contrario. Por

---

[36] L. Boff, *Con la libertad del cristianismo* (Madrid: Editorial Nueva Utopía, 1991),

eso cualquiera entiende que cuando la lucha se "diviniza", de la manera que sea y por el motivo que sea, semejante actitud puede degenerar en posturas aberrantes, sumamente peligrosas para la convivencia.[37] Como la de Caifás y sus soldados del Templo.

Esta *lógica de Caifás* puede hacerse insufriblemente palpable en las diversas comunidades de creyentes aún hoy. Por defender la tradicional ortodoxia se arrincona —en el peor de los casos se persigue y hasta excomulga— a quienes son percibidos como profanadores de las verdades de siempre, cuando lo único que hacen, quizá, es ver de una forma nueva esas mismas verdades. Cuando esto ocurre, las iglesias corren un verdadero peligro. Adquirida la patología de la pura doctrina,[38] se encierran en su propio círculo, ven peligros por todas partes, restringen hasta lo mínimo lo que está bien, amplían hasta el infinito lo que está mal, y justifican su aislamiento y cortedad de miras con expresiones del tipo "manada pequeña" o "resto fiel". Aceptan su creciente pequeñez como un *signo de los tiempos*, y comienzan a adoptar actitudes más propias de una secta que de una comunidad de creyentes abierta y liberadora. Se cansan de dialogar con los discrepantes, comienzan a utilizar el lenguaje de la guerra —amigos/enemigos, buenos/malos, cruzadas, etcétera— y abominan de las fronteras difusas, como si el Reinado de Dios fuera un territorio acotado que hubiera que proteger con la fuerza. Nada las detendrá en su misión purificadora, y preferirán quedarse solas a sentirse mal acompañadas. Olvidan, entonces, que a Jesús no se lo conocía por sus buenas compañías, sino al contrario. Y que a él mismo llegaron a considerarlo, en su tiempo, comilón, borracho y blasfemo, sobre todo aquellos que tenían por misión defender la ortodoxia establecida. Cualquiera entiende que las cosas, muchas veces, no son lo que parecen.

Al final, precisamente, a Jesús lo matan por blasfemo, pensando que así dan gloria a Dios. Jesús establece una auténtica lucha de dioses. Incita a optar por el Dios de vida contra los ídolos de muerte, contra los dioses deshumanizantes. La cruz será el resultado de la profunda convulsión que el Dios de Jesús introdujo en la religión dominante de su tiempo. No se puede creer en el Dios por el que Jesús muere sin oponerse y luchar contra el dios en nombre del que lo matan.[39]

107.

[37] Esta idea está ampliamente argumentada en J. M. Castillo, *La humanización de Dios. Ensayo de cristología* (Madrid: Editorial Trotta, 2009).

[38] Moltmann, *El Dios crucificado*, 36.

[39] Aguirre, *El Dios de Jesús* 39.

Cuando el maestro recibe el primer golpe, aquel brutal puñetazo que le parte la nariz, y descubre en él la perturbadora mirada de quien no tiene intención de responder con violencia a la violencia, Judas ya no tiene ninguna duda. Se ha equivocado. Ha juzgado mal las intenciones de los sacerdotes, y también a su maestro. No va a conseguir llevarlo al límite, porque su capacidad de amar es infinita. Y comprende el sentido de una de las frases que al rabí más le gustaba utilizar: *"Amad a vuestros enemigos, bendecid a los que os maldicen, haced el bien a los que os aborrecen, y orad por lo que os ultrajan y os persiguen"* (Mateo 5:44). Hasta este momento ha creído que aquellas palabras eran poco más que una figura retórica; que alguien con el poder de un mesías no sería capaz de dominarse ante la agresión. Pero no era retórica...

Aquella mirada de compasión por quien le acaba de romper la cara lo dice todo. Y su gesto firme, sin fisuras, clavada aún su rodilla en el suelo por el golpe recibido y sangrando por la nariz, prohibiendo a Pedro que use la espada, acaba por despejarle cualquier tipo de duda. Judas empieza a derrumbarse. Todo su mundo se le viene encima, con el abrumador peso de su equivocación. Sus planes, sus sueños, la pasión que los alimentaba, todo está quebrándose como el tronco de la higuera sin fruto bajo los golpes del hacha. Se siente desorientado, perdido. El corazón se le desboca en el pecho, y le cuesta respirar. Imagina a Jesús apaleado, torturado, muerto; todo a la vez y en una cascada de pensamientos oscuros y horribles que lo paralizan.

Se cruza con un niño medio cubierto con una sábana, que va corriendo hacia Jesús. Se fija en su cara. Reconoce al hijo de quien les ha prestado la casa para la celebración de la Pascua. Se llama Juan Marcos. Los soldados no dejan al crío acercarse más. Uno de ellos lo amenaza con una espada y el chico se para en seco. El esbirro intenta agarrarlo pero se queda con la sábana en la mano. Y el chaval se marcha, corriendo desnudo.[40] La risotada es general. Pero Judas no ríe, porque también se siente desnudo.

Quizá está deseando parar, a su vez, el tiempo; hacerlo retroceder hasta el momento en que todo aquello había empezado, allá en el palacio

---

[40] El relato de esta historia se encuentra en Marcos 14:51-52. Según la tradición cristiana primitiva, este muchacho era Juan Marcos. Aquel joven huidizo, que volvió a huir, años más tarde, de sus responsabilidades como predicador al lado de Pablo y Bernabé (Hechos 15:37-38), encontró al fin el rumbo, y acabó por redactar el primer evangelio escrito, el segundo libro del Nuevo Testamento, el evangelio según Marcos, aprovechando sobre todo los recuerdos de Pedro. Otra muestra de la insondable terquedad divina a la hora de encontrarse con los seres humanos.

de Caifás. Pero el tiempo no retrocede. Sólo tiene una dirección, y es siempre hacia delante. Ahora daría mucho más que treinta monedas por conseguirlo. Lo daría todo. Pero eso es imposible ya. O quizá no…

Apéndice al capítulo XII

12.1. Los versículos 43 y 44, que describen cómo Jesús sudó grandes gotas de sangre, podrían haber sido interpolados. Estos versículos están ausentes de los manuscritos más antiguos. De todos modos, esta descripción cuadra, a mi entender, con la forma de ser de Jesús que los evangelios describen: un hombre racional pero apasionado, que se entusiasma con el éxito de sus discípulos y que llora por la muerte de un amigo. El estrés al que estuvo sometido aquella noche pudo muy bien producir los efectos psicosomáticos descritos en Lucas. No es muy común, pero está médicamente referenciado.

Este singular fenómeno es conocido con el nombre de hematohidrosis, y ocurre sólo en momentos de gran ansiedad, estrés o un estado de debilidad física. En tales condiciones, los vasos sanguíneos pueden llegar a contraerse y dilatarse, de manera que alcanzan el punto de ruptura, sucediendo hemorragias en la capa de la epidermis más cercana a las glándulas sudoríparas.

12.2. Descubrimos a Nicodemo defendiendo a Jesús cuando se empieza a armar el complot contra él (Juan 7:45-52), y honrando el cadáver del maestro, conforme a la tradición judía, en compañía de José de Arimatea (Juan 19:38-42). Además, es posible que o bien Nicodemo, o bien José de Arimatea sean ese discípulo anónimo que consigue entrar con Jesús, por su buena relación con el Sumo Sacerdote, en la casa de Anás donde se lo juzgará, y que convence a la criada para que deje entrar a Pedro en el patio de la casa (Juan 18:15-16). De todas formas, muchos comentaristas creen que este discípulo anónimo es Juan, ya que es el único evangelista que lo menciona, y porque la costumbre de Juan es no mencionarse por su nombre en su propio evangelio. Sin embargo, esta conjetura tiene un grave problema, y es que se antoja difícil creer que Juan tuviese una relación cordial con Anás. Primero, porque Juan vive en Galilea; y segundo, porque la clase social de este discípulo no le hubiera permitido entablar una relación, y menos cordial, con Anás.

12.3. Durante este ritual, se quemaba aquella vaca roja con leña de cedro, ciprés, laurel e higuera, y las cenizas eran arrojadas a un manantial de agua. Era como si el animal absorbiera toda la impureza de la muerte, y arrojando sus cenizas al agua corriente el poder de la muerte se alejase del pueblo para siempre.

Aquella noche previa a la Pascua, en el Monte de los Olivos, Jesús había pedido fuerzas al Padre para terminar con éxito su lucha contra el Maligno, y para quemar su vida a favor de los seres humanos, de forma que la consecuencia de sus pecados —la muerte— se alejase de ellos para siempre, como las cenizas de la vaca roja se marchaban río abajo, para no volver jamás.

CAPÍTULO XIII

La espiral de la locura

¿Asistió Judas al juicio de Jesús?[1] No lo sabemos. Lo que sí está claro es que Judas no pretendió nunca que Jesús fuese juzgado de esa forma. Si así hubiera sido, se hubiese ofrecido como testigo para el juicio. ¿Qué mejor prueba contra el maestro galileo que el testimonio de uno de sus propios seguidores? El silencio de los evangelios sobre este asunto es revelador. Al contrario, Judas intentará aprovecharse de algunas sutilezas jurídicas para liberar a Jesús. La impresión de ver condenado al maestro lo desquicia, y el remordimiento se apodera de él. "*¡Me equivoqué: he entregado a la muerte a un inocente!*".[2] A partir de ese momento, el Iscariote cambiará de táctica, pues se da cuenta de que los sacerdotes no tendrán compasión.

Explorar la dinámica de los juicios judíos en aquellos tiempos puede ser ahora interesante. Jesús es condenado por unanimidad por el tribunal. Todos, sin excepción, lo declaran culpable (Mateo 27:1). Esto, curiosamente, debería haber servido para absolver al maestro galileo. La tradición hebrea así lo prevé. La norma se funda en el hecho de que en los viejos tribunales hebreos no hay abogados defensores, de manera que se supone que alguno de los miembros del Tribunal deberá ponerse, al menos por misericordia, de parte del reo. Si nadie lo hace, debe suponerse que el Tribunal no es justo ni imparcial, sino que está manipulado por razones extra-jurídicas:

---

[1]Pese a lo dicho en el capítulo anterior, cabría la posibilidad de que el discípulo anónimo que aparece en Juan 18:15-16 fuera el propio Judas. Apéndice 13.1.

[2]Mateo 27:3-4. El verbo griego que el evangelio emplea para la expresión traducida como "He pecado" es "*hemarton*", aoristo (tiempo pasado) del infinitivo "*hamartano*", que significa "errar, marrar, no alcanzar algo, equivocarse, separarse de la verdad, sufrir un desengaño". Apéndice 13.2.

> *En el Sanedrín hebreo la unanimidad era una fatalidad que daba por resultado la absolución... Si el veredicto de condenación se obtenía por unanimidad, quedaba patente que el prisionero no había tenido quien lo defendiera en el tribunal. La mente judía concebía esa circunstancia casi como algo equivalente a la violencia ejercida por una multitud encolerizada. Como mínimo, hacía que se levantaran sospechas de conspiración. Denotaba la falta del elemento de la misericordia, de obligada presencia en todo proceso judicial hebreo... "Pero cuando están todos a una de acuerdo en condenar", pregunta un escritor judío contemporáneo, "¿acaso no da la impresión de que el condenado es víctima de una conspiración, y que el veredicto no fue el fruto de la razón serena y de la deliberación reflexiva...?" Si el acusado contaba con un apoyo en el tribunal, el veredicto de condenación prevalecía, puesto que había existido el elemento de la clemencia, quedando así descartadas la presión ejercida por la violencia de masas, o la conspiración.*[3]

La suerte está echada de antemano. Judas está pasando de ser el delator necesario, a convertirse en una pulga luchando contra el gigantesco elefante de la maquinaria conspiratoria. Un peón, una pieza del maligno engranaje que se ha puesto en marcha a sus espaldas, muy bien engrasado. El paso está dado, y ya no hay vuelta atrás. El depredador no va a soltar a su presa, por mucho que ahora el Iscariote pida clemencia.

Cabe preguntarse qué habría sucedido si Judas, en vez de tomar la determinación de suicidarse, se hubiese arrojado al pie de la cruz, arrepentido, implorando perdón. ¿Acaso se lo hubiera negado Jesús? ¿No pedirá el maestro a su Padre del Cielo que perdone a los que lo crucificarán, precisamente porque no saben lo que estánaronto haciendo? ¿Sabe Judas lo que está haciendo cuando lo entrega a los sacerdotes? Evidentemente no. La posterior devolución de las monedas y su suicidio dejan claro que el Iscariote se da cuenta de que se ha equivocado.

Nada ha salido como él esperaba. No ha sabido lo que estaba haciendo, pero ya está viendo las consecuencias. No era ése el final esperado. Por eso vuelve al atrio, para intentar una última y desesperada jugada: echar atrás la "venta" de Jesús. Al devolver las monedas al Sanedrín en el patio, parece estar intentando "recomprar" a Jesús, porque es el lugar en el que se hacían los tratos económicos. Allí mismo lo había vendido.[4]

---

[3] A. Chandler, *The Trial of Jesus from a Lawyer's Standpoint* (Suwanee, GA.: The Harrison Company Publishers, 1976), 280-281.

[4] Elena White hace una dramática e impresionante reconstrucción de esta escena, cuya lectura recomiendo, en su libro *Cristo nuestro Salvador* (Buenos Aires: Asociación Casa Editora Sudamericana, 1976), 109-110. De todas formas, aunque

Esta aparentemente insólita acción de Judas Iscariote, desembarazándose de las treinta monedas de plata, merece un comentario. Las palabras del traidor ante el tribunal: *"he aquí vuestro dinero"* y *"quiero liberarme de esta culpa"*, no parecen una simple reacción de arrepentimiento inútil. Judas sabe, como todos los judíos, que la ley protege a los que han vendido algo o a alguien.[5] Parece que éste considera —o trata de considerar ante los sanedritas— que la entrega de su maestro encaja de lleno en lo que se podría llamar una "venta" o "transacción de comercio" por la que, incluso, había percibido una compensación económica.

En este sentido, al menos en lo que concierne a bienes puramente materiales —casas, campos, etcétera—, si el vendedor, una vez efectuada la operación, no la consideraba justa —o simplemente decidía echarse atrás—, podía recurrir dentro de un plazo de doce meses, a contar a partir del día de la venta.[6]

Judas, en consecuencia, está intentando obrar conforme a la ley que regía sobre los tratos entre judíos. Ya no está de acuerdo con la "venta" de Jesús de Nazaret, y hace uso de su derecho en el mismo día del pago. Es como si les estuviese diciendo: "No os lo entregué para esto; me habéis engañado".[7] Se ha de reconocer que, cuanto menos, el Iscariote

---

esta escritora describe la angustia terrible que debió de sentir Judas al ver a su maestro condenado a muerte, no cree que el Iscariote se arrepintiera realmente de lo que hizo y, por lo tanto, entiende que se negó a sí mismo la salvación. White, *El deseado de todas las gentes*, 611; Elena White, *Mensajes para los jóvenes* (Mountain View, CA.: Pacific Press, 1977), 107.

[5]La Misná, en su Orden Quinta, titulada "Votos de Evaluación" (*arajin*), establece en un total de nueve capítulos las disposiciones en torno a los llamados votos de evaluación: aquellos por los que una persona se compromete a entregar al Templo el valor de una determinada persona, tal y como viene determinado en Levítico 27:1-8: En relación con la edad y sexo. Además abarca una minuciosa normativa sobre la compra y dedicación de tierras heredadas y de casas, como asimismo sobre su rescate y los votos de "exterminio".

[6]La mencionada Misná, en el capítulo IX (4) del citado apartado sobre "Votos de Evaluación" reza textualmente en este sentido: "Si llegó el último día de los doce meses y no ha sido redimida (la casa, por ejemplo), se hace definitivamente suya (es decir, del comprador), indiferentemente de que la hubiera comprado o que la hubiera recibido en regalo, puesto que está escrito en Levítico 25:30, *a perpetuidad*. A veces, el comprador se escondía cuando llegaba el último día de los doce meses, a fin de que se hiciera definitivamente suya (la casa). Pero Hilel dispuso que el vendedor pudiera echar el dinero en la cámara del Templo, pudiera romper la puerta y entrar en la casa, y que el otro pudiera venir cuando quisiera y recoger su dinero".

[7]De todas formas, aunque el Iscariote debía saber también que "el moribundo y el que es conducido a la muerte (por veredicto de un tribunal judío que no admite gracia) no pueden ser objeto de voto ni pueden ser evaluados", forzó sus derechos al

está apurando todas las posibilidades jurídicas para detener lo que está ocurriendo. De poco sirvió, por supuesto, pero es de justicia esclarecer este hecho, tan parcamente contado por los evangelistas.

Muchas personas podrán preguntarse —yo también lo hice— por qué Judas accede a esta "venta", si sabe que su delación desembocará en el ajusticiamiento del Nazareno. A la vista del mencionado comportamiento en la sala del Sanedrín, y posteriormente en la del tesoro, parece claro que Judas jamás llega a pensar que su maestro será condenado a muerte. Él lo ha entregado a los dignatarios de las castas sacerdotales convencido, probablemente, de que éstos se limitarán a interrogarle, y quizá incluso que serán capaces de convencerlo para usar su poder mesiánico de una forma más rentable a efectos políticos.

Sólo él podría contar lo que pasa ahora por su cabeza. Pero eso no será posible. La historia no la escriben los que se matan, sino los que viven para contarla. Y el recuerdo de lo que hizo tiñó con sombras la memoria de los que escribieron los evangelios. Prueba de ello es que sólo es mencionado para recibir reproches del maestro, para señalar la traición y sus detalles, y para narrar su suicidio. No es posible que Judas no hiciera nada bueno durante sus tres años con Jesús. Sin embargo, no se narra. Simplemente, su traición nubla para siempre la mirada de los evangelistas. Y con ellos, la nuestra. Tan alto como se encumbró, llegando a ser embajador del Reinado de Dios en la tierra, en caída libre se está despeñando ahora, hasta un fondo insondable.

Al quedarse sin Jesús se queda sin mundo. Los tres años pasados junto al maestro se están convirtiendo en un paréntesis que se le transforma en niebla para el alma y la memoria. Vuelve a no saber qué hacer, a sentirse perdido, vacío. Ha comenzado su catástrofe personal. Su mundo se ha venido abajo. Sin esperanza, sin convicciones, sin Jesús, Judas se hunde de nuevo en el caos de la pura circunstancia, del espacio y el tiempo presentes, sin perspectiva de futuro que no sea sufrir el martirio de la culpa. La vida toma, de repente, el sabor más amargo. Y así se queda Judas cuando pierde a Jesús, o la idea que se había forjado de Él. Sin convicciones, y sin mundo. Tan importante para el discípulo es el maestro que, sin él, nada vale la pena. Por otra parte, ¿qué puede haber más desesperante que no aceptar ser perdonados, y por tanto amados, por la persona más querida?

El horror de la pérdida del único hombre que le ha hecho sentirse amado de verdad, así como el peso de su propia culpa, ya no tienen

---

máximo, creyendo ingenuamente que aquel gesto anularía dicha "venta".

límite ni freno. ¿Está el ser humano dispuesto a aceptar un amor tan insondable e incondicional, o acaba por no creérselo, o por no creerse en disposición de recibirlo? De la respuesta a esta pregunta depende en gran parte nuestro destino eterno. También Pedro, de hecho, lo ha traicionado. También él, como Judas, se ha arrepentido. Pero Cefas, bien por miedo a matarse, bien por haber recibido la mirada tierna de Jesús tras el último canto del gallo,[8] bien por todo esto a la vez, decide vivir y darse una nueva oportunidad. Porque "si el hombre reconoce la misericordia, entonces se acepta y se confía a Otro, a Otro misericordioso, para ser cambiado".[9]

Es verdad que los hechos, brutales en sí mismos, parecen dar la razón a la fuerzas del mal, y negar la fuerza del Reinado de Dios propuesto por Jesús. Hablando en lenguaje humano, el maestro está siendo derrotado, expulsado de este mundo por los poderosos. No pueden tolerar la frescura de su utopía y se vuelcan contra él. Su muerte inminente es la demostración de que en el mundo no hay sitio para una persona así. El amor no tiene cabida aquí, en medio de los sistemas de dominación humana. No es ésta su patria, ni su hogar. Anda como expatriado, fuera de su lugar propio, como un inmigrante sin papeles y sin amigos. Por eso es perseguido y expulsado de este mundo.

Todos los discípulos, Judas entre ellos, interpretan la muerte de Jesús como un desastre, un fracaso, el triunfo del omnímodo poder del mal sobre el justo de Dios. Comparten la noche oscura de los pobres de todos los tiempos, que ven frustradas sus esperanzas por la fuerza avasalladora del mal, que parece triunfar sobre el bien a lo largo de la historia. Ellos interpretan los hechos como la inexplicable derrota de un hombre bueno.

Los poderosos lo están consiguiendo, están expulsando a Jesús. El mundo no está dispuesto a acoger la propuesta utópica del joven maestro.

---

[8] Según la Tosefta (tradiciones que no habían encontrado sitio en las colecciones orales) en su libro Baba qamma, estaba prohibida la cría de gallinas en Jerusalén, pues "al escarbar podían sacar alguna cosa impura" (Tos. BQ, VIII 10). A su vez, la Misná toleraba la existencia de un único gallo, llamado el Avisador, cuyo canto servía al Templo como señal (Sukka V 4), y al que las hijas de los cohanim alimentaban con trigo. Así que, según esta tradición, fue el gallo del Templo, el único en la Ciudad Santa, el que cantó después de las tres negaciones de Pedro. El impacto entre la gente, al oírlo, debió de ser tremendo, ya que sólo cantaba a la salida del sol. Sin embargo, Joaquim Jeremias no está de acuerdo con esta tradición, ya que asegura que sí se criaban gallinas en Jerusalén, siempre que fuera en huertos o estercoleros propios en los que pudieran escarbar. Jeremias, *Jerusalén en tiempos de Jesús*, 65, nota 153.

[9] L. Giussani, *En busca del rostro humano* (Madrid: Editorial Encuentro, 2010), 89.

Lo van a matar, haciéndole apurar hasta el fondo el cáliz del fracaso. No es posible imaginar mayor postración y abatimiento, desesperanza y frustración. Cuando alguien es consciente de que ha colaborado en una atrocidad como ésta, es difícil creer que pueda ser perdonado.

Es posible que a Judas le faltara esto: la confianza en la capacidad infinita de Dios para perdonar, cualquiera que sea el error. No consigue creer que el *Abbá* de Jesús es más grande que nuestra propia conciencia (1 Juan 3:20). Pierde de vista que la misericordia del Eterno es eterna, en cantidad y en calidad. Sólo nosotros podemos ponerle freno. Para eso Jesús ofrece su vida, para que cada ser humano tenga esperanza en la bondad ilimitada de Dios, por muy a contramano que nos parezca a veces, y también para que preserve la esperanza en su propia transformación y en la de los demás:

> *Vivir en la esperanza significa poder amar, y concretamente poder amar la vida desamada y desechada. Pero, ¿qué otra cosa significa amar sino contar con las posibilidades no evocadas del otro, incluyendo ahí las posibilidades de Dios en él? La reconciliación y la esperanza se propagan mediante el amor concreto, personal y social. Por eso, finalmente, en el amor creador, reconciliador y esperante, radican las más profundas posibilidades del ser humano en un mundo inhumano.*[10]

Sin embargo, hay ocasiones en las que sentimos la necesidad de castigarnos a nosotros mismos. Pensamos que nada en la vida podrá sancionar la gravedad de lo que hemos hecho. Y tomamos las riendas de nuestra propia penitencia. Unas veces, de forma inconsciente, tomando decisiones que se parecen mucho a un suicidio, huidas hacia delante que sólo llevan a callejones sin salida, contra los que estrellamos nuestras frustraciones, y de donde salen fortalecidas. Otras, de manera consciente. Y otras aún, no creyendo suficiente nuestro propio castigo, la consecuencia natural de nuestros errores, y achacando a Dios lo malo que nos pasa, como si necesitásemos explicar de alguna forma sobrenatural nuestras propias reacciones.

Los evangelios proponen, es cierto, a una explicación sobrenatural a la decisión de Judas, pero es justamente la contraria. No echan la culpa a Dios de lo malo, sino a que el Diablo entra en el Iscariote. Dios no es el autor de lo malo que nos pasa. En ocasiones, lo es el Maligno. Y en otras muchas, nosotros mismos al perder la confianza en que el proyecto de Dios es lo mejor que puede ocurrirnos.

---

[10] J. Moltmann, *El hombre. Antropología cristiana en los conflictos del presente* (Salamanca: Ediciones Sígueme, 1979), 158.

Cuando la pasión y la locura humanas no tienen dónde aferrarse, se convierten en una ratonera, una trampa de la que no sabemos salir. Al final, sólo queda el sentimiento de culpa suspendido en el espacio y en el tiempo, colgado del extremo de una cuerda. Judas se arrepintió, eso es evidente en los evangelios.[11] Pero su arrepentimiento degeneró en desesperación, y de este modo se convirtió en autodestrucción, en suicidio. Cuando nos quedamos completamente solos, cuando sólo podemos ir a mejor si nos dejamos acariciar por la luz que brilla sobre el hombro de un amigo, tenemos dos opciones: o somos capaces de entregarnos por completo en los brazos de la confianza, o estamos dando el primer paso en un camino que conduce a la locura. Judas parecía haber perdido la primera, y se dirigía con prisa hacia la segunda.

Así llega el Iscariote a los pies de aquel árbol amenazante. Como un muerto que se piensa vivo. O como alguien poseído por tal locura que se condena a muerte de antemano. Un viento cargado de tormenta sopla furioso, y aprieta la túnica contra el cuerpo del discípulo. Siente un peso enorme pegado a su espalda, como una culpa infinita e imperdonable. Como un fantasma acusador. O quizá es un espíritu vivificador que, desesperadamente, intenta impedirle matarse. Pero él no se da cuenta. Su remordimiento puede más que la vida.

Agarrado al árbol, nadie oye su llanto desconsolado, ni su grito de impotencia. Nadie está con él cuando se arranca de la cintura la cuerda con que se ciñe, trepa al árbol como puede, la amarra a una de sus retorcidas ramas y, haciendo un nudo entre sollozos, se lo pasa por el cuello y salta al vacío.

El suicidio de Judas es el único que se relata en el Nuevo Testamento, y uno de los pocos que aparecen en toda la Biblia.[12] Vergüenza ante sus compañeros, dolor por lo que le había hecho a Jesús, rabia contra sí mismo, desesperación ante Dios... Un suicidio que parece haber

---

[11] Mateo 27:3 dice: "*Entonces Judas, el que le había entregado, viendo que era condenado, devolvió arrepentido las treinta piezas de plata a los principales sacerdotes y a los ancianos*". Sin embargo, a fuerza de ser sinceros, hay que admitir que el original griego emplea para el arrepentimiento de Judas la palabra "*metamelezeis*", que denota etimológicamente "cambio de opinión". No es, pues, el término que el Nuevo Testamento suele emplear para el arrepentimiento que produce conversión, "*metanoia*", que significa etimológicamente "cambio de mentalidad, de orientación". Evidentemente, el primer paso es imprescindible para realizar el segundo. Hay que cambiar de opinión antes de poder cambiar de orientación. Así que sabemos por los evangelios que Judas dio el primer paso, pero no si fue capaz de dar el segundo.

[12] Para más información sobre el suicidio en la Biblia, en la tradición judía y en el cristianismo, puede consultarse el Anexo I.

tenido mucho de arrepentimiento, desesperación, sentimiento de culpa y necesidad de huida. O quizá fue el último intento de recuperar el honor perdido. Ha sido miembro del movimiento del nazareno, y se ha comprometido, bajo palabra de honor, con su proyecto. Faltar a su compromiso traerá vergüenza para él y su familia.

En una sociedad como la judía de aquello tiempos, que gira en torno al binomio honor-vergüenza, la lealtad al grupo, a la familia o al patrón es una de las virtudes más importantes, y la traición constituye uno de los comportamientos más ruines. En consecuencia, el suicidio puede constituir la única salida que piensa que le queda, y la señal pública de reparación del honor perdido. O quizá, es su último tributo al maestro: la tradición bélica judía recordaba que los soldados morían con su rey. Puede que Judas considerara aún a Jesús su señor, y decidiera morir con él.

No queda claro si Judas se suicida al día siguiente, o si lo hará días más tarde. Los relatos evangélicos, en este asunto, no se ponen de acuerdo. Mateo narra que *"saliendo de allí, se ahorcó"*.[13] Según esta fuente, parecería que Judas pone fin a su vida el mismo día de la muerte de Jesús, el viernes de Pascua por la mañana. Los sacerdotes hacen recoger las monedas arrojadas por Judas en el atrio del Templo, pero no se pueden poner donde se guardan las ofrendas. El motivo es que son *"precio de sangre"*. Y acuerdan comprar con ellas *"el campo del Alfarero para sepultura de los peregrinos"*.[14]

Podría ser una forma sintética de relatar los acontecimientos, pues otras tradiciones evangélicas[15] narran que el Iscariote tiene tiempo de comprar él mismo un campo, donde posteriormente se ahorcará, siendo llamado a partir de entonces Hacéldama, campo de sangre.[16] Así que el

---

[13]Mateo 27:1-10. La cronología matean sería ésta: 1. Judas entrega a Jesús el jueves por la noche. 2. Jesús es juzgado por el Sanedrín y declarado culpable esa misma noche. 3. Jesús es llevado ante Pilato el viernes por la mañana para que certifique la condena. 4. Al mismo tiempo, Judas devuelve las monedas a los sacerdotes para que dejen libre a Jesús, pero éstos no le hacen caso. 5. Acto seguido, Judas sale de allí y se ahorca.

[14]Estos peregrinos son indudablemente judíos, de la diáspora, ya que a los gentiles era la autoridad romana quien debía enterrarlos; y también para los pobres judíos que no tenían quien se ocupase de ellos cuando morían.

[15]En el discurso de Pedro. Lucas menciona que Judas mismo compró el campo en el que acabó suicidándose (Hechos 1:18). Quizá, según esta hipótesis, Judas acabó recuperando las monedas que no quisieron aceptar los sacerdotes o, simplemente, los sacerdotes lo compraron en su nombre con ese dinero.

[16]Los evangelios dicen que se llamó aquel terreno "campo de la sangre" (*haqel*=campo; *dema'*=sangre). Parecería que por ahorcarse allí Judas. Pero en los

suicidio pudo ocurrir en aquel primer momento de desesperación, o después, en un "crescendo" de remordimiento: si Judas mismo compró el campo, debió de tener tiempo para hacerlo. Desde luego en sábado no pudo, puesto que las compraventas estaban prohibidas durante ese día. Así que probablemente lo hizo el propio viernes. O, quizá, también podría haberlo comprado a partir del domingo.

Esta última alternativa, de ser cierta, plantearía una situación desoladora, pues el suicidio de Judas habría ocurrido después de haber resucitado Jesús. La vida, para el maestro, le había ganado la partida a la muerte. Para Judas, en cambio, las cosas sucedieron al revés.

¡Qué tragedia! Según esta hipótesis, tan separado está ya de sus antiguos amigos que nadie puede decirle la verdad, contarle las buenas noticias: Jesús ha sido resucitado; el resultado de su traición no ha sido irreversible; todo tiene remedio aún. Quizá el remordimiento, quizá la vergüenza, lo encierran en un ensimismamiento que se convierte en su última cárcel. Ni un rumor, ni un leve susurro pueden advertirle de que aún hay esperanza; que Dios, en su infinita bondad, no ha permitido que las consecuencias de su delación dejen al maestro inerte, en una tumba para siempre.

No sabemos cómo hubieran reaccionado los discípulos si lo hubieran visto aparecer en el aposento alto, preguntando si eran ciertos los rumores de la resurrección del maestro. Quizá Pedro le hubiera vuelto la espalda, diciéndole "No te conozco". Quizá Simón zelote hubiera desenvainado su espada, como tal vez tantas veces hizo contra enemigos romanos o traidores judíos. Quizá Mateo le hubiera pedido cuentas, él que tan bien sabía llevarlas detrás de su mesa de publicano. Quizá Tomás le hubiera dicho "Si no fuera porque te estoy tocando, no podría creer tu desfachatez al aparecer por aquí". Quizá Juan y Santiago hubieran pedido fuego del cielo para consumirlo delante de todos. O quizá, al contrario, aquella mujer de ojos negros y mirada clara les hubiese dicho a ellos "El que esté libre de pecado que tire la primera piedra…". O quizá Pedro, habiendo aprendido la lección, hubiera recordado a sus amigos: "Hasta setenta veces siete". O quizá Juan y Santiago recordasen las palabras de Jesús cuando le preguntaron si quería que descendiese fuego del cielo: "No he venido para perder las almas de los hombres, sino para salvarlas". O quizá hubieran venido a la memoria de Simón las palabras de Jesús a Pedro: "¡Envaina tu

---

Hechos de los Apóstoles se da otra razón: Judas *"adquirió un campo con el precio de su iniquidad"*. Lo fue, pues, por haberse comprado con el precio de la venta de Jesús, que era *"precio de sangre"*. La compra de este cementerio tuvo gran divulgación entre las primeras comunidades cristianas.

espada!" y la ternura con que trató a quien venía a apresarlo.[17]

Por como nos los presentan los evangelios, lo más seguro es que los jóvenes discípulos no hubieran reaccionado bien ante la hipotética presencia del delator. No habían recibido aún el don de la compasión que el Espíritu les otorgaría cincuenta días después, en el Pentecostés. Sí sabemos, por el contrario, cómo, tiempo más tarde, fueron capaces de perdonar a un tal Saulo, perseguidor implacable de los primeros cristianos (Hechos 8:3), que se arrepintió de su mal orientado celo religioso, y acudió a ellos porque quería cambiar de vida (Hecho 9:26-31). Ya no eran los mismos: nuevas criaturas con nuevas perspectivas. Y más esperanza en el poder de transformación que Dios va otorgando a quienes se ponen en sus manos. Así nació, en el seno de la primera comunidad cristiana, el mensajero de la gracia: Pablo de Tarso.

Se podría pensar que Judas no tenía excusa, porque tuvo la oportunidad de andar tres años y medio en compañía del maestro, de encontrarse frente a frente con el poder de la gracia divina. Tanto tiempo al lado del maestro, y lo desaprovechó. Sin embargo, los evangelios se obstinan en mostrar que en el suplicio y la muerte de Jesús no hay inocentes. Todos son culpables o cómplices. Nadie se libra: los sacerdotes, los escribas, los romanos; los que dan y el que recibe las monedas; los que huyen dejándolo a merced de los soldados y el que niega conocerlo por miedo o despecho; los que interrogan y los que testifican; los que condenan y los que ejecutan; el que dice lacónicamente *ecce homo* y los que gritan "¡Crucifícale!"; los que clavan los hierros y los que se mofan de su debilidad. El mal de muchos es el consuelo de los tontos, dirán algunos. Que todos sus amigos fallaran, prácticamente a la vez que él, no le quita ni un ápice de responsabilidad a su acción. Pero concentrar nuestra repugnancia en una sola de las muchas piezas de este engranaje diabólico, tiene sólo sentido si lo que se está buscando es un chivo expiatorio.

Es muy fácil acusar a Judas de irresponsable, de inconsistente, de incoherente y de pecador sin posibilidad de remisión, aun sin saber prácticamente nada de su vida, de su forma de entender el mundo, de su entorno familiar, de su lucha por comprenderse a sí mismo y a Jesús, su maestro. La auténtica deconstrucción vital que debió significar para él su encuentro con un mesías desconcertante hasta el extremo, no debería pasar desapercibida para sus jueces. Podrá aducirse que los otros

---

[17]Una escena parecida es recreada por mi buena amiga Esther Villanueva en un cuento bíblico, publicado por el blog "Café hispano", y titulado "Una historia improbable". Recomiendo su lectura en www.spectrummagazine.org.

discípulos vivieron las mismas decepciones mesiánicas que el Iscariote, y no derivaron como él. Aunque no lo sabemos, puede ser cierto. Pero no todo el mundo reacciona de igual forma ante un mismo estímulo. La capacidad de frustración no puede medirse en unidades de peso.

Judas se encuentra inmerso, posiblemente, en una auténtica psicología de guerra, y cualquiera sabe que las acciones no se juzgan igual en tiempos de paz que en tiempos de guerra. Lo que sí sabemos es que el maestro galileo se emplea a fondo con su amigo hasta el final. Nunca deja pasar una mínima oportunidad de rescatarlo de su angustiosa desorientación, y su capacidad de perdón no tiene límites. Se toma en serio la forma de ser de Dios: *"Tú eres el Dios del perdón"* (Nehemías 9:17); *"Junto a ti se encuentra el perdón"* (Salmo 130:4).

Jesús quiere ser, hasta el final, como es su Padre del Cielo. Un Dios que perdona sin límites a todos los que quieren ser perdonados, judíos, gentiles, paganos. Sin exigencias previas ni penitencias. Su perdón es pura gracia. Esto escandaliza a los escribas y fariseos, y seguramente a Judas también. Jesús, sin embargo, responde a sus críticas insistiendo una y otra vez, con sus parábolas, sus milagros y su vida, en la bondad insondable del Padre, y en su infinita capacidad de perdonar.

Allí donde nosotros matamos, él reacciona dándose todavía más. Cuanto mayor es nuestra capacidad de destrucción, más grande es su voluntad de recrearnos. Donde abunda el pecado, sobreabunda el perdón.[18]

---

[18] Romanos 5:20. La palabra empleada en griego por Pablo es *jaris*, gracia, regalo, don. Pero en este texto conlleva un evidente sentido de perdón. La palabra perdonar proviene del latín *"per-donare"*. *Per* es un prefijo de abundancia, y *donare* significa "dar". Así que "perdonar" significa, etimológicamente, "donar (*jaris*) aún más". El *"setenta veces siete"* a Pedro es un buen ejemplo del significado y recorrido del verdadero perdón.

Apéndice al capítulo XIII

13.1. Hay dos razones que permiten esta conjetura: 1) El texto deja claro que este discípulo tenía una relación con Anás, o era un conocido suyo. Si Judas era un escriba, esto era del todo posible. Además, aunque no lo fuera, el Iscariote ya había conversado varias veces con los sacerdotes —entre ellos los Sumos Sacerdotes Caifás y Anás— para pactar la entrevista con Jesús. 2) Más tarde descubrimos a Judas intentando defender a Jesús ante el propio Sanedrín, tras un juicio que dura toda la noche (Mateo 27:1-5). Sin embargo, hay un detalle que es difícil de explicar. Siendo que Judas había traicionado a Jesús delante mismo de Pedro, ¿es verosímil que ahora estén los dos juntos a las puertas del patio de Anás? ¿Quizá Judas le dijo a Pedro que, pese a la gravedad de lo que había hecho, los sacerdotes lo habían engañado, que tenía intención de enmendar su error intentando salvar a Jesús, y que lo acompañase por si hacía falta su presencia con la espada? No lo sabemos. La identidad de este sugerente discípulo anónimo sigue siendo un misterio.

13.2. Este verbo expresa "la intención de conseguir una cosa, pero equivocarse y provocar otra distinta". Es el verbo que los arqueros griegos empleaban cuando la flecha no daba en el blanco: está mal hecho, pero la forma habitual de obrar no es esa. Sin embargo, cuando hay intención de hacerlo mal, el griego utiliza el verbo "*ponereuomai*", es decir, "obrar con malicia, ser un malvado". Y, aunque el griego del Nuevo Testamento (griego koiné) le da un carácter más volitivo que el griego clásico al "*hamartía*", indica siempre que es una forma de comportarse no habitual de la persona en cuestión.

Mientras que cuando se utiliza "*hamartía*" no se juzga la intención de quien yerra, cuando se emplea "*ponería*" sí se entiende que hay mala intención. En todo el Nuevo Testamento, el uso habitual de "*hamartía*" es para el error (pecado) humano que puede ser perdonado, ya que aun cuando sea una transgresión de la ley, no alcanza el grado de quien lo hace por pura maldad. Otra cosa distinta es la "ponería", la malicia, la maldad (Mateo 22:18; Marcos 7:22; Lucas 11:39).[1]

---

[1]Para más información sobre los matices del término pecado en el Nuevo Testamento, ver L. Coenen, E. Beyreuther y H. Bietenhard, *Diccionario teológico del Nuevo Testamento* (Salamanca: Ediciones Sígueme, 1990), 314-327.

Capítulo XIV
Pruebas de cargo

El cristianismo ha tratado con mucha severidad a Judas, el amigo de Jesús. Algunos pasajes del Nuevo Testamento parecen invitar a hacerlo. Vamos a repasar algunos de ellos, proponiendo releerlos con otra mirada. Para ello, habrá que partir de una base que, por otra parte, está acreditada en los evangelios y en las distintas epístolas neotestamentarias: Jesús no viene a este mundo a perder almas, sino a buscarlas a todas y a salvarlas.

1. Judas, "el hijo de perdición"

Muchos comentaristas bíblicos sostienen que Jesús confirma la perdición eterna de Judas. Para ello, acuden a unas palabras del maestro galileo, dichas en el marco de las reflexiones que comparte con sus discípulos después de celebrar la última Pascua. En principio, según ellos, las siguientes frases servirían para certificar la condenación del Iscariote:

> *Cuando estaba con ellos en el mundo, yo los guardaba en tu nombre; a los que me diste, yo los guardé, y ninguno de ellos se perdió, sino el hijo de perdición, para que la Escritura se cumpliese* (Juan 17:12).

Parece que Jesús esté hablando a su Padre de los Doce, a los que ha sido capaz de guardar a salvo excepto a uno, el hijo de la perdición. Esta última expresión señalaría a Judas, con lo que el maestro estaría previendo y confirmando la perdición eterna de su discípulo. Cosa realmente extraña porque, durante todo su ministerio público, de ningún ser humano se atreve Jesús a predecir su condenación. Ni de los fariseos, saduceos, escribas, romanos, ni de nadie. Ni siquiera a los ricos les cierra la puerta del todo (Mateo 19:23-24). Siempre deja una ventana abierta por la que poder escapar del fracaso humano.

Fiel a su misión y a su irreductible esperanza, ni siquiera condena a quienes se niegan rotundamente a recibirle. Al contrario, aprovecha para recordar a sus discípulos que él no ha venido a perder ni una sola alma, tampoco la de los que no quieren adherirse a él —bien por ignorancia, bien por apego a sus tradiciones—, sino a salvarlas (Lucas 9:52-56). Tan sólo hay que tener paciencia, y dejar que la vida sienta hambre de eternidad, y se ofrezca a sí misma la oportunidad de madurar.

Una sola vez predice el destino eterno de alguien, y es para anunciar la salvación del malhechor crucificado (Lucas 23:39-43).[1] En realidad, ¿de qué serviría a los creyentes saber que alguien va a perderse? Sería como volver al dios del miedo, de la desesperanza, al padre castigador incapaz de conmoverse por la fragilidad de sus hijos. Además, el perdido empezaría a convertirse en el centro de la atención. ¿Qué ha hecho para condenarse? ¿Cuál es el punto sin retorno del que ya no puede volver? ¿Hasta dónde podré llegar yo sin franquear ese punto sin retorno, y sin hacer rebosar la copa del castigo de Dios? Podría, incluso, dar datos al creyente de hasta dónde se puede estirar un pecado sin que esto conlleve la condenación eterna.

Como es fácil de ver por cualquiera, confirmar la salvación de alguien es mucho más pedagógico que confirmar su perdición. En el primer caso, el centro de atención es quien salva; en el segundo, quien es condenado. Entonces, ¿por qué Jesús emplearía esta expresión, "el hijo de perdición", tan poco pedagógica y constructiva, a propósito de Judas?

Efectivamente, cuando el maestro galileo confirma la salvación del malhechor de la cruz,[2] la atención no se coloca en el salvado, sino en el salvador. A nadie se le ocurriría darle vueltas a lo que ha hecho ese hombre para merecer aquel sorprendente regalo, sino a la generosidad y a la compasión de un Dios que busca sin descanso la reconciliación, y que acepta el cambio de actitud hasta el último momento de la vida.

Sin embargo, el maestro sí se atreve a predecir la condenación de un ser, pero casualmente no es humano: es Satán, a quien ve expulsado del Cielo como un rayo (Lucas 10:18). Además, Jesús concibe su ministerio como el comienzo del fin de Satanás,[3] por el que un ser inmortal ha empezado ya

---

[1]En los evangelios canónicos no se menciona el nombre de ninguno de los dos malhechores que estaban crucificados junto a Jesús, pero algunos evangelios apócrifos (en especial el *Evangelio de la Infancia*, escrito en árabe) dan el nombre de Dimas al que acaba compadeciéndose de Jesús, y Gestas al que lo injurió hasta el final. Apéndice 14.1.

[2]Hay una cierta controversia con respecto a las palabras que Jesús dedica a este malhechor. Apéndice 14.2.

[3]Marcos 3:23-27. Este texto es muy interesante, porque la traducción literal de

a morir, se ha condenado a muerte. Entonces, si los evangelios confirman que Jesús predice un destino funesto sólo para el Maligno, y no lo hace para ningún ser humano, a excepción supuesta de Judas en el texto que nos ocupa ¿por qué va a renunciar a la esperanza, precisamente con su amigo, y en el momento en el que éste más la necesita?

Puede que las cosas no estén tan claras como se ha supuesto habitualmente, y que haya otra lectura posible de este enigmático texto. Intentaré argumentarla a partir de estas líneas:

La expresión *"el hijo de perdición"* (en griego *ho huiós tes apoleías*) sólo aparece una vez más en todo el Nuevo Testamento. Y lo hace de una forma calcada literariamente. Pero la identidad del hijo de perdición, que en esta ocasión sí se explicita, es sorprendente. Este texto paulino se enmarca en el ámbito de la segunda venida de Jesús:

> *Nadie os engañe de ninguna manera; porque no vendrá sin que antes llegue la apostasía, y se manifieste el hombre de pecado, el hijo de perdición* (ho huiós tes apoleías), *el cual se opone y levanta contra todo lo que se llama Dios o es objeto de culto; tanto, que se sienta en el Templo de Dios, haciéndose pasar por Dios* (2 Tesalonicenses 2:3-4).

Es evidente que aquí Pablo no se está refiriendo a Judas, sino al mismísimo anticristo, al enviado de las tinieblas, al hijo de Satán (v. 9), que llega a la tierra[4] en el tiempo del fin para intentar corromper hasta a los escogidos. ¿Podría ser que la identidad del "hijo de perdición" al que se refiere Jesús fuera la misma que la del de Pablo?

Cuando Jesús pronuncia esta frase, tiene que emplear un término en arameo: *abaddón*, que significa "perdición". Pues bien: este término aparece

---

la expresión griega *allá télos éjei*, "pero tiene un fin", referida a Satán, es casi paralela a otro texto que aparece en el Testamento de Moisés (10:1), una obra que, según afirman los investigadores con bastante seguridad, fue escrita en Palestina sobre el año 30 d.C., aproximadamente cuando Jesús se encontraba en el cénit de su ministerio. Apéndice 14.3.

[4] Es interesante que Pablo enmarque esta expresión en el ámbito de una herejía sobre la segunda venida de Jesús (2 Tesalonicenses 2:1-10), mientras que Jesús la enmarca en una plegaria a su Padre del Cielo (Juan 17:1-26), a quien le dice *"Ya no estoy en el mundo":"Yo voy a ti":"Cuando yo estaba con ellos":"Ahora voy a ti"*, porque ya se siente de vuelta a Dios. Mientras que Jesús sabe que ya se va del mundo, y ha podido guardar a todos sus hijos excepto al "hijo de perdición", Pablo sabe que Jesús volverá al mundo, y quiere guardar a todos sus hijos (v. 5) de la confusión: antes de que Jesús vuelva, aparecerá "el hijo de perdición". El paralelismo literario es prácticamente perfecto. Este hecho, y que se emplee exactamente la misma expresión en griego, invita a pensar que la identidad de estos dos "hijos de perdición" es la misma.

seis veces en el Antiguo Testamento.⁵ Todas estas referencias pertenecen a libros sapienciales (Job, Salmos, Proverbios), y en todas ellas se menciona como imagen personificada, dándole un nombre propio: Abaddón. Es el dominador del mundo de la muerte, del abismo, del reino del fuego, del sheol o lugar al que van los muertos. Es decir, del inframundo, allá donde habita el mal, el príncipe de la muerte. De nuevo Satán. Por otra parte, la literatura apócrifa judía menciona también a Abaddón, siendo siempre el habitante de la región más profunda del infierno.⁶

Además, en el libro de Apocalipsis también aparece Abaddón:

Y tienen por rey sobre ellos al ángel del abismo, cuyo nombre hebreo es Abaddón, y en griego Apolión (Apocalipsis 9:11).⁷

Es evidente, aquí también, que Juan está citando a Satán, el ángel del abismo, quien domina a los seres humanos del tiempo del fin que no se arrepienten, pactan con demonios, son homicidas, hechiceros, fornicarios y ladrones (vv. 20-21).

Un último detalle que puede ser esclarecedor: el texto de Apocalipsis presenta a Abaddón, también, como el rey de las monstruosas langostas que aparecen tras tocar su trompeta el quinto ángel (vv. 1-3). Es significativo porque:

1. La tradición judía señalaba el desierto como el lugar del que provenían estos insectos, y eran muy temidos cuando llegaban en enjambres, porque arrasaban todo vegetal que encontraban en su camino. Así, la plaga de langostas que asoló Egipto, después de ser anunciada por Moisés a Faraón, llegó empujada por un viento del oriente (Éxodo 10:1-20), muy probablemente del desierto del Sinaí (o del desierto de Arabia), y acabó con los pocos recursos vegetales que había dejado la plaga del granizo.⁸

2. El rey Salomón, al dedicar el Templo de Jerusalén recién construido, pronunció un discurso en el que contrapuso las lluvias (lo opuesto

---

⁵Job 26:6; 28:22; 31:12; Salmo 88:11; Proverbios 15:11; 27:20.

⁶Salmo de Salomón 12; Ascensión de Isaías 10; Apocalipsis de Abraham 21.

⁷Apolión proviene, para cerrar aún más el círculo, del término *apoleía*, utilizado en la expresión de Jesús *"ho huiós tes apoleías"* (el hijo de perdición).

⁸Muchos especialistas creyeron fantasiosa esta visión de una gigantesca nube de seres vivientes que se lo comen todo. Sin embargo, esta descripción no puede estar más cercana a la realidad de tiempos más recientes, donde las plagas de langostas pueden matar —indirectamente por la hambruna— a millones de personas. Apéndice 14.4.

al desierto) que representan las bendiciones de Dios, a la aparición de las langostas, el hambre y la pestilencia, que simbolizan a los enemigos del pueblo de Dios (1 Reyes 8:35-39).

3. El profeta Joel vinculó también las plagas de langostas al desierto.[9]

Pues bien: a ese desierto, hábitat natural de las langostas, se dirigió Jesús para iniciar su ministerio público. ¿Con quién se encontró allí? Con Satán. La asociación entre el desierto de las tentaciones y el de las langostas, súbditas de *Abaddón*, hijas de perdición, parece evidente. Satán, a través del desierto, se vincula nuevamente con *Abaddón*.

Recapitulando: Jesús no identifica al hijo de la perdición, pero Pablo sí, los libros sapienciales de la Biblia también, la literatura apócrifa judía también, y el Apocalipsis de Juan también. Y todos ellos coinciden en afirmar que *el hijo de perdición* en el caso de Pablo, o *Abaddón* en los demás, es el ángel del abismo, el señor de la muerte, el anticristo, o Satán. Además, el desierto en el que Jesús sufre las tentaciones del Diablo es el hogar de las langostas, súbditas de *Abaddón*, es decir, hijas de perdición, según Apocalipsis.

Si todo esto es así, ¿podría ser que Jesús no estuviera pensando en Judas cuando habla de "el hijo de perdición", sino en su adversario Satán? ¿Y si Juan 7 fuera una conversación entre Jesús y su Padre del Cielo, pero no a escala sólo terrestre, sino también cósmica,[10] en la que no sólo está involucrada la Tierra, sino todo el universo creado por Dios, puesto en jaque por las insidias del Maligno? ¿Y si lo que estaba haciendo Jesús es contarle a Dios que su obra había servido para que todos los seres humanos tuvieran la oportunidad de sentirse hijos del Padre, también para que en todo el universo no hubiera ninguna duda de que la forma divina de aplicar justicia es amar sin condiciones, pero que una criatura, Apolión, *Abaddón*, el hijo de perdición, se había opuesto con tal fiereza a su misión que había sellado su propia condenación? ¿Quizá por ello lo vio caer del Cielo como un rayo?

---

[9]Joel 1:1-20. Las langostas no sólo provienen del desierto, sino que a su paso dejan las tierras asoladas como un desierto: se secan las aguas y el fuego consume las praderas.

[10]Los tiempos verbales empleados por Jesús, y algunas expresiones, invitan a pensar que estamos de lleno en el marco de una conversación "cósmica" entre el Hijo de Hombre y su Padre. Es como si el maestro ya no se viese en esta tierra, sino que estuviese hablando con Dios en el Cielo, o ya de camino a Él:
-"*Y ya no estoy en el mundo*" (v. 11).
-"*Cuando estaba con ellos en el mundo*" (v. 12).
-"*Pero ahora voy a ti*" (v. 13).
-"*Quiero que donde yo estoy, también estén ellos conmigo*" (v. 24).

2. Judas, "el diablo"

Hay otros intérpretes bíblicos que argumentan una condenación temprana de Judas, por parte de Jesús, citando este texto, también del evangelio según Juan:

Jesús les respondió: ¿No os he escogido yo a vosotros doce, y uno de vosotros es diablo? Hablaba de Judas Iscariote, hijo de Simón; porque éste era el que le iba a entregar, y era uno de los doce (Juan 6:70-71).

En este texto sí es evidente que Jesús habla de Judas Iscariote. El propio evangelista lo confirma. Así que lo que se diga sobre ese *"uno de vosotros"* se refiere a Judas. Pero, ¿qué dijo realmente Jesús sobre él? ¿Nos encontramos, de nuevo, ante una afirmación que, interpretada de una cierta forma, puede provocar malentendidos?

Esta expresión se enmarca dentro de una conversación que Jesús mantuvo con sus discípulos a propósito de su naturaleza, y de la naturaleza de su misión. Muchos lo seguían, pero el maestro quería dejar claro quién era, y para qué había venido a este mundo.

La metáfora de su carne comida y de su sangre bebida (Juan 6:56-57), relacionada por el mismo Jesús con el maná que Dios dio a comer a los israelitas en el desierto (Juan 6:49-51), provoca el escándalo entre sus seguidores (Juan 6:60-61), porque acaban de escuchar que el nazareno, el hijo de José y de María, se está acreditando a sí mismo una procedencia divina (Juan 6:42). Muchos judíos pueden aceptar que Jesús sea un profeta, e incluso algunos intuyen que es el mesías esperado. Pero Israel no espera, ni mucho menos, a un mesías divino. Esto no entra en sus planes, pues la tradición habla de un mesías humano, rey y sacerdote, como lo fue Melquisedec en los tiempos de Abrahán.[11]

Esta revelación de su naturaleza divina ofende a muchos de sus discípulos, y un gran número acaba por abandonarlo (Juan 6:66). Es interesante que el evangelista haga una distinción entre "los que no creen" y "el que iba a entregarle", cuando Jesús habla sólo de que *"algunos de vosotros no creen"* (Juan 6:64). Parece claro que Judas (el que iba a entregarle) no está dentro del grupo que engloba a *"algunos de vosotros"* (los que no creen). Además, si unimos las propias palabras de Jesús, sin el comentario (glosa) de Juan sobre Judas, la afirmación queda del siguiente modo:

---

[11]Hebreos 6:20-7:1. La referencia que el autor de la epístola a los Hebreos hace a Melquisedec, para hablar del ministerio salvífico de Jesús, indica que las expectativas que los judíos tenían se habían cumplido en su persona, sólo que al rango de mesías, rey y sacerdote, había que añadirle la naturaleza divina.

> *Pero hay algunos de vosotros que no creen. Por eso os he dicho que ninguno puede venir a mí, si no le es dado del Padre* (Juan 6:64-65).

Por tanto, según Juan, los que no creen se marchan, y uno de los que se queda (Judas), aunque crea, lo va a entregar. Además, Jesús está hablando de los que no creen (que acabarán marchándose) y, a la vez, afirma que los que se quedan (los que van a él) es por la voluntad que infunde en ellos el Padre. Así que, en principio, Judas ha creído, cree, y sigue a Jesús por inspiración de Dios.

No parece que podamos ver aquí ningún tipo de condena, sino la honda tristeza y la enorme sorpresa de alguien —Juan— que ha compartido con el Iscariote la creencia profunda y el seguimiento comprometido, y ve cómo éste acaba entregando a su maestro. Juan no niega la fe de Judas en Jesús (una fe, efectivamente, muy desorientada), ni su discipulado sincero (aunque con unas expectativas erradas). No se juzgan las intenciones (creencia, discipulado) sino la acción (entregarle), que es lo único a lo que puede llegar un ser humano que sólo puede medir lo que ve, y no lo que no es capaz de ver.

Y llega el texto más comprometido de este pasaje: "*¿No os he escogido yo a vosotros doce, y uno de vosotros es diablo?*". Estas palabras, en estilo de pregunta retórica que no espera respuesta, vienen precedidas del abandono por parte de muchos de sus seguidores, de la pregunta que les hace a los más íntimos ("*¿Queréis iros vosotros también?*"), y de la pregunta-respuesta que le da Pedro ("*Señor, ¿a quién iremos?... Nosotros hemos creído que tú eres el Santo de Dios*").[12] Para Pedro, entonces, los que se han quedado lo hacen porque no pueden pensar en alguien mejor con quien estar, y porque consideran al maestro "el Santo de Dios", el mesías.

Hay que recordar que, hasta ese momento, Jesús sólo ha hablado de los que creen y de los que no lo hacen, y ha afirmado que los que se quedan es porque Dios les ha inspirado hacerlo. Ahora, además, añade que a estos que se quedan, y que pueden decir que es "el Santo de Dios", no los escogió porque iban a quedarse, sino que se quedan porque los ha escogido él. Todo se centra en el poder de atracción de Jesús, y en su elección voluntaria: "*¿a quién iremos?*", dice el discípulo; "*¿No os escogí yo a vosotros doce?*", dice el maestro.

Judas está, por tanto, en el grupo que se queda con él tras revelar

---

[12] Aunque muchas versiones en castellano se basan en una variante textual que se traduce como el Cristo, el Hijo del Dios viviente, el texto griego aceptado como original dice *ho hagios tou Theou*, el Santo de Dios. De todos modos, el lenguaje invita a pensar en un reconocimiento del mesianismo de Jesús.

Jesús su procedencia divina; según el comentario explicativo de Juan, si se queda es porque cree, aunque acabe entregándole; según Jesús, si cree es porque se lo ha inspirado Dios; y si ha tenido esa oportunidad es porque Jesús lo ha escogido voluntariamente. Entonces, ¿cómo puede ser Judas un diablo? ¿Qué querrá decir, aquí, la palabra "diablo"? ¿Se referirá al Maligno, al príncipe de este mundo? ¿Será que Judas ya está poseído por Satanás? ¿Cómo sería esto posible, si el propio Juan sitúa la entrada de Satanás dentro de Judas al terminar la celebración de la última Pascua (Juan 13:27)?

Para comprender toda esta aparente confusión, será preciso acudir de nuevo al texto griego. Efectivamente, las palabras de Jesús aparecen así: *kai ex humôn eis diábolós estin*, "*y de vosotros, uno diablo es*". Entre los creyentes, la palabra "diablo" evoca siempre al Maligno, a Satanás. Pero no es así para el griego clásico: *diabolós* significa, literalmente, "calumniador, detractor", y *diabolé* significa "desavenencia, desacuerdo, querella". Además, cuando el Nuevo Testamento se refiere a Satanás con el término *diabolós* lo hace siempre con el artículo definido "el": *ho diabolós*, "el Diablo", mientras que aquí aparece con el indefinido "un": *eis diabolós*, lo que deberíamos traducir, más bien, como "uno que no está de acuerdo, uno que se opone". Pero, ¿oponerse a qué? ¿A Jesús? ¿A la salvación? El maestro lo había dejado claro en la frase anterior: "¿No os escogí yo a los doce? Pero uno de vosotros se opone".

Jesús no parece estar juzgando la moralidad o la fe de Judas, sino expresando su inquietud, porque el discípulo se está cuestionando su propia elección. Es como si el maestro le estuviese diciendo:

"Ahora que te lo cuestionas todo, incluso mi propio criterio a la hora de elegirte, te pido que me des crédito, que me prestes el beneficio de la duda. Sé lo que hice contigo y por qué lo hice. Te has quedado aquí con nosotros, mientras otros muchos se han marchado. Eso quiere decir que crees en mí y en mi misión, aunque no estés siempre de acuerdo con los medios que empleo. Sólo te pido que no te opongas, incluso cuando te escandalice lo que hago o lo que digo. No te conviertas en adversario, porque yo te escogí como amigo. Si crees que soy el Santo de Dios, respeta mi elección y, con ello, respétate a ti mismo. Seré capaz de extraer de ti todo lo bueno que eres capaz de darme, aunque no te creas capaz. ¿No te elegí junto a los otros once? Unidas, vuestras formas de razonar, vuestras sensibilidades, agrandan el espacio del Reinado de Dios, y le dan futuro. No te des por vencido, a pesar de que no lo entiendas todo. Yo tengo un plan que tú no eres capaz de calibrar en toda su hondura, pero será eficaz. Sólo quédate conmigo para que tenga la oportunidad de demostrártelo. No te opongas, sino sé canal de la gracia que he venido a traer al mundo, y aprovéchala también para ti".

Las palabras de Jesús parecen más una forma de atraer (hay que recordar que, como vimos más arriba, toda la conversación de Jesús se centra en su poder de atracción y en su elección voluntaria: *"¿a quién iremos?"*, dice el discípulo; *"¿No os escogí yo a vosotros doce?"*, dice el maestro) que una forma de acusar a Judas de diablo maléfico.

Todo el ministerio del maestro galileo está centrado en atraer, y no en expulsar. Advirtiendo, es cierto, de todos los peligros que se ciernen sobre los atraídos. El Maligno no va a quedarse de brazos cruzados. Están en medio de una guerra espiritual, y la labor de oposición de Satanás puede encontrar en cada uno de ellos un canal de expansión, un aliado. Por ello, deben estar siempre alerta para no dejarse invadir por su influencia. Nadie puede sentirse inmune a los ataques bien calculados del gran Opositor. Pedro se vio también tentado, y el maestro tuvo que abrirle los ojos dándole a entender que se estaba convirtiendo en canal de oposición, en Satanás.[13] Tanto, que Juan se ve obligado a añadir una glosa[14] a las palabras de Jesús, explicando que a quien se refería Jesús era a Judas. No hay que olvidar que estos comentarios de los evangelistas se escriben años después de la resurrección, y para una comunidad cristiana primitiva que no ha asistido en primera persona a los dichos y hechos del maestro. ¿Por qué Juan sintió la necesidad de explicar a la comunidad que el referido era Judas? ¿Quizá porque entre los primeros cristianos se corrió la voz de que a quien se refirió Jesús con el término *diábolos* fue al propio Pedro, a quien también había llamado, delante de todos, Satanás? No lo sabemos a ciencia cierta. Pero esta hipótesis parece verosímil. La tradición más antigua no la apoya. Sin embargo reclama ser, al menos, tenida en cuenta.

De todas formas, junto a Jesús ambos, Judas y Pedro, pueden confiar en

---

[13]Mateo 16:23:*"Entonces él, volviéndose, dijo a Pedro: ¡Quítate de delante de mí, Satanás!; me eres escándalo; porque no entiendes lo que es de Dios, sino lo que es de los hombres".*

[14]Cuando se leen los evangelios, y en general toda la Biblia, es imprescindible prestar atención a la aparición de estas glosas —comentarios— que los escritores hacen sobre un dicho o suceso ocurridos. Aunque el cristianismo cree en la inspiración divina de la Biblia, no se puede confundir el peso de una palabra dicha por el mismo Jesús con el de una pensada y escrita por uno de los evangelistas. Es imprescindible tener en cuenta el contexto histórico, no sólo de los sucesos, sino también del tiempo cuando se escriben. No hay que olvidar que cada evangelio se escribe para las necesidades de una comunidad distinta y, por ello, en el trasfondo de todos ellos está la voluntad de presentar a Jesús de una forma distinta.

que están en buenas manos, seguros y protegidos. El Maligno es "El Fuerte" de este mundo, mucho más que ellos, pero el maestro es "El Más Fuerte".

3. Judas, "el que mayor pecado tiene"

El evangelio según Juan deja otra presunta prueba del severo juicio que Jesús planteó a propósito de la delación de Judas. Muchos comentaristas bíblicos utilizan ese pasaje para confirmar la condena eterna del Iscariote:

> *Jesús respondió: ninguna autoridad tendrías contra mí si no te fuese dada de arriba. Por tanto, el que a ti me ha entregado mayor pecado tiene* (Juan 19:11).

Pero antes de penetrar en el sentido de la afirmación de Jesús, hay que ver el contexto en el que se pronunció.

El nazareno está ya de nuevo ante Poncio Pilato,[15] después de haber sido brutalmente azotado por sus soldados. La flagelación romana era horriblemente atroz. Únicamente la clemencia del verdugo, o su hastío, podían limitar el número de azotes y la fuerza con que eran dados mediante los *flagra*, cadenas de hierro terminadas en huesecillos y bolas de plomo.[16] La víctima, atada por las manos a una columna baja, quedaba expuesta por entero a la violencia del lictor.[17] La piel se desgarraba, se hacía jirones; se desprendían trozos de carne, y muy pronto el ajusticiado, desplomado a los pies del verdugo, pasaba a ser una masa informe, agitada por espasmos. No era raro que las víctimas murieran durante el mismo suplicio.[18]

Jesús está muy malherido, y pierde mucha sangre. Los soldados se han excedido en el castigo pero se nota que, aun así, el galileo sigue siendo un pequeño estorbo para el prefecto.[19] Quizá lo considera un

---

[15] Fue prefecto de la provincia romana de Judea entre los años 26 y 36 d.C. Apéndice 14.5.

[16] Jesús fue azotado, sin duda, con un *flagrum*, y no con un *flagellum*, que acababa en unas tiras de cuero, ya que éste último estaba reservado a ciudadanos romanos.

[17] El lictor era un funcionario romano que garantizaba el orden público y custodiaba a los prisioneros. Podía azotar a los presos, aunque no ejecutarlos. También realizaba funciones de guardaespaldas para los cargos públicos de cierta importancia.

[18] Roux, *Jesús de Nazaret*, 389.

[19] La aparición de este cargo en los evangelios hizo sospechar a la alta crítica bíblica de un error de los evangelistas, ya que las fuentes textuales conocidas hasta entonces lo mencionaban como *procurator* (procurador) o como *praeses* (gobernador). Sin

loco, un paria, un infeliz que no merece mucha atención de su parte. El reino del que le acusan ser instigador no parece muy peligroso para el Imperio Romano. A Roma no le preocupan los reinos que no pretender ser de este mundo (Juan 9:11).

La conversación anterior ha discurrido por cauces que, al principio, no llaman la atención del prefecto; después le pica la curiosidad. Así que entablan un diálogo repleto de preguntas con segundas intenciones, por parte del romano, y de respuestas enigmáticas del galileo. Pero hay una cierta lógica en las últimas. Si Jesús pretendiera ser un rey al uso, sus servidores no lo hubieran dejado en manos del imperio sin luchar (Juan 18:36), ni su preocupación sería tan absurda como dar testimonio de la verdad (Juan 18:37). ¿Un Reino de la Verdad? ¿Qué significa eso? Desde luego, Pilato no entiende por qué los judíos lo han traído ante él (Juan 18:35). Todas esas acusaciones le parecen de tan poco peso como el humo.

Es evidente que lo ha mandado azotar para evitar tener que matarlo. Le ha parecido un castigo suficiente para darles una lección a todos. Después de esto, Pilato supone que al nazareno no se le ocurrirá jugar más con palabras enigmáticas —reino que no es de este mundo, verdad, testimonio, voz—, y los jefes religiosos aprenderán que no pueden torcer el brazo de Roma a voluntad.

> *Antes y después de este episodio, Pilato afirma que Jesús es inocente; en consecuencia, hemos de suponer que Pilato trata de dejar a Jesús reducido a una figura deplorable, sanguinolenta, capaz de aplacar a los judíos, y persuadirles de que se trata de un ser desamparado que ya no puede constituir una amenaza para nadie.*[20]

Pero el prefecto se equivoca con las dos suposiciones. Ni los sacerdotes se dan por vencidos (Juan 19:6), ni Jesús parece tener intención de retractarse. Lo que había comenzado siendo un leve picor, se está convirtiendo en una molesta urticaria.

Ni la visión del infeliz, deformado por los bofetones y los azotes, vestido como un bufón cualquiera,[21] los ha hecho reaccionar a favor del

---

embargo, este dato quedó documentado tras el hallazgo en 1961: Entre los restos del teatro de Cesarea, de una inscripción fragmentaria oficial, en la que Pilato dedicaba (o rehacía) un *Tiberieum* o Templo de culto al emperador Tiberio, y firmaba, efectivamente, como *praefectus*.

[20] R. Brown, *El evangelio según Juan* (Madrid: Ediciones Cristiandad, 2000), 2: 1282.

[21] Juan 19:5. La existencia de bufones en el imperio romano está acreditada documentalmente. Apéndice 14.6.

galileo.[22] No paran de gritar[23] "¡Crucifícale!", y el prefecto está empezando a perder la paciencia. Así que Pilato mete de nuevo en el pretorio al supuesto reyezuelo.

Está mucho más irascible que antes. Se lo nota nervioso y contrariado. Las cosas no están saliendo como él esperaba, y se van complicando demasiado para su gusto. El prefecto romano está acostumbrado a cortar por lo sano cualquier problema,[24] pero no está dispuesto a que los sacerdotes le impongan cómo debe hacer su trabajo. Si él quiere matar a Jesús, lo hará. Pero no porque lo obliguen esos religiosos paniaguados.

Pilato tendrá que tratar con los sacerdotes no como humildes querellantes en un caso en que puede decidir libremente, sino como adversarios que, por mucho que le cueste aceptarlo, han encontrado la forma de extorsionarlo, y parecen tener la fuerza suficiente para hacerlo.

La situación está derivando hacia una cuestión que importa mucho a los gobernantes, sea cual sea su estatus jerárquico, y que será vital para desvelar la identidad del que, según Jesús, ha cometido mayor pecado que el prefecto: ¿Quién manda aquí? ¿Quién ostenta la verdadera autoridad? ¿Pilato o Caifás? No puede haber dos gallos en el mismo gallinero. Valga que Roma sea especialmente condescendiente con las complejidades de la religión judía, pero no hasta el extremo de que sus religiosos se conviertan en los amos del corral. Quizá no le importe demasiado el destino del nazareno, pero Pilato se está jugando su futuro, y ya no se trata de un muerto más o uno menos. ¡Aquí manda él! ¡Él es Roma!

Entonces, el romano mira a Jesús. Un hombre hecho jirones, con la nariz rota, los pómulos hinchados, los labios abiertos a bofetadas y sangrando, los ojos medio cerrados por la inflamación de los párpados. El nazareno le aguanta la mirada. Hay honor en ella, como el de los grandes reyes galos que cayeron decapitados por la espada de Julio César. No lo mira como lo haría un asaltador de caminos, o un zelote. Descubre una especie de misteriosa autoridad en esa mirada que no se

---

[22] El teólogo Vjekoslav Bajsic cree que este sentido tuvo la exposición de Jesús por parte de Pilato, y la conocida expresión *ecce homo*, "*Aquí tenéis al hombre*": mostrarlo como un simple bufón, un monstruo de feria. Sostiene que el prefecto introdujo esta provocación, con matiz de desprecio imperialista, para que la multitud reaccionase reclamando la puesta en libertad del reo.

[23] Hay algunos manuscritos importantes en los que Juan 19:15 utiliza "decían", y no "gritaban". Es posible que esta lectura menos dramática sea la original.

[24] El gobernador de Siria, Lucio Vitelio, destituyó a Pilato en el 36 d.C. debido precisamente a la dureza con que reprimió a los samaritanos en el monte Garizín.

esconde, que no se hace esquiva. Tanta que, intrigado por ella, Pilato pregunta al galileo: "*¿Pero de dónde vienes tú?*".[25]

¿Acaso será verdad que no vienes de este mundo? Si así fuera, si fueras el hijo de un dios, sería de muy mal augurio matarte.[26] Es la intuición que no acaba de verbalizar Pilato, pero que parece asomar la cabeza con esta pregunta que suena a premonición, a pálpito de una realidad medio escondida.

Sorprendentemente, Jesús guarda silencio. Pilato no esperaba esa reacción. Casi acaba de confesarle que duda de que sea un simple ser humano. Otro hubiera respondido con cortesía a ese signo de respeto, mientras que el nazareno le da la callada por respuesta. Pero la lógica de Jesús tiene su propio sentido, que el prefecto es incapaz de vislumbrar: si ni siquiera Nicodemo, y mucho menos sus discípulos, habían sido capaces de entender a la primera que él había venido "*de arriba*" (*anothen*), mucho más difícil le resultará comprenderlo a un romano.

Ya no hay tiempo de explicar quién es él de verdad. Pilato ha tenido una intuición que proviene de Dios, así que tendrá que dejarse llevar por la fe. El silencio de Jesús no denota desidia, o soberbia. Al contrario, Pilato necesita recapacitar sobre la pregunta que acaba de hacerle al acusado. Tiene que buscar, en el fondo de su alma, quién ha suscitado, y por qué, esa irracional duda que acaba de expresar. El espacio de esa búsqueda no es la palabra, sino el silencio. Porque es algo que le está pasando dentro. Algo hay en la autoridad que destila la mirada de Jesús, y que ha desconcertado a Pilato.

Este momento, presagio de muerte, se está convirtiendo, en el medio mismo de ese silencio, en conjetura de vida. Pilato está cuestionándose su propia autoridad delante de un judío que le traen para matarlo, y lo único que le preocupa ahora es de dónde viene,[27] quién es ese hombre que tiene delante. Y ahora, ¿quién está mandando aquí realmente? ¿quién está llevando las riendas de la situación?

---

[25] Juan 19:9a.

[26] Los romanos eran muy supersticiosos. Incluso entre las clases más altas y las más cultivadas, los buenos o malos augurios eran tenidos muy en cuenta a la hora de tomar decisiones. Apéndice 14.7.

[27] Algunos comentaristas bíblicos creen que esta pregunta ("*¿De dónde vienes?*") se refiere a su lugar de procedencia israelita. Así, los sinópticos presentan a Pilato preguntando de qué lugar de Israel proviene Jesús, y aprovechando que es galileo para mandarlo a Herodes. Pero la estructura literaria y teológica del evangelio según Juan, muy preocupado por presentar a Jesús como Hijo de Dios, invita a interpretar esta pregunta en términos ontológicos más que geográficos.

Pero el silencio del nazareno exaspera aún más al prefecto. Le suena a insolencia. Demasiada presión tiene ahí afuera como para que ahora el infeliz lo ningunee aquí dentro. Se acabó la tregua. Basta ya de contemplaciones. Ahora sabrán todos quién es *Pontius Pilatus*. Y estalla: "*¿A mí no me hablas? ¿No te das cuenta de que tengo poder para soltarte o para crucificarte?*".[28]

El prefecto está marcando su territorio. Ahora es cuando se da cuenta de que su pregunta acerca de la naturaleza del nazareno era de lo más irracional. ¡Qué más da de dónde venga! Roma no se hace preguntas; tiene todas las respuestas. Dispone de un dios para cada pregunta, y no le hacen falta más. No verá mermada su autoridad por la presencia de un loco.

Así somos los seres humanos. Cuando alguien pone en entredicho nuestra autoridad, respondemos con violencia. Los sacerdotes, y al frente de ellos Caifás, han visto puesta en juego su autoridad religiosa, y pretenden matar a Jesús. Pilato acaba de descubrirse a sí mismo cuestionando su propia autoridad política y, por extraño que parezca, ante un galileo medio loco. Su reacción es amenazar a Jesús con la muerte. El silencio, el espacio de reflexión que se le concedió,[29] la intuición que se le inspiró, han sido invadidos por la palabra violenta, que prefiere agredir al otro antes que reflexionar sobre sí misma, y exponerse a perder la autoridad.

Cuando por fin el nazareno se decide a hablar con Pilato, le dice: "*Ninguna autoridad tendrías sobre mí si no te fuese dada de arriba. Por tanto, el que me ha entregado mayor pecado tiene*".[30]

Acaba por llegar el texto nuclear de este pasaje. El evangelio según Juan sigue situando la conversación en términos de autoridad. Jesús no niega el poder de Pilato. Vive en este mundo y no es ajeno a sus contingencias. Pero sabe que no es la única autoridad que se hace presente. Ni siquiera la primera, o la más importante.

¿A quién se está refiriendo realmente Jesús con ése "*el que me ha

---

[28] Juan 19:10.

[29] Según los evangelios, también a los sacerdotes y a los ancianos del Sanedrín, así como a Herodes, se les concede este silencio que abre espacios de reflexión: Lucas 23:8-9; Marcos 14:60-61b; Mateo 26:63. Cuando lo que es espera es una palabra de condena, se ofrece el silencio. Además, este silencio es un eco del "siervo doliente" de Isaías 53:7:"*Como cordero llevado al matadero, como oveja ante el esquilador, enmudecía y no abría la boca*".

[30] Juan 19:11.

entregado a ti".[31] La conversación se enmarca, como ya se ha visto, en el ámbito de la autoridad (Juan 19:9-10).[32] Hay tres poderes que ejercen su autoridad, aunque de maneras bien distintas. Para el maestro, en la cúspide de la pirámide hay un poder superior que rige de forma universal. Él mismo ha venido para hacerle camino. Es la autoridad de Dios. En la base hay un poder terrenal, secular: un imperio que, efectivamente, gobierna de forma imperialista. Es la autoridad que ostenta Pilato, su interlocutor. Y por encima de éste, así como por debajo del de Dios, hay otro poder, que debería dedicarse a hacer prevalecer la justicia y la misericordia (*hesed*) y que, sin embargo, es el que lo ha entregado. Y ahora viene la pregunta: ¿Qué poder tiene Judas? ¿Qué autoridad ejerce en este pugna religiosa y política? ¿Lo entrega él a Pilato, o son los sacerdotes y el Sanedrín?

Para el propio evangelista Juan —lo pone en boca del propio Pilato— quienes entregan a Jesús son los poderosos de su nación y, más concretamente, los principales sacerdotes (Juan 18:35). Esto explica por qué este pecado puede ser mayor que el del prefecto: en la escala de autoridades, ellos están por encima de Pilato, tienen mayor responsabilidad, más conocimiento y luz, por lo que su error es mayor.

Judas no ostenta ningún poder en este juego de tronos en que se ha convertido el esperpéntico juicio a Jesús. Como los que se ríen del maestro ante la cruz, es un simple peón, que ocupa el último escalafón de autoridad, el más precario y humilde de todos: el que otorga la libre elección. Pero no tiene la autoridad de la que se habla en este pasaje. Ni Judas ni su destino están en juego ahora. La partida ha elevado su apuesta. Son las *eksousíai* (autoridades) de Dios, del Sanedrín y del propio Pilato las que están en juego. Y el prefecto va a salir perdiendo. Porque los sacerdotes, invocando a una autoridad secular muy por encima de la del propio gobernante, César (Juan 19:12-13), obligan al romano a dar su brazo a torcer.

Los sacerdotes no vacilarán ante la enorme blasfemia que significa, para la religión judía, confesar que sólo sirven a César (Juan 19:14-

---

[31] Hay algunas variantes textuales que colocan el verbo en presente en vez de en aoristo (es decir, "*el que me entrega a ti*" en vez de "*el que me ha entregado a ti*"). Esta utilización del presente es típica del evangelio según Juan cuando se refiere a la traición de Judas. Sin embargo, no se menciona aquí explícitamente a Judas para nada.

[32] Los dos, Pilato y Jesús, emplean en griego la misma palabra para hablar de la autoridad que ostenta el pretor: *eksousía*. Etimológicamente, el término puede significar "poder, derecho, facultad, posibilidad, libertad e, incluso, recursos".

15). Ante este *crescendo* de locura, hasta el propio *shemá*,[33] expresión omnipresente del monoteísmo hebreo, cae víctima de la histeria colectiva. Decir que sirven al emperador romano, considerado divinidad por los romanos —y sólo a él— es renegar de lo más sagrado de su religión. Es una lucha a muerte por las viejas tradiciones en la que, paradójicamente, incluso éstas se ven altamente comprometidas.

Por su parte Pilato, el hombre que quiere ser neutral, se ve frustrado por la violencia de los participantes. No sólo la del Sanedrín sino, bajo su punto de vista, también la de Jesús, que no se deja ayudar, y que también lo coloca entre la espada y la pared. El nazareno no se conforma con disipar, en pocas palabras, los temores del prefecto sobre un peligro político (Juan 18:36), sino que lo reta, sorprendentemente, a que reconozca la verdad (Juan 18:37). El romano cree poder convencer a sus oponentes de que acepten su solución, la que le servirá para librarse de la necesidad de decidirse. Pero ellos no le dejarán, porque les parece inaceptable.

Para ellos, es menos grave blasfemar que ver cómo Pilato deja libre al galileo. Son dos poderes —tres con el de Jesús, que es el de Dios— cuyos intereses colisionan sin remedio. No se puede ser neutral ante este choque de autoridades. Al no querer, o no saber, abrirse a la verdad de Jesús, Pilato no se decide a su favor, pierde la autoridad que creía ostentar, y se pone como Judas, por querer nadar entre dos aguas, al servicio de la conspiración.

Esta actitud de encuentro con la verdad, que hoy calificaríamos de escepticismo, o incluso de agnosticismo, está en la base de muchos de los fracasos vitales de nuestros días. Es como un "podría querer, pero no me interesa":

> *Esta actitud, difícil de evaluar, marca en cierto sentido el signo de una época. Todo queda en suspenso: no valen la afirmación ingenua ni la negación dogmática. Permanece el fondo irreductible de un "escepticismo" abierto, una mínima fe probable en Dios. Es una posición expectante, que igual puede derivar hacia el abandono definitivo de la religión por la crítica radical, como hacia un nuevo planteamiento de la filosofía de la religión.*[34]

---

[33]El *shemá* era la oración que todos los judíos pronunciaban tres veces al día. Provenía de Deuteronomio 6:4, "Escucha (*shemá*), oh Israel: El Señor es nuestro Dios, el Señor es uno". Recogía toda la certeza de que sólo había un Dios, y era el Dios de Israel.

[34]A. Torres Queiruga, *La constitución moderna de la razón religiosa. Prolegómenos a una filosofía de la religión* (Estella, Navarra: Editorial Verbo Divino, 2000). 201.

No es absurdo pensar que a quien se está refiriendo Jesús no es al Iscariote, sino al Sanedrín, al poder religioso, también terrenal como el secular, que es el que se lo ha servido en bandeja al procurador romano. Ellos, los miembros del Consejo Supremo, que deberían ser los primeros en abrazar el mensaje del Reinado de Dios; ellos, que tienen las Escrituras para escudriñar y descubrir en Jesús al mesías esperado; ellos, que podrían convertirse, y orientar al pueblo a hacer lo mismo; ellos son los que tienen más culpa que Pilato. Éste, a fin de cuentas, ignora todo lo concerniente al papel del maestro galileo en la historia de la salvación.

Ésta es la interpretación que más se adecúa, a mi entender, al contexto en el que discurre la conversación. El de "mayor pecado" no es Judas, sino Caifás y los sacerdotes que lo secundan.

Sin embargo, y aún así, el evangelista sigue colocando en labios de Jesús el mismo término para "pecado" que ya había empleado Judas para calificar su delación: *hamartía* (Juan 19:11). Aun cuando la malicia de los sacerdotes queda clara por sus acciones, para Jesús no es un pecado imperdonable, sino el error de quienes le han dado la espalda a la verdad. El error es muy grave ("mayor pecado tiene"), pues ostentan una gran responsabilidad en la escala jerárquica de autoridades —Dios-sacerdotes-Pilato—, pero ese pecado puede ser perdonado por un Dios que no se cansa de llamar al arrepentimiento.

Podemos rechazar a Dios, pero no expulsarlo del mundo. Él nos persigue y continúa ofreciéndonos, a través de los que siguen el estilo de vida de Jesús —creyentes o no, lo sepan o no—, su salvación, su reconciliación, su vida definitiva. No vaciló al intentarlo con Pilato y, a través de él y de forma paradójica, a sus hermanos judíos. Jesús es así el introductor e impulsor de un Dios presente en el mundo a través de todo aquél que trabaja y se esfuerza por dar vida, por humanizar este mundo, por crear condiciones de justicia y libertad, por quitar dolor y sufrimiento gratuitos. Este Dios de vida nos pide nuestra colaboración, y nos ayuda a realizar su sueño. No puede actuar si no es con, y a través, de nosotros. Pero su presencia impulsora, sanadora, liberadora —su Espíritu en nosotros— nos hace sentir y experimentar la verdad de lo que Jesús decía y hacía.[35]

4. Judas, "el inicuo"

---

[35] J. M. Mardones, *Matar a nuestros dioses. Un Dios para un creyente adulto* (Madrid: Editorial PPC, 2006), 78.

El libro de *Hechos de los Apóstoles* se refiere también al Iscariote (Hechos 1:15-20).

Ciento veinte discípulos están reunidos en un piso alto en Jerusalén. Han pasado cuarenta días desde que el maestro fue ejecutado. Ya no es para ellos un nuevo mesías represaliado por el imperio. Ha resucitado, se les ha aparecido un muchas ocasiones durante ese tiempo, y ya son plenamente conscientes de que es el Hijo de Dios, el Santo de Israel, el mesías esperado. Él mismo les ha pedido que sigan juntos, y que no se vayan de la Ciudad Santa, porque allí recibirán el Espíritu Santo, como había predicho en vida poco antes de morir.[36]

Volver a Jerusalén, después de la tragedia y el terror que habían vivido allí, tuvo que ser muy difícil para ellos. Si paseaban por las estrechas calles de la ciudad, recordarían a Jesús llevando a cuestas el patibulum por ellas. Si pasaban frente a la casa de Caifás, vendría a su memoria el juicio infame que sufrió el maestro. Si acudían al huerto de Getsemaní, la traición del Iscariote inundaría sus pensamientos. Si pasaban junto al monte de la Calavera, el corazón se les encogería en un puño. Si se acercaban al sepulcro de José de Arimatea, les sobrevendría la angustia que sintieron al pensar que habían robado el cuerpo de Jesús. Su estancia en la ciudad debió de producirles ríos de emociones.

Reunidos en el piso alto, esperando que la promesa de Jesús sobre el Consolador se hiciese cierta, empiezan a cavilar cómo sustituir a Judas.[37] Recuerdan la intención de Jesús: así como Israel había nacido de doce patriarcas, doce serían los patriarcas del nuevo Israel que estaba a punto de nacer.[38] Ahora faltaba uno. Tienen que elegir a otro. Deben seguir

---

[36]Juan 14:25-26.

[37]Es extraño que, a pesar de que Santiago Zebedeo muera muy pronto (año 44 d.C.), decapitado por orden de Herodes, no se le busque sustituto para que los Doce sigan siendo doce. Este hecho puede indicar que la sustitución de Judas tuvo que ver menos con su muerte que con su deserción. Si Judas no hubiese delatado al maestro y, por ejemplo, hubiese muerto en el huerto de Getsemaní defendiendo a Jesús, probablemente los once no hubieran buscado sustituto para él.

[38]Mateo 19:28.

siendo doce. La elección, por sorteo[39] y después de haber orado a Dios,[40] recaerá en Matías.[41]

Pedro toma la palabra. Lo embargan sentimientos contradictorios. Dos buenos amigos han muerto hace poco más de un mes. Pero uno sigue vivo, y el otro no. Uno ha sido traicionado por el otro. El primero ha cumplido, colgado de la cruz, la profecía del Salmo 69: *"Me pusieron además hiel por comida, y en mi sed me dieron a beber vinagre"*. El segundo, colgado del árbol, también: *"Sea desierto el lugar donde vive, y no haya quien more en él"* (v. 25).[42] Recuerda también el Salmo 109, *"Sean sus días pocos; tome otro su oficio"* (v. 8).

Lo primero que se ve al leer el discurso del pescador es que no llama a Judas ladrón, ni traidor, ni suicida. No dice que Satán se había apoderado de él. Esto es cierto. Pero la elección de los salmos que cita da una pista de lo que pudieron evocar en la memoria de los asistentes.

Los salmos citados, el 69 y el 109, son oraciones pidiendo a Dios venganza sobre los adversarios. Aquí van unos cuantos versículos del Salmo 69:

Sea su convite delante de ellos por lazo, y lo que es para bien por tropiezo. Sean oscurecidos sus ojos para que no vean, y haz temblar continuamente sus lomos. Derrama sobre ellos tu ira, y el furor de tu enojo los alcance. Sea su palacio asolado; en sus tiendas no haya morador. Pon maldad sobre su maldad, y no entren en tu justicia. Sean raídos del libro de los vivientes, y no sean escritos entre los justos (v. 22-28).

El Salmo 109 no se queda corto:

Pon sobre él al impío, y Satanás esté a su diestra. Cuando fuere juzgado, salga culpable; y su oración sea para pecado. Sean sus días pocos; tome

---

[39]Durante algún tiempo, el ritual de echar suertes para descubrir la voluntad de Dios, en caso de indecisión, estuvo vigente en Israel (Números 33:54; 1 Samuel 14:42; 1 Crónicas 24). Ésta es la única vez que aparece en el Nuevo Testamento. Pero desde que el Espíritu llega en Pentecostés, ya no hará falta que Dios manifieste su voluntad por el azar, sino que será el propio Consolador quien los oriente sobre lo que han de hacer, decir, o a dónde han de ir.

[40]Así como Jesús había pasado la noche orando antes de escoger a los Doce (Lucas 6:12-16), los discípulos del piso alto acudieron a la oración para escoger a quien sustituyera a Judas.

[41]Su nombre significa "regalo de Dios", lo mismo que el de Mateo. Apéndice 14.8.

[42]Los sacerdotes convierten en un cementerio para peregrinos el campo de Haceldama, donde se encontró a Judas muerto. En esto Pedro ve cumplida la profecía del Salmo 69.

otro su oficio. Sean sus hijos huérfanos, y su mujer viuda. Anden sus hijos vagabundos, y mendiguen; y procuren su pan lejos de sus desolados hogares. Que el acreedor se apodere de todo lo que tiene, y extraños saqueen su trabajo. No tenga quien le haga misericordia, ni haya quien tenga compasión de sus huérfanos. Su posteridad sea destruida… y el pecado de su madre no sea borrado (v. 6-14).[43]

Ciertamente, el recuerdo del Iscariote en la memoria de Pedro produce estragos. La elección de estos salmos no parece casual. Citar estos pasajes a propósito de Judas puede sonar, como mínimo, a un ajuste de cuentas.

El maestro se avergonzaría de él si estuviera allí, y le recriminaría su actitud rencorosa. Judas ha cometido un terrible error, que ha provocado la muerte del maestro. Pero sus seguidores no están llamados a juzgar sino a amar;[44] incluso a los enemigos.[45] Pedro tendrá que aprender muchas cosas aún. Ésta es una de ellas. El tiempo que Jesús ha pasado con él no ha sido suficiente para apaciguar ese pronto iracundo, tan característico del pescador. Dios no ha enviado a su Hijo para condenar, sino para salvar.[46] No obstante, Pentecostés está a las puertas, y las cosas cambiarán pronto. El Espíritu Santo continuará el trabajo iniciado por el maestro. Los discípulos, sobre todo Pedro, aprenderán por fin a amar, servir y perdonar.

El misterio más profundo de este amor que caracteriza al verdadero discípulo es que puede perdonar. Transmite el perdón de Dios experimentado, cuya magnitud sobrepasa todo concepto.[47]

Tanto es así, que tan sólo unos días más tarde, justo después de recibir la efusión del Espíritu, Pedro da muestras, en su discurso, de haber emprendido ya el camino de una cierta mansedumbre. Tenía delante, según el relato de Lucas, a miles de judíos de Jerusalén.[48] Muchos de ellos

---

[43]No debe olvidarse, sin embargo, que tanto el salmo 109 como el 69 insisten mucho más en la protección de Dios ante los enemigos, y en la alabanza por su cuidado, que en la venganza. Los dos son deudores de la tradición semítica que ve al Eterno como un escudo protector frente a los peligros que amenazan la vida y la fe (Cf. Salmo 69:1-21; 29-36; Salmo 109:1-5; 21-31). En estas vehementes oraciones parece buscarse más la defensa divina y la alabanza del creyente, que el castigo a los ofensores.

[44]Juan 13:34-35.

[45]Mateo 5:44-45.

[46]Juan 3:17.

[47]J. Jeremias, *Las parábolas de Jesús* (Estella, Navarra: Editorial Verbo Divino, 1981), 254.

[48]Para que aquél día se bautizasen unas tres mil personas (Hechos 2:41), debieron

habían gritado contra Jesús "¡Crucifícale!". Otros habían colaborado directamente en su escarnio público. Otros más, lo golpearon, escupieron y se mofaron de él. Eran tan culpables de la muerte del maestro como Judas. Y, sin embargo, éstas son las palabras que les dedica:

> *Porque para vosotros es la promesa, y para vuestros hijos, y para todos los que están lejos; para cuantos el Señor nuestro Dios llamare* (Hechos 2:39).

Días más tarde, en un discurso pronunciado en el Pórtico de Salomón, Pedro se mostrará incluso más condescendiente aún con ellos y con los gobernantes judíos:

> *Pero vosotros negasteis al Santo y al Justo, y pedisteis que se os diese a un homicida, y matasteis al Autor de la vida, a quien Dios ha resucitado de los muertos, de lo que nosotros somos testigos (…). Más ahora, hermanos, sé que por ignorancia los habéis hecho, como también vuestros gobernantes* (Hechos 4:14-17).

Desde luego el cambio es asombroso. Tan sólo la mediación del Espíritu Santo será capaz de atemperar a aquel hombre vengativo e iracundo, que se siente con el derecho de arrastrar por el suelo la memoria del Iscariote.

Pasados los años, poco quedará ya del Pedro del aposento alto:

> *Pues para esto fuisteis llamados; porque también Cristo padeció por nosotros, dejándonos ejemplo, para que sigáis sus pisadas; el cual no hizo pecado, ni engaño se halló en su boca; quien cuando le maldecían, no respondía con maldición; cuando padecía, no amenazaba, sino encomendaba la causa a quien juzga justamente* (1 Pedro 2:21-23).

Para ser justos, hay que reconocer que Pedro, en el aposento alto ante los ciento veinte, no se atreve a juzgar el destino eterno del Iscariote. Tan sólo cuenta que el discípulo ha conducido hasta Jesús a los que lo prenden, cómo acaba muerto, y califica de "injusticia" (*adikía*) lo que ha hecho. Evidentemente Pedro tiene razón: Judas ha cometido una tremenda injusticia, pues ha pecado colocando en un callejón sin salida a alguien inocente, al justo de Dios. ¿Tendrá derecho al perdón esta iniquidad?

En este sentido, es interesante constatar la reacción del Iscariote al ver que Jesús va a ser condenado a muerte, recorriendo un camino que va desde el pecado hasta el testimonio. Todos ellos están relatados en

---

ser muchos más los miles que escucharon su discurso.

Mateo 27:3-4:

> *Entonces Judas, el que le había entregado, viendo que era condenado, (1) arrepentido, (2) devolvió las treinta piezas de plata a los principales sacerdotes y a los ancianos, diciendo: (3) Yo he pecado entregando (4) sangre inocente.*

1. *"Sintiendo remordimiento"* (arrepentimiento):[49] el discípulo se da cuenta de que ha obrado mal, y siente un profundo pesar por ello. Toda la literatura bíblica atestigua que éste es el primer paso para enmendar el mal que uno ha hecho.

2. *"Devolvió las monedas"* (restitución): este hecho recuerda mucho al pasaje evangélico de Zaqueo (Lucas 19:2-10), en el que el rico cobrador de impuestos, tras convertirse, se compromete ante Jesús a devolver —por cuadruplicado—[50] todo lo que haya percibido injustamente. Judas parece estar restituyendo, también, lo que ha ganado con su iniquidad.

3. *"Yo he pecado"* (confesión): esta expresión tiene reminiscencias davídicas. El rey, tras saberse descubierto por Natán de todo el mal que había causado por conseguir a Betsabé, dijo lo mismo: *"Yo he pecado contra Yahvé"* (2 Samuel 12:13). La confesión, para la Biblia, es parte indispensable del perdón. David fue perdonado por Dios.

4. *"Sangre inocente"* (testimonio): Judas no se contenta con calificar su propia acción, sino que califica también a quien ha perjudicado. Podría decirse que mientras Pedro estaba negando conocer a Jesús, Judas estaba dando testimonio de su inocencia.

Arrepentimiento, restitución, confesión y testimonio. Si no supiéramos que se habla de Judas, parecería la trayectoria de conversión de un verdadero discípulo…

Es curioso que este pasaje aparezca en el evangelio. ¿Quién le contó a

---

[49] Como se ha indicado en páginas anteriores, el término griego empleado en este texto es *metamelezeís*, que indica cambio de parecer, un gran pesar, remordimiento, y también puede expresar arrepentimiento.

[50] Zaqueo era, según la tradición lucana, *arjitelones*, jefe de los cobradores de impuestos. Por ello, recibía un porcentaje no sólo de los impuestos que él mismo cobraba, sino también de los que cobraban sus subalternos. Cuando conoce a Jesús en persona, opta por aplicarse a sí mismo la ley romana, que obligaba a restituir el cuádruplo de lo robado, mientras que la ley judía era menos severa. Esta opción marca la radicalidad de su toma de conciencia.

Mateo esta acción desesperada de Judas? ¿Fue Juan, si era él el discípulo anónimo (Juan 18:15-16) que se cuela en el palacio de Anás?[51] ¿Fue el propio Judas quien se lo contó a Pedro, que estaba esperando en el patio del Sumo Sacerdote?[52] ¿Fueron Nicodemo o José de Arimatea, que habían asistido al juicio contra Jesús? ¿Le fue revelado sobrenaturalmente?

En cualquier caso, que este gesto del Iscariote aparezca en el evangelio es, de por sí, extraordinario. No se esperaría esta narración por parte unos seguidores que debieron recordar a Judas con profunda amargura. No parece normal que un discípulo espantado, no sólo por la muerte del maestro, sino por la trágica traición de Judas, cuente este gesto de arrepentimiento del traidor. Es como si quien inspiró a Mateo a escribir su relato sobre la vida de Jesús, se hubiera asegurado de que todos sepamos lo que realmente ocurrió, allá en el atrio del Templo, y seamos conscientes del último y desesperado intento del Iscariote para rescatar a Jesús.

Juzgar, tan duramente como se hace, a alguien de quien sólo se conoce su última semana de vida, y hacerlo únicamente sobre la base de las consecuencias de sus actos, sin tener en cuenta la hondura de la compasión divina, es peligroso. Porque mientras nuestro dedo índice señala a Judas, otros tres nos señalan a nosotros. ¿Merece Judas la condenación eterna? Entonces también nosotros, porque casi nunca somos capaces de estar a la altura de la gracia que hemos recibido. Si él merece la condena, y nosotros también, la misma fuerza salvífica que nos atrevemos a esperar para nosotros, podría hacerse patente en él. Hay que tener, al menos, la esperanza.

Esta llamada a la esperanza ha de ser escuchada hoy. Sobre todo por los impacientes, los que quieren el cumplimiento de todo ya ahora, sin esperar más; los que no entienden la paciencia de un Padre que, respetando la libertad de los seres humanos, deja que la historia se desarrolle incluso contra sus planes; los que juzgan en lugar de anunciar el evangelio; los que apremian en lugar de orar; los que condenan en lugar de ofrecer *"el ministerio de la reconciliación"* (2 Corintios 5:18); los

---

[51] Anás era hijo de Seth, y fue designado sumo sacerdote entre los años 6 y 15 d.C. por el romano Quirinius, hasta que el procurador Valerius Gratus (el que después dejaría su cargo a manos de Poncio Pilato) le quitó su puesto para más tarde concedérselo a Caifás, en el año 18 d.C.

[52] El rango de Sumo Sacerdote era vitalicio, aunque no el cargo. Cuando uno era nombrado Sumo Sacerdote conservaba el título hasta su muerte, aunque hubiera sido relevado de sus funciones. Por eso, en los evangelios, Anás y Caifás (su yerno y sucesor), son referidos con este trato.

que quieren separar ya el trigo de la cizaña en lugar de dejarlos crecer, y que Dios juzgue un día qué es cada cual.⁵³

*Ese implacable juicio que yo emito sobre un ser del que ignoro la historia secreta, las dificultades internas, el peso de los atavismos con que ha debido cargar, las luchas que se ha visto obligado a afrontar; ese juicio por el que solidifico, inmovilizo, fijo y petrifico lo que todavía está en régimen de creación inacabada, evidencia a fin de cuentas la dureza de mi corazón y mi incomprensión de lo que es la creación, la creación de un hombre (nuevo) en este caso, como también mi falta de ternura y compasión hacia esa nueva humanidad inacabada, embrionaria, que anda a tientas y aprende torpemente a existir. Cuando juzgo, soy como el mal jardinero que corta las flores mustias en vez de esforzarse por reanimarlas, o como el mal pedagogo que condena al niño torpe, en lugar de ayudarle a desarrollarse. Por esto decía el rabino Yeshúa: "con el juicio con que juzguéis seréis juzgados". La estrechez, la mezquindad y la severidad de nuestro juicio evidencia quiénes somos, y hasta qué punto no comprendemos el misterio de la nueva creación.*⁵⁴

Además, quien piense así, debería tener el valor de preguntarse, como mínimo, ¿cuánto hace que yo mismo soy seguidor de Jesús? ¿Aun así lo entiendo ya perfectamente? ¿Hago siempre lo que me pide? ¿Me comporto cada día como él me recomienda? ¿Me lo tomo realmente en serio? ¿Qué ocurriría con nosotros, si Dios juzgase nuestras traiciones con la misma dureza con que nosotros juzgamos la de Judas? ¿Saldría alguno indemne de un juicio parecido? Hay que recordar, una y otra vez, las palabras del proverbio: "*Hay hombres cuyas palabras son como golpes de espada; pero la lengua de los sabios es medicina*" (Proverbios 12:18).

Ni siquiera Jesús se atreve a juzgar a nadie. Él, que tan acertada intuición manifiesta siempre, y para quien el corazón humano se abre como un libro, no quiere cerrar las puertas de la esperanza a quienes se debaten, en medio de una lucha que desconocemos, entre lo que saben que deben hacer y lo que hacen en realidad:

Vuestros juicios siguen normas humanas; yo no llevo a nadie a juicio, pero si lo hiciera, mi acción legal sería legítima, porque no estoy solo; estamos yo y el Padre que me envió (Juan 8:15).

Tan apasionada es siempre la voluntad de Jesús de abrir espacios para

---

⁵³Pagola, *Es bueno creer*, 95.

⁵⁴C. Tresmontant, *La doctrina de Yeshúa de Nazaret* (Barcelona: Editorial Herder, 1973), 165.

la esperanza, que ni siquiera la cerrazón humana deberá clausurarlos en las comunidades que lo seguirán:

Por tanto, si tu hermano peca contra ti, ve y repréndele estando tú y él solos; si te oye, has ganado a tu hermano. Pero si no te oye, toma aún contigo a uno o dos, para que en boca de dos o tres testigos conste toda palabra. Si no los oye a ellos, dilo a la iglesia; y si no oye a la iglesia, tenle por gentil y publicano (Mateo 18:15-17).

Podría deducirse de este texto que, al final, Jesús mismo cierra la puerta de la paciencia. Todo tiene un límite. Sin embargo, nada más lejos de la realidad. ¿Qué significa, en labios de Jesús, tener a alguien por gentil y publicano? ¿Aislarlo? ¿Excomulgarlo? ¿Excluirlo? ¿Relegarlo a nuestra indiferencia? ¿Cómo trató Jesús a los gentiles y publicanos? Con más compasión, misericordia y acogida que a sus propios paisanos. ¿Por qué? Porque lo necesitaban más. Así que, para Jesús, a alguien desorientado, confundido, enrocado en sí mismo y que es incapaz de atender a razones, no hay que echarlo, o aislarlo del grupo, sino tratarlo con más compasión aún, con más servicio y más amor.

No conozco el destino final del Iscariote. Lo que sí creo es que este discípulo, en extremo desorientado, pero fuertemente apasionado y hambriento de una revolución siempre por llegar, fue para Jesús, hasta su último aliento de vida, una aventura de fe, de esperanza, y su amigo.

Apéndice al capítulo XIV

14.1. Mateo y Marcos emplean, para calificar a los dos acompañantes de Jesús en la cruz, el término griego *kakourgois*, que significa "perversos, malhechores, asesinos". Lucas emplea *lestai*, que significa "ladrones, bandidos, piratas". Juan se refiere a ellos como "otros dos". Es probable que fueran bandoleros que se dedicaban al pillaje en los caminos, y que hubieran asesinado a alguien para robarle. Flavio Josefo lo aplica a veces a rebeldes contra Roma, en la línea de los zelotes y los sicarios. Según esto, el móvil de los "dos ladrones" sería fundamentalmente político-religioso. Pero como muchos de estos rebeldes se refugiaban en el desierto, practicaban el pillaje en los caminos como forma de supervivencia, de ahí que se los llame "ladrones". El móvil político también explicaría que se los crucificara. También encaja más que dos rebeldes insulten a Jesús, por verlo como un falso mesías, como apaciguador en lugar de como liberador.

Es curioso que en el evangelio según Mateo (Mateo 27:44) los dos malhechores aparecen vociferando e insultando al maestro galileo. Así que para armonizar las dos redacciones, podemos imaginar a los dos crucificados injuriando a Jesús al principio, pero uno de ellos ve algo en el nazareno —quizá su actitud de perdón a quienes le estaban crucificando— que transforma su actitud por completo, y le hace soñar con la esperanza de su propio perdón, una segunda oportunidad de vida en el Reinado del Padre del maestro.

14.2. El texto en griego es *kai eipen auto amen soi lego semeron met emou ses en to paradeiso*, que literalmente se traduce por "Y le dijo de cierto te digo hoy conmigo estarás en el paraíso". Algunas Biblias traducen "Y le dijo: de cierto te digo que hoy estarás conmigo en el paraíso", añadiendo la conjunción "que", por lo que el sentido de la frase varía sustancialmente al colocar una palabra que no está en el original.

Además, puesto que en el texto griego no aparecen signos de puntuación, la colocación de una simple coma puede hacer que se traduzca bien o mal. Se puede colocar la coma así: "de cierto te digo, hoy estarán conmigo en el paraíso", o así: "de cierto te digo hoy, estarás conmigo en el paraíso".

¿Con cuál de las dos nos quedamos? Ya dejábamos bastante claro, al inicio de este trabajo, que las Escrituras entienden la muerte como un sueño inconsciente, hasta el día de la resurrección. Luego es difícil que Jesús le dijese que ese mismo día se encontrarían en el paraíso. Además, Jesús mismo atestigua a María Magdalena que el domingo de resurrección aún no había subido al Padre (Juan 20:17), por lo que mal hubiera cumplido su promesa de verse con el malhechor el viernes en el paraíso. Por último, el mismo Jesús afirmó que la recompensa eterna se recibiría el día cuando volviese en toda su gloria, con todos sus santos ángeles (Mateo 25:31-34). El sentido común empuja a traducir: "*Y le dijo: de cierto te digo hoy, estarás conmigo en el paraíso*".

14.3. Según este escrito, que está interesado en la corrupción sacerdotal y la pronta aparición del Reinado de Dios "... entonces se manifestará su reino sobre toda su creación, entonces el Diablo tendrá su fin y la tristeza se alejará con él". Se trata de un paralelo próximo a la comprensión de Jesús: cuando el Reinado de Dios aparezca, el Diablo tendrá su fin. Pero con una salvedad: mientras que en el Testamento de Moisés el fin se coloca en el futuro ("*tendrá su fin*"), Jesús lo coloca en presente ("*pero tiene fin*"), pues está vinculado a la proclamación y las obras (sobre todo exorcismos y curaciones) del maestro galileo.

14.4. H. Schneller, director del orfanato sirio en Jerusalén, hizo un relato de la espectacular llegada de una plaga de langostas: "Tuvimos una hambruna el segundo año de la guerra [1915] tal como no se había experimentado en cincuenta años. El cielo se oscureció por gigantescas mangas de langostas que cubrieron toda la región, y no se podían ver ni el sol ni la luna. Toda Palestina se transformó en un desierto en pocos días. Todos los árboles, desde la copa hasta el tronco, incluyendo la corteza, quedaron pelados; nuestras huertas, cultivadas con tanto esfuerzo, desaparecieron como por magia. La primavera siguiente surgieron de los huevos miles de millones de larvas que consumieron lo poco que había quedado. El resultado fue una hambruna terrible".

14.5. Pilato intentó romanizar Palestina sin éxito, introduciendo imágenes de culto al César, y con el intento de construir un acueducto con los fondos del Templo. Las desavenencias con el pueblo judío —atestiguadas por Filón y Flavio Josefo— lo llevaron a trasladar su centro de mando de Cesarea a Jerusalén, para controlar mejor las revueltas.

Destituido de su cargo, y llamado a consultas por el emperador, al parecer llegó a Roma tras cincuenta y cuatro días de viaje, habiéndose producido durante el mismo la muerte de Tiberio. Según Eusebio de Cesarea, fue desterrado a las Galias por Calígula, y se suicidó en el Ródano, cerca de Vienne (*Historia Eclesiástica* II, 7), posiblemente hacia el año 38 d.C.

14.6. Los bufones aparecen en las obras de muchos autores cómicos, y en no pocos pasajes de las de Marcial, Séneca y Suetonio. Según ellos, eran sobre todo gente deformada, monstruosa y enanos. En Pompeya se han hallado vasos etruscos con la forma de estos bufones, payasos que servían de entretenimiento a una sociedad corrompida. El emperador Augusto (contemporáneo de Jesús), deseoso de que el pueblo participara del placer de ver uno de estos bufones-monstruo, hizo exhibir a un joven llamado Licino que no tenía más de 60 centímetros de altura, no pesaba más de 8 kg, y que poseía una voz estentórea. En algunas obras de teatro callejero, los bufones que hacían el papel del emperador portaban un manto que recordaba al que empleaba el gobernante. Los soldados parecen haber tratado a Jesús como a un bufón.

14.7. Un buen ejemplo de estas supersticiones es el siguiente texto de Cicerón: "Pues bien: Tiberio Graco —hijo de Publio—, que fue cónsul por dos veces y censor, al tiempo que excelente augur, sabio varón y ciudadano de pro, al haberse capturado dos culebras en su casa, ¿no llamó a los arúspices, según dejó escrito su hijo Gayo Graco? Como éstos le respondieron que si dejaba ir al macho había de morir su esposa en breve tiempo; mientras que si dejaba ir a la hembra había de morir él mismo, estimó que era más justo que él afrontase la muerte, a una edad apropiada, en lugar de la hija adolescente de Publio Africano. Dejó ir a la hembra; él murió pocos días después" (Ciceron, *De la Adivinación*, I, 36).

14.8. A parte de su elección, el Nuevo Testamento no cuenta nada más sobre Matías. Por las condiciones que se imponen antes del sorteo, parece que había sido discípulo de Jesús, testigo directo de sus palabras y de sus obras, y probablemente había visto al maestro resucitado. La tradición cristiana primitiva, llena en esta ocasión de leyendas y mitología, sí nos da, al menos, un dato coherente: Eusebio, historiador cristiano del siglo IV (*Historia Eclesiástica* I, 12.3) dice que Matías formó parte de los setenta que Jesús envió a predicar por parejas.

CAPÍTULO XV

¿ALGO QUE APRENDER?

El cristianismo, hoy, necesita también una revolución. Como en los tiempos de Jesús y de Judas, los creyentes seguimos en gran medida desorientados, dispersos, despistados, distraídos, sometidos a poderes tan oscuros que somos incapaces de entender del todo. El mensaje radical del maestro galileo sigue sonando atronador, a través de los evangelios, e invita a invertir las prioridades. Giovanni Papini describió con gran pasión lo que a su entender era lo nuclear de esta revolución:

> *El verdadero, el mayor invertidor, es Jesús. El supremo paradojista, el renovador radical y sin miedo. En eso está parte de su grandeza; de su eterna novedad y juventud; el secreto de que todo gran corazón, más tarde o más temprano, gravite hacia su Evangelio.*[1]

Judas no sabe darse cuenta de que esa revolución exige algo mucho más difícil que enarbolar espadas, ceñirse escudos, y poner en marcha una guerra de guerrillas. Nuestra guerra es contra otro tipo de adversarios, mucho más peligrosos y con muchos más recursos que los enemigos humanos.[2] Por ello, las espadas, los escudos y las armaduras tienen, para Pablo y seguro que para Jesús también, mucho más que ver con la calidez del espíritu que con el frío metal. Y mucho más con la fortaleza, el arrojo y la valentía del amor que con el poder y la dominación de la violencia.

La insurrección propuesta por el galileo no consiste en derramar sangre y quitar vidas, sino en derramarse a sí mismo sirviendo a los demás, y ofrecer vida en abundancia a todos los que la sienten escaparse de las manos.

---

[1] Papini, *Historia de Cristo*, 81.

[2] Efesios 6:12 ss: "*Porque no tenemos lucha contra sangre y carne, sino contra principados, contra potestades, contra los gobernadores de las tinieblas de este siglo, contra huestes espirituales de maldad en las regiones celestes...*"

No significa someter al dominador y obtener el poder, sino someterse con humildad al proyecto de Dios: un mundo en el que reinen la compasión y la esperanza. Ser testigos y embajadores del poder del amor, que es el arma imbatible del Reinado soñado por Jesús.

No pretende cambiar, o al menos no sólo, el statu quo de los pueblos, sino sobre todo la vida de los creyentes, una a una,[3] y convertirla en semilla que crece y multiplica por cien su potencial; en levadura que, de forma imperceptible, va leudando la masa y la convierte enteramente en pan; en sal[4] que a pequeñas pizcas cambia por completo el sabor del guiso, y lo transforma en un placer para los sentidos; en luz que anula radicalmente el poder de las tinieblas, y las convierte en claridad radiante.

Jesús no proclama, y mucho menos pone en marcha, una revolución política. Su revolución está orientada más bien hacia lo íntimo y escondido, al centro de la persona, al corazón del creyente y, desde él, hacia fuera, hacia la sociedad y hacia la política.[5] Por ello, las implicaciones políticas y sociales no deberían ser un presupuesto, sino su consecuencia natural y no violenta.

Y todo poco a poco, paso a paso, con la paciencia que es la sangre de la divinidad, pero con una vehemente, concienzuda y testaruda convicción, fruto del Espíritu de Dios en el corazón y la mente de los creyentes. Que el Reinado de Dios, como dice Jesús, haya llegado ya hasta nosotros (Lucas 10:8-9) significa que algo misterioso está sucediendo ya en el interior de quienes lo abrazan con humildad. Éstos, entonces, se convierten en grano de mostaza, levadura, sal y luz. Quizá ni se den cuenta, pero el milagro está ocurriendo dentro de ellos, y han de dejar que irradie por donde pasen.

Dentro de ese mundo y en conflicto con él, la práctica de Jesús aparece proporcionando niveles de articulación de la vida comunitaria. Al desarrollarse, constituirán una práctica alternativa en contradicción con la justicia del sistema, y por lo tanto cumplirán una función dinamizadora

---

[3]"La patria de un cristiano no es de este mundo. Un cristiano debe sacrificar la patria a la verdad". M. de Unamuno, *La agonía del cristianismo* (Madrid: Editorial Espasa-Calpe, 1966), 17.

[4]El simbolismo religioso de la sal estaba muy extendido en el mundo antiguo, tanto en la esfera grecorromana como en la semítica. La sal aparece, principalmente, como imagen de lo que purifica, de lo que da sabor (Job 6:6), o de lo que conserva. De una manera más general, de lo que confiere precio, valor, utilidad a lo que va a ser salado. Así por ejemplo, los sacrificios eran salados (Éxodo 30:35; Levítico 2:13). Lo mismo se hacía con los recién nacidos (Ezequiel 16:4).

[5]H. Küng, *Ser cristiano* (Madrid: Ediciones Cristiandad, 1975), 239.

de la historia. Jesús no crea un modelo rígido de acción, sino que impulsa a sus discípulos a prolongar creativamente la lógica de su práctica, en las diferentes circunstancias históricas en las que la comunidad deberá proclamar, en hechos y palabras, el evangelio del reino.[6]

El cristianismo, evidentemente, no puede garantizar el éxito intrahistórico de su compromiso. Pero la fe en la resurrección significa la confianza en la apertura de la historia, la creencia en la libertad y las posibilidades del creyente para abrirse al Reinado de Dios. Hay un futuro para el ser humano, que es el de Jesucristo. Y ese porvenir ya ha comenzado, aunque no veamos aún su plenitud. El cristianismo está preñado de esta esperanza: no nos asegura el triunfo de nuestros compromisos, pero sí nos da un gran ánimo para perseverar en ellos.[7]

Los cristianos han de creer firmemente en la promesa de Jesús: "*Yo estoy con vosotros hasta el fin del mundo*" (Mateo 28:20). Pero siendo conscientes, también, de que esa promesa no ahorra las dificultades inherentes a la vida, en la que la verdad se abre camino poco a poco, a base de inspiración, oración, estudio, diálogo y esfuerzo, y nunca de forma mecánica. Sabiendo, de todos modos y para nuestra tranquilidad, que en el atardecer de nuestros días no se nos juzgará por la cantidad de verdad acumulada, sino por el amor manifestado.

Esta revolución es necesaria para el futuro, no sólo del cristianismo, sino de toda la humanidad. Como bien dijo Víctor Hugo: "Cuando la dictadura es un hecho, la revolución es un derecho". La sociedad actual, como en casi cada periodo de la historia, está viviendo una auténtica dictadura del mal. La historia sigue demostrando, día a día, que la consecución del dominio y el poder no hacen más felices a los seres humanos, ni los ayudan a mejorar el mundo, sino todo lo contrario. Una vez más, y cada vez más, la humanidad vive la ansiedad y la angustia de los proyectos fracasados. El cristianismo tiene aún hoy algo que decir. O mucho. Pero necesita una radicalidad innegociable,[8] que apunta a la resurrección. Ésta es, sin duda, la palabra del cristianismo que más hondo puede calar en esta sociedad, cansada de esperar una forma de vida que la ayude a superar la ansiedad y los miedos inherentes a un futuro incierto.

---

[6] Echegaray, *La práctica de Jesús,* 182-183.

[7] J. M. Mardones, *¿Adónde va la religión? Cristianismo y religiosidad en nuestro tiempo* (Santander: Editorial Sal Terrae, 1996), 68.

[8] Elena White expresó esta idea en una cita memorable: "La mayor necesidad del mundo es la de hombres que no se vendan ni se compren; hombres que sean sinceros y honrados en lo más íntimo de sus almas; hombres que no teman dar al pecado el nombre que le corresponde; hombres cuya conciencia sea tan leal al deber

> *Soñamos con el futuro de un cristianismo que tiene la osadía de soñar siempre el sueño de Jesús, y que procura, con coherencia, traducirlo en instituciones siempre provisorias, atento al grito de los oprimidos, libertario y cargado de esperanza, que no se contenta sólo con un mundo amoroso para todos, sino que pide la resurrección de toda carne, la vida eterna y la entronización plena de la entera creación con piedras, animales, personas, estrellas, micro y macro cosmos, en el reino de la Trinidad.[9]*

Sin olvidar, por supuesto, toda la tarea intrahistórica que al cristianismo le queda, con su lucha sin cuartel por una sociedad más justa e igualitaria, la resurrección invita a reconocer que todos los esfuerzos por ofrecer una forma de vida más humana y humanitaria, por fracasados que parezcan ahora, tienen un sentido profundo. La muerte es un problema muy serio que no se puede escamotear fácilmente y de cualquier manera. Al final, sea cual sea la ideología, la fe o la postura ante la vida, el verdadero problema es el futuro. ¿Qué va a ser de nosotros? ¿En qué va a quedar todo? Por muy grande y heroica que parezca la muerte del revolucionario, ¿no hay una nostalgia, una amargura y una frustración en ese final tan grandioso? ¿Qué sentido puede tener sacrificar heroicamente la vida, si lo único que le espera a él y a aquellos por quienes muere es únicamente la nada?

La liberación de la alienación humana, para ser verdadera, exige liberación de la muerte. Aunque uno muera gratuitamente y por pura generosidad, si su esfuerzo y su muerte no sirven de manera definitiva para nadie, pues todos mueren, ¿se puede decir que eso realiza verdaderamente al ser humano?

Hay que reclamar el reto y la promesa de la resurrección del mensaje cristiano. No es absurda la postura del creyente que lucha y se compromete en la mejora de la humanidad, animado por la esperanza en la resurrección. Es una opción libre de fe, pero no es ni veleidosa ni irracional. La humanidad de hoy necesita escuchar el mensaje de la resurrección que trajo Jesús a este mundo, para preguntarse si la vida, el amor, el compromiso revolucionario no tendrán un sentido más profundo cuando se viven desde el seguimiento al Jesús resucitado.

> *La fe encuentra el consuelo de Dios en todo sufrimiento, pero la esperanza mira hacia el futuro de una nueva creación, en la que ya no*

---

como la brújula al polo; hombres que se mantengan de parte de la justicia aunque se desplomen los cielos". White, *El deseado de todas las gentes*, 57.

[9]Boff, *Con la libertad del cristianismo*, 110.

habrá llanto, ni luto, ni dolor. Por decirlo sencillamente: el que cree en Dios tiene esperanza para esta tierra y no desespera, sino que, más allá del horizonte del terror apocalíptico, ve el mundo nuevo de Dios y actúa en consecuencia.[10]

Además, la humanidad necesita, hoy más que nunca, una esperanza no sólo para los hijos del futuro, o para los padres del presente, sino también para los abuelos que murieron en el pasado, para todos aquellos que, a lo largo de los siglos, han sido vencidos, humillados, oprimidos, y hoy están casi olvidados ya. Si no hay resurrección, jamás se podrá hacer justicia a los que sacrificaron sus vidas por mejorar la sociedad en que vivieron, ni a los que murieron violentamente en defensa de los valores humanos. Por eso resucita Jesús: Dios quiere dejar claro que la lucha por la dignidad propia y la de los demás merece la pena.[11]

Si el cristianismo pierde la audacia de Jesús en el Sermón del Monte —hay esperanza aún en medio de la adversidad, pero sólo si se escoge amar y servir de forma radical—, se diluirá como el polvo en el agua, y no servirá más que para enturbiar aún más las relaciones entre las gentes, divididas por dogmas y ritos, cuando deberían estar unidas por un mismo Dios, aunque se lo perciba y entienda de maneras diversas.[12]

Si toda esta esperanza de revolución, de transformación y adaptación a las necesidades concretas de la sociedad en la que toca vivir, es aplicable a cada creyente, debería serlo también a la comunidad de creyentes, es decir, a la iglesia en su conjunto. ¿Por qué temer a los cambios? ¿Por qué cerrar las ventanas y las puertas para que no entre el aire fresco y respirable? ¿A qué tenemos miedo? ¿Por qué tenemos miedo? ¿Tenemos razones para recelar de los cambios que nos harán más comprensibles y accesibles a los que pretendemos acceder? ¿Quién deberá hacer ese esfuerzo de cambio adaptativo, el que necesita conocer a Dios y aún no lo sabe, o el que se siente impulsado por el Espíritu a compartir al Dios que ya ha conocido? Me parecen pertinentes, en este sentido, las preguntas que se plantea José María Castillo:

> *¿Qué incidencia tiene hoy el cristianismo en esta sociedad? Quiero decir ¿se puede asegurar que el cristianismo y los cristianos somos un agente*

---

[10]Moltmann, *La justicia crea futuro*, 19.

[11]J. A. Pagola, *Jesús de Nazaret. El hombre y su mensaje* (San Sebastián: Editorial Idatz, 1983), 151-154.

[12]A lo largo de la historia, las religiones han dividido a la gente mucho más que unirla. Sin embargo, el propio término significa lo contrario: religión-*religare*-volver a unir.

de cambio fundamental para transformar la sociedad en que vivimos? ¿Es el cristianismo, por consiguiente, una fuerza revolucionaria, que tiende eficazmente a transformar las condiciones injustas que se dan en nuestro mundo y en nuestra sociedad?[13]

Hoy, los medios de comunicación de masas han relegado a Jesús de Nazaret a la mera anécdota. No habrá que esperar ayuda de ellos. Basta con ver o escuchar los ámbitos en los que se habla de él: programas radiofónicos de misterio, revistas esotéricas o emisiones televisivas dedicadas a lo paranormal. En estos espacios se puede ver, escuchar, o leer los argumentos de un catedrático en historia del cristianismo primitivo, a favor o en contra de la historicidad de Jesús de Nazaret y acto seguido, sin solución de continuidad, ser testigos de un encendido debate sobre abducciones extraterrestres, de un reportaje sobre un psicópata criminal, de una crónica sobre lluvia de peces en un recóndito lugar, de la adivinación del futuro por parte de un tarotista famoso, o del avistamiento de un yeti en Nepal.

Al mismo tiempo, los espacios de comunicación considerados "serios" suelen fijar su atención en Jesús de Nazaret sólo cuando aparecen informaciones que pueden generar una cierta polémica. Titulares como: "*Encontrados en una tumba de Jerusalén los restos de Jesús de Nazaret*", o "*Jesús pidió a Judas que lo traicionara*", o incluso "*¿Clonar a Jesús de Nazaret con sangre de la Síndone de Turín?*" son algunos ejemplos.

¿A qué se debe esta atracción, casi morbosa, por los aspectos más polémicos de la figura de Jesús? Por una parte, sin duda, a la insaciable voracidad de "contenido excitante" que manifiesta la llamada *sociedad de la comunicación global*. Es tal el cúmulo de información que una persona puede recibir hoy, que los medios de comunicación necesitan llamar la atención sobre su producto —informando o desinformando— a base de truculencia y morbosidad. Mientras que la noticia sobre el descubrimiento de la ciudad de Belén pasa prácticamente desapercibida, ya que no genera esa "excitación" exigida por la audiencia para discriminarla del resto de la información, un debate sobre la presunta progenie de Jesús y María Magdalena sí lo hace. Un mundo mediático lleno de colores demanda luz fosforescente para atrapar su atención. Y los medios de comunicación de masas están dispuestos a hacerlo a toda costa.

Buena parte de mi formación proviene del ámbito de la comunicación, así que no seré yo quien tire a matar. Son empresas que realizan un servicio, pero que también venden un producto y esperan que el cliente

---

[13] Castillo y Estrada, *El proyecto de Jesús*, 33.

lo compre. Si estuviese dispuesto a comprar otra cosa, cambiarían su estrategia. Pero no es así. Una considerable parte de nuestra sociedad, aletargada y embotada —a veces por los propios medios de comunicación, cerrándose así el círculo vicioso— ya no se conforma con la información seria y contrastada, y exige espectáculo. Sin embargo, es interesante que ese show se realice en torno a Jesús de Nazaret, muerto hace ya dos mil años, y no alrededor de Sócrates, Tiberio o Buda. ¿Por qué?

Porque la persona y la forma de ser del maestro galileo siguen generando una enorme fascinación en una sociedad que anda necesitada de referentes existenciales, como siempre. No dejan de ser atractivos, pese al paso del tiempo, sus gestos de acogida incondicional, su valentía frente a los poderosos que oprimían a los más débiles, su desobediencia civil ante las leyes injustas, su disponibilidad sin horarios, su lucha por la dignidad de los despreciados, su capacidad de perdón a todos y en cualquier circunstancia, su voluntad de sembrar alegría y esperanza en la vida de los más sufrientes, su insobornable búsqueda de la verdad, su decisión de enfrentar la muerte antes que ceder a las amenazas (Caifás) o a los atajos morales (Pilato) de los opresores.

Los medios de comunicación de masas son conscientes del poder de atracción de Jesús de Nazaret, y lo explotan cuando pueden. Saben que una portada con su imagen vestida de extraterrestre venderá miles de revistas; que un reportaje sobre sus reliquias aumentará la audiencia; que un libro sobre su falsa muerte en la cruz y su posterior vida y muerte en Cachemira será un éxito de ventas; que una película sobre su descendencia merovingia generará una ingente cantidad de dinero. Porque su recuerdo, por espuria que sea la manipulación, sigue provocando admiración.

Y es que en el núcleo de tantas capas de fosforescencia se encuentra un hombre real que atrae, una vida que subyuga, un compromiso que invita al seguimiento, una entereza que contagia el afán de coherencia, un sacrificio que renueva la esperanza. ¿Cuándo nos daremos cuenta los cristianos de que Jesús es nuestro más precioso tesoro? ¿Cuándo seremos capaces de ponerlo todo, cultos, dogmas, credos y normas, detrás de él, en segundo plano? ¿Cuándo seremos cristianos de verdad, portadores como él de Buenas Noticias a la humanidad entera? Hemos de colocar a Jesús por delante y por encima de todo lo demás. Quizá haya que cambiar muchas cosas en nuestras comunidades religiosas, pero el resultado brillará con una luz inapagable. Además de reavivamiento y reforma, además de renovación, necesitamos innovación: interiorizar la novedad de Jesús, que nos entre dentro, que forme parte de nuestro ADN espiritual.

Una iglesia que no sabe cambiar —o que cree que no puede, o que no debe— para que su mensaje evangélico y evangelizador se convierta, realmente, en Buenas Noticias actualizadas a la situación concreta, cambiante, de la sociedad en la que está inmersa, corre el riesgo de petrificarse y hasta de morir. Lo antiguo no es siempre bueno por ser antiguo. Como lo nuevo tampoco lo es por el mero hecho de su novedad. Y puestos a optar por lo antiguo, habría que hacerlo de verdad, y echar la mirada no cuarenta, cien, o quinientos años atrás, sino dos mil: al inicio de todo esto que llamamos cristianismo, al ejemplo de quien lo inauguró, al seguimiento radical de quienes lo conocieron cara a cara, y predicaron la sorpresa de sentirse siempre acogidos por él, siempre perdonados, siempre bendecidos, siempre impulsados a ser sal, luz y levadura. Ninguna de las tres llega a ser útil si no asume el riesgo de sumergirse en sus opuestos: sal en la sosedad, luz en las tinieblas, levadura en la masa. No corre riesgos quien se encierra entre las cuatro paredes de su verdad absoluta. Pero entonces, de poco sirve el tesoro que se le ha legado. Es como recibir un talento y enterrarlo para no perderlo (Mateo 25:14-30). Ni lo disfruta quien lo recibe, ni se convierte en disfrute de aquellos con quienes podría haberlo hecho fructificar.

El secreto de una nueva evangelización, paradójicamente, puede ser volver a lo antiguo, potenciar y fortalecer la relación de los discípulos de ahora con el maestro, como lo hicieron los primeros. No consistirá sólo en sumar, sino también en restar. No sumar estrategias, directrices o planes, sino restar costumbres, adherencias o tradiciones. Volver a la fuente de todo, al maestro, a Jesús. Él evangelizó haciendo amigos, estando pendiente de las necesidades de las gentes, ayudándolas a suplirlas, y dirigiendo después sus miradas hacia el origen de todo bien, que es el *Abbá* del Cielo. Sus primeros discípulos acabaron por aprender bien la lección. Lo vieron curar y liberar, aliviar el sufrimiento y devolver la dignidad, descubrir el amor, el perdón y la ternura de Dios, y llamar a una vida nueva. Ellos hicieron lo mismo.

La propuesta de Jesús de Nazaret para el mundo es una construcción tan hermosa que no podemos conformarnos con sus ruinas. Los cristianos no son llamados sólo a ser creyentes, sino también, y quizá sobre todo, a ser creíbles. George R. Knight expresa esta preocupación claramente:

> *El Cristo de la Biblia predicó un mensaje de radical discontinuidad con los valores, tanto del mundo secular como del ámbito religioso que lo rodeaban. Lo llamativo es que su mensaje se halla en tan poca sintonía con esas iglesias que portan su nombre, como lo estaba con los dirigentes que le crucificaron. Durante dos mil años, la iglesia cristiana ha tratado de justificar y suavizar el Sermón del Monte, pero éste es todavía el*

manifiesto más revolucionario de la historia. Jesús estaba decidido a poner el mundo patas arriba.[14]

No vendrían mal para esta propuesta divina de vida alternativa la pasión, la capacidad para emocionarse por su proyecto,[15] y el ímpetu que debió descubrir Jesús en Judas, cuando se encontró por primera vez con él. Sabiendo no obstante que, como en su caso, el Maligno anda siempre cerca, como león rugiente que busca a quién devorar (1 Pedro 5:8). Todos los discípulos sufrieron ese acoso. Incluso Pedro, en algún momento, pareció estar poseído por el Diablo.[16] Los creyentes de hoy en día también corremos el mismo riesgo que Judas y Pedro: creer que "las cosas humanas" pueden solucionarlas los seres humanos por sus propios medios, sin darse cuenta de que sin los recursos de Dios —compasión, misericordia, justicia— no hay solución posible.

> *Leyendo los evangelios con atención, uno advierte enseguida que Jesús se dio cuenta de que la religión que entonces había en su pueblo y en su tiempo no iba a ninguna parte. Y menos aún, la ética que predicaba aquella religión. Era, por supuesto, una religión solemne, ordenada, autoritaria, con muchos sacerdotes y levitas, con un Templo imponente, que tenía cientos de funcionarios, y normas para todo y para todos. Pero está visto que Jesús comprendió pronto que con todo aquello no se conseguía lo que más importa en la vida, a saber: que todos seamos más buenas personas y que todos vivamos más felices. Porque, en definitiva, una religión y una ética que no sirven para eso, ¿para qué sirven? De ahí, la relación entre el Evangelio y el cambio. Justamente lo que ahora necesitamos.*[17]

Sin olvidar que el cambio no puede venir de dentro, aunque sólo sea posible si nos nace dentro. No hay contradicción en esto. La verdadera revolución del cristianismo comienza con un Reinado de Dios que está

---

[14]G. Knight, *La cruz de Cristo. La obra de Dios por nosotros* (Madrid: Editorial Safeliz, 2009), 131.

[15]Un sábado, en una iglesia, me dijo un amigo, con una cierta dureza, que la espiritualidad no tiene nada que ver con la emoción, sino sólo con la razón. Yo sólo supe responderle: "Lo siento, pero me acabo de emocionar".

[16]Jesús así lo percibió, al menos en una ocasión, y se lo dijo a su impetuoso amigo de forma muy expresiva: "*Pero él, volviéndose y mirando a sus discípulos, reprendió a Pedro diciendo: ¡Quítate de delante de mí, Satanás! No piensas en las cosas de Dios, sino en las de los hombres*" (Marcos 8:33).

[17]Castillo, *La ética de Cristo*, 19.

llegando,[18] que se acerca,[19] que se busca,[20] que se recibe,[21] y que incluso puede perderse.[22] Es algo externo, no interno. La fuerza del cambio no sale de nosotros. Otras religiones sí lo creen, y buscan en el interior de cada uno el dios que llevan dentro. Consideran que la introspección y el vaciamiento interior son vitales para esta búsqueda: todo lo que podemos llegar a ser lo llevamos dentro ya. Tan sólo debemos descubrirlo y dejar que se manifieste, que fluya hacia afuera. Pero para el cristianismo inaugurado por Jesús no es así.

Cualquier esfuerzo propio que los creyentes hagamos para estar a la altura de nuestra responsabilidad está destinado al fracaso, al menos a largo plazo. Éste fue el intento de Judas, y fracasó. Quizá consigamos algunas victorias, venceremos en algunas batallas, pero perderemos la guerra. Gastar la vida mirándonos constantemente dentro, o vigilándonos delante del espejo, es un disparate que provocará mucho sufrimiento y muy poco gozo.

> *Otro aspecto sorprendente del Decálogo es que no invita a mirar hacia adentro, sino hacia delante, hacia arriba y hacia fuera (...) En nuestra introspección, a menudo conseguimos efectos contrarios a nuestros buenos propósitos. Al examinar nuestras acciones las vemos contaminadas de egoísmo, vacías de generosidad, y el desánimo nos bloquea. El Decálogo, con sus futuros, pide confianza. Dios mismo se encarga de liberar nuestros actos de su lastre negativo. Vivir pendientes de nosotros mismos no hace más que crisparnos y desanimarnos, haciéndonos perder el equilibrio y la paz del alma. En lugar de concentrar nuestra atención en nuestra realidad inestable, o en nuestras motivaciones, el Decálogo invita a dejar de lado el "ego" como referencia básica, a superar nuestro egocentrismo negativo, y a mirar hacia Dios (Isaías 45:22).*[23]

El joven rico que se presenta delante de Jesús, tan preocupado por su salvación que se pone de rodillas delante de él, está seguro de haber cumplido con todas las exigencias de su religión desde niño.[24] Y, sin

---

[18]*"Ciertamente ha llegado hasta vosotros el Reinado de Dios"* (Mateo 12:28)

[19]*"El Reino de los Cielos se ha acercado"* (Mateo 3:2)

[20]*"Buscad el Reinado de Dios, y todas estas cosas os serán añadidas"* (Lucas 12:31)

[21]*"No temáis, manada pequeña, porque a vuestro Padre le ha placido daros el Reino"* (Lucas 12:32).

[22]*"Por tanto, os digo que el Reinado de Dios será quitado de vosotros, y será dado a gente que produzca los frutos de él"* (Mateo 21:43).

[23]R. Badenas, *Más allá de la ley* (Madrid: Editorial Safeliz, 2000), 76-77.

[24]*"Todo esto lo he guardado desde mi juventud"* (Marcos 10:17-22).

embargo, allí se encuentra, buscando una solución que lo acerque a la vida eterna. Cumple lo que se le ha mandado, pero siente que no le vale para ser feliz. Jesús sonríe, seguro. Porque sentirse de otra forma sería una vana ilusión. Hay veces que el corazón humano necesita más de lo que las viejas tradiciones pueden darle.

Jesús desconcierta a todos aquellos que promueven el cambio a base de órdenes o de amenazas. Por eso, descoloca hasta al propio Bautista, que promueve un cambio sustentado por graves amenazas (Mateo 3:7-10), hachas y fuego. Sin embargo, Jesús propone un cambio que va por otra dirección bien distinta. Se ha inaugurado un nuevo tiempo. El discurso de Juan sirvió en el pasado, pero ahora ya no en su totalidad. El nazareno descubre que lo que realmente entusiasma a la gente y la invita a cambiar no es la amenaza, sino la acogida. Sentir la felicidad del cambio, y no el miedo al castigo por no cambiar. Una pedagogía positiva, que suscita, impulsa, y agranda el hambre de cosas mejores. En realidad, Jesús sólo amenaza a los que se dedican a amenazar, sobre todo a los más débiles e insignificantes para ellos: a los escribas y fariseos, que piensan que la cultura del miedo produce los cambios deseados. Pero quienes se transforman por miedo a las amenazas sólo pueden producir cambios externos. La transformación no nace de dentro, ni ellos de nuevo.

Es la ilusión escriba-farisea (Mateo 23:23-32). La equívoca felicidad de quienes diezman la menta, el eneldo y el comino, mientras olvidan la justicia, la misericordia y la fe. Tan ridículos como quien por escrúpulos religiosos está pendiente de no tragarse un mosquito, y sin embargo engulle sin contemplaciones el camello.[25] Tan hipócritas como quien friega la olla por fuera, para que se vea limpia, y deja todos los restos de la comida dentro, hasta que se pudren. Tan infelizmente desorientados, que se piensan vivos cuando no son más que un amasijo de huesos y carne corrompida.

Se sienten mejores que los demás, y sólo piensan en mejorar sus formas. El amor propio y la voluntad férrea sustituyen al amor de Dios y a su voluntad; su esfuerzo al poder del Padre. Son santos que no están pendientes más que de ellos mismos. Siempre delante del espejo, a la

---

[25] El Pentateuco consideraba impuros para comer tanto al mosquito como al camello (Levítico 11). La ironía de esta invectiva de Jesús es tremenda, y su hipérbole la hace más demostrativa si cabe. Los fariseos se tapan la boca y la nariz para no tragarse el mosquito, y tanto aguantan la respiración que cuando por fin abren la boca lo hacen con tal desmesura, y con tanta necesidad, que se les cuela un camello por ella. Hay que imaginar la escena para caer en la cuenta de las sonrisas que debieron de despertarse en el auditorio.

caza y captura de cada mancha, de cada imperfección, sobre todo de los demás, y acaban cerrándoles la puerta del Reino (Mateo 23:14). Como ya dejó escrito el antropólogo e historiador René Girard, "Tenemos, desde luego, excelentes razones para sentirnos culpables, pero no son nunca nuestras culpas las que aducimos".[26]

Aun invocando a Dios a todas horas, los fariseos no tienen tiempo de verdad para Él, que es quien puede realmente apartarlos para sí,[27] impulsarlos hacia los demás, y ofrecerles así la santidad de una vida de servicio y de espejos rotos.

> *Como la flor se dirige hacia el sol para que sus brillantes rayos le ayuden a perfeccionar su belleza y simetría, así deberíamos volvernos hacia el Sol de Justicia, a fin de que la luz celestial brille sobre nosotros y nuestro carácter se transforme a imagen de Cristo.*[28]

Es más: la casuística, tan apreciada por los escribas-fariseos de todos los tiempos,[29] no lleva más que a la minimización del propio pecado. En efecto, cuando el creyente no se toma en serio la naturaleza del pecado, que es algo que lo invade todo, hasta sus mejores pensamientos y obras (Isaías 64:6), sino que se fija en los logros concretos de su voluntad, rebaja la gravedad de su propia situación, y comienza a pensar demasiado bien a cerca de sí mismo. Se siente seguro, justo. En opinión de Jesús, esta seguridad en sí mismo destruye toda su vida. El creyente que cree estar venciendo al pecado no se toma en serio a Dios, porque nadie puede vencer al pecado. A veces llegará a ser el mejor cristiano del mundo, aunque sólo de noche: cuando duerme, cuando sueña. Y eso está bien, porque ya es un comienzo. Pero sabiendo que solamente puede entregar a la muerte a su propio yo, y dejar que el Espíritu de Dios lo habite en su

---

[26]R. Girard, *Veo a Satán caer como el relámpago* (Barcelona: Ediciones Anagrama, 2002), 211.

[27]En realidad, tanto en hebreo (*qadosh*) como en griego (*hágios*), el término "santo" no tiene que ver con una cualidad moral, sino con el hecho de ser apartado o separado de lo común. Esto significa que a uno no lo escoge Dios por ser santo, sino que se convierte en santo porque Dios lo escoge. En este sentido, todos lo que se sienten hijos adoptivos de Dios son santos, separados o apartados para Él.

[28]E. White, *El camino a Cristo* (Madrid: Editorial Safeliz, 1992), 76.

[29]Los fariseos no son una pieza de museo, ni una especie extinguida, ni un recuerdo del pasado. Lamentablemente, los fariseos viven aún entre nosotros, y en cada uno de nosotros. Hoy, quizá, de forma más velada pero con más fuerza que nunca. Para profundizar en el asunto del fariseísmo actual, recomiendo la lectura de un libro a mi entender extraordinario. M. Moore, *Evangelio versus legalismo* (Buenos Aires: Asociación Casa Editora Sudamericana, 1998).

lugar. Entonces comienza a producirse el milagro de la transformación.

Para decirlo más radicalmente: hay que promover la ética de la sensibilidad en detrimento de la ética de la voluntad. Y no es que la voluntad no sea importante en la vida del cristiano. No van por ahí las cosas. Precisamente la ética de la sensibilidad necesita mucha voluntad, pero puesta al servicio del otro. Tener voluntad de hacer el bien es bueno, buenísimo. Pero se concreta en actos puntuales, finitos, cortos, concretos, que giran alrededor de lo que hace uno mismo. Uno decide hacer tal cosa buena, y la hace. Y esto está bien. Alguien que no tiene zapatos puede esforzarse continuamente en no quejarse de su situación. Con mucha fuerza de voluntad, lo conseguirá muchas veces. Pero si un día ve pasar al lado suyo a una persona que no tiene piernas, y se deja impresionar por las consecuencias de su realidad y su dureza, es posible que ya no le de vueltas a su carencia de zapatos, y se sienta feliz por disponer aún de piernas. Puede, incluso, que sienta el impulso de ayudarla o acompañarla, aun descalzo. Lo que importa ya no es sólo uno mismo, sino también el otro. Y en ese trayecto de sensibilización, la carencia propia va difuminándose. Esto es la ética de la sensibilidad, que va directa a la raíz de las cosas y puede permearlo todo. Descentrar la atención de uno mismo y desviarla hacia el otro, para su bien, permite abrir caminos al Espíritu para la propia transformación personal:

> *El que cree no huye más, ni a la ironía intocable ni a la utopía porfiada. No huirá, llevado de un romanticismo social, al pasado dorado. No emigrará internamente a la pureza del corazón. Ni se perderá ya en lágrimas de un mundo mejor. Encontrará sorprendentemente la "paz en medio de la lucha", y el sí reconciliador en medio del justificado no. Encontrará la certeza en medio de las incertidumbres, así como su identidad de hombre en sus no-identidades inhumanas. Podrá de este modo vaciarse de sí en este mundo irredento, con amor, mansedumbre y paciencia, sin que le sea necesario temer perderse a sí mismo, y sin la necesidad imperiosa de tener que realizarse. No necesitará conquistar el reconocimiento y el amor de Dios, sino que podrá actuar libremente desde su existencia reconocida y amada.*[30]

Evidentemente, hace falta un alto grado de voluntad para permitir que el Espíritu Santo lo vaya sensibilizando a uno. Para la cultura actual, y para la moderna forma de vida, es mucho más sensato y productivo hacer que dejarse hacer. Por ello, éste es un camino que necesita una firme convicción y una férrea voluntad, pero puesta al servicio de la

---

[30] Moltmann, *El hombre*, 155.

sensibilización, y no sólo, ni sobre todo, del acto puntual y concreto.

Cuando se potabiliza el agua que la gente bebe de sus grifos, no se va a cada casa a hacerlo. No habría ni medios, ni fuerzas, ni tiempo para conseguirlo. Se va a la fuente, para que una vez ésta está limpia, fluya el agua limpia hasta todos los hogares. Hace falta voluntad y esfuerzo para potabilizar la fuente, pero es la única manera de que el esfuerzo merezca la pena, y dé sus frutos. Es cuestión de poner la ética de la voluntad al servicio de la ética de la sensibilidad, y nunca al contrario.

Las antítesis del Sermón de la Montaña (Mateo 5-7) redimen de toda auto-observación enfermiza, en la que el creyente quiere medir con los mandamientos hasta dónde llega su propia perfección o su condición de pecador (Mateo 5:21-48). Cuando la mano izquierda no sabe lo que hace la derecha (Mateo 6:3), es completamente imposible la inmisericorde auto-sobrevaloración, temerosa siempre de perder la perfección lograda; y también la inmisericorde auto-infravaloración, que se debate en sentimientos de inferioridad. Cuando, por fin, el creyente es relevado de la tarea de juzgarse a sí mismo y a los demás (Mateo 7:1ss.), puede dejar de dar vueltas sobre sí mismo como el asno de ojos vendados en el molino, o como el perro que se contorsiona para morderse la cola. Ya no es preciso que gire sobre sus méritos ni sobre sus pecados. Se trata de una invitación a vivir.[31]

La solución no es endógena, sino exógena: el Reinado de Dios que Jesús predica, la arrolladora fuerza divina que nos convierte en embriones dispuestos a nacer a una vida nueva. Él es quien puede obrar el milagro de la transformación, la que necesitamos para comprometernos del todo con el proyecto de Jesús para la humanidad. Es, realmente, como nacer:[32] nada tiene que hacer el feto para alimentarse, y su formación y transformación a lo largo de la gestación tampoco dependen de él. Ni siquiera el nacimiento necesita de su concurso, pues son las contracciones de la madre las que lo van impulsando hacia el exterior. Sólo ha de mantenerse vivo hasta el final.

El nuevo nacimiento al mundo del espíritu, según Jesús, es parecido a esto: Dios llega, nos concibe, nos gesta, nos impulsa y nos da a luz como nuevas criaturas, capaces de amar y de dejarse amar. Sólo hemos de mantenernos vivos, disponibles. A decir verdad, tampoco es mucho. Pero es lo único que nosotros podemos hacer: dejar de lado nuestro escéptico hermetismo, y hacernos permeables a la influencia de un Dios

---

[31]E. Schweizer, *El sermón de la montaña* (Salamanca: Ediciones Sígueme, 1990), 139-140.

[32]Juan 3:3.

que nos ama como una madre al hijo que lleva en sus entrañas.[33]

Nacer de nuevo significa desembarazarse de la carga de un pasado pesado, y aceptar con humildad el derecho a comenzar todo otra vez, pero a la manera de nuestro Padre del Cielo. Es seguir la luz de Jesús, que se enciende de vez en cuando en nuestro ser más profundo y oscuro. Es rasgar la tupida tela de araña que nos envuelve y nos hace creer que este mundo en que vivimos, y esta vida que sufrimos, ya no merecen la pena. Aquél que se atreve a pasar la mano por el cristal de la ventana, y retirar el vaho para ver lo que hay más allá, ha nacido de nuevo. Presupone un cambio de actitudes.

Hay quienes miran esta posibilidad con escepticismo: no se puede cambiar, no merece la pena intentarlo; cada uno es fruto de su propio pasado, de una experiencia, de una tradición de la que no puede librarse, de una cultura que le ha venido impuesta. Pretender comenzar de nuevo es totalmente ilusorio. ¡Y tienen razón! No se puede echar el tiempo hacia atrás, es imposible para el ser humano que lo pretende solo, porque está incapacitado para conseguirlo y sobrevolar sus frenos para hallar la felicidad. Lo escrito, escrito está (Juan 19:21-22).

Los escépticos sobre la transformación personal que Jesús es capaz de provocar en el creyente lo llaman utopía. ¡Y también tienen razón! Porque no caen en la cuenta de que el verdadero significado de este término es "sin lugar" (*u-topós*), y no "proyecto imposible", que es como se entiende habitualmente.[34] Que algo no tenga aún un sitio en una sociedad no significa que no lo pueda tener, o que no vaya a tenerlo nunca. La utopía, a veces, es la única realidad decente a la que uno puede aspirar. Uno de los lemas del movimiento de mayo del 68 fue "Seamos realistas: pidamos lo imposible". La utopía, como bien dice José María Castillo, "es un proyecto que anticipa un futuro mejor".[35] Pero hay aún

---

[33]Isaías 49:14-15:"*Decía Sión: "Me ha abandonado el Señor, mi dueño me ha olvidado". ¿Puede una madre olvidarse de su criatura, dejar de querer al hijo de sus entrañas? Pues aunque ella se olvide, yo no te olvidaré*". Las representaciones que los escritores bíblicos hacen de Dios no se limitan a hablar de su paternidad, sino que, a la hora de expresar su experiencia de cómo es ese Dios por el que se sienten acogidos, e inexplicablemente queridos, recurren a un adjetivo verbal, *rahamim*, de la misma raíz que se emplea para decir útero, seno materno, y cuya mejor traducción sería "entrañable". A través esta expresión nos comunican imágenes de abrigo y protección cálida, de nutrición, seguridad y vida a salvo, dentro de un espacio acogedor materno que posibilita la existencia y el crecimiento. Para la Biblia, Dios no es sólo como un padre. También es como una madre.

[34]Algunos lingüistas, sin embargo, sostienen que el origen del término "utopía" es *eu-topós* ("buen lugar" o "lugar del bien").

[35]Castillo y Estrada, *El proyecto de Jesús,* 42.

mucha gente que piensa que no puede cambiar. Colocan esta posibilidad en el terreno de lo imaginario, de lo onírico, de lo ilusorio, de lo utópico en la peor acepción del término.

Olvidan, entonces, la revolución existencial que Jesús de Nazaret vino a anunciar. Es cierto: no podemos hacerlo solos. Pero es que no estamos solos. Un Reinado entero viene en nuestra ayuda. Empieza pequeño, diminuto casi. Nos nace dentro y va creciendo, madurando, transformando nuestro desierto yermo en tierra fertilizada. Sin prisa, no de la noche a la mañana. No se puede pretender saber las respuestas, cuando ni siquiera se ha aprendido a plantear las preguntas. Pero algo ya nos ha germinado dentro.

> *Cuando una persona alza su mirada hacia él, hacia Jesucristo, le sobreviene una transformación, en comparación con la cual la mayor revolución es una nimiedad. Consiste, sencillamente, en que quien alza la mirada hacia él, y cree en él, puede llamarse y ser aquí en la tierra hijo de Dios. Es ésta una transformación interior que, sin embargo, resulta imposible que se quede en algo puramente interior. Por el contrario, cuando se produce, se abre paso con fuerza hacia fuera. A esa persona le amanece una gran luz, intensa y constante. Y precisamente esa luz se refleja en su rostro, en sus ojos, en su conducta, en sus palabras y en su manera de comportarse.*[36]

En este sentido, en los evangelios, las exigencias que Jesús plantea a sus discípulos van siempre precedidas de "algo". Y ese "algo" suele referirse a lo que Dios o Jesús hacen anteriormente y de forma gratuita. El don viene antes que la exigencia. Así, por ejemplo:

1. Jesús propone a sus discípulos una misión desconcertante: "*Vosotros sois la luz del mundo*" (Mateo 5:14). Pero ¿cómo será esto posible con aquellos hombres y mujeres, cuyas debilidades y fallos ni siquiera los propios evangelios disimulan? Es posible, efectivamente, porque esta exigencia está precedida por un don anterior: "*Yo soy la luz del mundo*" (Juan 8:12).

2. Jesús pone este listón a sus amigos: "*Si vosotros no perdonáis a los hombres, tampoco vuestro Padre celestial puede perdonaros*[37] *a vosotros*" (Mateo 6:15). De nuevo, parece un requerimiento imposible, pues si el perdón divino depende del nuestro, y es posterior a nuestro

---

[36] K. Barth, *Instantes* (Salamanca: Editorial Sal Terrae, 2005), 15.

[37] Así es como hay que traducir el imperfecto arameo original, y no "os perdonará" como traduce la mayoría de las versiones en castellano. No es lo mismo "no perdonar" que "no poder perdonar". Dios no puede hacer lo que le dé la gana. Hace lo que puede, con lo que nosotros le permitimos.

propio perdón, ¿quién podrá ser perdonado del todo? Pero otra vez "algo" antecede a la exigencia: en Mateo 18:35 aparecen las mismas palabras (*"Así os tratará también mi Padre celestial si no perdonáis de corazón cada uno al hermano"*) pero después de la parábola del siervo al qué se le habían perdonado unas cuantiosísimas deudas.

3. Jesús da a sus discípulos el más difícil de todos los mandamientos: "Pero yo os digo: amad a vuestros enemigos, y rogad por los que os persiguen, para que seáis hijos de vuestro Padre del Cielo…". Es absolutamente imposible para un ser humano amar a su enemigo y orar por los que lo persiguen. Esto es cierto. Pero los tres puntos suspensivos con los que he cerrado el versículo anterior abren el espacio para que todo sea posible: "… que hace salir el sol sobre malos y buenos, y llueve sobre justos y pecadores". De nuevo, atender a las exigencias del discipulado, transformarse —o, mejor, ser transformado— sólo es posible desde la certeza experimentada de que Dios vela por el cambio, y sabiendo que Él ha construido antes los pilares que sostendrán el edificio que va a levantarse.[38]

> *Sólo el amor de Dios es completamente espontáneo, no causado por la respuesta al valor de lo que es objeto de amor. En lugar de eso, al amado le es concedido valor por el amor de Dios, por su acción a favor de otro. El amor cristiano es ágape derivado. Es un don concedido por Dios, que capacita al receptor a amar a otros de igual manera.*[39]

Que la salvación —que es regalo y por lo tanto gratuita— exija un compromiso y un cierto esfuerzo de aprehensión, no significa que se le ponga un precio que haya que pagar para devolver el favor. Es, simplemente, una cuestión de coherencia existencial: el ser humano es libre y finito; por ser libre, toma sus propias decisiones, que pueden transformar la gratuidad del don en vida abundante; por ser finito, estas decisiones conllevan una carga de superación, luego de esfuerzo.

Superación, porque el contacto con el maestro de Galilea atrae al creyente hacia metas más altas; esfuerzo, porque esta atracción conlleva una cierta negación de sí mismo. Visto que casi todo lo que tiene dentro de sí, y que casi todo lo que lo rodea lo invita al mal, la negación de sí mismo significará abrirse a la presencia de Dios y a su influencia, con determinación y convicción.

---

[38] Jeremias, *ABBÁ*, 52-53.
[39] W. Keeney, *La estrategia social de Jesús* (Barcelona: Editorial EEE, 1978), 106.

Y todo esto en una experiencia vital de gratuidad, porque dicha superación y dicho esfuerzo son primero generados, y después impulsados, por el Espíritu de la Creatividad de Dios.

Cuando esto ocurre, comienza a ser posible lo que parecía imposible. Porque, en realidad, no somos nosotros quienes nacemos de nuevo primero. Es el Reinado de Dios el que nos nace dentro, si creemos a Jesús cuando nos dice que aún hay esperanza. Entonces podemos crear comunidad, pues el nacimiento del proyecto divino en cada uno hace posible el nacimiento de una comunidad de creyentes, que se apoyan y se cuidan entre sí, sustentados por la fuerza del amor que Dios hace nacer en ellos.

La concretización de una alternativa auténticamente cristiana a la violencia, no está en las manos de cristianos individuales, sino en las de las comunidades cristianas: en el testimonio de su vida compartida en amor y armonía. La naturaleza de la iglesia, según la intención del Señor al crearla, es que sea una comunidad. Dios está llamando hoy a toda la iglesia a recobrar su visión comunitaria.[40]

Desear, creer, amar y soñar. Ésas habían sido las propuestas que Jesús le había hecho a su amigo Judas, al principio de su ministerio. Sus tres años con el nazareno estuvieron preñados de ellas. Y los nuestros también pueden estarlo.

Creer que, con el maestro de Galilea, Dios ha venido a amarnos de tal manera que se hace uno de los nuestros, para que no haya distancia que se interponga.

Desear ser criaturas suyas —hijos suyos— porque, aunque lo somos de derecho, hemos de aceptarlo de hecho.

Amar a todos, a los propios y a los ajenos, que es la Ley más exigente que uno pueda seguir, porque es el signo vital del cristianismo, lo nuclear del mensaje de Jesús, la más seria de las propuestas de Dios a los creyentes, sin la que nadie podrá ser testigo fiable del maestro (Juan 13:34-35).

Y, por paradójico que parezca, soñar con que Dios, a su vez, de una forma misteriosa y escandalosa, se convierta en criatura nuestra: que nos nazca dentro, como Jesús lo hizo en María de Nazaret. Así, ya no hay abismo que nos pueda separar de Él.

Si bien hay una cristología descendente, y otra ascendente, también podemos hablar de una cristología interior. Interior no significa ajena al

---

[40] D. Byler, *Jesús y la no violencia* (Barcelona: Editorial Clie, 1993), 108.

mundo, sino revelación de lo que el mundo alberga. Brota desde dentro de las cosas y las personas, no como esfuerzo sino como el desarrollo de una semilla (Lucas 13:19), como la germinación de un núcleo oculto pero siempre presente en todo. Venimos a la vida para acoger el darse de Dios, y para convertirnos en matrices de su desplegarse en el mundo.[41]

Jesús franquea la antigua idea de un dios poderoso, solitario, intocable. Prefiere mostrárnoslo como un Padre vivificante ridiculizado por su hijo vividor, como una gallina que cubre con sus alas a sus polluelos, como un cordero que va directo al matadero. Jesús significa la opción de ser de Dios, que ofrece a la adoración de los creyentes la miseria de la encarnación, lo que ya es fuerte, pero también la idea nueva de una desconcertante y perturbadora humildad del Eterno, aventurándose definitivamente en el interior del proceloso corazón humano.

Por tanto, en Jesús, Dios se funde y se confunde con lo humano. Ya no existe la distinción entre lo profano y lo sagrado, lo secular y lo religioso, lo natural y lo sobrenatural. Al contrario, el cristiano espera que *"Dios sea todo, en todos"* (1 Corintios 15:28). El punto de encuentro entre la humanidad y Dios no puede ser algo divino, porque a eso no tenemos acceso. Ha de ser, ineludiblemente, lo humano. Por eso ocurre la encarnación de Dios en el hombre Jesús de Nazaret, y no la transmutación del hombre Jesús de Nazaret en un ser divino. No es lo mismo, ni puede serlo. En realidad, no puede ser más distinto.

La encarnación significa la penetración de Dios en lo humano, sin reservas ni posibilidad de marcha atrás, para que pueda ser todo en todos. Por eso Jesús dice que todo lo que se hace o se deja de hacer a un ser humano es a él mismo —en definitiva a Dios— a quien se le hace o se le deja de hacer (Mateo 25:40.45). Es la fusión del Trascendente en lo inmanente. Esto quiere decir que la voluntad de Dios ha de entenderse a partir de la aspiración que Él mismo ha puesto en el fondo de cada ser humano: la felicidad. Lo que Dios quiere, ante todo y sobre todo, es que los seres humanos seamos felices.[42] Es el Dios que muestra cómo es, no en el poder al que tanto aspiramos, sino en la debilidad y en el servicio.[43] A partir de Jesús, Dios ya no será nunca más extrahumano, sino intrahumano.

Ése es el poder del Padre de Jesús, y nuestro Padre, que se manifiesta como infinita bondad, y que revela una forma de autoridad sorprendente:

---

[41] Melloni, *El Cristo interior*, 10-11.

[42] Castillo, *Dios y nuestra felicidad*, 225. Apéndice 15.1.

[43] Esta forma de ser de Dios, fundiéndose y confundiéndose con lo humano, debería impregnar, y hasta transformar, nuestra forma de ser creyentes. Por ejemplo,

su capacidad inmensurable de soportar los desmanes de los seres humanos, tener paciencia con ellos, y poder amarlos, aunque sean *"ingratos y perversos"*. (Lucas 6:35). Su poder es el poder del amor. Y el poder del amor posee una naturaleza distinta a la del poder-dominación: es frágil, vulnerable, cautiva por su debilidad y por su capacidad de entrega y de perdón. Por eso Jesús prefiere morir débil antes que someter a los creyentes y hacerlos aceptar su mensaje. De este modo *desdiviniza* el poder, porque nunca hace de él una prueba de su trascendencia, y se niega siempre a emplearlo como demostración de su divinidad (Marcos 15:32). Es en la debilidad donde se revela el amor de Dios y el Dios de amor (1 Corintios 1:25; 2 Corintios 13:4; Filipenses 2:7).[44] Tal como piensa Jürgen Moltmann:

> *La fe en el Dios que padece con el hombre integra a los abandonados en la comunidad del mismo Dios, y les proporciona consuelo en medio de su irremediable padecer. Allí donde se experimenta esta comunidad con Dios en el dolor, allí también se conserva y renace la esperanza de que, al final, Dios habrá de triunfar sobre cualesquiera crímenes humanos y "enjugará las lágrimas de vuestros ojos"* (Apocalipsis 21:4).[45]

Dios entregado, masticado, devorado. La imagen hace saltar el escándalo: así es como el Padre del Cielo aplica justicia, y salda las viejas cuentas. A partir de ahora, todo será nuevo. El más espectacular poder de Dios es el amor, y también el que lo hace más vulnerable. Dios se hace hombre, pero no sólo eso: se hace hombre pobre. Y ni siquiera sólo eso: se hace hombre pobre y débil ante los poderes de este mundo. Aunque ahora llega lo más brutalmente escandaloso, si se piensa bien y de forma

---

durante el tiempo de culto y alabanza. Si en Jesús Dios se ha fundido con lo humano, y ya no hay cosas sagradas en oposición a las cosas profanas, nuestros lugares de culto, y las actividades que realizamos en ellos, no son tampoco sagrados. Son, más bien, manifestaciones humanas y humanizantes, que se permiten esperar la presencia de Dios en medio de ellas. Por lo tanto, ni las paredes, ni los techos, ni los suelos, ni los altares ni estrados de las iglesias son sagrados. O. al menos, no lo son más que el resto de los lugares. El respeto en estos lugares sólo puede ser convivencial, nunca reverencial. Imagino, en este sentido, que no habré sido el único que ha visto cómo se humillaba a niños —y a sus padres— porque los pequeños hacían ruido en la iglesia o correteaban por los pasillos, invocando para esa humillación el sagrado respeto a Dios y a sus lugares. Lo mismo hicieron los discípulos en vida de Jesús, y les costó una buena reprimenda por parte del maestro. No deberíamos hacer nunca de Dios un obstáculo para la felicidad de los niños, sino más bien un puente, para que en ellos pueda ser realidad también eso de que *"Dios sea todo, en todos"* (1 Corintios 15:28).

[44]L. Boff, *Iglesia: carisma y poder. Ensayos de eclesiología militante* (Santander: Editorial Sal Terrae, 1992), 115.

[45]Moltmann, *La justicia crea futuro*, 56.

honda: Dios se hace hombre pobre, débil ante los poderes de este mundo, y muere en la cruz (signo de los criminales) como un maldito (Gálatas 3:13; Deuteronomio 21:23). Por eso, el verdadero cristiano no podrá ser sublime y edificante siempre, en el sentido habitual del uso, sino que escandalizará, ante todo y en la mayoría de los casos, a los "compañeros de fe" del propio círculo. Pero gracias a este escándalo traerá liberación a un mundo esclavo.[46]

Por ello, se puede decir que Dios es el Trascendente porque trasciende nuestra capacidad de comprensión y de conocimiento. Pero no sólo en línea ascendente, como el Omnipotente, el Absoluto, sino también, y sobre todo, en línea descendente. Es decir, Dios es el Trascendente porque somos incapaces de conocer y comprender hasta qué punto, y de qué manera tan radical, Dios se ha humanizado en Jesús de Nazaret, asumiendo toda la debilidad y el sufrimiento de los más débiles y sufrientes. En realidad, se trata de la trascendencia entendida a través de los evangelios, y no a través de la filosofía platónica. Y todo esto, porque su auténtica y primordial forma de ser es la compasión por todos, justos e injustos, buenos y malos.

El Dios que Jesús de Nazaret pone encima de la mesa cuestiona absolutamente cualquier tipo de poder dominante. La única forma de relación cabal entre los seres humanos, según el maestro, será la fraternidad y la compasión. El poder que necesita dominar para subsistir se enfrenta a la fraternidad y a la compasión como enemigos que hay que combatir, y no como muestras de verdadera humanidad. Por eso, este poder no tiene nada que ver con Jesús ni con el Dios que viene a revelar.

No menos tremenda es la imagen que se destila por los pliegues del Dios ejecutor justiciero, implacable, de la sentencia merecida. Misericordioso sí, se dirá, pero Justicia infinita. E, indudablemente, el acento carga de este lado. Nadie parece escaparse. Una suerte de estremecimiento terrorífico nos hiela la sangre, y hasta el aliento, al sentir que no tenemos escapatoria. Quizá ahora se saque el naipe de la misericordia para paliar un poco lo exagerado de la descripción. Pero el mal está hecho: la imagen ha quedado fijada en la imaginación infantil o juvenil, y ya tenemos durante todos los días de nuestra vida un "imaginario" de lo divino que amenaza y tortura. Y tendremos la dura tarea de extirparlo costosamente.[47]

Donde el Padre sí puede ser plenipotenciario es en el misterio del corazón humano, si lo dejamos. Ahí sí hay posibilidad de "golpes de

---

[46]Moltmann, *El Dios crucificado*, 61.
[47]Mardones, *Matar a nuestros dioses*, 22.

mano" de Dios. Ahí sí que Dios pone y quita reyes. Ahí sí que Dios puede hacer todo lo que queramos que haga. Porque hay una apertura a las posibilidades de la gracia, del don gratuito, del soplo del Espíritu.

Efectivamente, uno de los grandes escándalos que Jesús provoca es mostrar que su Padre del Cielo es un Dios condicionado por la actitud del ser humano. El único espacio en el que Dios no puede ser soberano sin condiciones son la mente y el corazón humanos, porque el condicional lo ponemos nosotros, no Él. Dios está siempre dispuesto a convertir nuestra condicionalidad en un futuro de esperanza. Cuando un creyente falla, los seres humanos le ponen una cruz, pero Dios le pone su Cruz. Es la teología de la reconciliación.

Con este mensaje de Jesús, la esperanza para todos está asegurada. Pero sólo la capacidad de perdonar hará que las comunidades que se reúnen en su nombre sean espejo de esa reconciliación, y puedan expandir su mensaje como un faro lo hace con la luz en un mar lleno de agitación. No hay nada que sorprenda más al mundo, y que lo atraiga con más fuerza hacia Jesús, que la capacidad de perdonar, porque parte del reconocimiento implícito de que quien perdona lo hace porque también él se siente necesitado de perdón. Es, por tanto, una muestra de compasión, pero también de reconocimiento de las propias imperfecciones.

> *El no menospreciar al pecador, sino atreverse a soportarlo, significa no darlo por perdido, aceptarlo como tal y facilitarle, por el perdón, el acceso a la comunidad: "Hermanos, si alguno fuere hallado en falta ... corregidle con espíritu de mansedumbre" (Gálatas 6:1). Porque Cristo nos soportó y aceptó como pecadores, nosotros podemos soportar y aceptar a los pecadores en su Iglesia, fundada sobre el perdón de los pecados. Ya no necesitamos juzgar los pecados de los otros, sino que se nos concede el poder soportarlos. Esto es una gracia, pues ¿cuál es el pecado que se comete en la comunidad que no nos obligue a examinarnos y a juzgarnos a nosotros mismos de nuestra falta de perseverancia en la oración y en la intercesión, de nuestra negligencia en el servicio, amonestación y consuelo a nuestros hermanos, en una palabra, de todo el mal que hemos hecho a la comunidad, a nuestro prójimo y a nosotros mismos, por nuestro pecado y nuestra indisciplina personal?*[48]

Jesús siempre respeta las decisiones que va tomando Judas. Porque el discipulado no puede imponerse, como tampoco el amor. El maestro galileo quiere ser también su pastor, no sólo cercado.

Para los cristianos, hay dos formas de ser corderos y sentirse seguros:

---

[48]D. Bonhoeffer, *Vida en comunidad* (Salamanca: Ediciones Sígueme, 2003), 95-96.

1. Quedarse resguardados dentro del cercado (leyes y normas). Esto nos da seguridad, pero a costa de nuestra libertad.

2. Salir del cercado siguiendo al pastor Jesús de Nazaret, que además es la puerta del redil (Juan 10:8),[49] y nos defiende en esta trashumancia que es la vida. Esto nos da también seguridad, pero descubriendo la alegría de la libertad. Sabiendo, además, que no es un pastor cualquiera, sino uno que es capaz de dar la vida por defender a sus ovejas. No como los pastores asalariados, que cuando ven venir al lobo salen corriendo, y las abandonan a su suerte porque no son capaces de arriesgarse por ellas (Juan 10:11-12).[50] Y, por encima de todo, es un pastor que no ahorrará esfuerzos para encontrar a la que se pierda, a la que lo abandone, a la que se desoriente y se quede sola, a merced de los peligros que constantemente acechan su vida. Irá a buscarla, la traerá sobre sus hombros, y hará fiesta con sus amigos por haberla encontrado (Lucas 15:1-7). Podría decirse que Judas es esa centésima oveja para Jesús. No es un lobo con piel de cordero. El nazareno sabe quién es el verdadero lobo, y jamás le permitiría entrar en el redil. El Iscariote es un ser humano que se debate, que se acerca y que se aleja de Jesús, que vive su sueño del Reinado de Dios con esperanza unas veces, con decepción otras, y con impaciencia siempre. Desorientado, perdido y solo, se coloca al alcance de fuerzas malignas que pretenden destruirlo a él y a su maestro. Pero Jesús es su buen pastor, y no va a dudar ni un segundo. Si es preciso dejar bien resguardadas a las otras noventa y nueve, para ir a buscarlo al peligroso desierto de las frustraciones humanas, lo hará sin pestañear.

Esta segunda libertad, la de aquellos que salen del cercado y se ponen

---

[49] Esta sugerente imagen parece contradictoria. Porque ¿cómo puede ser alguien pastor y puerta del redil a la vez? La arqueología y la historiografía han demostrado que en Palestina en los tiempos de Jesús había muchos rediles cuya puerta era un simple hueco en el cercado. El pastor se sentaba apoyando la espalda en un extremo del hueco y los pies en el otro, haciendo de "puerta".

[50] Hay que recordar que cuando Jesús se entera de que Juan ha sido encarcelado por Herodes, se marcha a Galilea, donde el rey vive y su presencia es aún más opresiva (Marcos 1:14). En esos momentos, la situación en aquella región debía de ser muy convulsa. El rey había sido puesto entre la espada y la pared por Juan, y éste había sido asesinado por aquél. Jesús, sin tener en cuenta el peligro que podía correr, toma el testigo del Bautista en una tierra gobernada por un tirano sin escrúpulos, que no soporta las denuncias proféticas de nadie, y comienza a predicar un mensaje muy parecido al suyo: "*El tiempo se ha cumplido: arrepentíos y creed en el evangelio*" (Marcos 1:15). Como el buen pastor que es, no tiene miedo a meterse en la boca del lobo e ir a defender a sus ovejas.

a seguir al Jesús-pastor, está repleta de responsabilidad. Nadie que es realmente libre será un irresponsable. Irresponsables son los seres sin libertad, porque no tienen responsabilidad. La libertad conlleva el poder confesar "yo pude haberme comportado de otra forma". Lleva consigo la conciencia de cargar con una responsabilidad irrenunciable.

La libertad del creyente es como una cometa, siendo el cordel que la sujeta la responsabilidad. Si se suelta el cordel, la cometa acabará cayendo. La libertad sin responsabilidad no es libertad, es pura ilusión. Volará un momento, y al siguiente caerá estrepitosamente. Para volar (libertad) la cometa necesita que la sujeten del cordel (responsabilidad), de forma que tenga que hacer frente al viento. Esta responsabilidad, este esfuerzo por "sujetarse", que hace que el creyente sepa que no todo vale, que no puede uno hacer lo que quiera y seguir siendo libre, es lo que llamamos compromiso. No se debe temer a la libertad; sólo hay que enseñarla en toda su hondura.

Una de las mejores propuestas de libertad que he conocido, evidentemente después de la de Jesús, es la del lema acuñado por la Revolución Francesa: Libertad-Igualdad-Fraternidad. Es decir: sabernos libres (libertad), saber que el otro es igualmente libre (igualdad), y basar las relaciones humanas en interacciones fraternas (fraternidad). La libertad sin igualdad ni fraternidad —sin responsabilidad— deriva en el caos más absoluto, y es el principio del fin de la propia libertad.

Si las iglesias quieren miembros responsables, primero han de fomentar la libertad entre ellos. Dios no es como nosotros. El Dios de Jesús confía en el ser humano. Se arriesga creándolo libre, y entregando el mundo en sus manos. Corre el riesgo de fracasar al confiar en libertades finitas. Pero es que Dios es amor. Amor que confía y se fía de quien ama. Él cree en los seres humanos —en su libertad y en su responsabilidad— mucho más que el creyente más idealista. Porque Dios no impone nada; más bien se expone.[51]

Jesús es igual, y actúa de la misma manera. Podría haberlo hecho de otra forma, y cortar de raíz todos los ambiguos planes que tramaba el Iscariote. Una palabra del maestro a sus otros discípulos hubiera servido para atajar el problema. Muerto el perro se acabó la rabia. Pero Jesús no quiere la muerte de nadie, sino curarlo y restaurarlo de la rabia. Y aunque sabe que las elecciones de su amigo lo arrastrarán a él mismo, inocente como ningún otro, a una espiral de violencia y locura en la que acabará crucificado, cuando Judas se le acerca para darle aquel beso en Getsemaní, lo llama "querido mío" —*hetaire*— porque sabe que sólo una vacuna podrá

---

[51] Mardones, *Matar a nuestros dioses*, 101.

curar de la rabia a su amigo: el perdón, el cariño y la ternura. Y todo esto, propuesto sobre la base de la libertad que siempre respetará.

> *Dios ni se impone ni impone su amor; lo normal es que no actúe de forma tan llamativa que "obligue" a creerle, no ama "obligando" al amado a que le devuelva su amor; su benevolencia no es un acto de fuerza, sino de debilidad: deja que el otro pueda tanto aceptarla como rechazarla, no es inmediatamente evidente, no da una imagen instantánea, transparente y convincente de todos los acontecimientos de la vida… No elimina lo más mínimo el riesgo de la libertad que implica la tarea de creer, ni detrae a las cosas y acontecimientos esa dosis natural de ambigüedad y opacidad que oculta al ojo humano su origen y también su destino.*[52]

Esparcir este mensaje como una semilla de vida puede parecer, al principio, un proyecto para unos pocos, para la élite religiosa. Pero Jesús demuestra que es para todos los creyentes por igual: para el pescador que abandona las redes, para el cobrador de impuestos que deja vacía su mesa, para el terrorista que tira su espada, para los que tienen nombre pero casi no se habla de ellos, para el escéptico que ve mejor con la mano que con los ojos, para los herederos de la empresa *"Zebedeo & Hijos"*, para el escriba desorientado que se precipitará al abismo.

Todos somos útiles y de todos sabe extraer Jesús lo mejor. Ninguno de ellos es mejor que los demás y son pocos, es cierto. Pero juntos siguen al maestro galileo, sembrando eternidad en este tiempo perecedero, y cambiarán para siempre la historia de este mundo y su esperanza.

En el fondo de todo corazón humano hay una fuerza irresistible, una llama que no se apaga nunca del todo, y que puede hacer posible lo imposible. Descubrir que en ese fondo está Dios esperando pacientemente es, probablemente, la experiencia más liberadora del ser humano.

Evidentemente, no se trata de esperar hasta el último momento para poner a Dios en primer lugar, y mientras tanto vivir de espaldas al Padre del Cielo y a los semejantes. Si alguien saca esa conclusión tras la lectura de este trabajo es que he debido explicarme muy mal. Pero yo no sé hacerlo mejor. Dietrich Bonhoeffer lo expresó con más tino:

> *Cuando la Escritura habla del seguimiento de Cristo, predica con ello la liberación del hombre con respecto a todos los preceptos humanos, con respecto a todo lo que oprime y agobia, a todo lo que preocupa y atormenta a la conciencia. En el seguimiento, los hombres abandonan el duro yugo de sus propias leyes para tomar el suave yugo de Jesucristo.*

---

[52]Cencini, *Los sentimientos del hijo*, 132.

> *¿Significa esto cortar con la seriedad de los preceptos de Jesús? No. Más bien, la liberación plena del hombre, para alcanzar la comunión con Jesús, sólo es posible allí donde subsiste el precepto íntegro de Jesús, y su llamada a seguirle sin reservas.*[53]

Principalmente, porque caminar dando la espalda a Dios, todo ese tiempo mal empleado, esa vida dilapidada, suele acabar en la pocilga del hijo vividor de la parábola. Por muy satisfactorio que nos parezca el disfrute intermedio, sólo es presente, pura contingencia, y la historia humana ha demostrado con creces que las personas no pueden contentarse, aunque quieran, con el presente. Todos nacemos con el hambre de trascendencia dentro. Si ese hambre no se sacia debidamente, acabamos peleando con los cerdos por unas miserables sobras.

Por supuesto, se puede salir de la pocilga, ya que Dios no es impasible, no se resigna nunca a vernos sufrir, y tira de nosotros siempre hacia arriba. Pero, ¿por qué acabar entre excrementos y barro? ¿Qué necesidad tenemos de caer hasta el mismo fondo? ¿Por qué acabar colgados de una cuerda, aun cuando el Padre del Cielo pueda compadecerse de nosotros incluso allí?

Todos los consejos que Dios dio en el Antiguo Testamento, incluso las vehementes amenazas que descubrimos en él,[54] son una prueba de que nuestro Padre no quiere vernos sufrir, y se empeña en prevenirnos de los avatares que padeceremos lejos de su lado. El mensaje de Jesús, con sus palabras, curaciones y exorcismos, mostró que se puede salir del fondo, del barro, de la ciénaga, porque no perdemos nuestra condición de hijos por habernos marchado, inconscientes de las consecuencias, de la casa del padre. Y aun cuando lejos de Él, hundidos y embarrados, nos parezca que sólo tenemos derecho a llamarnos siervos (Lucas 15:18-19), en la casa seguirá esperando un padre que está deseando volver a abrazarnos, y restaurarnos como herederos.

No es condición imprescindible rompernos en mil pedazos para descubrir la vida. Hay mucha, lejos del lodazal, que merece la pena ser conocida. Si ya estamos ahí, pugnando en el barro por un alimento que antes hubiéramos despreciado, podemos confiar en que el Padre del Cielo no abandona jamás a nadie, por muy lejos que nos vayamos, y sigue llamándonos hijos. Pero si no se ha llegado tan lejos, desde luego no merece la pena continuar por ese camino. Ese tránsito es una experiencia vital demoledora, autodestructiva, y nadie puede asegurar que los cerdos,

---

[53] D. Bonhoeffer, *El precio de la gracia. El seguimiento* (Salamanca: Ediciones Sígueme, 2004), 11.

[54] Génesis 2:16-17; Deuteronomio 18:9-13; Proverbios 29:18; Jeremías 2:1-9.

hambrientos ellos también, no acaben devorándonos o, cuando menos, infligiéndonos heridas imborrables, que siempre dejarán cicatrices.

Además, la experiencia del Iscariote demuestra que conforme uno va adentrándose en ese torbellino de locura que todo lo succiona, más difícil va siendo salir de él.

> *El retorno ad fontes es inviable y, al propio tiempo, estéril. Sólo le resulta (al ser humano) posible la marcha hacia delante en la que deberían imperar el perdón y la reconciliación porque, en realidad, el resentimiento, los sentimientos de venganza, y la incapacidad de perdonar, constituyen penosos y deshumanizadores ejercicios de marcha hacia atrás, hacia una "tierra de nadie", sin espacio y sin tiempo y, por lo mismo, inhábil para el ejercicio ético de los humanos.*[55]

Parece claro, al leer el Nuevo Testamento, que Judas no sabe salir de su pocilga de aquí abajo, y acaba devorado por sus propios cerdos. Sufre, y hace sufrir, las consecuencias de una forma de pensar y de actuar apasionada pero disparatada, intentando forzar a Jesús a ser lo que no quería ni debía ser. El árbol de la horca, no muy lejos del de la cruz, sella su destino en esta vida. Demasiados errores, demasiadas esperanzas infundadas, demasiadas frustraciones mal digeridas hacen de él, probablemente, un tonto útil, una marioneta en manos de su tenebroso titiritero. Llega a un punto en el camino del que es muy difícil retornar. Entonces, el empuje del mal, acrecentado por las malas decisiones, es casi irrefrenable, y muchas veces autodestructivo.

No sé si Judas traspasó la barrera de la paciencia de Dios. Lo que parece claro es que la de su sentimiento de culpa sí. Se da cuenta, al final, de que se ha equivocado en extremo; de que, además, ha arrastrado a la muerte, con sus errores, a quien probablemente más quiere. Y no sabe, o no puede, o no quiere, hacer frente a las consecuencias de otra forma.

La historia de Judas, y su locura final, debería servir de fuerte advertencia a los creyentes. No todos los caminos valen para hacer la voluntad de Dios pues, en definitiva, no redundan en la verdadera felicidad que todos andamos buscando. Para seguir a Jesús hay muchos caminos, pero una sola dirección: amar a los demás como nos amamos a nosotros mismos, que es la mejor manera de amar a Dios. Y si el amor que nos tenemos entra en conflicto con el que hemos de profesar a los demás y a Dios, tendremos que revisar profunda y radicalmente la manera con que nos amamos.

---

[55] L. Duch, *Estaciones del laberinto. Ensayos de antropología* (Barcelona: Editorial Herder, 2004), 75.

Seguir a Jesús significa negarse a sí mismo. Negarse a odiar a los demás, a oprimirlos, a aprovecharse de su pobreza. Negarse a que prevalezcan los intereses propios frente a los de los débiles, a permitir sin rechistar que los poderosos abusen de los indefensos. Negarse a la deshumanización que impera en este mundo, y que tanto sufrimiento causa. Negarse a utilizar, para la propia liberación, instrumentos que convertirían a los oprimidos, a su vez, en poderosos opresores. Negarse a perder de vista el ejemplo de Jesús, que defiende de forma absolutamente parcial a los marginados, sí, pero sin olvidar a los marginadores ni sus inmensas contradicciones. Judas cree que su forma violenta de cambiar el mundo vale tanto o más que la de su maestro. Y se equivoca. Esta equivocación lo conduce al desastre personal. Creer en la posibilidad de que Dios sea capaz de juzgarlo misericordiosamente no significa que nos tapemos los ojos ante tal advertencia, ni correr frívolos riesgos que no podemos permitirnos, porque nuestra salvación puede estar en juego.

La justicia humana, después de siglos y siglos, ya le ha ajustado las cuentas a Judas, quizá con razón. Pero gracias a Dios, ni su salvación ni la nuestra dependen de cómo los seres humanos interpretamos la justicia. En este caso, como en casi todo lo que tiene que ver con el espíritu, somos prisioneros de esperanza.

Si uno echa la vista atrás, debe admitir que los casos como el del malhechor que encontró la salvación en su cruz son escasos. Lamentablemente, cuanto más cerca se está del abismo más peligro hay de precipitarse por él para siempre. No significa que la mano del maestro no esté disponible entonces para salvarnos de la caída. Lo que significa es que cada vez nos será más difícil verla, o que ni siquiera tendremos la oportunidad de hacer el gesto de agarrarla. Por eso Jesús nos invita a vivir siempre velando (Marcos 13:35-37), conscientes de los peligros que nos acechan (Lucas 22:31), y protegidos, por la fe en su amor, en el regazo de nuestro Padre del Cielo (Lucas 22:32).

Hay, o debería haber, un talante cristiano de vivir la vida; ese talante que descubrimos en Jesús mediante la lectura de los evangelios, marcado por la experiencia del *Abbá*. Una confianza sin límites en Dios Padre. Confianza que no es en absoluto infantil, pues afronta la vida con original, serena y adulta libertad, pero conservando toda la ternura de la infancia. Experiencia contagiosa, puesto que todos estamos llamados a decir "Padre", y a entregarnos a su confianza.[56]

Su amor, entonces, nos penetra y nos transforma; está dentro de

---

[56] Torres Queiruga, A. *Recuperar la salvación*, 213

nosotros, abriendo la posibilidad de identificarnos con el destino de Jesús. No se trata, pues, de un "estar pasivo", sino de un "ser activo". Y no sólo para hacernos más felices a nosotros, sino para derramar ese amor recibido, al convertirnos en luz, levadura y grano de mostaza.

¿Se dejó amar Judas, al fin, por ese Dios compasivo y vulnerable, allí colgado de la soga, boqueando para tomar su último aliento? Él, que fue tantas veces testigo del amor incondicional de su maestro, ¿cayó en la cuenta de que también podía ser perdonado, redimido, restaurado por el *Abbá* del Cielo?[57] ¿Recordó que Jesús era capaz de ver lo mejor de la gente, todo el potencial de humanidad que llevaban dentro, aunque ellos mismos fueran incapaces de hacerlo? No lo sabemos. Sólo el Eterno conoce los laberintos del corazón humano.[58] Y Él, que conoce el pasado, el presente y el futuro de todos, prefiere esperar hasta el final de la vida humana para separar la cizaña del trigo, como explica la parábola (Mateo 13:24-30).

De lo que sí podemos estar seguros es de que, como Jesús, Dios se revela siempre para salvación, imperturbablemente dispuesto a la misericordia, y nos está esperando, muchas veces sin que lo sepamos, e incluso sin que lo sintamos, a la vuelta de una esquina… o en el extremo de una cuerda amarrada.[59]

---

[57]"El amor es un don, lo recibimos gratis. Debiéramos insistir mucho en practicar la pasividad en la relación con Dios, el Amor. No insistir tanto en que nosotros amamos a Dios, buscamos a Dios, tenemos sed de Dios, cuanto que Él nos busca, nos persigue, nos acecha y nos ama incomparablemente más que nosotros a Él. Al final, la aventura de la fe consiste en aprender esta pasividad enormemente activa, que consiste en dejarse amar, dejarse querer por el Amor sin orillas de Dios. Este Amor, si es recibido con un corazón limpio, nos llevará a la misericordia". Mardones, *Matar a nuestros dioses*, 32.

[58]"*Dios no mira lo que mira el hombre; pues el hombre mira lo que está delante de sus ojos, pero Dios mira el corazón*" (1 Samuel 16:7).

[59]Así lo considera también el teólogo argentino Miguel Ángel Fuentes, y lo expresa de una forma mucho más breve y pertinente que yo: "Nadie puede afirmar qué pasó con Judas en el momento de su muerte. Aún entre la soga y el cuello queda lugar para la esperanza".

Apéndice al capítulo XV

15.1. La felicidad del ser humano, evidentemente, no puede consistir en el logro de toda satisfacción, de todo capricho y de toda comodidad propias. La historia ha demostrado, y el sentido común lo entiende, que esto suele desembocar en formas terroríficas de deshumanización, dolor, sufrimiento y muerte. Porque cuando lo que se pretende es sólo la felicidad particular, la violencia suele hacer acto de presencia. Para conseguirla primero, y para defenderla y preservarla después. Multiplicada esta destructiva dinámica por los miles de millones de seres que pueblan la tierra, la vida puede convertirse en un infierno. Y, desde luego, son siempre los más débiles los que salen perdiendo en el envite, con lo que la prevalencia de los poderosos se retroalimenta. Es necesario, por tanto, un verdadero y radical cambio de mentalidad, con el que la búsqueda y consecución de la felicidad propia se convierta, ya no en conquista y defensa que prima sólo el deseo particular, sino en expansión globalizante que privilegia las legítimas aspiraciones comunitarias. Por ello, la felicidad del ser humano ha de comprenderse y explicarse a partir de tres experiencias fundamentales, como bien ha explicado José María Castillo:

1. La experiencia de sentido de la vida. Es decir, que lo que cada uno pretende y hace va dirigido a dotar de significado, profundidad y trascendencia su propio ser. Trabajo, relaciones familiares, laborales y sociales, comunidad religiosa si es creyente, ideología política, sufrimientos y alegrías, y en definitiva todo lo que es importante para el ser humano debería tender a la consecución de una forma de ser más plena.

2. La experiencia de solidaridad. Es decir, que esa experiencia de sentido de la vida ha de percibirse de forma global, comunitaria, de manera que no entre en conflicto con las legítimas aspiraciones de los demás,

sino que se esmere en confluir con ellas. Y todo esto, abrazando las similitudes que nos acercan, y respetando radicalmente las características diferenciadoras. Sea cual sea la cultura, el origen o la religión, los seres humanos son llamados por Dios a luchar unidos contra las injusticias que generan humillación y sufrimiento, sobre todo a los más débiles, y junto a ellos. No sólo como una obra de caridad sino también, y sobre todo, como un deber humanizante.

3. La experiencia de la alegría y el gozo compartidos. Es decir, que todo lo bueno que pretende y hace cualquiera para, sentirse bien o mejor consigo mismo, tendrá muy poco recorrido, o al menos será muy poco duradero, si no está imbricado, fundido y confundido con la alegría y el gozo de los que lo rodean. En la entrega a los demás es donde el sentido de la vida, la solidaridad, la alegría y el gozo compartidos adquieren su significado más profundo, y preservan el derecho a la felicidad de cualquiera, sin entrar en conflicto con el del otro, sino confluyendo con él.[1]

Para que los hombres puedan volver a vivir de una manera humana nuestra sociedad, debemos construir comunidades "desde abajo", y reconocer que las personas sólo pueden desarrollar su personalidad en un ámbito relacional y comunitario. La alternativa a la pobreza no es la propiedad. La alternativa a la pobreza es la comunidad. El principio se llama "ayuda mutua", tanto en relación al mundo animal como al mundo de los hombres. En la comunidad nos hacemos ricos: ricos en amigos, vecinos, colegas, hermanos y hermanas, en quienes podemos confiar en caso de necesidad. Colectivamente, como comunidad, podemos ayudarnos a nosotros mismos en la mayoría de las dificultades. Juntos y solidarios, tenemos la suficiente fuerza para configurar nuestra propia suerte. Pero si nos dividimos, entonces nos hacemos susceptibles de ser dominados, según el antiguo adagio romano: "divide y vencerás". La comunidad es, por tanto, el verdadero escudo de la libertad de las personas.[2]

Yo diría, incluso, y sin pretender enmendarle la plana a Moltmann, que la alternativa a la pobreza ya no es la "propiedad", sino la piedad a secas, la compasión. Así, la experiencia de la felicidad humana se sublima, y obtiene la hondura que la hace verdadera y perdurable; comienza a parecerse a la de Dios, que busca la de todos sus hijos, sean como fueren. Si, en Jesús, Dios se ha fundido con la humanidad, la máxima aspiración de un ser humano, que es la felicidad, es también la

---

[1]Castillo, *Dios y nuestra felicidad*, 226.
[2]Moltmann, *La justicia crea futuro*, 20-21.

aspiración y la voluntad de Dios. Sin duda alguna, el Dios de Jesús es el Dios de nuestra felicidad.

Este don de la felicidad es también una exigencia. No como pago, evidentemente, sino como entrada en una dinámica fuerte y arrebatadora, que todo lo impregna. Al comprender la pasión que Dios siente por la felicidad de todos, el creyente hace suya esa pasión, y la percibe como requisito imprescindible para su propia supervivencia. Ya no es Dios quien exige una respuesta, sino el creyente quien se la exige a sí mismo. Nada podrá ser igual a partir de entonces. Su felicidad ha de ser contagiosa, o no será. A esto, el Nuevo Testamento lo llama evangelizar, predicar este evangelio, esta Buena Noticia para todos. Sólo se puede ser feliz si se siente la necesidad de comunicar la felicidad propia, estando pendiente de las necesidades de la gente. Pero nunca de forma oportunista, sino oportuna. Volviendo a Moltmann, él lo expresó de esta forma tan convincente:

> *A aquél a quien justifica, Dios le hace sentir también su hambre y sed de justicia. Dios nos otorga su paz para hacer de nosotros pacificadores. Quien se contenta con recibir la paz de Dios, y no se hace pacificador a su vez, no conoce la dinámica del Espíritu de Dios.*[3]

---

[3]Moltmann, *La justicia crea futuro*, 17.

Epílogo

Este libro es en muchos sentidos, muchos más de lo que me gustaría, autobiográfico. En él están recogidas cicatrices imborrables de heridas que infligí a otros y que otros me infligieron. Más de media vida da para mucho a la hora de recordar. Si es sobre lo que uno ha hecho mal, o sobre el mal que le han hecho a uno, los recuerdos pueden ser casi infinitos, y tienen la capacidad de convertirse en losa o puente: en losa, para hundirnos en el fango de la autocompasión y la desesperanza, aturdiéndonos e inmovilizándonos; o en puente, para pasar a la otra orilla del precipicio, aprovechando lo que nos enseñan para no equivocarnos tanto. Nos espolean y nos movilizan hacia un futuro mejor. Pasado y futuro que condicionan el presente. ¿Esperanza?

He escrito sobre mi forma de ser tantas veces, colérica, airada e irascible; mi miedo a perder mi estatus por defender a un inocente; mi falta de compasión y consideración con los que se equivocaban como yo lo hacía; mi búsqueda del prestigio personal; mi satisfacción al sentirme mejor que otro; el poco peso de mis compromisos; mi ausencia de pudor al reclamar a Dios lo que pensaba que me correspondía; mi hermetismo a la gracia divina y a sus llamadas de arrepentimiento; mi claudicación ante las fuerzas del mal; mi afán de enmendar mis errores a base de más errores.

He escrito sobre mi locura, mi mente perdida entre los oscuros pasadizos de una religión mal entendida; mi hambre constante, *malsaciada* con migajas secas y escasas, de dignidad, paz y perdón verdaderos; mis pensamientos malignos, las voces que me empujaban hacia caminos que no llevaban a ninguna parte; mi desazón al sentirme perdido dentro de mí mismo.

He escrito sobre mi ambición de poder, la preservación de lo que creía mío; mi perturbado sentido de la justicia; mi voluntad de medrar y ascender en el escalafón social; mi sibilina voluntad de andar entre dos aguas; mi terror a perderlo todo.

Y he escrito, más que nada, acerca de mis traiciones y desencuentros, mis desorientaciones y alejamientos; mis ausencias cuando debía estar presente, y mis presencias al borde del abismo; mi falta de paciencia, mis sueños de grandeza, mis subterfugios penumbrosos para conseguir lo que quería; mis enfados con Dios cuando me parecía pusilánime, lento, perezoso o indiferente; mis atajos para conseguir una felicidad que no me haría feliz; mi doblez sólo comparable al desasosiego que sentía cuando por fin era consciente de ella; mi falta de lealtad cuando todo se jugaba a una carta; mi actitud a la defensiva cuando alguien criticaba mis decisiones, y mi afán de imponer mi criterio; mis besos ambiguos, mis huidas hacia delante, mis enormes equivocaciones, que tanto dolor han causado a algunas personas. Porque soy como Judas.

Sin embargo, y contra todo pronóstico humano, decido optar por Esperanza, que es el nombre de Dios que mejor entiendo, antes de que aprenda a llamarlo, por fin, Victoria. Es lo único que me queda ante Él y ante Jesús: la esperanza que nunca dejó de brillar en los ojos del maestro de Galilea cuando miraba a su amigo Judas. La íntima convicción de que tengo remedio, de que mi vasija rota puede arreglarse en las manos de mi Padre el Alfarero; de que Jesús de Nazaret, el de las prostitutas y publicanos, el de los endemoniados y leprosos, el de los cojos y los ciegos, el de los mudos y los sordos, el de los ricos infelices, el de los religiosos insatisfechos, ése Jesús, a pesar de todo lo que he sido y de cómo soy aún, me ofrece su mano de amigo cada vez que lo necesito, me llama hetaire —querido mío— y me anima a seguir sus pasos por esta vida llena de peligros, para que no me ahogue en la tormenta de mi propia existencia atribulada. Sólo hay algo más poderoso que el miedo, y es la esperanza.

Confío en que seguir a Jesús me alejará del árbol de la derrota. Confío en verlo resucitado, pedirle que me perdone y oírle que me perdona. Confío en poder descargar todo el fardo de mis culpas a sus pies, y que transforme mi impostura en una vida de verdad. Confío en que fortalecerá mi compromiso para no abandonarlo nunca más. Confío en que me enseñará a amar como él, a servir como él, a sembrar como él la alegría y la esperanza en este mundo infeliz y desesperado, tan necesitado como yo de escuchar Buenas Noticias. Confío en que seré capaz de aprovechar, con la fuerza del Espíritu que lo movió a él, la nueva oportunidad que me ofrece. Confío en dejar de ser tan sólo hijo de mi pasado, para convertirlo a Él en Padre de mi futuro.

Y confío por fin en que tú, apreciado lector, querrás hacer lo mismo.

Anexo 1

El suicidio en la Biblia, en el judaísmo antiguo, y en el cristianismo: Apuntes para una pastoral cristiana sobre el suicidio

1. El suicidio en la Biblia

Las Escrituras mencionan muy poco el suicidio. Apenas siete casos aparecen en ellas, y sólo varones. Se trata de Abimelec, hijo de Gedeón, herido mortalmente por una piedra de molino que le arrojó una mujer, y que pidió a su escudero que lo matara (Jueces 9:50-57); Sansón, quien muere al derribar las columnas del Templo filisteo, para sepultar al mismo tiempo a millares de enemigos (Jueces 16:28-31); Saúl, que se arroja sobre su propia espada, con la ayuda de su escudero, para evitar el escarnio y la muerte a manos de los filisteos; el escudero de Saúl, a quien el rey ha pedido que él mismo le quite la vida, y que no soporta el hecho de verlo muerto (1 Samuel 31:1-6); Ahitofel, consejero de David y Absalón, quien se ahorca al comprender que la rebelión que ha instigado va a fracasar (2 Samuel 17:21-23); Zimri, rey de Israel, que incendia su palacio y muere, al verse cercado por las tropas de Omri (1 Reyes 16:8-20); y Judas Iscariote.

Es evidente que el suicidio no es una prerrogativa exclusivamente masculina, por lo que, posiblemente, la ausencia de suicidios femeninos en la Biblia se debe a la nula visibilidad social de las mujeres en la cultura semítica de los tiempos bíblicos. Aunque para ser honestos, habrá que reconocer también que las mujeres tienen en general una relación más positiva frente a la vida, y esto las protege mejor del suicidio

No se encuentra en la Biblia ninguna alusión a la prohibición explícita por parte de Dios del suicidio. Pero esto es natural, ya que la tradición concede a Dios, y a Dios sólo, tanto el privilegio de otorgar la vida como el de recibirla a la hora de la muerte.[1] Por lo tanto, nadie es dueño —ni tiene derecho a disponer— de la vida de los demás ni de la suya propia.

---

[1] *"El Señor da la vida y la muerte. Él hace descender al Seol, y hace subir"* (1 Samuel 2:6)

El sexto mandamiento de la Ley prohíbe matar, por lo que en el etos del pueblo judío se comprende el asesinato o el suicidio como afrentas a Dios.

Sin embargo, nunca aparece en la Biblia una valoración moral del suicida por el hecho de matarse. Sí por lo que hizo durante su vida, pero nunca por la forma en que ha muerto. Lo que siempre reprueba la Biblia es el asesinato, o que alguien perjudique la vida de otro con la injusticia, el maltrato, la esclavitud, la marginación o la humillación. Esta inhumanidad sí es reprobada por Dios explícitamente en las Escrituras. El suicidio no. Aunque se pueda entender como una especie de auto-asesinato, la violencia no se ejerce contra otro, sea culpable o inocente, y este hecho varía la percepción de su gravedad.

La Biblia invita a dejar en manos de Dios la retribución a quienes hacen daño, y nunca justifica la venganza. Sin embargo, ni un solo versículo juzga a quien decide quitarse la vida. Esto no significa que el suicidio sea moralmente correcto, sino que los escritores bíblicos se limitaron a describir el acontecimiento. Como si este silencio de la Biblia invitase a los creyentes a no juzgar ni condenar.

Como se ve en los casos de suicidio en la Biblia, unos ocurrieron en un contexto bélico, en el que quitarse la vida es el resultado del miedo a la humillación, o a algo peor. Otros casos reflejan temor y perturbación mental o emocional.

2. El suicidio en la tradición judía

La tradición judía establece que el mundo ha sido creado para el beneficio de cada individuo, y que por ello "quien destruye una vida es como si hubiera destruido el mundo entero" (Sanhedrin 37a). De este modo, la acción de preservar la vida, incluyendo la propia, es una de las premisas fundamentales del judaísmo. La prohibición del suicidio es un corolario natural a ésta (Yebamot, 78, "Saúl se equivoca cuando piensa que tiene derecho a quitarse la vida a sí mismo").

En el Talmud no aparece una referencia explícita al respecto. A pesar de esto, las autoridades rabínicas postalmúdicas proscribieron el suicidio, y formularon leyes por considerarlo una negación de la soberanía divina. Así, por ejemplo, "Quien se suicide estando lúcido no tendrá derecho a que a que nadie se ocupe de su cuerpo, ni al duelo fúnebre" (Semahot 2:2-5).

Las enseñanzas judías en relación con el suicidio se fundamentan en la creencia de que el ser humano no es dueño de su ser ni de su vida, ya que Dios le otorgó el cuerpo para que lo preserve y lo cuide. Por ello, la tradición establece una gran diferencia entre el suicidio y el martirio.

Bajo ciertas circunstancias, es preferible el martirio antes de transgredir las leyes cardinales del judaísmo, tales como el adulterio, el asesinato o la idolatría (Sanhedrin 74a). De acuerdo con la tradición talmúdica, muchos sacerdotes se arrojaron al fuego cuando fue incendiado el primer Templo. Josefo, en *La guerra de los judíos*, relata cómo el pueblo hebreo optó por suicidarse en Masada antes de caer en manos de los romanos.

Los suicidios de Saúl y su escudero, de Sansón y de Ahitofel son considerados "suicidio bajo circunstancias mitigantes". Se perdona a Saúl, pues su suicidio fue motivado por el temor a que su encarcelamiento causara la muerte de otras personas, y porque al verse derrotado por los filisteos tuvo conciencia de lo que harían con él si lo atrapaban vivo. En el caso de su escudero, se comprende su reacción por ser un rasgo de lealtad, y porque era común que los sirvientes muriesen en la guerra con sus señores. El suicidio de Sansón es considerado como una forma de santificar el nombre divino.[2] En el caso de Abimelec, se lo disculpa porque estaba muy mal herido y sufriente.

En teoría, las acciones previstas en el judaísmo antiguo para un suicida son muy duras, pero en la práctica estas condiciones se aplicaban en pocas ocasiones. La ley judía establecía dos categorías de suicidas:

1. Los que se encontraban en plena posesión de sus facultades mentales y físicas cuando cometían el acto.

2. Aquellos que actuaban por impulso, o bajo una severa presión mental o dolor físico. En esta categoría se incluía a los menores, a quienes se consideraba sin libre albedrío. Se los trataba como *anussim*, esto es, personas que actuaban bajo compulsión y que, como tales, no eran responsables de sus actos.

La compulsión abarcaba distintos aspectos: a) la necesidad de

---

[2] No deja de ser paradójico que, en el caso del cristianismo, se juzgue muy severamente la vida de Sansón, mientras que su suicidio parezca redimir su imagen, de forma que al acabar con su propia vida y con la de multitud de filisteos, el personaje aparezca prácticamente exculpado en el imaginario de los cristianos. Se enseña a los niños la historia del forzudo juez de Israel como paradigma del heroísmo de un hombre de fe, que abraza la causa de Dios en el último momento, matando a más filisteos con su muerte que lo que hizo en vida. Mientras tanto, algunas mamás y papas cristianos explican a sus hijos la condenación eterna de un hombre como Judas, quien posiblemente vivió de forma intensa, con pasión y con un alto grado de compromiso, todo el ministerio público de Jesús, a excepción de la última semana. En el caso del primero, su suicidio parece redimirlo. En el caso del segundo, parece condenarlo.

matarse antes de rendirse ante el enemigo; b) el rechazo a la violación de las leyes divinas; c) el dolor ante la muerte de un ser querido; d) el autocastigo por un pecado real o imaginario.

Para ser considerado reprobable, el suicidio debía ser voluntario y premeditado, por lo que el suicida tenía que ser consciente de que estaba destruyendo una vida. No estar en plena posesión de las facultades mentales excluía del suicidio la voluntariedad y la premeditación. Por ello, la ley judía aducía que un hombre que se quitaba la vida lo hacía de forma involuntaria, o sin premeditación, hasta que se probara lo contrario por lo que se le había oído decir antes de su muerte. Si nadie había oído nada, no se podía juzgar, y se entendía que no había pecado. Esto hizo que casi todos los doctores de la ley dictaminaran que a la mayoría de los suicidas se les debía considerar *anussim*, y habían de recibir el mismo trato que quien moría de forma natural.

3. Algunas consideraciones sobre el suicidio, desde una perspectiva cristiana

El suicidio es siempre una tragedia. Las razones que suelen llevar a él, también. En muchas ocasiones, viene provocado por situaciones que arrebatan el dominio sobre la voluntad propia, por estados de depresión profunda, o por fuertes presiones emocionales que los seres humanos deberíamos sentirnos incapaces de juzgar. Hay investigadores que incluso hablan de fuertes trastornos bioquímicos en el cerebro de quien decide suicidarse.

Aquellos que juzgan severamente a un suicida, por ser un homicida que se mata a sí mismo, y lo creen condenado por ello, deberían recordar las palabras del apóstol Juan:

Todo aquél que aborrece a su hermano es un homicida; y sabéis que ningún homicida tiene vida eterna permanente en él (1 Juan 3:15).

Para Juan, entonces, todos podríamos ser considerados homicidas. Quienes aborrecen a su prójimo en alguna ocasión, y quienes se aborrecen a sí mismos hasta el suicidio. Al estilo de su maestro Jesús —llamar necio a alguien es como matarlo; sacarse el ojo que puede pecar; no ver la viga en el ojo propio; quien escandaliza debería echarse antes al mar con una rueda de molino colgada al cuello; colar el mosquito y tragarse el camello, etcétera—, Juan propone una hipérbole, un estiramiento simbólico hasta el extremo, del concepto de matar. Pero contiene una lección muy fuerte: aborrecer es sólo el inicio de una espiral que puede conducir a consecuencias mucho más graves. Antes de condenar a los segundos (suicidas), deberíamos estar seguros de no ser de los primeros (homicidas por aborrecer a alguien). Es fácil ver la viga (suicidio) en el ojo ajeno, pero la paja (aborrecimiento) en los nuestros puede dejarnos ciegos también.

Abordar la problemática del suicidio requiere una fe adulta, y no anteponer dogmas, supersticiones o tradición a uno de los rasgos de Dios que aparece diáfano en las Escrituras: su inmensurable misericordia.

El suicida suele ser alguien que se ha quedado sin fe o sin esperanza. O sin las dos a la vez. Sin fe, sobre todo en sí mismo, cuando la desilusión, la presión del día a día, o la ausencia de un hombro sobre el que llorar se hacen demasiado dolorosas para seguir soportando la vida. Sin esperanza, cuando las expectativas quedan atrapadas en el aquí y ahora, y no es capaz de imaginar un futuro vivible, aguantable.

¿Cómo no esperar que Dios mire con infinita compasión a alguien que se siente así? No hay que olvidar que la palabra hebrea para designar la justicia divina —hesed— es la misma que para designar su misericordia. Nosotros no somos capaces, pero Dios sí. Por ello, la opción más saludable sería abstenerse de juzgar, y esperar con humildad que el Padre del Cielo deje actuar al infinito amor que habita en Él.

Por lo cual estoy seguro de que ni la muerte, ni la vida, ni ángeles, ni principados, ni potestades, ni lo presente, ni lo por venir, ni lo alto, ni lo profundo, ni ninguna otra cosa creada nos podrá separar del amor de Dios, que es en Cristo Jesús, Señor nuestro (Romanos 8:38-39).

Sólo el Eteno sabe qué hacer con alguien que ha atentado contra su propia vida. Para nosotros, ese terreno debería estar vedado:

La obra de cada uno se hará manifiesta; porque el día la declarará; y la obra de cada uno, sea cual sea, el fuego la probará (1 Corintios 3:13).

Esto no significa, evidentemente, que el suicidio sea una opción apreciada positivamente por Dios. Dios es un Dios de vida, su autor y consumador. No quiere más que sus hijos e hijas vivan, y que lo hagan en abundancia. Las heridas emocionales que deja un suicidio en la familia y en los amigos son muy profundas, y producen no sólo un sentimiento de soledad, sino también de culpa y desorientación. Pero quizá Dios mire con mucho más desagrado las circunstancias que han movido a un ser humano a quitarse la vida, que el propio suicidio en sí.

A veces, la vida puede hacerse insoportable. Estoy pensando, por ejemplo, en todos aquellos enfermos terminales, cuya agonía no deja ninguna puerta abierta a la esperanza. O en los tetrapléjicos que no son capaces de encontrar ni una pizca de motivación para seguir adelante, y se sienten atrapados en un saco de piel, músculos y huesos. Para ellos, vivir es sólo sufrir por sufrir. ¿Podrá Dios juzgar con severidad a quien decide acortar un sufrimiento que se alarga sin esperanza ninguna de recuperación, y que no puede aportar nada bueno? No lo sé. Creo que no. Desde luego, yo no podría. Y si los seres humanos somos capaces de compadecernos del sufrimiento de los demás, no veo por qué Dios sería, en ese sentido, menos compasivo que nosotros:

> *Pues si vosotros, siendo malos, sabéis dar buenas cosas a vuestros hijos, ¿cuánto más vuestro Padre del Cielo dará buenas cosas a los que le pidan?* (Mateo 7:11).

La psicología y la psiquiatría tienen mucho que decir sobre este asunto. Los mejores especialistas han llegado a la conclusión de que, en la mayoría de los casos, el suicidio es el resultado de una exagerada perturbación emocional mal gestionada o, incluso, de alteraciones bioquímicas asociadas a un profundo estado depresivo o de miedo. Muchos sociólogos piensan que la desestructuración social y familiar puede estar, también, en la base de muchas de estas decisiones ¿Deberíamos juzgar a una persona que, bajo tales circunstancias, opta por el suicidio?

> Asistimos en concreto a una inquietante fragilización y desestabilización emocional de los individuos. El hiperconsumo ha desmantelado todas las formas de socialización que antaño daban puntos de referencia a los individuos. Ya lo puntualizó Durkheim: si hay una epidemia de suicidios no es porque se haya endurecido la sociedad, sino porque los individuos están a merced de sí mismos y, por este hecho, menos pertrechados para soportar las desgracias de la existencia.[3]

La Biblia indica, muy claramente, que Dios toma en consideración la intensidad de las presiones a las que los creyentes se ven sometidos, y la tribulación que pesa sobre ellos, a veces de forma altamente alienante. Y no se queda impasible ante el sufrimiento que causan las situaciones adversas:

> *Y salió Jesús, y vio una gran multitud, y tuvo compasión de ellos, porque eran como ovejas sin pastor; y comenzó a enseñarles muchas cosas* (Marcos 6:34).

Incluso considerando que el suicidio sea un pecado, que muy

---

[3]G. Lipovetsky y S. Charles, *Los tiempos hipermodernos* (Barcelona: Editorial Anagrama, 2008), 130.

probablemente lo es, también lo es el adulterio, el hurto, la mentira, la codicia, o los malos deseos del corazón. Todo esto es muy grave. El referente bíblico es siempre la excelencia. Los creyentes no deberíamos pecar. Pero lo hacemos. Todos y cada uno de los días de nuestra vida. Por ello, siendo conscientes de nuestra propia falibilidad, deberíamos dejar los juicios a Dios.

Alguien podría decir que no es lo mismo mentir que suicidarse, porque después de la mentira uno tiene tiempo de arrepentirse. Pero nuestra salvación no depende de nuestra habilidad o rapidez para arrepentirnos. Dios escudriña el interior de nuestros corazones antes, incluso, de que el arrepentimiento salga de nuestros labios, o llegue siquiera a nuestros pensamientos.

Por su puesto que es muy importante arrepentirse, sobre todo por el poder terapéutico que tiene para las heridas que nos infligimos al pecar. Pero el Eterno tiene recursos para conocer nuestra intimidad, un poder que nosotros no somos capaces de imaginar. Y, en último término, nuestra salvación no depende de nada que nosotros podamos hacer —salvo nuestra voluntad personal de ser salvados—, sino únicamente de la bondad y el amor de Dios. Con ellos sí podemos contar, aunque nos parezca que no podemos contar ni siquiera con nosotros mismos.

La grandeza de la gracia divina arrolla a quienes pretenden controlarla. Fluctúa con sus propias leyes, y sigue sus criterios. Por eso, entre otras cosas, los hijos de Dios son mucho más que sus propios pecados. Significan el sueño de un Padre del Cielo que quiere verlos consigo a toda costa. No puede pasar por alto lo que hacen, eso es cierto, pero el amor que les profesa puede abrir espacios a la salvación. Cualquier detalle y cualquier sutileza serán tenidos en cuenta a la hora de juzgarlos, porque son aquellos por los que su Hijo peleó hasta la muerte en la cruz. Estos detalles y estas sutilezas pueden ser vistos sólo por quien todo lo ve. Eso quiere decir que cualquier ser humano será incapaz de juzgarlos, porque le es imposible verlos. Por ello es continuamente invitado a no juzgar. Y, sobre todo, a no hacerlo imponiendo a los demás su propio criterio de salvación:

> *Dios no creó a mi prójimo como yo lo hubiera creado. No me lo dio como un hermano a quien dominar, sino para que, a través de él, pueda encontrar al Señor que lo creó. En su libertad de criatura de Dios, el prójimo se convierte para mí en fuente de alegría, mientras que antes no era más que motivo de fatiga y pesadumbre. Dios no quiere que yo forme al prójimo según la imagen que me parezca conveniente, es decir, según mi propia imagen, sino que Él lo ha creado a su imagen,*

independientemente de mí, y nunca puedo saber de antemano cómo se me aparecerá la imagen de Dios en el prójimo; adoptará sin cesar formas completamente nuevas, determinadas únicamente por la libertad creadora de Dios. Esta imagen podrá parecerme insólita e incluso muy poco divina; sin embargo, Dios ha creado al prójimo a imagen de su Hijo, el Crucificado, y también esta imagen me parecía muy extraña y muy poco divina, antes de llegar a comprenderla.[4]

Habría que derribar esas imágenes de Dios que nos lo muestran listo para dar a cada uno el castigo que merece. Es un dios terrible, hambriento de sacrificios y expiaciones, que no es el Dios de Jesús. Él lo mostró como el Dios de la vida, de la paz, de la alegría y la fiesta, de la libertad y la novedad. Habría que pasar de la religiosidad que encoge el espíritu a la que lo dilata; de la tristeza y el pecado, la conmoción y el dolor, a la celebración de la vida amorosa *"con el novio"* (Marcos 2:19). Habría que esforzarse por crear y vivir un cristianismo más festivo y alegre, más afirmativo de la vida. Hay un agarrotamiento espiritual en la pasión y muerte de Jesús que olvida el apasionamiento de la vida que condujo a ese final. Dios, nuestro Dios, el Dios de Jesús, es el Señor de la Vida en abundancia.[5] La justicia de Dios se funde y confunde con su misericordia.

Esto no minimiza la gravedad del acto de quitarse la vida. Es un acto terrible para uno mismo y para los que deja atrás. Pero como cualquier otro tropiezo, por escondido que esté, puede ser perdonado por Dios, quien mira con compasión a todos sus hijos e hijas, y *"es lento para la irá y grande en misericordia, y perdona la iniquidad y la transgresión"* (Números 14:18).

Aunque podamos juzgar que un acto personal es una falta grave, el juicio sobre las personas debemos confiarlo a la justicia y a la misericordia de Dios. Los cristianos somos llamados a confiar en la compasión de Dios, tanto para nuestros seres queridos como para nosotros mismos y, sobre todo, a no juzgar a nadie, aunque no seamos capaces de entender sus acciones o sus intenciones:

Hermanos, no murmuréis los unos de los otros. El que murmura del hermano y juzga a su hermano, murmura de la Ley y juzga a la Ley; pero si tú juzgas a la Ley, no eres cumplidor de la Ley, sino juez. Solamente uno es el dador de la Ley, que puede salvar o perder; pero tú ¿quién eres para juzgar a otro? (Santiago 4:11-12).

El mundo de algunos cristianos bascula del blanco al negro. Así todo

---

[4] Bonhoeffer, *Vida en comunidad*, 85-86.
[5] Mardones, *Matar a nuestros dioses*, 64.

es más fácil de juzgar. Algo está del todo bien, o del todo mal. Desde una insoportable superioridad moral, creen saber colocar a cada cual en el sitio que le corresponde. Pero Dios parece moverse, bastante más cómodamente que ellos, entre la inmensa paleta de grises que somos capaces de desplegar los seres humanos. Desde cualquier matiz entre el blanco y el negro, Dios se siente capaz de sanar y salvar. A eso vino Jesús: a moverse entre el blanco y el negro de los seres humanos, y rescatarlos para que un día, por fin, puedan dejar los grises atrás.

> En nuestros días, la secularización, el cristianismo y los sistemas político-sociales se muestran igualmente frágiles, y con posibilidades muy reducidas de recurrir al poder sanador y orientador de sus respectivas tradiciones. Entonces, el ser humano se encuentra desnudo y *desempalabrado* ante su propia tradición, porque se le ofrece, al mismo tiempo, la teórica *libertad* posible y la práctica *angustia* de la vida cotidiana. Una tarea, que seguramente tendrá una enorme importancia en los próximos años, consistirá en el discernimiento de cómo deberá configurarse la cultura occidental, si es que ha de continuar existiendo, para que de verdad sea un ámbito en el que hombres y mujeres puedan emprender la tarea de conferir sentido a sus propias existencias.[6]

4. Algunas propuestas para una pastoral cristiana sobre el suicidio[7]

La mayoría de las personas que se suicidan no eligen la muerte misma. A menudo intentan aliviar un sufrimiento severo, ya sea físico o psicológico. Pueden haber intentado sin éxito otras formas de gestionar su sufrimiento, que les han dejado un sentimiento de desesperación en el que el suicidio se convierte en una opción real para poner fin a su angustia.

Lo que lleva al suicidio no suele ser el sufrimiento físico. El ser humano tiene una capacidad casi infinita de soportar el dolor, siempre que haya esperanza. Mientras existe esperanza, la vida lucha, y lo hace con fuerza. Pero cuando mueren las razones para vivir, nacen las razones para morir.

El suicidio es una tragedia que afecta a miles de personas cada año.[8] Es uno de los sucesos más inquietantes y devastadores en la vida de quienes

---

[6] Duch, *Estaciones del laberinto*, 87.

[7] Para una mayor información sobre este asunto, puede consultarse un corto pero interesante trabajo: F. Moncher, R. Allison y A. Benne, *Cómo enfrentar el suicidio. Enseñanza católica y respuesta pastoral* (New Haven: Editorial Servicio de Información Católica, 2009).

[8] La Organización Mundial de la Salud estima que, en todo el mundo, más de un

sobreviven al suicida, y su recuperación puede ser ardua. Aunque la decisión del suicida está a menudo fuera de nuestro control, la voluntad de curar y dar apoyo a sus seres queridos sí que está en nuestras manos.

Normalmente, los amigos y familiares del suicida se consumen en preguntas sin respuesta, sobre todo acerca de por qué se quitó la vida. Aunque son comprensibles los sentimientos de culpa resultantes de las preguntas sin respuesta, generalmente no son una explicación exacta de la decisión de suicidarse, y pueden dejar en el sobreviviente un sentimiento de responsabilidad por algo que, de hecho, estaba más allá de su control.

No es inusual que los seres queridos de un suicida asuman una culpabilidad injustificada: "¿Y si lo hubiera obligado a obtener ayuda?" "¿Y si la hubiera visitado más a menudo?" "Si no me hubiera peleado con él por la mañana…" "¿Si no le hubiera dejado salir esa noche…". Estos pensamientos pueden volverse obsesivos, y son a menudo el duelo más desconsolador de los seres queridos dejados atrás por el suicida. Durante el proceso de duelo es normal recrear escenas y conversaciones con los seres queridos, pero cuando estos pensamientos de autocrítica se prolongan, pueden causar mucho daño. Para deshacerse de dichos patrones de pensamiento, el apoyo profesional puede ser de gran ayuda durante el periodo de duelo.

Es especialmente importante recordar que el suicidio es una decisión individual. Puede ser muy difícil aceptar el libre albedrío de otros, incluyendo la libertad para tomar una mala decisión. No siempre es posible salvar a nuestros seres queridos de sí mismos.

Los sentimientos de humillación, vergüenza, y un deseo de esconder la verdadera naturaleza de la muerte, pueden causar distanciamiento de los sobrevivientes para evitar preguntas difíciles, o lo que ellos consideran una desaprobación. Aunque la vergüenza no es una reacción rara, puede obstaculizar la capacidad de enfrentarse con sentimientos subyacentes, y atrapar a sus víctimas en su desolación y aislamiento.

Aunque un suicidio nunca se olvida por completo, el tiempo suele aliviar la intensidad del sufrimiento, y permite al sobreviviente seguir con su vida de manera saludable. Probablemente vendrán los "buenos días", que algunos sobrevivientes han descrito como las "vacaciones del duelo". Los recuerdos, que una vez estuvieron dominados por el suicidio, darán paso gradualmente a la memoria de la plenitud y bondad del ser querido que murió.

---

millón de personas se suicidan todos los años.

El perdón es un elemento clave para una recuperación exitosa. Perdonar al difunto, a otros, o a sí mismo. El perdón es una elección: un proceso, paso a paso, para resolver el enojo y restaurar la esperanza. La falta de perdón hiere a uno mismo más que a cualquier otro, y lo convierte en prisionero del pasado.

Los niños viven el duelo, y pueden experimentar el mismo tipo de emociones que los adultos, pero expresarán estas emociones de diferente forma, debido a una capacidad más limitada de lenguaje, y a su falta de madurez. Son especialmente susceptibles a los sentimientos de culpa y abandono. Pueden tener algún pensamiento mágico acerca de la muerte, creer que fue causada por algo que pensaron o hicieron. En general, hablar con los niños de la pérdida brinda la oportunidad de descubrir lo que saben acerca de la muerte, incluyendo sus ideas falsas y temores, y darles información, compasión y consuelo.

Es mejor decir que el ser querido "murió" en lugar de que "pasó a mejor vida, o se fue" para que no haya malas interpretaciones. Es importante asegurarles que la muerte no fue por su culpa, y que no se los abandonará nunca y tampoco se los descuidará. Es bueno hacerles comprender que su infelicidad con respecto a la muerte es natural.

Puede ser que los niños de más edad necesiten motivación para hablar de sus sentimientos, y es más probable que se culpen a sí mismos o a otros. Evitar el asunto puede tener consecuencias negativas. Los niños pueden mostrarse insensibles ante la muerte o, al contrario, pueden expresar su dolor, enojo o culpa actuando de formas negativas.

Hay que aceptar sus preguntas y, de ser necesario, admitir abiertamente que no tenemos todas las respuestas. Puede ser difícil hablarles a los niños acerca del suicidio, pero es importante para su adaptación. Si el suicida es una figura clave en la vida del niño, por lo general no sirve de nada guardar el secreto, especialmente para aquellos niños que poseen suficiente madurez para entenderlo.

Tratar de proteger al niño no revelando información u ocultando la naturaleza de la muerte puede volverse problemático. A la larga, el niño conocerá por otras fuentes la verdad, lo que aumentará su confusión, y posiblemente esto lo lleve a malas interpretaciones o auto-culpabilidad. No revelar información también daña la credibilidad del adulto en otros aspectos, como al intentar asegurar al niño que no es responsable del suicidio.

Brindar esperanza, fomentar una sincera creencia en que el inmenso dolor finalmente se aminora, y que la curación llegará con el tiempo, debería ser la única actitud válida para un cristiano que se acerca a un familiar en duelo por el suicidio de su ser querido.

Puede ser bueno para los deudos, si son creyentes, recordarles algunos pasajes bíblicos, sobre todo los que los ayuden a colocar su esperanza en Jesús de Nazaret como salvador individual de cada persona:

Hijos míos, esto os escribo para que no pequéis. Pero si lo hacéis, abogado tenemos para con el Padre, Jesucristo el Justo. Y él es el perdón de nuestros pecados. Y no sólo de los nuestros, sino también de los de todo el mundo (1 Juan 2:1-2).

Si alguien no está seguro de saber encontrar las palabras adecuadas, podría emplear reflexiones del tipo: "Tu ser querido ahora duerme, y está cuidado por Alguien que lo ama aún más que tú. Podemos estar tranquilos y en paz. Podemos creer en que nuestro Dios amoroso lo tratará con justicia y misericordia". Esta forma de hablar evita especulaciones sin sentido, reafirma el amor de Dios por la víctima, y respeta su soberanía para juzgar, con justicia y misericordia, a los seres humanos.

Existen actitudes comunes que no son útiles para el deudo, y pueden tomarse como críticas hirientes. Por ejemplo, no se debe preguntar por qué se suicidó el difunto. El deudo puede no tener aún una respuesta, y al preguntárselo pueden producirse divagaciones auto acusatorias. Hay que evitar, además, comentarios que sugieran que la muerte era la voluntad de Dios, o que la persona fallecida está mejor ahora, ya que no sufrirá más.

Si quien falleció fuera un niño,[9] no debería sugerirse a los padres que pueden tener otro hijo, o que deberían estar agradecidos por los hermanos que le sobreviven. Ni este tipo de afirmaciones, ni ningún otro tipo de comentarios presuntamente "constructivos" sobre la pérdida, son útiles. Aunque dichas afirmaciones puedan parecer bien intencionadas, al deudo le parecerán insensibles, y hasta insufribles.

Tampoco es útil afirmar que se sabe cómo se siente el deudo, a menos que se haya sufrido una pérdida similar, también por suicidio. Aunque la muerte repentina e inesperada de un ser querido pueda parecer comparable superficialmente, el luto de una pérdida por suicidio normalmente involucra sentimientos de rechazo, culpa y vergüenza difíciles, complicados y más intensos de gestionar.

---

[9]En Hong Kong, por ejemplo, una de cada nueve muertes infantiles en 2011 se

A pesar de que toda pérdida siempre es difícil, o incluso muy dolorosa, perder a alguien por suicidio es sencillamente diferente a cualquier otro tipo de duelo. Por ello, una práctica pastoral especial ha de imponerse. La comprensión, el amor, la compasión, y un discreto acompañamiento serán necesarios para ello.[10] Teniendo siempre en cuenta, de todas formas, que sólo a Dios compete el juicio, porque es capaz de juzgar teniendo en cuenta todas las circunstancias que rodean a alguien, y no sólo el acto puntual que nosotros vemos. Como dejó escrito Elena White:

> *El carácter se da a conocer no por las obras buenas o malas que de vez en cuando se ejecuten, sino por la tendencia de las palabras y de los actos habituales en la vida diaria.*[11]

---

debió al suicidio.

[10]"Es en la aproximación al otro donde se establece la circularidad irrenunciable del cristianismo: no hay referencia a Dios que no incluya la explícita referencia al otro (que ya no es "otro", sino prójimo, *próximo*), y a la inversa. Dietrich Bonhoeffer lo decía así: "Ni Dios sin el prójimo, ni el prójimo sin Dios». Aquí se halla la esencia del cristianismo, su irreductible núcleo ético, su validez extratemporal y extraterritorial en todos los espacios y tiempos". Duch, *Estaciones del laberinto*, 221.

[11]White, *El camino a Cristo*, 58.

Anexo II

El Evangelio de Judas: Descubrimiento, gnosticismo, y breve análisis crítico

1. Descubrimiento y cronología

El seis de abril de 2006, el descubrimiento, la restauración y la traducción de un libro que se creía perdido, el llamado *Evangelio de Judas* (a partir de ahora EdJ), conmocionó al mundo tras su presentación en Washington D.C., a bombo y platillo, ante ciento veinte medios de comunicación, por parte de la National Geographic Society. Unos días después, el canal de televisión de la misma sociedad emitía un documental de casi dos horas de duración.

El manuscrito, datado del siglo III o IV d.C., y que contendría la única copia conocida del EdJ, tiene veintiséis páginas (aunque otros especialistas dicen que son treinta y una). En todo caso, son trece las planchas de papiro que lo constituyen, y están escritas en copto.[1] Fue hallado cerca de la localidad de Beni Masar, en Egipto, en 1978.

En 1983, Stephen Emmel, especialista en copto, examinó en Ginebra el códice recientemente descubierto. Pudo identificar cuatro tratados, entre los cuales se incluía uno que mencionaba con frecuencia a Judas conversando con Jesús. Concluyó que el códice era auténtico (es decir, que no era una falsificación) y que databa probablemente del siglo IV d.C. Los análisis científicos posteriores confirmaron la suposición de Emmel.

En 2000, La Fundación Mecenas de Arte Antiguo de Basilea (Suiza) se

---

[1] El copto es un sistema de escritura alfabético que florece en el siglo IV d.C. El sentido de la escritura es de izquierda a derecha. A medida que los antiguos sistemas nativos de escritura iban declinando en Egipto, desapareciendo finalmente durante el período romano y cristiano, un nuevo alfabeto, el copto, comenzó a ser usado para escribir la lengua egipcia. El término "copto" deriva del árabe *gubti*, que es una corrupción del griego *Aigyptos*. Significa simplemente *"egipcio"*. Fue el término usado por los árabes, tras su conquista de Egipto en el siglo VII, para denominar a los nativos del país.

hizo con el documento, e inició los trabajos de traducción. Los expertos consideran que se trata de una copia de un texto aún más antiguo.

La autentificación del documento se llevó a cabo utilizando numerosas técnicas, como la prueba del carbono 14, el análisis de tinta, la imagen multiespectral, así como los índices paleográficos e históricos.

Se conocía de la existencia del EdJ por una referencia hecha por el obispo Ireneo de Lyon en el año 180 d.C., en su tratado *Contra las herejías*,[2] pero hasta su descubrimiento nadie sabía a qué hacía mención el obispo.

La cronología de los hechos que llevaron al descubrimiento, restauración, traducción y presentación de este documento es la siguiente:

1970: Un antiguo papiro o manuscrito, conteniendo el EdJ, es encontrado por unos egipcios cerca de Beni Masar, Egipto.

1978: El códice es vendido a un anticuario egipcio de El Cairo.

1983: El anticuario egipcio intenta vender el códice a un grupo de expertos en Ginebra, Suiza. El precio se considera demasiado alto, y no se cierra la venta.

1984: El anticuario egipcio pone el códice en venta en Nueva York, sin resultado; entonces, coloca el códice en la caja de seguridad de un banco en Hicksville, Nueva York, donde permanece durante 16 años.

Abril 2000: Frieda Nussberger-Tchacos, anticuaria en Zürich, Suiza, compra el códice. La Biblioteca Beinecke Rare Book and Manuscript, de la Universidad de Yale, verifica el códice que contiene el EdJ, pero decide no comprarlo.

Septiembre 2000: Tchacos inicia el proceso de venta del códice a Bruce Ferrini, un anticuario de Akron, Ohio.

Febrero 2001: La venta sigue sin concretarse. Tchacos recupera el códice, y lo transfiere a la Maecenas Foundation for Ancient Art en Basilea, Suiza.

Julio 2001: El presidente de la Maecenas Foundation, Mario Roberty,

---

[2]"Otros dicen que Caín nació de una Potestad superior, y se profesan hermanos de Esaú, Coré, los sodomitas y todos sus semejantes. Por eso el Hacedor los atacó, pero a ninguno de ellos pudo hacerles mal. Pues la Sabiduría tomaba para sí misma lo que de ellos había nacido de ella. Y dicen que Judas el traidor fue el único que conoció todas estas cosas exactamente, porque sólo él entre todos conoció la verdad para llevar a cabo el misterio de la traición, por la cual quedaron destruidos todos los seres terrenos y celestiales. Para ello muestra un libro de su invención, que llaman el *Evangelio de Judas*" (*Contra las herejías* 1.31.1).

pide al experto en copto Rodolphe Kasser que lidere la transcripción y traducción del códice en copto; mientras, la conservadora Florence Darbre es la responsable de las tareas de preservación del códice.

Agosto 2004: El Gobierno Egipcio acepta la donación del códice al Museo Copto de El Cairo. El documento retornará a Egipto una vez que haya sido exhibido al público.

Enero 2005: El análisis de radiocarbono del papiro y el cuero del códice, realizado por la Universidad de Arizona, señala que el documento data de entre el año 220 y 340 d.C.

Enero 2006: El análisis de la tinta realizado por McCrone Associates Inc. de Chicago, muestra que la misma contiene componentes que datan de los siglos III y IV d.C.

Febrero 2006: Imágenes Multiespectrales (MSI), un proceso utilizado para determinar la naturaleza y modificaciones de textos antiguos, conducido en Suiza por Gene A. Ware, del Papyrological Imaging Lab de Brigham Young University, descubre que el papiro sobre el cual el códice fue escrito es similar, por su forma, a otros papiros antiguos analizados con esta tecnología. Ware concluye que las características del códice son consistentes, y responden a un documento egipcio de origen remoto, auténtico. Por otra parte, media página faltante del EdJ aparece en la ciudad de Nueva York. Es fotografiada, transcrita y traducida.

Abril 2006: Las páginas del códice son presentadas públicamente por primera vez en la sede central de la National Geographic Society, en Washington D.C.

Abril 2013: Un antiguo certificado de bodas egipcio ayuda a confirmar la veracidad de las tintas usadas en el controvertido texto. Las conclusiones de este trabajo de investigación se exponen en la Reunión Nacional de la Sociedad Química Estadounidense, en Nueva Orleans (EE.UU.).

La exposición del informe es presentada por el investigador microscopista Joseph Barabe, cuyo equipo ya había participado en el esfuerzo multidisciplinar organizado en 2006 por la asociación National Geographic para determinar la autenticidad del texto.

Barabe había dirigido un equipo de cinco científicos, dedicados al estudio de las tintas en la empresa McCrone Associates, un laboratorio de consulta en microscopia y microanálisis en Westmont, Illinois.

Después de analizar una muestra, Barabe y sus colegas llegaron a la conclusión de que el EdJ fue escrito con una forma primitiva de tinta ferrogálica que incluía hollín negro de carbón ligado con una goma.

Si bien esto indicaba que el texto podría haberse escrito en el siglo III o IV d.C., a los investigadores los dejó perplejos un detalle: la tinta ferrogálica empleada en el EdJ era diferente de cualquier otra que ellos hubieran visto. Las tintas ferrogálicas típicas, o al menos las que datan de la Edad Media, se hacían con una mezcla de sulfato de hierro y ácidos tánicos, como los que se extraen de las nueces. Pero la tinta ferrogálica usada en el EdJ no contiene azufre.

Finalmente, Barabe encontró una referencia a un pequeño estudio hecho por científicos del Louvre, que analizaron certificados egipcios de casamiento y compraventa de tierras escritos en copto y griego, y que datan del primer al tercer siglo de la era cristiana, escritos con una tinta hecha con cobre, y con poco o ningún azufre. La tinta usada en el EdJ probablemente fue una transición entre las tintas con base de carbono y las tintas ferrogálicas, hechas con sulfato de hierro, que se tornaron populares en la época medieval. El EdJ, por fin, podía datarse sin lugar a dudas: siglos III o IV d.C.

La lectura del EdJ, después de dieciséis siglos, permitió obtener una visión de Jesús de Nazaret y de Judas Iscariote muy distinta a la que transmitían los evangelios que contiene el Nuevo Testamento. Pero, ¿con cuál de las dos visiones nos quedamos?

2. Gnosticismo

El EdJ se inscribe en la tradición gnóstica, una de las varias sectas que se iban escindiendo del universo inicial y fecundo del cristianismo. Estos textos se caracterizaban por lo hermético de su lenguaje, por sus alegorías y su difícil comprensión.

Los gnósticos eran eclécticos: tomaban elementos del judaísmo, del cristianismo, de la filosofía griega, y amasaban una doctrina para liberar al ser humano de todas las angustias de esta vida. *"Serás mejor que todos los demás"*, le dice Jesús a Judas en el EdJ, comparándolo con los otros discípulos, *"porque sacrificarás el cuerpo de hombre del que estoy revestido"*.

Este concepto es propio de los cainitas,[3] una de las sectas gnósticas de los primeros siglos del cristianismo. En el EdJ el discípulo, al entregar a

---

[3]Esta oscura secta gnóstica, que según los cronistas cristianos Tertuliano e Ireneo existió en el siglo II d.C. en el este del imperio romano, reverenciaba a los condenados por el dios del Antiguo Testamento, al que consideraban el demonio responsable de separar el principio divino-humano del auténtico Dios. Así, los cainitas veneraban a Judas Iscariote, a Eva y muy especialmente a Caín, al que consideraban su líder espiritual, depositario de un saber esotérico, y la primera víctima de aquella divinidad "monstruosa".

Jesús a la muerte, facilita su salida del cuerpo carnal, y la liberación de la divinidad que llevaba dentro. Quién lo escribió es un misterio, ya que en ningún lugar se dice que fuera Judas. Desde luego Judas Iscariote no pudo ser, ya que había muerto mucho antes de que se escribiese el documento.

Una de las mayores diferencias entre las creencias gnósticas y el cristianismo se refiere a los orígenes del mal en el universo. Los cristianos creen que un Dios bueno creó un mundo bueno, y que, por el abuso del libre albedrío, el pecado y la corrupción entraron en el mundo y produjeron desorden y sufrimiento. Los gnósticos, sin embargo, atribuyen a Dios el mal en el mundo, y afirman que creó el mundo de un modo desordenado. Por esto, son partidarios de la rehabilitación de figuras del Antiguo Testamento como Caín, que mató a su hermano Abel, y Esaú, el hermano mayor de Jacob, que vendió sus derechos de primogenitura por un plato de legumbres. El EdJ entra perfectamente en la visión gnóstica que muestra que Dios quiere el mal del mundo.

Aplicado al cristianismo, el gnosticismo afirmaba que Cristo era el más alto de los eones, el ser divino que el verdadero Dios mismo había creado. Cristo no recibió un verdadero cuerpo en la encarnación, decían, puesto que él era demasiado santo para estar vinculado a una sustancia mala; más bien, Cristo era sólo un espíritu que parecía tener forma humana.

Los gnósticos torcían la idea de la redención cristiana, de acuerdo con su peculiar idea del pecado como residente en todas las cosas materiales. La salvación, decían, consistía en la liberación del espíritu del cuerpo malo en el que residía. La obra redentora de Cristo era venir del verdadero mundo del espíritu a un mundo material, y por tanto malo, para enseñar a los hombres su verdadero conocimiento.

Por supuesto, el gnosticismo negaba las doctrinas cristianas fundamentales de una verdadera encarnación, un verdadero ministerio físico, y una verdadera muerte en la cruz. Cualquier idea de la resurrección del cuerpo era ridícula en su manera de pensar, puesto que todo cuerpo material era completamente pecaminoso. Este concepto de la pecaminosidad del cuerpo dio como resultado una doble actitud hacia la moralidad.

Algunos gnósticos decían que, puesto que el cuerpo era pecaminoso de todas maneras y sería desechado al morir, no era malo vivir de la manera más licenciosa: el alma permanecería pura en medio de cualquier corrupción física. Otros decían que puesto que el cuerpo era pecaminoso, debía ser descuidado, maltratado, y dejado morir de hambre. De esta manera, el libertinaje y el ascetismo crecieron del mismo árbol.

Las evidencias de la preocupación del cristianismo primitivo por evitar que este sistema filosófico, contrario a la propuesta evangélica, devorara el mensaje cristiano se encuentran en el propio Nuevo Testamento. La tradición asegura que Juan tenía en mente a este grupo al escribir su evangelio y su primera carta. Su evangelio describe gráficamente el verdadero ministerio físico de Jesús, con énfasis particular en la historia de la cruz. Su epístola habla de Jesús como de quien los discípulos habían *"visto con nuestros ojos, lo que hemos contemplado, y palparon nuestras manos tocante al Verbo de vida"* (1 Juan 1:1). La epístola de Santiago identifica al Espíritu de Dios como el que *"confiesa que Jesucristo ha venido en carne"* (Santiago 4:2). La carta a los Colosenses contradice las doctrinas de los gnósticos (Colosenses 2:8). Los nicolaítas[4] condenados en Apocalipsis eran probablemente gnósticos (Apocalipsis 2:6, 15).

El texto del EdJ está en línea con la tradición de los cristianos gnósticos, que enfatizaban la importancia del conocimiento, *gnosis* en griego. Según esta filosofía, Judas, al entregar a Jesús a la muerte, habría facilitado su salida del cuerpo y la liberación de la divinidad que llevaba dentro.

Hay que recordar que ya en el año 1868 se había publicado uno de los primeros libros que buscaba redimir a Judas: *Memorias de Judas*, de Ferdinando Petruccelli della Gattina, en el que el discípulo mantenía un vínculo afectuoso con Jesús.

3. Breve análisis crítico[5]

Contexto sociológico

Cuesta creer en la pretendida objetividad y el cientifismo de los

---

[4]Secta mencionada en el Apocalipsis (2:6.15) que existía en Éfeso, Pérgamo y otras ciudades de Asia Menor. Pedro (2 Pedro 2:9-22) y Judas (Judas 4-13) hablaron con dureza acerca de miembros de la comunidad cristiana, que "en las fiestas de amor" (*en tais agapais*) eran culpables de los males que se atribuyen a los nicolaítas. Se supone que un sector de la iglesia, compuesto por judeocristianos, habría caído en pecados semejantes a aquellos en que participaron los hebreos inducidos por el plan de Balaam (Números 22-24). Ireneo (Contra Her. I.26.3 y III.11.1) habla sobre ellos pero no añade nada al Apocalipsis, excepto que "llevaban vidas de desenfrenada satisfacción de las pasiones". Hipólito afirma que el diácono Nicolás fue el originador de la herejía y de la secta (Philosph., VII, XXVI), y de ahí su nombre. No ha sido probada la afirmación común de que los nicolaítas sostenían la herejía antinomiana de Corinto. Otra opinión, favorecida por cierto número de autores, es que la referencia a los nicolaítas en Apocalipsis es meramente una forma simbólica de referencia, basada en el significado idéntico de los nombres nicolaítas y balaamitas (Apocalipsis 2:14) que se mencionan justo antes profesando las mismas doctrinas.

[5]El análisis crítico y los criterios que propondré para evaluar un documento

diletantes modernos, que caen en la especulación y en la generalización malintencionada, en la mala interpretación, en la comunicación sesgada, en la recreación fraudulenta e interesada de Jesús como cosificación, para provecho propio. Convierten a la figura del nazareno, del Jesús histórico y del Cristo de la fe, en un objeto mediático parangonable a esas caricaturas humanas que son los personajes populares, el indigno famoseo de salón y revista.

Algunos de ellos piden credibilidad sobre su particular enfoque del fenómeno religioso y sobre la figura de Jesús, a pesar de su tratamiento necesariamente especulativo, sobregeneralizado, tal como critican en los creyentes. En realidad, todos nos aprovechamos de Jesús interesadamente: unos sesgando la información, otros la comunicación; unos seleccionando el objeto de la fe, otros recreando un "fraude"; unos con necesidad de salvación, otros como objeto crematístico.

Judas es llamado en las listas de los Doce "el traidor",[6] "el que traicionó a Jesús", pero cabe preguntarse cuántos "Judas" traicionan actualmente a sabiendas, y se aprovechan de Jesús de Nazaret, sin siquiera el beneficio de la duda. Judas creía en él a su manera, o creía sobre él, incluso a pesar de él, más allá de él, pero los modernos no creen sino en que pueden explotar a Jesús para extraer ganancia.[7] Es un fenómeno de relativización de Jesús que conviene a la *new faith*, a este momento sin peso y sin pasión religiosa que vivimos, a la caracterización mística-agnóstica de nuestro tiempo, una vez superados socialmente los condicionantes judeo-cristianos, contra los que reaccionó nuestra sociedad de mediados del siglo XX.

Véanse, si no, los beneficios de novelistas y "escritores" como Brown, que lleva vendidos más de cuarenta millones de ejemplares en todo el mundo de su libro más popular, y de las editoriales que explotan esos libros, mediando juicios por plagio, concluyendo en sobreseimientos, y que usan incluso el proceso judicial y las sentencias para ganar dinero.

Véanse, si no, los marchantes y anticuarios que han manejado el

---

cristiano antiguo son una adaptación de un artículo de Fernando Castrillo, aparecido en la revista *Aula 7* de diciembre de 2009: 9-17, y que utilizo con su amable permiso. Puede descargarse el número completo de esta revista digital en ww.aula7activa.org

[6]Los evangelistas insisten en que uno de los doce, Judas, fue quien "entregó" (*paradídomi*) a Jesús (Juan 6:70). Cf. G. Barbaglio, *Jesús, un hebreo de Galilea* (Salamanca: Editorial Secretariado Trinitario, 2003), 486 ss.

[7]Cíclicamente se publican en España revistas divulgativas sobre Jesús, su entorno, la historicidad, sin entrar en los grandes temas propuestos teológica o historiográficamente por los especialistas. Queda como un afán revisionista aparente, que sólo insiste en el aprovechamiento editorial y en el lucro coyuntural.

"paquete" que contenía el llamado EdJ, cuya última propietaria va a obtener, por una compra valorada en 250.000 €, una venta de casi 3.000.000 €.[8]

Véase el oportunismo en la publicación del manuscrito, haciéndola coincidir con la Semana Santa del año 2006 en el mundo cristiano, y poniéndolo en relación con el lanzamiento, para mayo de ese mismo año, de la película basada en *El Código da Vinci*, y otros "códigos", novelas de ficción sobre aspectos esotéricos, escabrosos y fantásticos de la vida de Jesús, con la pretendida voluntad de veracidad, sin citar una sola fuente documental, o sin hacer una investigación rigurosa; sin una mención de los eruditos o estudiosos con los que ha trabajado y le hayan revisado o sugerido cambios en el material. Parece, pues, un interés malintencionado y ocultamiento de aspectos comprobatorios, más que una revisión y aportación interesante a los aspectos menos conocidos de la vida de Jesús.

Por otra parte, que sean sobre todo intereses económicos los que mueven a editoriales y escritores, antes de la edición científica del documento[9], está señalado por lo siguiente:

1. La filtración a los medios para publicitar el hallazgo y crear una expectativa, en muchos casos malsana, que sólo ha servido a los incautos, a los crédulos, a los sostenedores de conspiraciones secretas. Todo manejado por divulgadores con la única pretensión del sensacionalismo fácil.[10]

---

[8] Ver El dinero del Evangelio de Judas, *El País* (www.elpais.com), 14 de abril de 2006.

[9] Contextualización arqueológica, datación, restauración, documentación paleográfica y literaria (si es preciso, retrotraducción al griego de donde procede el copto), fijación del texto (lagunas, corrupciones, etcétera.), colación del manuscrito (aparato crítico con expresión de lecturas variantes), transliteración en la lengua original (copto), traducción a las lenguas mayoritarias del cristianismo moderno (inglés y español).

[10] Un periodista "especializado" en estos temas, mostraba en un programa de televisión una fotocopia de la portada de un manuscrito muy famoso entre los especialistas de la literatura del Nuevo Testamento: el Códice de Beza (D, o *Cantabrigensis*, recensión occidental de los Evangelios y de Hechos). Era una portada de una edición moderna del manuscrito en latín, cuando el original es bilingüe, griego-latín, y pretendía presentarlo como una lectura que socavaba los cimientos y la interpretación tradicional de los evangelios canónicos. Después de eso, cualquier información e interpretación estará carente de rigor y de peso científico o, por lo menos, se hará sospechosa de ello.

Otro ejemplo de falta de precisión: la datación que viene apareciendo en distintos medios de comunicación fluctúa entre el siglo III-IV d.C. hasta el siglo II d.C., cuando por C14 y análisis paleográfico (grafemas y estilo: vocabulario, frases hechas, formas de dicción) se ha documentado fehacientemente como de alrededor del 380 d.C., aunque su redacción es anterior, pues es citado por Ireneo de Lyon, en su *Adversus Haereses*, en 180 d.C.

2. La *Web* de *National Geographic* con una presentación de lujo: 3D, transparencias de los documentos con el resalte en copto transliterado, documentos en formato *pdf* con las versiones en inglés y en copto, un foro de debate, enlaces, glosarios, historia del proyecto, etcétera.

3. Un documental para televisión de noventa minutos, y que se regalaba con la revista, en el que, por cierto, no se hace mención sino de los pasajes del documento más provocativos, aquellos que, según la prensa sensacionalista, supondrían una revisión de la figura de Judas en relación con la muerte de Jesús: *"Tú los superarás a todos, porque tú sacrificarás el cuerpo en que vivo"* (dice Jesús a Judas).

Análisis teológico

El EdJ debería mejor llamarse como se han denominado otros documentos "libro de", caso del *Libro secreto de Santiago, Dichos secretos de Jesús* (*Evangelio de Tomás*), *Dichos secretos del Salvador* (*Libro de Tomás*), y el *Libro secreto de Juan*,[11] ya que todos comparten un parecido *incipit* o comienzo: *"El relato secreto de la revelación que Jesús habló en conversación con Judas Iscariote durante una semana, tres días antes de que celebrara la Pascua"*.

Representa una teología orillada en la literatura neotestamentaria, que tiene cuatro tradiciones bien representadas y atestiguadas (A: Neutral/Alejandrina; B: Occidental; C: Cesariense; D: *Koiné*)[12] con papiros y manuscritos muy antiguos, desde el siglo II d.C., algunos muy bien conservados y completos, que contienen pocas diferencias de fondo con los evangelios canónicos, y que formarían, junto con las antiguas tradiciones sirias (*Peshitta*) y latinas (*Vetus*), un *Corpus Receptus* bien fundamentado, que entroncaría con la transmisión textual judeocristiana que documenta los personajes, las escenas y los acontecimientos que se tratan en el Nuevo Testamento.

Por otro lado, forma parte de un grupo literario y filosófico gnóstico,[13]

---

[11] M. W. Meyer, *Las enseñanzas secretas de Jesús: Cuatro evangelios gnósticos* (2ª edición. Barcelona: Editorial Crítica, 1988), 83 ss.

[12] Siguiendo la nomenclatura de Zimmermann. Hay otros autores que nombran las tradiciones textuales de otra forma. H. Zimmermann, *Los métodos histórico-críticos en el Nuevo Testamento* (Madrid: Editorial BAC, 1969), 31-38.

[13] "Los grandes gnósticos fueron los primeros filósofos cristianos" (Robert Law, *The Tests of Life*, 27. Citado en: A. T. Robertson, *Imágenes verbales en el Nuevo Testamento* (Barcelona: Editorial Clie, 1990), 224).

los cainitas, en noticia de Ireneo, ya presentes en el siglo I d.C. (ver algunas diatribas de Pablo sobre la *gnōsis* y la *sofía*, en las epístolas a los Colosenses, Efesios, y las pastorales. Y, sobre todo, los pares antagónicos del evangelio según Juan y sus dos primeras cartas). Había dos corrientes gnósticas fundamentales, que concordaban en el mal esencial de lo material, y que tenían problemas con la persona de Cristo: los docetistas,[14] que negaban la verdadera humanidad de Jesús; y los cerintios,[15] que distinguían entre el hombre Jesús y el *aeon* Cristo, que habría venido sobre él en su bautismo, y que lo habría abandonado en la cruz.[16]

Surge este movimiento gnóstico de una tradición literaria distinta de la que representan los documentos hebreos del Antiguo Testamento, incluyendo los de época intertestamentaria (deuterocanónicos), y las tradiciones legislativas que dieron en el Talmud y la Misná. Se encontraría en la intersección entre textos de la apocalíptica judía, de la creación y de la cosmogonía, de la tradición zoroástrica de la dualidad bien-mal y los dioses demiurgos, así como de una buena parte de literatura helenística de la antropología, también dual, cuerpo-alma.

Las sustanciales diferencias que encontramos entre los evangelios gnósticos, entre ellos el EdJ, y los neotestamentarios son numerosas. Comienzan, como quedaba dicho antes, en que técnicamente no debería denominarse "evangelio", ya que no tiene el esquema típico del género *evangelio*:

1. Infancia o genealogía (de dónde procede el personaje de quien se habla).

---

[14]La herejía docética toma este nombre de la raíz griega *dokéo*, que significa "parecer o parecerle a uno". Es una doctrina aparecida a finales del primer siglo de la era cristiana, que afirmaba que Jesús no había sufrido la crucifixión, ya que su cuerpo sólo era aparente y no real. Es esta idea la que el apóstol Juan quiere desestimar cuando escribe su primera carta universal (1 Juan 1:1). Incluso el filósofo gnóstico Basílides afirmó, para explicar el traslado de la cruz, que fue Simón de Cirene y no Jesús quien la cargó. La herejía tiene su raíz en la influencia platónica, que afirma que son las ideas las únicas realidades, y nuestro mundo es sólo un reflejo, una imagen; además, se nutría de la idea, hasta cierto punto generalizada en aquella época, de que la materia era corrupta, que el cuerpo es la cárcel del espíritu, como decían los griegos.

[15]El gnosticismo judaizante de Cerintio y los ebionitas nutrió la convicción de que Jesús era hijo natural de María y José; María no concibió virgen a Jesús y, por lo tanto, su nacimiento no fue milagroso. Sólo en el momento del bautismo descendió el *aeon* Cristo, en forma de paloma sobre la cabeza de Jesús y, a partir de ese momento, guió sus acciones. Pero en el acto final del Calvario, la paloma voló de regreso a los Cielos y abandonó a Jesús, de nuevo un simple mortal, para poder morir en la cruz.

[16]*Cf.* Robertson, *Imágenes verbales en el Nuevo Testamento*, 224.

2. Misión (qué objetivos o programa le animan).
3. Dichos, *logia* (filosofía del personaje).
4. Marco cronológico y geográfico (entorno espacio-temporal).
5. Reacciones de sus contemporáneos (argumentos favorables o desfavorables).
6. Pasión y muerte (conclusión de la vida del personaje).

Otra diferencia remarcable desde el punto de vista teológico es que el término *euangélion* designa no sólo la palabra dicha, la "buena nueva" del mensaje de Jesús, sino al propio Jesús, que es "buena nueva" de salvación para los que creen. Es decir, los autores neotestamentarios completan el concepto teológico de la salvación en Jesús, con la proclamación de él mismo como evangelio de salvación.

Hay más: los primeros autores cristianos usan generalmente verbos en presente cuando se habla de la actividad de Jesús, a diferencia del aoristo, tiempo tan frecuente y distintivo del griego, que correspondería a nuestro pretérito indefinido, el tiempo adecuado gramaticalmente para contar acontecimientos del pasado. Esto se debe a una convicción teológica: el Jesús que se presenta en los evangelios sigue estando en la comunidad que lee el evangelio, vivo por la vida fraterna de la comunidad. El evangelio es hacer historia del Jesús terreno que ha ocurrido ya, pero que todavía está presente en la comunidad que lo cree, que lo proclama y que lo celebra. Es expresión de la tensión generada entre la ya ganada redención y el aún presente en la historia. El Jesús histórico sigue viviendo bajo la forma de la Palabra escrita y predicada. A través del Cristo de la fe es como únicamente se puede llegar al Jesús de la Historia. Los documentos del cristianismo gnóstico suelen presentar los hechos y dichos de Jesús en aoristo.

Análisis literario-lingüístico

1. Terminología gnóstica *versus* terminología evangélica y neotestamentaria

1.1. *Aparición de Jesús sobre la tierra*, tan típica del cristianismo gnóstico, frente al *nacimiento de Jesús*, encarnación del *Logos* ("*quien no declara que Jesús ha venido en carne, no es de Dios*").

1.2. *Milagros, misterios, grandes maravillas* frente a la realización de *sanaciones, curaciones, enseñando*. Los documentos gnósticos dan énfasis a lo mistérico, a lo iniciático, a lo esotérico; el texto del EdJ habla de milagros y misterios *"para la salvación de la humanidad"*, lo que contradice toda la teología cristiana sobre la salvación, que radica en la vida y muerte de Jesús, y no en sus milagros.

1.3. *El camino* gnóstico, frente al *Camino* neotestamentario. Para el EdJ, "caminar en el camino [de la justicia] y caminar [en las transgresiones]": son los aspectos vitales de la iniciación, es el progreso experiencial del gnosticismo, frente al concepto cristológico, tan *ipsisima verba Jesu*[17], del *basileía tou Theoû*. Para el cristianismo primitivo, el camino no es un progreso de conocimientos, sino una persona: Jesús de Nazaret. Así, a los primeros cristianos llegan a llamárseles "los del Camino" en el libro de Hechos de los Apóstoles. El Camino es una forma de vida en Cristo, y no la ascesis o camino individual.

1.4. *Conocer, conocimiento, sabiduría, entender, enseñar*, son términos frecuentemente usados en relación con el camino gnóstico, la ascesis y los misterios de salvación escondidos. Frente a todo esto, el Nuevo Testamento insiste en que el conocimiento no salva, sino sólo la propia persona de Jesús de Nazaret. Lo demás son sólo vanas filosofías y movimientos ascéticos, como los referidos en Colosenses 2:8 ss.

1.5. *Iniciación a lo oculto de unos pocos*, tan abundante en el gnosticismo, frente a la luz de la salvación para todos. El EdJ comienza así: "Crónica secreta de la revelación hecha por Jesús en conversación con Judas Iscariote."... Es la transmisión de un saber (revelación) oculto a casi todos, y desvelado a unos pocos. Por el contrario, los *logia* de Jesús están llenos de discursos a las multitudes y a todo el grupo de discípulos. En general, todos los acontecimientos de la vida de Jesús son públicos o se han trasmitido a todos los creyentes, sin ocultar nada, incluyendo los aspectos negativos. Sólo algunas parábolas se dan para los discípulos, para que las entiendan ellos; pero todos, no uno sólo. Los evangelios son la vida pública de Jesús, no su saber oculto, como abunda en los apócrifos.

2. Terminología varia

2.1. *Amén*: Es usado por Jesús en el EdJ ocho veces, para introducir un *logion*. Conecta con el uso de los *logia* canónicos, aunque en estos

---

[17] Las *ipsisima verba Jesu* son lo que los especialistas llaman "las mismísimas palabras de Jesús", sobre las que incluso la alta crítica bíblica está segura de que fueron pronunciadas por él, ya que cumplen los estrictos criterios de autenticidad impuestos por ella. Para profundizar sobre estos criterios y su correcta aplicación: Evans, *El Jesús deformado*, 48-53.

también se da de una forma duplicada, muy propia de la lengua aramea: *amēn amēn légō hymín*, "De cierto, de cierto os digo a vosotros". "A vosotros", rara vez a una persona, mientras que en el EdJ cinco veces se dirige a Judas (más del 60%), como parte del secreto trasmitido, y en el que es iniciado Judas.

2.2. *Reino*: "tiempo completado de reinado", como una referencia a la vida terrena del ser humano, usado como sinónimo de "generación" ("Adán ha recibido su reino", otro sinónimo de vida terrena). "Te contaré los misterios del reino" (2 veces), Jesús a Judas separándolo de los otros, relacionándose con "el error de las estrellas" y "los doce eones". El reino es el símbolo de la progresiva transformación interna a través del conocimiento[18]. Frente a esta concepción, encontramos el "Reinado de Dios" predicado por Jesús en los evangelios canónicos, que es la aceptación de una forma de ser que conquista al ser, y es promovido por la fuerza de Dios a la vista de todos, y no por un conocimiento iniciático o esotérico.

2.3. *Bautismo*: En el EdJ es una experiencia privada y oculta, en la que se ofrendan sacrificios a Saklas (un ángel creador) en su propio nombre. Al contrario, el bautismo del Nuevo Testamento es un acto público de fe en Cristo como salvador y redentor.

3. Interés del EdJ

El EdJ sirve para conocer, un poco más y mejor, la realidad de los movimientos heterodoxos dentro del judaísmo y del cristianismo, en un marco cronológico que va desde el siglo I hasta el V d.C., y para conocer la teología y los planteamientos religiosos que tenían estos movimientos, frente a los que tuvieron que luchar y protegerse las iglesias creadas por los apóstoles en los albores del siglo I.

> *Los escritos contemporáneos del Nuevo Testamento, e incluso posteriores a él, ofrecen en ocasiones una importante ayuda para interpretarlo. El Evangelio de Judas no nos ofrece un relato de lo que hizo realmente el Judas histórico, ni de lo que enseñó realmente el Jesús histórico a este discípulo, pero sí podría preservar un elemento de tradición — aun cuando esté muy distorsionado y tergiversado— que podría servir a exegetas e historiadores en su esfuerzo por entender mejor a este enigmático discípulo.*[19]

Este tipo de documentos tienen, pues, el interés de suscitar el

---

[18] E. Pagels, *Los evangelios gnósticos* (Barcelona: Editorial Crítica, 1982), 180-181.
[19] Evans, *El Jesús deformado*, 240.

estudio y la preocupación por las ciencias bíblicas, como los textos de Qumrán, los deuterocanónicos del Antiguo Testamento, la literatura intertestamentaria (apocalíptica judía). Pero también existe el peligro de trivializar las informaciones en los medios de divulgación, que suelen colocar en pie de igualdad los textos apócrifos con los canónicos, desinformando y causando confusión y crispación entre los creyentes; y las más de las veces, se convierten en vulgarización y aprovechamiento crematístico y espurio de los textos.

4. Algunos criterios para evaluar un documento cristiano antiguo

Si se estudia el lenguaje y estilo de los dichos de Jesús, referido en la transmisión sinóptica con las formas habladas en su entorno, llama la atención el hecho de que, frecuentemente, aparecen en sus labios varias expresiones innovadoras o, cuando menos, singulares[20]. Son como sellos propios, señas de identidad idiomática que permiten reconocer la forma de hablar de Jesús.

1. Lingüísticos

1.1. *Uso de la pasiva divina*: Para observar el segundo mandamiento y evitar el abuso del nombre de Dios, se había prohibido la mención del tetragrámaton YHWH, con lo que se usaban circunloquios para hablar de Dios. Jesús utiliza una variedad enorme de ellos, especialmente la pasiva divina: *"Bienaventurados los que lloran, porque hay alguien que los consolará"* (Mateo 10:30); *"Hay alguien que ha contado todos los cabellos de vuestra cabeza"* (Lucas 12:7); *"Hijo mío, hay alguien que perdona tus pecados"* (Marcos 2:5). Aparece casi cien veces en boca de Jesús, faltando en la literatura talmúdica de su tiempo. En la sinagoga, la perífrasis más frecuente era la tercera persona del plural: *"Dad y se os dará"* (Lucas 6:38).

1.2. *Paralelismo antitético*: Un tipo de paralelismo semítico que ocupa amplio margen en las palabra de Jesús (ciento treinta y ocho veces): *"Si tu ojo está sano, todo tu cuerpo estará luminoso; pero si tu ojo está malo, todo tu cuerpo estará a oscuras"* (Mateo 6:22b-23a); *"Las zorras tienen guaridas, y las aves del cielo nidos; pero el Hijo del Hombre no tiene donde reclinar la cabeza"* (Lucas 9:58).

1.3. *Ritmo*: Cuando se traducen las palabras de Jesús al arameo, la lengua utilizada por Jesús, se observa que tienen un ritmo definido

---

[20] J. Jeremias, *Teología del Nuevo Testamento: La predicación de Jesús* (Salamanca: Ediciones Sígueme, 1980), 21.

marcado por los acentos y el silabismo, usando todo tipo de ritmos propios de la poesía hebrea veterotestamentaria:

—Binario (dos sílabas marcadas): *"Id y contad a Juan lo que habéis visto y oído: Los ciegos ven, los cojos andan, los leprosos quedan limpios, los sordos oyen, los muertos resucitan, se anuncia a los pobres la Buena Nueva"* (Lucas 7:22).

—Ternario (tres sílabas marcadas): *"Yo te bendigo, Padre, Señor del cielo y de la tierra, porque has ocultado estas cosas a sabios e inteligentes, y se las has revelado a pequeños"* (Mateo 11:25).

—Cuaternario (cuatro sílabas marcadas): *"Buena es la sal; mas si la sal se vuelve insípida, ¿con qué la sazonaréis? Tened sal en vosotros y tened paz unos con otros"* (Marcos 9:50).

—Y finalmente, el ritmo *qina*, el más peculiar, la cadencia de lamentación, con los elementos colocados en aspa (3 + 2 sílabas marcadas): *"Porque si en el leño verde hacen esto, en el seco ¿qué se hará?"* (Lucas 23:31), *"Así los últimos serán los primeros, y los primeros los últimos"* (Mateo 20:16).

1.4. *Aliteración:*[21] *"Habrá más alegría en el Cielo por un solo pecador que se convierta que por noventa y nueve justos que no tengan necesidad de conversión"* (Lucas 15:7). Se consigue el fenómeno cadencial de la asonancia[22] y la paronomasia[23] por medio de la gutural (h): "alegría"=*hadwa*; "un solo"=*hada*; "pecador"=*hateja*.

2. Estilísticos. Figuras de dicción

2.1. *Parábolas*: En tiempos de Jesús no hay nada comparable y en tanta abundancia. Sólo en tiempos proféticos podemos encontrar algo similar, en mucha menos cantidad: la parábola de la viña de Natán; la comparación, que no parábola, del padre y el hijo en Oseas 11.

2.2. *Enigmas*: *"Desde los días de Juan el Bautista hasta ahora, el*

---

[21] Repetición notoria del mismo o de los mismos sonidos, sobre todo consonánticos, en una palabra o frase, como en "el **r**uido con que **r**ueda la **r**onca tempestad" (Zorrilla).

[22] Igualdad de las vocales en la terminación de dos palabras, especialmente si son finales de verso, a partir de su última vocal tónica, como en "árb**o**l" y "p**a**ct**o**". La consonancia necesita, además, que también las consonantes sean iguales, como en "miser**able**" y "conden**able**".

[23] Semejanza entre dos o más vocablos que no se diferencian sino por la vocal tónica en cada uno de ellos, como en "cabello" y "caballo".

Reinado de los Cielos sufre violencia, y los violentos lo arrebatan" (Mateo 11:12); "*Porque hay eunucos que nacieron así del seno materno, y hay eunucos que fueron hechos tales por los hombres, y hay eunucos que se hicieron tales a sí mismos por el Reinado de los Cielos. Quien pueda entender que entienda*" (Mateo 19:12).

2.3. *Basileía tou Theoû* (Reinado de Dios): Aparece sólo escasamente en los apócrifos y el Tárgum, así como en Filón. Sin embargo, en palabras de Jesús unas setenta veces, sólo dos veces en Juan y muy escasamente en Pablo, lo que indicaría la originalidad de los dichos de Jesús.

2.4. *Amēn*: Treinta y cuatro veces en los sinópticos, y veinticinco en Juan, siempre en forma duplicada (*Amēn, amēn*: "De cierto, de cierto..."). Es un uso muy novedoso de la fórmula de introducción a un dicho, y no como confirmación de un discurso con el que estamos de acuerdo. Representa una forma lingüística en tono profético.

2.5. *Abbá* (Padre): Es la innovación lingüística más importante introducida por Jesús. Para referirse a Dios, los judíos usaban términos como *Adonai*, escasamente, y sobre todo adjetivos como el Innombrable, el Eterno, el Bendito, etcétera. Jesús lo acerca con esa invocación familiar, cariñosa, infantil, que causó tanta impresión en sus discípulos como para pedirle que les enseñara a orar de esa manera.

3. Teológicos

3.1. Debe haber concordancia temática, doctrinal, teológica o conceptual entre los documentos admitidos en el canon y el nuevo documento.

4. Tradición literaria

4.1. Convergencia y correlación mesiánica con el Antiguo Testamento.

4.2. Utilización de citas del Antiguo Testamento en labios de Jesús, o por el narrador, para reforzar un dicho o la misión de Jesús.

5. Tradición eclesiástica

Mención de los textos por parte de los Padres de la iglesia como lecturas usadas por las comunidades.

6. Los contemporáneos de Jesús

6.1. Uso del término *Kýrios* en sustitución del tetragrámaton YHWH, que fue luego usado profusamente por los grandes teólogos cristianos —Pablo, Lucas y Juan— como demostración de la realidad del Cristo resucitado, del mesías entronizado más allá del sufriente.

6.2. *Ego eimi*, "Yo soy", como la presencia oculta del nombre de Dios, o como una hipérbole del mismo (Mateo 14:27 y otros).

6.3. Los milagros "por Belcebú", lo que indica que eran reales y que no podían sino explicarse adversativamente.

6.4. El argumento del nacimiento virginal de Jesús, irónicamente puesto en entredicho por la expresión *"nuestro padre es Abraham"* (Mateo 3:9; Juan 8:33.37), indicaría que su origen era conocido por sus contemporáneos, cuando menos especial e inexplicable.

6.5. El título de Hijo de Dios (*huiós tou Theoú*), utilizado por el Sanedrín (Mateo 26:63) en la acusación capital, y que nadie de sus adversarios pudo contradecir. Usado también por Pedro y otros, según los evangelios, por inspiración del Padre (Mateo 16:16-17).

6.6. Las profecías mesiánicas del Antiguo Testamento: el Hijo del Hombre de Daniel; el siervo sufriente de Isaías 53; la infancia predicha por Miqueas, en los sinópticos (Mateo 8:20) y otros.

7. Divulgación y medios de comunicación de masas

Aunque se ha expuesto sobradamente el mal uso de los contenidos bíblicos, no está de más abundar en la precaución ante los textos divulgados, porque generalmente señalarán elementos discordantes o muy discrepantes con la tradición sinóptica. Para los creyentes existe un peligro añadido: las discusiones sobre las naturalezas de Cristo. Discusiones, por otra parte, que no se dan en los escritores del Nuevo Testamento. Es el riesgo de trivializar la corporeidad de Jesús o espiritualizar a Cristo, o lo insensato de centrar la experiencia de salvación en nosotros mismos, una forma de gnosticismo cristiano (1 Juan 4; 2 Juan 7ss.).

ANEXO III
El texto del Evangelio de Judas[1]

Introducción: principio

El relato secreto de la revelación que Jesús habló en la conversación con Judas Iscariote durante una semana, tres días antes de que celebrara la Pascua.

El ministerio terrenal de Jesús

Cuando Jesús apareció en la tierra, realizó milagros y grandes maravillas para la salvación de la humanidad. Y siendo que algunos [caminaron] el camino de la justicia, mientras otros caminaron en sus transgresiones, los doce discípulos fueron llamados.

Él empezó a hablar con ellos sobre los misterios más allá del mundo, y de lo que sucedería al final. Frecuentemente no aparecía a sus discípulos como él mismo, sino que se lo encontraba entre ellos como un niño.

ESCENA 1: Diálogos de Jesús con sus discípulos: La oración de acción de gracias

Un día se encontraba con sus discípulos en Judea, y los encontró reunidos y sentados en piadosa ceremonia. Cuando él [se acercó][2] a sus discípulos, reunidos y sentados, y ofreciendo una oración de acción de gracias sobre el pan, [se] rió.

---

[1] Se han añadido epígrafes para facilitar la lectura del texto original. Traducción al castellano de Fabio Guevara.

[2] Las palabras que están entre corchetes aparecen muy estropeadas o ilegibles en el manuscrito, les faltan letras, o se añaden para que las frases sean más comprensibles en castellano.

Los discípulos [le] dijeron: "Maestro, ¿por qué te ríes de [nuestra] oración de acción de gracias? Hemos hecho lo correcto".

Él respondió y les dijo: "No me estoy riendo de vosotros. [Vosotros] no hacéis esto por vuestra propia voluntad, sino porque a través de esto vuestro dios [será] alabado".

Ellos dijeron: "Maestro, tú eres [...] el hijo de nuestro dios".

Jesús les dijo: "¿Cómo es que me conocéis? En verdad [os] digo, ninguna generación de aquellos que están entre vosotros me conocerá".

Los discípulos se molestaron

Cuando sus discípulos escucharon esto, se empezaron a molestar y a enfurecerse, y empezaron a blasfemar contra él en sus corazones.

Cuando Jesús observó su falta de [comprensión] les [dijo]: "¿Por qué esta agitación os lleva al enojo? Vuestro dios que está dentro de vosotros y [...] os ha provocado para encolerizaros [dentro] de vuestras almas. [Dejad] a cualquiera de vosotros, quien sea [suficientemente fuerte] entre los seres humanos, sacar al humano perfecto y estar de pie ante mi rostro".

Todos dijeron: "Tenemos la fuerza".

Pero sus espíritus no se atrevieron a ponerse frente a [él], excepto Judas Iscariote. Él fue capaz de ponerse frente a él, pero no le pudo mirar a los ojos, y volvió su cara a otro lado.

Judas le [dijo]: "Sé quién eres y de dónde vienes. Tú eres del reino inmortal de Barbeló. Y no soy digno de pronunciar el nombre de quien te ha enviado".

Jesús habla con Judas en privado

Sabiendo que las reflexiones de Judas eran sobre algo muy exaltado, Jesús le dijo: "Apártate de los demás y te diré los misterios del reino. Para ti es posible alcanzarlo, pero padecerás gran aflicción. Pues alguien más te reemplazará, de manera que los doce [discípulos] puedan de nuevo completarse con su dios".

Judas le dijo: "¿Cuándo me dirás estas cosas, y [cuándo] llegará el día de la gran luz para la generación?"

Pero cuando dijo esto, Jesús lo dejó.

ESCENA 2: Jesús aparece de nuevo a los discípulos

La mañana siguiente, después de que esto sucediera, Jesús [apareció] de nuevo a sus discípulos.

Ellos le dijeron: "¿Maestro, dónde fuiste y qué hiciste cuando nos dejaste?"

Jesús les dijo: "Fui a otra grande y santa generación".

Sus discípulos le dijeron: "Señor, ¿cuál es la gran generación que es superior a nosotros y más santa que nosotros, que no está ahora en estos reinos?"

Cuando Jesús escuchó esto, se rió y les dijo: "¿Por qué estáis pensando en vuestros corazones sobre la fuerte y santa generación? En verdad [os] digo, nadie nacido [de] este eón verá esa [generación], y ningún coro de ángeles de las estrellas regirá sobre esta generación, y ninguna persona de nacimiento mortal puede asociarse con ella, porque esa generación no viene de [...] que se ha vuelto [...]. La generación de personas entre [vosotros] es de la generación de la humanidad [...] poder, el cual [... los] otros poderes [...] por [los cuales] vosotros gobernáis".

Cuando [sus] discípulos escucharon esto, fueron perturbados en espíritu. No pudieron decir una palabra.

Otro día Jesús vino a [ellos]. Ellos [le] dijeron: "Maestro, te hemos visto en una [visión], pues hemos tenido grandes [sueños ...] noche [...]"

[Él dijo]: "¿Por qué se [vosotros ... cuando] se han ido a esconder?"

LOS DISCÍPULOS VEN EL TEMPLO Y LO COMENTAN

Ellos [dijeron: "Hemos visto] una gran [casa con un gran] altar [en ella, y] doce hombres —diríamos que son los sacerdotes— y un nombre; y una multitud esperando en aquel altar, [hasta] que los sacerdotes [... y reciban] las ofrendas. [Pero] permanecimos esperando".

[Jesús dijo:] "¿Cómo eran [los sacerdotes]?"

Ellos [dijeron: "Algunos ...] dos semanas; [algunos] sacrifican a sus propios hijos, otros a sus esposas, en alabanza [y] humildad mutua; algunos duermen con hombres; algunos están envueltos en [matanzas]; algunos cometen multitud de pecados y actos ilícitos. Y los hombres que están [ante] el altar invocan tu [nombre], y en todos los actos de su carencia, se hacen sacrificios para completarla [...]"

Después de decir esto, callaron, pues estaban perturbados.

Jesús ofrece una interpretación alegórica de la visión del templo

Jesús les dijo: "¿Por qué estáis perturbados? En verdad os digo, todos los sacerdotes que están ante el altar invocan mi nombre. De nuevo os digo: mi nombre ha sido escrito en esta [...] de las generaciones de las estrellas a través de las generaciones humanas. [Y ellos] han plantado árboles sin fruto, en mi nombre, de manera vergonzosa".

Jesús les dijo: "Aquellos a quienes habéis visto recibiendo las ofrendas en el altar, eso es lo que vosotros sois. Ése es el dios al que servís, y vosotros sois esos doce hombres que habéis visto. Los animales que habéis visto para el sacrificio son las personas que vosotros habéis extraviado ante el altar. [...] se levantarán y utilizarán mi nombre de esta manera, y generaciones de devotos permanecerán leales a él. Después de él, otro hombre se colocará desde [los fornicarios], y otro [se] colocará desde los asesinos de niños, y otro desde aquellos que duermen con hombres, y aquellos que se abstienen, y el resto de las personas de contaminación y desobediencia y error, y aquellos que dicen, "Somos como ángeles», ellos son las estrellas que traerán todo a su terminación. Pues para las generaciones humanas se ha dicho: "Mira, Dios ha recibido tu sacrificio de las manos de un sacerdote», esto es, un ministro del error. Pero es el Señor, el Señor del universo, quien manda: "En el día último ellos serán avergonzados»".

Jesús [les] dijo: "Dejad de [sacrificar...] lo que tenéis [...] sobre el altar, pues ellos están sobre tus estrellas, y tus ángeles y ya han llegado a su terminación allí.

"Así que dejadles que sean [seducidos] ante vosotros, y dejadlos ir [cerca de quince líneas perdidas] generaciones [...]. Un panadero no puede alimentar a toda la creación bajo el [cielo]. Y [...] para ellos [...] y [...] para nosotros y [...]".

Jesús les dijo: "Dejad de luchar conmigo. Cada uno de vosotros tiene su propia estrella, y cada [uno... —cerca de diecisiete líneas perdidas—] en [...] quien ha venido [... proceder] por el árbol [...] de este eón [...] por un tiempo [...] pero él ha venido a regar el paraíso de Dios, y la [generación] que perdurará, porque [él] no mancillará el [camino de la vida de] esa generación, sino [...] por toda la eternidad".

Judas pregunta a Jesús sobre esa generación y las generaciones humanas

Judas [le] dijo: "[Rabb]i, ¿qué tipo de fruto produce esta generación?"

Jesús dijo: "Las almas de cada generación humana morirán. Cuando estas personas, sin embargo, hayan completado el tiempo del reino y el espíritu les deje, sus cuerpos morirán pero sus almas estarán vivas, y serán exaltadas".

Judas dijo: "¿Y qué harán el resto de las generaciones humanas?"

Jesús dijo: "Es imposible sembrar semilla en la [roca] y cosechar su fruto. [Ésta] es también la forma [...] la generación [mancillada] [...] y la corruptible *Sofía* [...] la mano que ha creado a los mortales, para que sus almas asciendan a los reinos eternos arriba. [En verdad] te digo, [...] ángel [...] poder podrá ver que [...] éstos a quien [...] santas generaciones [...]"

Después de que Jesús dijera esto, partió.

ESCENA 3: Judas relata una visión y Jesús responde

Judas dijo: "Maestro, así como los has escuchado a todos, ahora escúchame a mí. Pues he tenido una gran visión".

Cuando Jesús escuchó esto, se rió y le dijo: "Tú, decimotercer espíritu, ¿por qué lo intentas tanto? Pero habla, y yo lo llevaré contigo".

Judas le dijo: "En la visión vi como los doce discípulos me apedreaban y me perseguían [severamente]. Y también vine al lugar donde [...] después de ti. Vi [una casa...], y mis ojos no pudieron [comprender] su tamaño. Grandes personas la rodeaban, y aquella casa tenía un techo de verdor, y en medio de la casa estaba [una multitud —dos líneas perdidas—], diciendo, "Maestro, albérgame junto con estas personas»".

[Jesús] respondió y dijo: "Judas, tu estrella te ha extraviado". Y continuó: "Ningún mortal es digno de entrar en la casa que has visto, pues ese lugar está reservado para los santos. Ni el sol ni la luna regirán ahí, ni el día, pero el santo morará ahí siempre, en el reino eterno con los ángeles santos. Mira, te he explicado los misterios del reino, y te he enseñado sobre el error de las estrellas; y [...] lo envié [...] en los doce eones".

JUDAS PREGUNTA SOBRE SU PROPIO DESTINO

Judas dijo: "Maestro, ¿podría ser que mi semilla esté bajo el control de los regidores?"

Jesús respondió y le dijo: "Ven, que yo [dos líneas perdidas], pero te afligirás mucho cuando veas el reino y toda su generación".

Cuando escuchó esto, Judas le dijo: "¿Qué bien es ese que yo he recibido, para que me hayas puesto aparte de esa generación?".

Jesús respondió y le dijo: "Tú te convertirás en el decimotercero, y serás maldecido por las otras generaciones, y vendrás a regir sobre ellos. En los últimos días ellos maldecirán tu ascensión a la santa [generación]"

Jesús enseña a Judas sobre cosmología: el espíritu y el autogenerado

Jesús dijo: "[Ven], para que pueda enseñarte sobre [secretos] que ninguna persona [ha] visto jamás. Pues existe un gran e ilimitado reino, cuya magnitud ninguna generación de ángeles ha visto, [en la cual] hay [un] grande e invisible [Espíritu], que ojo de ángel nunca ha visto jamás, ningún pensamiento del corazón jamás ha comprendido, y nunca ha sido llamado por ningún nombre:

"Y una nube luminosa apareció. Él dijo: "Dejad a un ángel aparecer como mi servidor». Un gran ángel, el divino iluminado Auto-Generado, emergió de la nube. Por él, otros cuatro ángeles aparecieron desde otra nube, y se convirtieron en servidores del angélico Auto-Generado. El Auto-Generado dijo: "Dejad [...] que aparezca [...]» y apareció [...]. Y [creó] la primera lumbrera para reinar sobre él. Dijo: "Dejad que aparezcan los ángeles para [su] servicio» e incontables miríadas aparecieron. Dijo: "[Dejad] que aparezca un eón iluminado», y entonces apareció. Creó a la segunda lumbrera [para] que reinara sobre él, junto con las incontables miríadas de ángeles, para servir. De esta forma creó el resto de los eones iluminados. Les hizo reinar sobre ellos, y por ellos creó incontables miríadas de ángeles, para que les asistieran.

Adamas y las lumbreras

"Adamas estaba en la primera nube luminosa que ningún ángel había visto jamás entre aquellos llamados "Dios». El [...] que [...] la imagen [...] y a semejanza de [este] ángel. Hizo aparecer a la incorruptible [generación] de Seth [...] los doce [...] los veinticuatro [...]. Hizo aparecer setenta y dos luminarias en la generación incorruptible, de acuerdo con la voluntad del Espíritu. Estas setenta y dos luminarias hicieron aparecer trescientas sesenta luminarias en la generación incorruptible, de acuerdo con la voluntad del Espíritu, de que su número debía ser cinco por cada uno.

"Los doce eones de las doce luminarias constituyen su padre, con seis cielos por cada eón, de tal manera que hay setenta y dos cielos para las setenta y dos luminarias, y para cada una [de ellas cinco] firmamentos, [para un total de] trescientos sesenta [firmamentos]. A ellos se les dio autoridad y un [gran] coro de ángeles [incontables], para gloria y adoración, [y después de ello también] espíritus vírgenes, para gloria y [adoración] de todos los eones y los Cielos y sus firmamentos.

El cosmos, el caos y el mundo inferior

"La multitud de aquellos inmortales es llamada el cosmos, esto es, perdición, por el Padre y las setenta y dos luminarias que están con el Auto-Generado y sus setenta y dos eones. En él el primer humano apareció con sus poderes incorruptibles. Y el eón que apareció con su generación, el eón en el cual están la nube de conocimiento y el ángel, es llamado Él. [...] eón [...] después de esto [...] dijo: "Dejad que aparezcan doce ángeles [para] regir sobre el caos y sobre el [mundo inferior]». Y mirad, de aquella nube aparece un [ángel] cuyo rostro brilla con el fuego y cuya apariencia fue mancillada con sangre. Su nombre fue Nebro, que quiere decir "rebelde»; otros lo llaman Yaldabaoth. Otro ángel, Saklas, también vino de la nube. Así Nebro creó seis ángeles, al igual que Saklas, para ser asistentes, y esto produjo doce ángeles en los cielos, con cada uno recibiendo una porción de los cielos.

Los regidores y ángeles

"Los doce regidores hablaron con los doce ángeles: "Dejad a cada uno [...] y dejadlos [...] generación [una línea perdida] ángeles».

El primero es [S]eth, quien es llamado Cristo.

El [segundo] es Harmathoth, quien es [...].

El [tercero] es Galila.

El cuarto es Yobel.

El quinto [es] Adonaios.

Estos son los cinco que gobiernan sobre el mundo inferior, y antes que nada sobre el caos.

La creación de la humanidad

"Entonces Saklas dijo a sus ángeles: "Hagamos a un ser humano a semejanza e imagen». Ellos formaron a Adán y a su esposa Eva, quien, en la nube, es llamada Zoe. Pues por su nombre todas las generaciones buscan al hombre, y cada uno de ellos llama a la mujer por estos nombres. Ahora, Sakla no or[denó...] excepto [...] las gene[raciones...] esto [...]. Y el [regidor] dijo a Adán, "Vivirás por mucho tiempo, con tus hijos»".

Judas pregunta sobre el destino de Adán y de la humanidad

Judas dijo a Jesús: "[¿Cuál] es la duración del tiempo que los seres humanos vivirán?"

Jesús dijo: "¿Por qué te cuestionas esto, que Adán, con su generación, haya vivido su lapso de vida en el lugar donde ha recibido su reino, con longevidad con su gobernante?"

Judas dijo a Jesús: "¿Muere el espíritu humano?"

Jesús dijo: "Por esto es que Dios ordenó a Miguel darles los espíritus de la gente a ellos a préstamo, para que ellos puedan ofrecer servicio, pero el Grande le ordenó a Gabriel conceder espíritus a la gran generación sin ningún regidor sobre ellos, esto es, el espíritu y el alma. Por consiguiente, el [resto] de las almas [una línea perdida].

Jesús comenta la destrucción de lo perverso con Judas y otros

"[...] luz [cerca de dos líneas perdidas] alrededor [...] permitid [...] espíritu [que está] dentro de vosotros more en esta [carne] entre las generaciones de ángeles. Pero Dios provocó que el conocimiento fuera [dado] a Adán y a aquellos con él, para que los reyes del caos y del mundo inferior no se enseñorearan sobre ellos".

Judas dijo a Jesús: "Entonces, ¿qué harán esas generaciones?"

Jesús dijo: "En verdad te digo, para todos ellos las estrellas traerán asuntos para su terminación. Cuando Saklas complete el lapso de tiempo asignado a él, su primera estrella aparecerá con las generaciones, y ellos terminarán lo que dijeron que harían. Entonces fornicarán en mi nombre y matarán a sus hijos y ellos [...] y [cerca de seis líneas y media perdidas] mi nombre, y él [...] tu estrella sobre el [decimotercer] eón".

Después de esto Jesús [rió]. [Judas dijo]: "Maestro, [¿por qué te ríes de nosotros]?"

[Jesús] respondió [y dijo]: "No me río de vosotros, sino del error de las estrellas, porque estas seis estrellas vagan con estos cinco combatientes, y todos ellos serán destruidos junto con sus criaturas".

Jesús habla de aquellos que están bautizados, y de la traición de Judas

Judas dijo a Jesús: "Mira, ¿qué hacen aquellos que han sido bautizados en tu nombre?"

Jesús dijo: "En verdad [te] digo, este bautismo [...] mi nombre [cerca de nueve líneas perdidas] para mí. En verdad [yo] te digo, Judas, [aquellos que] ofrecen sacrificio a Saklas [...] Dios [tres líneas perdidas] todo lo que es malo". Pero tu sobrepasarás a todos ellos. Pues tú sacrificarás al hombre que me reviste.

Ya tu cuerno se ha levantado,

tu ira se ha enardecido,

tu estrella ha brillado,

y tu corazón ha [...].

"En verdad [...] tu última [...] se hizo [cerca de dos líneas y media perdidas], aflicción [cerca de dos líneas perdidas] el regidor, pues será destruido. Y entonces la imagen de la gran generación de Adán será exaltada, pues antes que los cielos, la tierra y los ángeles, esa generación, que es de los reinos eternos, existía. Mira, se te ha dicho todo. Levanta tus ojos y mira a la nube, y a la luz dentro de ella, y a las estrellas que la rodean. La estrella que guía el camino es tu estrella".

Judas levantó sus ojos y miró la nube luminosa, y entró en ella. Aquellos que estaban en el suelo escucharon una voz que provenía de la nube, diciendo, [...] la gran generación [...]... imagen [...] [cerca de cinco líneas perdidas].

Conclusión: Judas traiciona a Jesús

[...] Sus supremos sacerdotes murmuraron porque [él] había entrado en el cuarto de huéspedes para orar. Pero algunos escribas estaban ahí vigilando cuidadosamente para arrestarlo durante la oración, pues tenían miedo de las gentes, pues todos le consideraban como un profeta.

Se acercaron a Judas y le dijeron: "¿Qué haces aquí? Tú eres discípulo de Jesús".

Judas les respondió como deseaban. Y recibió un dinero y lo entregó a ellos.

Anexo IV
Los despojos de Judas

La historia de Judas Iscariote ha causado repulsión e ira a millones de creyentes, desde los albores del cristianismo hasta nuestros días. Es habitual juzgarlo con severidad. Cualquiera que sienta algo de afecto por Jesús de Nazaret, sea creyente o no, se descubre tentado a condenar sin compasión al traidor que facilitó su muerte.

La aversión que produce su gesto de deslealtad es difícil de mitigar, porque las consecuencias fueron funestas. En el acerbo religioso de la mayoría de la gente ha quedado como el arquetipo del mezquino traidor. A pocos se les ocurriría poner a su hijo el nombre de Judas.

A veces, parece que las distintas religiones se hayan congregado alrededor de las entrañas de Judas, desparramadas allá en Hacéldama, para repartirse sus despojos y poder humillarlo aún más. Hay muestras de esta animadversión, aún hoy en día, que quitan el aliento. Simplemente las citaré, sin valorarlas, pues el lector verá que se califican a sí mismas:

Supersticiones

1. Una superstición popular, que arranca en la Edad Media, lo asocia incluso con la mala fama del número 13, porque se atribuye a Judas ser el discípulo perverso en la última cena de los doce con Jesús.

2. Por el miedo y obsesión que en la Edad Media se tenía al castigo eterno, sobre todo por parte de los nobles, cuando se realizaba un juramento o se firmaba un texto civil de cualquier índole, era común indicar al final que si el juramento era roto, aquél que lo hiciera terminara en el infierno junto a Judas el traidor.

3. El apócrifo Evangelio Árabe de la Infancia dice que estuvo poseído por Satanás incluso desde su niñez.

4. En Alemania, hoy por hoy, está prohibido registrar a un recién nacido con el nombre de Judas.

CELEBRACIONES Y TRADICIONES

5. En la actualidad, en casi todo el territorio venezolano hay una tradición el Domingo de Resurrección, pero sobre todo en Caracas, Lara, Cojedes y Aragua. Se trata de "La quema del Judas". El "Judas" es un muñeco elaborado con telas, ropas viejas y trapos, y relleno con fuegos artificiales que aportan los participantes de la quema en cada comunidad. Se sube a un árbol, o a un poste de luz, y allí es ahorcado y posteriormente quemado, explotando en mil pedazos. Y se produce, entonces, la catarsis general. Es como si los pecados de la comunidad estallasen también, y acabasen por desaparecer.

6. Algo parecido ocurre en Cuajimalpa de Morelos, en México. El Sábado de Pasión, decenas de personas ataviadas de romanos y judíos comienzan a perseguir, por las calles de la ciudad, a unos cuantos elegidos. Son "los Judas", quienes son atados por el pecho, para ser izados hasta más de cuatro metros de altura. Al mismo tiempo, un par de Judas de cartón repletos de juegos pirotécnicos son colgados frente a la iglesia, entre los gritos de júbilo de las miles de personas reunidas. Entonces, se los prende fuego, y entre detonaciones de cohetes y petardos la gente es bañada por una lluvia de confeti que sale de ellos. Y de nuevo la catarsis, la sensación de que las culpas han sido perdonadas.

7. En otros lugares de México pueden verse crucifijos tallados en madera, cubiertos de heridas, que llevan en la mejilla una llaga especialmente honda, llena de sangre, que llaman "el beso de Judas".

8. En Valparaíso, Chile, se recogen ropas viejas donadas por la comunidad para elaborar el muñeco del Judas, y los chicos recorren las calles pidiendo "moneditas pa'l Judas". Estas monedas son insertadas en el muñeco junto a fuegos artificiales. Al explotar los fuegos artificiales, las monedas se esparcen recordando la devolución por Judas del dinero de la traición. Al muñeco se le colocan pedazos de papel con palabras como "traidor" o "ambición". Se acostumbra realizar un juicio público al Judas, incluyendo su defensa por un miembro de la comunidad. Estos juicios, en ocasiones, elevan los ánimos y se dice que pueden llegar a enfrentamientos reales. La quema se realiza en la madrugada del Domingo de Resurrección, y es acompañada y celebrada con música, cantos y bailes de regocijo por hacer justicia y ver arder al traidor.

9. "El día del Judas" se celebra en Robledo de Chavela (Madrid) y lo organizan los *juderos*, o quintos de la localidad. Los quintos se encargarán de apedrear a un muñeco, clavado en lo alto de un largo tronco, y que ha sido preparado por ellos durante los dos meses previos. Lo disfrazan del personaje que haya sido más popular durante el año; se ata a un pino de gran altura (motivo de competición entre las quintas de años sucesivos), y se acompaña de cántaros que se cuelgan en cruz en lo alto del tronco; antiguamente, en ellos se introducían animales que caían al vacío al ser apedreados a la voz de:

—*¿Quién te mató?*

—*¡Aquél!*

—*¡A pedradas con él!*

10. En Albudeite (Murcia) se celebra "La quema del Judas". Al amanecer, quien quiere entrar en la plaza ha de abonar una cantidad, que se deja para el equipo de fútbol de Albudeite, o para una comilona de los muchachos que han trabajado. Entre el follaje del efímero bosque aparece "plantado" un Judas, muñeco relleno de matas secas y de pólvora, que lleva carteles alusivos a por qué se encuentra allí. Tras el Encuentro entre la Virgen, San Juan Evangelista y el Corazón de Jesús, el domingo de resurrección, el pelele es cogido bruscamente por los mozos, y llevado a la baranda que da sobre el río —o a una de las vigas de la pérgola del jardín vecino—, donde es atado y quemado ante los improperios y las risas de la concurrencia. Con este acto desaparecen las prohibiciones cuaresmales y se aleja lo malo, lo negativo, mientras las ramas son arrojadas al río. La tradición dice que los albudeiteros, antiguos moriscos, pretendían demostrar que eran más cristianos que nadie quemando a Judas.

11. "La fiesta del Judas" se celebra en numerosas localidades navarras. Es una costumbre que puede tener su arraigo en ambas orillas del Ebro, y también en la merindad de Estella:

En Tudela se ajusticia a Judas, el Volatín, tal y como se viene haciendo desde 1732 —así lo acreditan los documentos—, aunque algunos sitúan sus orígenes en el siglo XVI. En este caso, Judas está representado por un muñeco articulado en torno a un eje, sobre el que da vueltas velozmente. Se coloca en su boca un petardo que, al explotar, le destroza la cabeza. Todo ello en medio del regocijo popular, y adornado con un pregón previo y un ambiente festivo muy atractivo. En otros sitios fueron muñecos de paja, ataviados con todo tipo de harapos, y quemados en la hoguera; algo así como la versión cristiana del carnaval: un muñeco y una hoguera en la que se quema a quien representa al mal. Evoluciones diferentes de un mismo y ancestral ritual.

En Cabanillas, la fiesta a costa de Judas es diferente. El día elegido para su ajusticiamiento es el Domingo de Resurrección; pero en este caso el apóstol traidor no está representado por muñeco alguno, sino por alguien de carne y hueso. Rápidamente, la alegría de la resurrección da paso a la indignación popular, que busca castigar a quien vendió a Jesús con un beso, y por treinta monedas. Judas es el responsable de la Pasión de Cristo. Encarna al mal, la traición, lo peor de lo peor. Lo vemos ataviado con un curioso traje rojo y plateado, con una malla en la cabeza, corriendo en frenética huida tras haber sido localizado en un balcón de la plaza, entre una multitud que lo increpa, y delante de un grupo de diez romanos que durante un rato tratan infructuosamente de capturarle. Lo vemos revolverse y escabullirse con facilidad, sorprende a la población saltando desde algún balcón, capturando incluso a algún rehén infantil, robando lo que buenamente puede a su paso por las casas. Parece muy superior, se salva una y otra vez cuando ya parecía que iba a ser apresado; pero... sobre el mal siempre triunfa el bien, y finalmente, tras quince minutos de persecución y de expectación, Judas es capturado y ajusticiado teatralmente. Después, un grupo lleva el falso cadáver en volandas hasta el Ayuntamiento. Y a partir de allí, la fiesta continúa.

12. En *El ciego* (Álava), se representa el juicio al Judas. Hay gran documentación sobre esta tradición. El ocho de abril de 1917 se celebró el ultimo "Judas". Parece ser que la fecha de celebración coincidía con el domingo de Pascua. Se puede clasificar esta representación como una auténtica tragicomedia, en la que aparecía un protagonista, el Judas, y también los encargados del orden (los pistolos), los maceros y los de caballería, un pregonero, el aguacil (con chistera y chaleco de usier), el fiscal, el abogado defensor y el juez, además de la llorona, quien exclamaba entre sollozos "por juntarse con malas compañías", y el correo (montado sobre un caballito blanco y con hábitos clericales) quien sacaba a relucir todos defectos visibles durante su famoso sermón burlesco. Al final, después de todo el proceso, de fugas y capturas, de lloriqueos y estremecimientos, llegaba la sentencia condenatoria: "Reus est mortis". El Judas era sustituido por un muñeco, colgado y quemado. Toda esta representación tenía un profundo sentido de "depuración del mal". Se sacaban a relucir

defectos de vecinos del pueblo, con nombres y apellidos.

13. Anualmente, y desde tiempos inmemoriales, tiene lugar en la villa de Moreda (Álava), el Domingo de Resurrección, "La quema de los Judas". Sólo dejó de celebrarse durante los tres años que duró la guerra civil española (1936-1939), por encontrarse el pueblo sin jóvenes. Se celebra en la Plaza de la Concepción, de igual forma que sus padres y antepasados habían hecho, y allí van a ver quemar los Judas. Éstos representan al mal personificado en dos muñecos: el Judas ¡y la Judesa! Con la quema de ambos personajes se pretende destruir el mal que durante un año ha existido en el pueblo. En sus orígenes fue una tradición pagana, siendo "cristianizada" por la Iglesia Católica posteriormente. Se piensa que son restos de antiguos carnavales, o bien ritos tradicionales con los que se cerraba el periodo de Cuaresma, borrando simbólicamente la austeridad con el monigote, y dando paso al periodo festivo de la primavera.

El Judas y la Judesa se construyen la víspera del Domingo de Resurrección, en un pajar. Constan de un armazón y paja, y van vestidos con ropas recogidas por las casas. Antiguamente, se introducía un gato en el interior de cada muñeco, dentro de un puchero colocado en la tripa.

Se comienza leyendo el pliego de cargos, donde se los acusa de haber sido los autores y causantes de todos los males que durante el año han acontecido en la villa de Moreda. Primero se narran los hechos del Judas y después los de la Judesa. Acto seguido, en el centro de una soga se pone el Judas, atándolo con una cadena. Se le prende fuego y los jóvenes, estirando la soga, le dan vueltas en el aire hasta que se consume. En tiempos más antiguos, cuando el muñeco estaba en llamas, salía de su interior un gato, animal que representa al espíritu maligno de los Judas, abriéndose paso entre las llamas. La Judesa sigue el mismo destino: consumirse en el fuego. En la actualidad, las cenizas son recogidas y arrojadas a la basura. Sin embargo, antiguamente eran utilizadas para purificar los campos o las cuadras de los animales. De esta forma termina el rito de purificación, suena de nuevo la música de los gaiteros, y la gente abandona la plaza hasta el siguiente año.

14. En Berninches (Guadalajara) el muñeco que representaba a Judas era montado sobre una borriquilla, y recorría las calles mientras los niños lo insultaban, tiraban piedras y golpeaban con varas. A la puerta del ayuntamiento el secretario recitaba el pasaje evangélico

del prendimiento de Cristo, y pronunciaba después contra Judas la *sentencia del ahorcado* que, entre otros versos, decía: "Daremos la vuelta al pueblo / con este Judas maldito / para burlarnos de él / como lo hacía con Cristo / y por si acaso se enfría / calentémosle un poquito /.../ Como juez de esta sentencia / yo digo con buenas ganas / que este Judas debe ir / de cuerpo entero a las llamas. / Arde, arde, Judas malo. / Quémate entero, ¡granuja! / mientras nosotros reímos / este año a costa tuya".

Arte y literatura

15. La figura del apóstol traidor fue muy atractiva para la literatura apócrifa, hasta el punto de que Jacobo de la Vorágine, aunque no estuviera convencido de la credibilidad del relato, incluyese en su tan difundida *Leyenda áurea* (siglo XIII) la siguiente biografía de Judas:

Hubo en Jerusalén un hombre llamado Rubén, casado con Ciboria, y tras realizar una noche el acto conyugal, su mujer tuvo un terrorífico sueño que le predijo que había quedado preñada, y que iba a parir en su día un hijo tan pérfido que causaría la perdición de todo el pueblo hebreo. Como resultase cierto que de tal copulación quedó embarazada, al nacer el niño decidieron evitar que se cumpliese el terrible presagio, por lo que lo colocaron sobre un cestillo, se fueron a la costa y lo arrojaron al mar. La criatura fue llevada por las olas hasta la playa de una isla llamada Iscarioth, donde fue apercibido por la reina, que se encaprichó de él y simuló un embarazo para poder presentarlo como su hijo, que fue muy bien acogido en la corte.

Poco después de este presunto parto, la reina quedó efectivamente embarazada y parió de verdad un hijo. Judas mortificaba frecuentemente a su hermanito, siendo castigado con dureza por la madrastra, que al sentirse incapaz de modificar su comportamiento, decidió declarar públicamente el engaño del primer hijo. A partir de entonces, Judas se sintió avergonzado y se fue llenando de rabia, que le impulsó a matar a su falso hermano, y a escapar en un barco que se dirigía a Jerusalén. Gracias a sus conocimientos, entró al servicio de Pilato, quien pronto le nombró administrador general de Judea.

Un día, para responder a un capricho de su señor, entró furtivamente en un huerto para robar un frutal, y al ser visto por el dueño se engarzaron en una pelea que terminó con la muerte del propietario, quien no era otro que Rubén, su auténtico padre. Pilato dispuso que los bienes del difunto —incluida su esposa— pasaran a manos de Judas, quien así se casó con su propia madre. Para explicarle el motivo de su tristeza,

Ciboria le contó el suceso del hijo que arrojó al mar, y Judas descubrió consternado que se trataba de él mismo. Presa del dolor por haber matado a su padre, decidió hacer penitencia, confesar sus delitos a Jesucristo, y rogarle que le perdonase los pecados.

De ser discípulo de Jesús, Judas pasó a ser prominente apóstol, robando de la bolsa que tenía a su cargo, y que por codicia se quedaba con el diezmo de los ingresos. Tras vender a Jesús, le afligió la traición cometida contra su maestro, devolvió los treinta denarios, se alejó de la vista de la gente y se ahorcó, y, en cuanto se ahorcó, reventó saliéndosele las entrañas, que quedaron esparcidas por el suelo. Nada más morir, se incorporó a los demonios.

Esta leyenda de Judas fue recogida en varias *pasiones* teatralizadas, unas en Francia (siglos XV y XVI) y otra en la catalana Cervera (1534).

16. Una interesante muestra de la importancia adjudicada durante la Alta Edad Media al personaje de Judas como modelo de maldad, se encuentra en el Viaje de san Brandán, texto conocido ya en el siglo IX, que narra el aventurero peregrinaje iniciático emprendido por el santo y sus compañeros monjes, en busca del añorado paraíso.

Después de caminar hasta el Finisterre, embarcaron y un viento hostil los arrojó contra una isla montañosa negra y cubierta por la niebla: era el infierno. En la playa encontraron sentado a un hombre desnudo, con el cuerpo despellejado y la piel lacerada. Era Judas, que por ser domingo se le permitía reponerse de las heridas causadas por los castigos recibidos el resto de la semana. Preguntado, les detalló su condena:

El lunes, día y noche, en la rueda estoy dando vueltas. El martes me tumban encima de unos pinchos, echando plomos y rocas encima de mí. El miércoles soy untado con pez y puesto sobre una parrilla encima de unas brasas. El jueves me trasladan los diablos a un lugar helado y oscuro. El viernes me despellejan y me hacen beber plomo fundido. Finalmente, el sábado soy encerrado en una prisión. Hundido en tinieblas hediondas, tan espantoso hedor me invade que no resisto las náuseas, pero no me deja vomitar el cobre que me hicieron tragar, por lo que me queda la piel tensa, el cuerpo todo hinchado, tan acongojado que casi estallo.

17. Dante lo lleva al máximo de crueldad en el canto trigésimo cuarto de su Divina Comedia, pues lo coloca en la mismísima boca del demonio, junto a Bruto (asesino de su padre Julio César) y Casio (el principal de los conspiradores contra César): "El alma que sufre el

mayor castigo, allá arriba, es Judas Iscariote; tiene la cabeza dentro de la boca de Lucifer y agita sus piernas fuera". Evidentemente Dante conoce las Sagradas Escrituras al hacer esta comparación. Es muy fácil que estuviera pensando en la última cena, cuando al comer el traidor el pan mojado con Jesús, es poseído por el demonio.

18. En la famosa Cena de Leonardo da Vinci, Judas es conocido por derramar un salero, símbolo muy afín al mal augurio. Es creencia popular en muchos lugares del mundo, y forma parte de la antropología social, que cuando la sal cae al suelo atrae al demonio. Por tanto, hay que recogerla, tomar un poquito de ésta, y tirarla por detrás del hombro.

Violencia

19. Durante los tiempos de la Inquisición en Europa, se popularizó la utilización de una siniestra máquina de tortura, para arrancar confesiones a los herejes. No voy a detallar su forma de uso, atendiendo a la sensibilidad del lector. Se atribuye su invención a un jurista boloñés llamado Ippolito Marsili (1450-1529). La máquina traspasó las fronteras del tiempo, y fue utilizada también durante el siglo XX, con algunas mejoras como la adición de electricidad, por torturadores de varias dictaduras militares. Quien desee tener más información, no tiene más que teclear en cualquier buscador de internet "La cuna de Judas".

20. La locura del régimen nazi explicó y empleó la traición de Judas así: era el único de todo el grupo que provenía de Judea, y que el resto, incluido Jesús, eran galileos (Galilea era considerada la región menos judía de Israel). La ecuación fue fácil de construir: el único judío de pura raza del grupo de Jesús montó el complot contra él. Así eran los judíos de verdad. Incluso teológicamente, la persecución contra ellos era justificable para el abominable nazismo.

Bibliografía

Aguirre, R. *El Dios de Jesús*. Madrid: Editorial Fundación Santa María, 1985.

Albright, W. F. *Arqueología de Palestina*. Barcelona: Ediciones Garriga, 1962.

Alegre, X. *Memoria subversiva y esperanza para los pueblos crucificados*. Madrid: Editorial Trotta, 2003.

Aleixandre, D. *Contar a Jesús. Lectura orante de 24 textos del Evangelio*. Madrid: Editorial CCS, 2002.

Arias, J. *El Dios en quien no creo*. Salamanca: Ediciones Sígueme, 1970.

Badenas, R. *Encuentros*. Madrid: Editorial Safeliz, 1991.

Badenas, R. *Más allá de la Ley*. Madrid: Editorial Safeliz, 2000.

Badenas, R. *Para conocer al Maestro en sus parábolas*. Madrid: Editorial Safeliz, 2002.

Badenas, R. *La justificación por la fe en mi vida diaria*. Barcelona: Aul@7Activa, 2004.

Barbaglio, G. *Jesús, un hebreo de Galilea*. Salamanca: Editorial Secretariado Trinitario, 2003.

Barth, K. *Instantes*. Salamanca: Editorial Sal Terrae, 2005.

Barth, K. *Introducción a la teología evangélica*. Salamanca: Ediciones Sígueme, 2006.

Benítez, J. J. *Caballo de Troya*. Madrid: Editorial Planeta, 1984.

Bermejo, F. *El Evangelio de Judas. Texto bilingüe y comentario*. Salamanca: Ediciones Sígueme, 2012.

Bloomberg, C., et alt. "Matthew", en *Commentary on the New Testament Use of the Old Testament*. Grand Rapids, MI.: Baker Academic, 2007.

Boff, L. *El destino del hombre y del mundo.* Santander: Editorial Sal Terrae, 1978.

Boff, L. *Teología desde el lugar del pobre.* Santander: Editorial Sal Terrae, 1986.

Boff, L. *Con la libertad del cristianismo.* Madrid: Editorial Nueva Utopía, 1991.

Boff, L. *Iglesia: carisma y poder. Ensayos de eclesiología militante.* Santander: Editorial Sal Terrae, 1992.

Boff, L. *El cuidado esencial. Ética de lo humano. Compasión por* la *Tierra.* Madrid: Editorial Trotta, 2002.

Bonnard, P. *Evangelio según Mateo.* Madrid: Ediciones Cristiandad, 1983.

Bonhoeffer, D. *¿Quién es y quién fue Jesucristo? Su historia y su misterio.* Barcelona: Ediciones Ariel, 1971.

Bonhoeffer, D. *Vida en comunidad.* Salamanca: Ediciones Sígueme, 2003.

Bonhoeffer, D. *El precio de la gracia. El seguimiento.* Salamanca: Ediciones Sígueme, 2004.

Borges, J. L. *Ficciones.* Barcelona: Ediciones DeBolsillo, 2011.

Brown, R. *El evangelio según Juan.* Vol. I y II. Madrid: Ediciones Cristiandad, 2000.

Bultmann, R. *Teología del Nuevo Testamento.* Salamanca: Ediciones Sígueme, 1981.

Byler, D. *Jesús y la no violencia.* Barcelona: Editorial Clie, 1993.

Castillo, J. M. *El discernimiento cristiano.* Salamanca: Ediciones Sígueme, 1984.

Castillo, J. M. y J. A. Estrada. *El proyecto de Jesús.* Salamanca: Ediciones Sígueme, 1987.

Castillo, J. M. *Dios y nuestra felicidad.* Bilbao: Editorial Desclée de Brouwer, 2001.

Castillo, J. M. *La ética de Cristo.* Bilbao: Editorial Desclée de Brouwer, 2005.

Castillo, J. M. *La humanización de Dios. Ensayo de cristología.* Madrid: Editorial Trotta, 2009.

Cencini, A. *Los sentimientos del Hijo. Itinerario formativo en la vida consagrada.* Salamanca: Ediciones Sígueme, 2000.

Chandler, A. *The Trial of Jesus from a Lawyer's Standpoint*. Suwanee, GA.: The Harrison Company Publishers, 1976.

Charpentier, E. *Para leer el Nuevo Testamento*. Estella, Navarra: Editorial Verbo Divino, 1994.

Coenen, L., E. Beyreuther y H. Bietenhard. *Diccionario teológico del Nuevo Testamento*. Salamanca: Ediciones Sígueme, 1990.

Crossan, J. D. *Jesús: Biografía revolucionaria*. Barcelona: Editorial Grijalbo, 1996.

Crossan, J. D. *El Jesús de la historia. Vida de un campesino judío*. Barcelona: Editorial Crítica, 2000.

Cullmann, O. *Cristología del Nuevo Testamento*. Salamanca: Ediciones Sígueme, 1998.

Dawkins, R. *El espejismo de Dios*. Madrid: Editorial Espasa-Calpe, 2007.

Delebecque, E. *Evangile de Jean*. Paris: Editione Gabalda et Cie, 1987.

Dostoyevski, F. *Los hermanos Karamazov*. Valencia: Editorial Edaf, 2009.

Duch, L. *Estaciones del laberinto. Ensayos de antropología*. Barcelona: Editorial Herder, 2004.

Dunn, J. D. G. *Jesús y el Espíritu. Un estudio de la experiencia religiosa y carismática de Jesús y de los primeros cristianos, tal como aparece en el Nuevo Testamento*. Salamanca: Editorial Secretariado Trinitario, 1981.

Duquoc, C. *Cristología. Ensayo dogmático sobre Jesús de Nazaret el Mesías*. Salamanca: Ediciones Sígueme, 1974.

Echegaray, H. *La práctica de Jesús*. Salamanca: Ediciones Sígueme, 1982.

Edersheim, A. *La vida y los tiempos de Jesús el Mesías*. Barcelona: Editorial Clie, 1988.

Ellacuría, I. *Conversión de la Iglesia al Reinado de Dios*. Salamanca: Editorial Sal Terrae, 1984.

Evans, C. *El Jesús deformado*. Santander: Editorial Sal Terrae, 2007.

Fitzmyer, J. A. *El Evangelio según Lucas*. Vol. I y II. Madrid: Ediciones Cristiandad, 1987.

Flusser, D. *Jesús en sus palabras y en su tiempo*. Madrid: Ediciones Cristiandad, 1975.

Freyne, S. *Galilea, Jesús y los evangelios. Aproximación literaria e investigaciones históricas*. Filadelfia: Fortress Press, 1988.

Fromm, E. *El humanismo judío*. Editorial El aleph (Digital): 1999.

Fromm, E. *El miedo a la libertad*. Barcelona: Ediciones Paidós, 2008.

Galeano, E. *Los hijos de los días*. Madrid: Editorial Siglo XXI, 2012.

George, A. y P. Grelot. *Le Nouveau Testament*. Vol. VII. Paris: Editorial Desclée de Brouwer, 1986.

Girard, R. *Veo a Satán caer como el relámpago*. Barcelona: Ed. Anagrama, 2002.

Girardi, J. *Cristianismo y liberación del hombre*. Salamanca: Ediciones Sígueme, 1975.

Giussani, L. *En busca del rostro humano*. Madrid: Editorial Encuentro, 2010.

Grupo de Entrevernes. *Signos y parábolas. Semiótica y texto evangélico*. Madrid: Ediciones Cristiandad, 1979.

Grupo de Entrevernes. *Análisis semiótico de los textos*. Madrid: Ediciones Cristiandad, 1982.

Haight, R. *Jesús símbolo de Dios*. Madrid: Editorial Trotta, 2007.

Jeremias, J. *Las palabras desconocidas de Jesús*. Salamanca: Ediciones Sígueme, 1976.

Jeremias, J. *Jerusalén en tiempos de Jesús*. Madrid: Ediciones Cristiandad, 1980.

Jeremias, J. *La última cena. Palabras de Jesús*. Madrid: Ediciones Cristiandad, 1980.

Jeremias, J. *Teología del Nuevo Testamento: La predicación de Jesús*. Salamanca: Ediciones Sígueme, 1980.

Jeremias, J. *Las parábolas de Jesús*. Estella, Navarra: Editorial Verbo Divino, 1981.

Jeremias, J. *ABBÁ. El mensaje central del Nuevo Testamento*. Salamanca: Ediciones Sígueme, 1983.

Josefo, F. *La guerra de los judíos*. Barcelona: Editorial Clíe, 1986.

Josefo, F. *Antigüedades de los judíos*. Barcelona: Editorial CLIE, 1989.

Kazantzakis, N. *La última tentación de Cristo*. Madrid: Ediciones Debate, 1995.

Keeney, W. *La estrategia social de Jesús*. Barcelona: Editorial EEE, 1978.

Knight, G. *La cruz de Cristo. La obra de Dios por nosotros*. Madrid: Editorial

Safeliz, 2009.

Küng, H. *Ser cristiano*. Madrid: Ediciones Cristiandad, 1975.

Küng, H. *Judaísmo. Pasado, presente, futuro*. Madrid: Editorial Trotta, 1993.

Léon-Dufour, X. *La resurrección de Jesús y mensaje pascual*. Salamanca: Ediciones Sígueme, 1978.

Léon-Dufour, X. *Los milagros de Jesús*. Madrid: Ediciones Cristiandad, 1979.

Léon-Dufour, X. *La fracción del pan*. Madrid: Ediciones, Cristiandad, 1983.

Léon-Dufour, X. *Jesús y Pablo ante la muerte*. Madrid: Ediciones Cristiandad, 1985.

Lewis, C. S. *Los cuatro amores*. Madrid: Ediciones Rialp, 1991.

Lipovetsky, G. y S. Charles. *Los tiempos hipermodernos*. Barcelona: Editorial Anagrama, 2008.

Lohfink, G. *La Iglesia que Jesús quería. Dimensión comunitaria de la fe ricstiana*. Bilbao: Editorial Desclée de Brouwer, 1986.

Lohse, E. *Teología del Nuevo Testamento*. Madrid: Editorial Cristiandad, 1978.

Machovec, M. *Jesús para ateos*. Salamanca: Ediciones Sígueme, 1974.

Manson, T. W. *Cristo en la teología de Pablo y Juan*. Madrid: Ediciones Cristiandad, 1975.

Mardones, J. M. *Análisis de la sociedad y fe cristiana*. Madrid: Ediciones PPC, 1995.

Mardones, J. M. *¿Adónde va la religión? Cristianismo y religiosidad en nuestro tiempo*. Santander: Editorial Sal Terrae, 1996.

Mardones, J. M. *Matar a nuestros dioses. Un Dios para un creyente adulto*. Madrid: Editorial PPC, 2006.

Mateos, J. y F. Camacho. *El horizonte humano. La propuesta de Jesús*. Madrid: Editorial El Almendro, 1988.

Mateos, J. y J. Barreto. *El Evangelio de Juan. Análisis lingüístico y comentario exegético*. Madrid: Ediciones Cristiandad, 1992.

Mateos, J. *El Hijo del Hombre. Hacia la plenitud humana*. Córdoba: Editorial El Almendro, 1995.

Melloni, J. *Vislumbres de lo real. Religiones y revelación*. Barcelona: Editorial Herder, 2007.

Melloni, J. *El Cristo interior*. Barcelona: Editorial Herder, 2010.

Meyer, M. W. *Las enseñanzas secretas de Jesús: Cuatro evangelios gnósticos*, 2ª edición. Barcelona: Editorial Crítica, 1988.

Moltmann, J. *El Dios crucificado. La cruz de Cristo como base y crítica de toda teología cristiana*. Salamanca: Ediciones Sígueme, 1975.

Moltmann, J. *El hombre. Antropología cristiana en los conflictos del presente*. Salamanca: Ediciones Sígueme, 1979.

Moltmann, J. *La justicia crea futuro*. Santander: Editorial Sal Terrae, 1992.

Moncher, F., R. Allison y A. Benne. *Cómo enfrentar el suicidio. Enseñanza católica y respuesta pastoral*. New Haven: Editorial Servicio de Información Católica, 2009.

Moore, M. *Evangelio versus legalismo*. Buenos Aires: Asociación Casa Editora Sudamericana, 1998.

Mowinckel, S. *El que ha de venir: mesianismo y Mesías*. Madrid: Editorial Fax, 1975.

Neher, M. *La esencia del profetismo*. Salamanca: Ediciones Sígueme, 1975.

Nietzsche, F. *La genealogía de la moral*. Madrid: Alianza Editorial, 2000.

Nolan, A. *Jesús hoy. Una espiritualidad de libertad radical*. Santander: Editorial Sal Terrae, 2007.

Pabón S. de Urbina, José M. *Diccionario Griego-Español*. Madrid: Ediciones Bibliograf, 1981.

Pagels, E. *Los evangelios gnósticos*. Barcelona: Editorial Crítica, 1982.

Pagola, J. A. *Jesús de Nazaret. El hombre y su mensaje*. San Sebastián: Editorial Idatz, 1983.

Pagola, J. A. *Nunca es tarde*. San Sebastián: Editorial Idatz, 1993.

Pagola, J. A. *Es bueno creer. Para una teología de la esperanza*. Madrid: San Pablo, 1995.

Pagola, J. A. *Padre nuestro. Orar con el espíritu de Jesús*. Madrid: Editorial PPC, 2002.

Pagola, J. A. *Jesús: aproximación histórica*. Madrid: PPC Editorial, 2007.

Papini, G. *Historia de Cristo*. Madrid: Ediciones ABC, 2004.

Sotomayor, M. y J. Fernández Ubiña. *Historia del cristianismo I. El Mundo antiguo*. Madrid: Editorial Trotta, 2003.

Pikaza, X. *Dios judío, Dios cristiano*. Estella, Navarra: Editorial Verbo Divino, 1996.

Queré, F. *Los enemigos de Jesús*. Madrid: Ediciones Paulinas, 1986.

Reicke, B. "Galilea y Judea" en H. J. Schultz, *Jesús y su tiempo*. Salamanca: Ediciones Sígueme, 1968.

Rey, B. *La discreción de Dios*. Santander: Editorial Sal Terrae, 1998.

Rius-Camps, J. *El Evangelio de Marcos: etapas de su redacción*. Estella, Navarra: Editorial Verbo Divino, 2008.

Robertson, A. T. *Imágenes verbales en el Nuevo Testamento*. Barcelona: Editorial Clie, 1990. 6 volúmenes.

Rops, D. *Jésus en son temps*. Paris: Fayard, 1945.

Rousseau, J. J. *Contrato social*. Madrid: Editorial Espasa, 1980.

Roux, J. P. *Jesús de Nazaret*. Madrid: Editorial Espasa-Calpe, 1993.

Schillebeeckx, E. *Jesús. La historia de un viviente*. Madrid: Editorial Trotta, 2002.

Schweizer, E. *El sermón de la montaña*. Salamanca: Ediciones Sígueme, 1990.

Schoekel, L. A. *Dios padre. Meditaciones bíblicas*. Santander: Editorial Sal Terrae, 1994.

Segundo, L. *La historia perdida y recuperada de Jesús de Nazaret*. Santander: Editorial Sal Terrae, 1991.

Stéveny, G. *La cruz, fuente de vida*. Barcelona: Aul@7Activa, 2004.

Tamayo, J. J. *Fundamentalismo y diálogo entre religiones*. Madrid: Editorial Trotta, 2004.

Theissen, G. *La sombra del galileo. Las investigaciones históricas sobre Jesús traducidas a un relato*. Salamanca: Ediciones Sígueme, 1995.

Torres Queiruga, A. *La revelación de Dios en la realización del hombre*. Madrid: Ediciones Cristiandad, 1987.

Torres Queiruga, A. *Recuperar la salvación. Para una interpretación liberadora de la experiencia humana*. Santander: Editorial Sal Terrae, 1995.

Torres Queiruga, A. *La constitución moderna de la razón religiosa. Prolegómenos a una filosofía de la religión*. Estella, Navarra: Editorial Verbo Divino, 2000.

Torres Queiruga, A. *Repensar la resurrección*. Madrid: Editorial Trotta, 2003.

Tresmontant, C. *La doctrina de Yeshúa de Nazaret*. Barcelona: Editorial Herder, 1973.

Tuñí, J. O. *El Evangelio es Jesús*. Estella, Navarra: Editorial Verbo Divino, 2010.

Unamuno, M. *La agonía del cristianismo*. Madrid: Editorial Espasa-Calpe, 1966.

Vallés, C. G. *Dejar a Dios ser Dios*. Santander: Editorial Sal Terrae, 1987.

Varone, F. *El Dios ausente. Reacciones religiosa, atea y creyente*. Salamanca: Editorial Sal Terrae, 1981.

Varone, F. *El Dios "sádico". ¿Ama Dios el sufrimiento?* Santander: Editorial Sal Terrae, 1985.

White, E. *Cristo nuestro Salvador*. Buenos Aires: Asociación Casa Editora Sudamericana, 1976.

White, E. *El deseado de todas las gentes*. Buenos Aires: Asociación Casa Editora Sudamericana, 1977.

White, E. *Mensajes para los jóvenes*. Mountain View, CA.: Pacific Press, 1977.

White, E. *La educación*. Buenos Aires: Asociación Casa Editora Sudamericana, 1978.

White, E. *El camino a Cristo*. Madrid: Editorial Safeliz, 1992.

Wilkins, M. J., et alt. "¿Qué hizo Jesús?" en *Jesús bajo sospecha. Una respuesta a los ataques contra el Jesús histórico*. Barcelona: Editorial Clie, 2003.

Wright, G. E. *Arqueología bíblica*. Madrid: Ediciones Cristiandad, 2002.

Zimmermann, H. *Los métodos histórico-críticos en el Nuevo Testamento*. Madrid: Editorial BAC, 1969.

Zurcher, J. *La perfección cristiana*. Madrid: Editorial Safeliz, 2000.

Made in the USA
Monee, IL
13 April 2023